CÉDRIC DUMONT

ITALIENISCH FÜR GOURMETS

KÜCHE · KELLER · MENÜS · MÄRKTE

HALLWAG VERLAG
BERN UND STUTTGART

Die erste Ausgabe dieses
Taschenführers erschien unter dem
Titel „Sprachführer für Gourmets,
Italienisch–Deutsch".

Umschlagillustration: Polly Raynes
(© Mitchell Beazley Publishers, London)

Umschlag:
Robert Buchmüller

Lektorat:
Urs Aregger

Satz:
Utesch Satztechnik GmbH, Hamburg

Druck und Einband:
Franz Spiegel Buch GmbH, Ulm

Alle deutschen Rechte bei
© 1991 Hallwag AG, Bern
2., verbesserte Auflage, 1997

ISBN 3-444-70185-3

Hallwag

INHALT

GEBRAUCHSANLEITUNG

Dieser Sprachführer „Italienisch für Gourmets" durch Italien und die Südschweiz gliedert sich wie sein französischer Vorgänger in drei Teile.

Der erste Teil soll kurz in „Die kulinarischen Regionen" einführen, in ihre Vielfalt, Geschichte, Kultur und Gastronomie. Er ist nicht eigentlich ein Reiseführer – dafür wäre zu wenig Platz gewesen –, aber doch eine Einstimmung auf das, was den entdeckungs-, eß- und trinkfreudigen Besucher der meist historisch gewachsenen Regionen im Süden unseres Kontinents an Verlockendem, Köstlichem erwartet.

Der Hauptteil, „Kulinaria von A bis Z", führt lexigraphisch die vielen Namen und Begriffe auf, denen der Reisende dort begegnet - und nicht nur dort, denn seit einst Katharina von Medici ihre Köche und Patissiers als Mitgift an den Hof des Königs von Frankreich brachte und damit die Große französische Küche gründen half, hat sich die *Cucina Italiana* in den Mägen der Feinschmecker aller Länder einen festen Platz erobert. Der Abschnitt ist der Lesbarkeit halber streng alphabetisch angeordnet, Italienisch und Deutsch in einem.

Die Aufzählung von Zutaten, die Erklärung von Zubereitungen sind nicht als Rezepte zu verstehen, sondern sollen die Eigenart der betreffenden Gerichte kennzeichnen; wo eine Beitat nicht allgemein üblich oder zwingend vorgeschrieben ist, wurde sie in Klammern gesetzt. Bei der Benennung des Schlachtfleischs wurde zwischen beim Zuschneiden anfallenden Fleisch*teilen* und zur Zubereitung benötigten Fleisch*stücken* unterschieden.

Von den Weinen werden bloß die wichtigsten möglichst knapp und praxisbezogen beschrieben. Da der Italiener sie aber im allgemeinen nur als Begleitung zum Essen genießt – und sei das nur etwas zum Knabbern –, sind auch passende Kombinationen angegeben, die jedoch keineswegs umfassend oder gar verbindlich sind; der italienische Wein läßt sich bei und zu fast jeder Gelegenheit trinken.

Der letzte Teil, „Sprachschatz und Redewendungen" samt phonetischer Umschrift und Sachgebieten, erleichtert schließlich dem Besucher, sich in Italien und der Südschweiz verständlich zu machen. Er wird damit zum zuverlässigen und praktischen Reisebegleiter.

Aussprache des Italienischen

Die Vokale werden ähnlich wie im Deutschen, Diphthonge, Doppelvokale, immer getrennt ausgesprochen: *Europa* [e|uropa].
Im Sinne einer leichten, schnellen Lesbarkeit ist die Lautschrift möglichst einfach gehalten.

c	vor a, o, u und Konsonanten: wie *k* (*cacao* [kakào]) vor e und i: wie *tsch* (*cello* [tschéllo])
ch	vor e und i: wie *k* (*Chianti* [kiànti])
ci	vor a, o, u: wie *tsch*, ohne i *cioccolata* [tschokkolàta])
g	vor a, o, u und Konsonanten: wie g (*Gorgonzola* [gorgondsòla]) vor e und i: wie ~~dsch~~ (*gelato* [dschelàto])
gg	wie ~~dsch~~, ohne *i* (*formaggio* [formàdscho])
gh	vor e und i: wie g (*spaghetti* [spagètti])
gl	vor i: wie *lj*, ohne *i* (*figlio* [filjo])
gn	immer wie *nj* (*agnello* [anjèllo])
h	ist stumm (*hamburger* [àmburger])
sc	vor a, o, u: wie *sk* (*scampi* [skàmpi]) vor e, i, ia, io, iu: wie *sch*, ohne *i* (*sciampagna* [schampànja])
sch	vor e, i: wie *sk* (*scherzo* [skérzo])
v	wie *w* (*Venezia* [wenèzia])
~	Schlangenlinie (Tilde) über einem Vokal steht für einen Nasal:
ã	nasales a wie in *Restaurant:* rästorã
ä̃	nasales ä wie in *bien:* bjä̃
õ	nasales o wie in *Salon:* ßalõ
~~sch~~	weiches, stimmhaftes sch wie in *Journal:* ~~sch~~urnal
'	Akzent, Silbe wird betont
–	Längezeichen für gedehnten Vokal wie in *caffè:* kaffē
˘	Der Bindebogen zwischen zwei Vokalen zeigt an, daß sie ineinander übergehend gesprochen werden
|	Senkrechter Strich für getrennte Aussprache zweier Vokale wie in *real:* re|àl

Abkürzungen und Zeichen

a.	auch
abgek.	abgekürzt
afrik.	afrikanisch
allg.	allgemein
amerik.	amerikanisch
Apr.	April
Aug.	August
ausgespr.	ausgesprochen
bes.	besonders
bzw.	beziehungsweise
dgl.	dergleichen
d.h.	das heißt
eigtl.	eigentlich
engl.	englisch
evtl.	eventuell
f	weiblich (Artikel *la*)
Febr.	Februar
Fettgeh.	Fettgehalt
frz.	französisch
geb.	gebacken
gebr.	gebraten
ged.	gedämpft, gedünstet
gef.	gefüllt
geh.	gehackt
gek.	gekocht
ger.	geräuchert
geschl.	geschlagen
getr.	getrocknet
gleichn.	gleichnamig
gr.	groß
haupts.	hauptsächlich
hist.	historisch
i.a.	im allgemeinen
insbes.	insbesondere
ital.	italienisch

Jan.	Januar
kl.	klein
m	männlich (Artikel *il/lo*)
mind.	mindestens
nördl.	nördlich
Nov.	November
Okt.	Oktober
östl.	östlich
pl	Plural (Artikel *i/le/gli*)
reg.	regional
schweiz.	schweizerisch
Sept.	September
span.	spanisch
südl.	südlich
TR	Trinkreife
trad.	traditionell
TT	Trinktemperatur
u.a.	und andere(s), und anderswo
u.ä.	und ähnliche(s)
ugs.	umgangssprachlich, mundartlich
urspr.	ursprünglich
usw.	und so weiter
v.a.	vor allem
versch.	verschiedene
vorw.	vorwiegend
westl.	westlich
z.B.	zum Beispiel
↑	Der Verweisungspfeil fordert auf, das dahinterstehende Wort nachzuschlagen, um weitere Auskunft zu erhalten.
○	Das betreffende Wort wird im Gegensatz zum Bezugsstichwort mit einem großen bzw. kleinen Anfangsbuchstaben geschrieben.
|	Ein senkrechter Trennungsstrich dient zur Angabe des gleichbleibenden Wortteils oder zur getrennten Aussprache zweier Vokale.

Kaum eine Küche wohl ist in aller Welt so bekannt und beliebt, wie die italienische – von Bergen bis Brisbane, von Vancouver bis Valparaiso laden Osterien, Ristoranti, Tavernen, Trattorien zum Schwelgen *all'italiana*. Kaum eine Küche wird aber auch so oft verkannt, ja malträtiert, wie die italienische – ein paar (meist neapolitanische, womit nichts gegen die traditionsreiche *allegria*, Heiterkeit dieser Küche gesagt sei) Standardrezepte, lieblos verkocht, hastig aufgetragen und basta. Dabei besteht die *Cucina Italiana* nicht nur aus Pasta und Pizza, sie ist im Gegenteil so vielgestaltig wie die Landschaften Italiens vom schneebedeckten Alpenrund bis zur Limoneninsel Sizilien, so verschiedenartig wie die mit Butter zubereiteten flachen Nudeln des Nordens und die in Olivenöl gekochten Makkaroni des Südens. Die Speisekarten lesen sich in Italien wie Landkarten, hier ein aromatisches Kräutlein aus dem Dickicht der Macchia, dort knackiges Gemüse von den weiten Plantagen Kampaniens und der Emilia, da ein pikanter Käse von der Alpweide, dort ein Pilz aus schattigen Wäldern, dazu fangfrische Fische aus zwei Meeren und vielen Seen, saftige Schinken und Würste, sonnengesegnetes Obst, nicht zu vergessen Reis, Mais und Teigwaren in hunderterlei Gestalt, rund, eckig, hohl oder gefüllt.

Ein über Jahrhunderte erworbener Sinn für Maß und Proportionen befähigt den „erstgeborenen Sohn der Zivilisation" (Burckhardt) überdies, den Überfluß an frischen, natürlichen Produkten vollendet harmonisch zusammenzustellen und zuzubereiten, auch gastronomisch ist diese Halbinsel der Seligen ein Land des guten Geschmacks. Wenn nun aber die meisten Koch- und Reisebücher behaupten, in dieser klassischen Einfachheit (die alles andere ist als simpel) habe es keinen Platz für so kulinarische Raffinessen wie etwa die Fonds und Saucen der Franzosen, kann ich dem nur sehr bedingt beipflichten: Wer erfahren und geschmeckt hat, welche Geheimnisse ein duftiger *Sugo*, ein kräftig würziger *Pesto* birgt, wer einmal so kreative Kombinationen probiert hat wie Krebse mit gedünstetem Radicchio, Wachteln in Raukensauce, wer erfahren hat, wie heikel die Zubereitung eines luftigen *Zabaione* ist, wer schließlich einer Mamma beim Kneten von Hand und beim Auswalken eines hauchdünnen Nudelteigs zugesehen hat, der wird vorsichtiger urteilen, die italienische Küche ist ein Gesamtkunstwerk hohen Ranges.

Die erwähnte Vielgestaltigkeit der italienischen Landschaften bringt auch eine Unmenge von regionalen, lokalen Benennungen und Ausdrücken mit sich, so daß ich oft vor der Qual der Wahl zwischen Handlichkeit und Vollständigkeit stand. Ich hoffe, da eine praktikable Mitte gefunden zu haben. Ähnlich erging es mir mit den Weinen: Italien hat etwa 400 Rebsorten und gegen 4000 Weine: Es lohnt sich aber, sie zu entdecken, denn entgegen dem landläufigen Klischee von der billigen Massenware (und, zugegeben, früheren Erfahrungen und Skandalen) kann sich ihr Qualitätsstandard heute mit jenem der anderen Weinländer Europas messen, kommen sie aus alten Gewölben oder modernen Kellereien. Die Auswahl für diesen Führer mußte, bis hin zur empfohlenen Trinkreife (*TR*) und Trinktemperatur (*TT*), zwangsläufig subjektiv getroffen werden, sie sollte aber ausreichen, dem interessierten Leser die nötigen Hinweise und Tips zu geben. Schließlich verdient noch angemerkt zu werden, daß das DOC-Prädikat *Denominazione di origine controllata* eine kontrollierte Ursprungsbezeichnung ist, aber keine Qualitätsgarantie. Dies hat zur Folge, daß man einem mittelmäßigen DOC-Wein begegnen kann und einem ausgezeichneten Tafelwein, *Vino da tavola*. Die beste Gewähr für Qualität sind (wie in andern Ländern auch) der ehrliche Erzeuger und – die eigene Zunge.

Nach dem Gesagten versteht sich, daß hinter so einem Sprachführer viel Klein- und Kleinstarbeit steckt. Es ist deshalb mehr als eine bloße Höflichkeitsfloskel, wenn ich an dieser Stelle Dr. Urs Aregger, dem Lektor des Hallwag Verlags, meinen Dank abstatte: Er hat nicht nur geprüft und korrigiert, wie es seine Aufgabe ist, sondern darüber hinaus Anteil genommen, mitgedacht und mir, wollte ich angesichts der Schlaraffenberge, der gewaltigen Eßlandschaften, die sich vor mir auftürmten, verzagen, immer wieder Mut gemacht.

Das wahre Reisevergnügen besteht, meine ich, im harmonischen Zusammenspiel von Landschaft, Kunstwerk und Lebensart der Bewohner. Wenn der Leser dem zustimmen kann, sollte ihm dieser Führer durch die Küche und Keller, Menüs und Märkte Italiens und der Südschweiz ein nützlicher Ratgeber sein.

Cédric Dumont

DIE KULINARISCHEN REGIONEN ITALIENS UND DER SÜDSCHWEIZ

ABRUZZO – MOLISE, ABRUZZEN – MOLISE   Seite 18

Hauptstädte: L'Aquila, Campobasso
Provinzen: Campobasso, Chieti, Isernia, L'Aquila, Pescara, Teramo
Landschaften: Gran Sasso d'Italia, Parco Nazionale d'Abruzzo/Abruzzen-Nationalpark

ADRIATISCHE RIVIERA ↑ EMILIA-ROMAGNA, MARCHE

AGRIGENTO ↑ SICILIA

ALESSANDRIA ↑ PIEMONTE – VALLE D'AOSTA

ALTO ADIGE ↑ TRENTINO – ALTO ADIGE

ANCONA ↑ MARCHE

AOSTA/AOSTE ↑ PIEMONTE – VALLE D'AOSTA

APULIEN ↑ PUGLIA

AQUILA, L' ↑ ABRUZZO – MOLISE

AREZZO ↑ TOSCANA

ASCOLI PICENO ↑ MARCHE

ASTI ↑ PIEMONTE – VALLE D'AOSTA

AVELLINO ↑ CAMPANIA

BARI ↑ PUGLIA

BASILICATA, BASILIKATA   Seite 21

Hauptstadt: Potenza
Provinzen: Matera, Potenza

BELLUNO ↑ VENETO

BENEVENTO ↑ CAMPANIA

BERGAMO ↑ LOMBARDIA

BOLOGNA ↑ EMILIA-ROMAGNA

BOLZANO, BOZEN ↑ TRENTINO – ALTO ADIGE

BRENNER ↑ TRENTINO – ALTO ADIGE

BRESCIA ↑ LOMBARDIA

BRINDISI ↑ PUGLIA

CAGLIARI ↑ SARDEGNA

CALABRIA, KALABRIEN   Seite 24

Hauptstadt: Catanzaro
Provinzen: Catanzaro, Cosenza, Reggio (di) Calabria

CALTANISSETTA ↑ SICILIA

CAMPANIA, KAMPANIEN   Seite 26

Hauptstadt: Napoli/Neapel
Provinzen: Avellino, Benevento, Caserta, Napoli/Neapel, Salerno
Landschaften: Capri, Ischia

CAMPOBASSO ↑ ABRUZZO – MOLISE

CAPRI, ISOLA DI ↑ CAMPANIA

CASERTA ↑ CAMPANIA

CATANIA ↑ SICILIA

CATANZARO ↑ CALABRIA

CERESIO, LAGO ↑ TICINO

CHIANTI ↑ LOMBARDIA

CHIETI ↑ ABRUZZO – MOLISE

**CITTÀ DEL VATICANO, VATIKAN-
STAAT** ↑ ROMA – LAZIO

COMO ↑ LOMBARDIA

COMO (LARIO), LAGO DI ↑ LOMBARDIA

COSENZA ↑ CALABRIA

COSTA SMERALDA ↑ SARDEGNA

CREMONA ↑ LOMBARDIA

CUNEO ↑ PIEMONTE – VALLE D'AOSTA

DOLOMITI, DOLOMITEN ↑ TRENTINO – ALTO
ADIGE, VENETO

ELBA, ISOLA D' ↑ TOSCANA

EMILIA-ROMAGNA   Seite 30
Hauptstadt: Bologna
Provinzen: Bologna, Ferrara, Forlì, Modena, Parma,
Piacenza, Ravenna, Reggio (nell') Emilia
Landschaft: Riviera Adriatica/Adriatische Riviera

ENNA ↑ SICILIA

EOLIE, ISOLE, ÄOLISCHE INSELN ↑ SICILIA

FERRARA ↑ EMILIA-ROMAGNA

FIRENZE, FLORENZ ↑ TOSCANA

FOGGIA ↑ PUGLIA

FORLÌ ↑ EMILIA-ROMAGNA

FRIAUL ↑ FRIULI – VENEZIA GIULIA

FRIULI – VENEZIA GIULIA
FRIAUL – JULISCH VENETIEN   Seite 34
Hauptstadt: Trieste/Triest
Provinzen: Gorizia/Görz, Pordenone, Trieste/Triest,
Udine
Landschaften: Carnia/Karnien, Collio, Friuli/Friaul

FROSINONE ↑ ROMA – LAZIO

GARDA, LAGO DI, GARDASEE ↑ VENETO

GENOVA, GENUA ↑ LIGURIA

GORIZIA, GÖRZ ↑ FRIULI – VENEZIA GIULIA

GROSSETO ↑ TOSCANA

IMPERIA ↑ LIGURIA

ISCHIA ↑ CAMPANIA

ISERNIA ↑ ABRUZZO – MOLISE

LAGO DI LUGANO ↑ TICINO

LAGO MAGGIORE ↑ LOMBARDIA, PIEMONTE – VALLE D'AOSTA, TICINO

LANGENSEE ↑ TICINO

L'AQUILA ↑ ABRUZZO – MOLISE

LA SPEZIA ↑ LIGURIA

LATINA ↑ ROMA – LAZIO

LATIUM ↑ ROMA – LAZIO

LAZIO ↑ ROMA – LAZIO

LECCE ↑ PUGLIA

LIGURIA, LIGURIEN   Seite 37
Hauptstadt: Genova/Genua
Provinzen: Genova/Genua, Imperia, La Spezia, Savona
Landschaften: Riviera di Levante, Riviera di Ponente (Riviera dei Fiori)

LIPARI, ISOLE, LIPARISCHE INSELN ↑ SICILIA

LIVORNO ↑ TOSCANA

LOMBARDIA, LOMBARDEI   Seite 41
Hauptstadt: Milano/Mailand
Provinzen: Bergamo, Brescia, Como, Cremona, Mantova/
Mantua, Milano/Mailand, Pavia, Sondrio, Varese
Landschaften: Laghi/Oberitalienische Seen, Lago di
Como (Lario)/Comer See, Lago d'Iseo/Iseo-See, Lago
Maggiore/Langensee, Valtellina/Veltlin

LUCCA ↑ TOSCANA

LUGANER SEE ↑ TICINO

LUGANO, LAGO DI ↑ TICINO

MACERATA ↑ MARCHE

MAILAND ↑ LOMBARDIA

MALCANTONE ↑ TICINO

MANTOVA, MANTUA ↑ LOMBARDIA

MARCHE, MARKEN   Seite 46
Hauptstadt: Ancona
Provinzen: Ancona, Ascoli Piceno, Macerata, Pesaro e
Urbino
Landschaft: Riviera Adriatica/Adriatische Riviera

MAREMMA, MAREMMEN ↑ ROMA – LAZIO, TOSCANA

MARKEN ↑ MARCHE

MASSA–CARRARA ↑ TOSCANA

MATERA ↑ BASILICATA

MENDRISIOTTO ↑ TICINO

MESSINA ↑ SICILIA

MILANO ↑ LOMBARDIA

MODENA ↑ EMILIA-ROMAGNA

MOLISE ↑ ABRUZZO – MOLISE

NAPOLI, NEAPEL ↑ CAMPANIA

NOVARA ↑ PIEMONTE – VALLE D'AOSTA

ORISTANO ↑ SARDEGNA

PADOVA, PADUA ↑ VENETO

PALERMO ↑ SICILIA

PARMA ↑ EMILIA-ROMAGNA

PAVIA ↑ LOMBARDIA

PERUGIA ↑ UMBRIA

PESARO E URBINO ↑ MARCHE

PESCARA ↑ ABRUZZO – MOLISE

PIACENZA ↑ EMILIA-ROMAGNA

PIEMONTE – VALLE D'AOSTA
PIEMONT – AOSTATAL   Seite 49
Hauptstädte: Torino/Turin, Aosta/Aoste
Provinzen: Alessandria, Asti, Cuneo, Novara, Torino/
Turin, Vercelli; Aosta/Aoste
Landschaften: Lago Maggiore, Langhe, Monferrato

PISA ↑ TOSCANA

PISTOIA ↑ TOSCANA

PORDENONE ↑ FRIULI – VENEZIA GIULIA

POTENZA ↑ BASILICATA

PUGLIA, APULIEN   Seite 53
Hauptstadt: Bari
Provinzen: Bari, Brindisi, Foggia, Lecce, Taranto/Tarent
Landschaften: Gargano, Murge, Salento, Tavoliere

RAGUSA ↑ SICILIA

RAVENNA ↑ EMILIA-ROMAGNA

REGGIO (DI) CALABRIA ↑ CALABRIA

REGGIO (NELL')EMILIA ↑ EMILIA-ROMAGNA

RIETI ↑ ROMA – LAZIO

RIVIERA ADRIATICA ↑ EMILIA-ROMAGNA, MARCHE

RIVIERA DI LEVANTE ↑ LIGURIA

RIVIERA DI PONENTE (RIVIERA DEI FIORI) ↑ LI-GURIA

ROMA – LAZIO, ROM – LATIUM   Seite 56

Hauptstadt: Roma/Rom
Provinzen: Frosinone, Latina, Rieti, Roma/Rom, Viterbo
Landschaften: Campagna, Castelli Romani, Maremma/Maremmen

ROMAGNA ↑ EMILIA-ROMAGNA

ROVIGO ↑ VENETO

SALERNO ↑ CAMPANIA

SARDEGNA, SARDINIEN   Seite 60

Hauptstadt: Cagliari
Provinzen: Cagliari, Nuoro, Oristano, Sassari
Landschaften: Barbagia, Campidano, Costa Smeralda/Smaragdküste

SASSARI ↑ SARDEGNA

SAVONA ↑ LIGURIA

SIENA ↑ TOSCANA

SICILIA, SIZILIEN   Seite 63

Hauptstadt: Palermo
Provinzen: Agrigento/Agrigent, Caltanissetta, Catania, Enna, Messina, Palermo, Ragusa, Siracusa/Syrakus, Trapani
Landschaften: Isole Eolie/Äolische Inseln, Isole Lipari/Liparische Inseln

SIRACUSA, SYRAKUS ↑ SICILIA

SIZILIEN ↑ SICILIA

SMARAGDKÜSTE ↑ SARDEGNA

SONDRIO ↑ LOMBARDIA

SOPRACENERI ↑ TICINO

SOTTOCENERI ↑ TICINO

SÜDTIROL ↑ TRENTINO – ALTO ADIGE

TARANTO, TARENT ↑ PUGLIA

TERAMO ↑ ABRUZZO – MOLISE

TERNI ↑ UMBRIA

TICINO, TESSIN   Seite 67

Hauptstadt: Bellinzona
Kantonsteile: Sopraceneri, Sottoceneri
Landschaften: Lago di Lugano, Ceresio/Luganer See, Lago Maggiore, di Verbano/Langensee, Luganese, Malcantone, Mendrisiotto

TORINO   ↑ PIEMONTE – VALLE D'AOSTA

TOSCANA, TOSKANA   Seite 70
Hauptstadt: Firenze/Florenz
Provinzen: Arezzo, Firenze/Florenz, Grosseto, Livorno,
Lucca, Massa-Carrara, Pisa, Pistoia, Siena
Landschaften: Chianti, Isola d'Elba/Insel Elba, Marem-
ma/Maremmen, Versilia

TRAPANI   ↑ SICILIA

TRENTINO – ALTO ADIGE
TRENTINO – SÜDTIROL   Seite 74
Hauptstadt: Trento/Trient
Provinzen: Bolzano/Bozen, Trento/Trient
Landschaften: Brennero/Brenner, Dolomiti/Dolomiten,
Valle Isarco/Eisacktal, Val Venosta/Vintschgau

TRENTO   ↑ TRENTINO – ALTO ADIGE

TREVISO   ↑ VENETO

TRIENT   ↑ TRENTINO – ALTO ADIGE

TRIESTE, TRIEST   ↑ FRIULI – VENEZIA GIULIA

UDINE   ↑ FRIULI – VENEZIA GIULIA

UMBRIA, UMBRIEN   Seite 77
Hauptstadt: Perugia
Provinzen: Perugia, Terni
Landschaften: Lago Trasimeno, di Perugia/Trasimeni-
scher See, Valle Umbra/Umbertal, Valneria/Nera-Tal

URBINO   ↑ MARCHE

VALLE D'AOSTA   ↑ PIEMONTE – VALLE D'AOSTA

VALTELLINA   ↑ LOMBARDIA

VARESE   ↑ LOMBARDIA

VATIKANSTAAT   ↑ ROMA – LAZIO

VELTLIN   ↑ LOMBARDIA

VENETO, VENETIEN   Seite 81
Hauptstadt: Venezia/Venedig
Provinzen: Belluno, Padova/Padua, Rovigo, Treviso,
Venezia/Venedig, Verona, Vicenza
Landschaften: Lago di Garda, di Benaco/Gardasee, Lido

VENEZIA   ↑ VENETO

VENEZIA GIULIA   ↑ FRIULI – VENEZIA GIULIA

VERCELLI   ↑ PIEMONTE – VALLE D'AOSTA

VERONA   ↑ VENETO

VERSILIA   ↑ TOSCANA

VICENZA   ↑ VENETO

VINTSCHGAU   ↑ TRENTINO – ALTO ADIGE

Vergleicht man, wie das gern geschieht, die Form des Landes Italien mit einem hohen Schaftstiefel, lägen Abruzzen und Molise, mit denen wir, alphabetischer Ordnung folgend, unsere kulinarische Rundreise beginnen wollen, im Wadenteil, als Scharnier zwischen Nord und Süd. Und in der Tat, wer durch Italien fährt, kommt um dies Berg- und Hügelland nicht herum. Oder vielmehr: Er kommt auf jeden Fall daran vorbei, aber selten in es hinein. Vielleicht weckt der rauhe Klang „Abruzzen" (es sei gleich klargestellt: *Abruzzi* nennt der Italiener die Gebirgslandschaft im Apennin, *Abruzzo* den Verwaltungsbezirk, in dem sie liegt) immer noch Vorstellungen von finsteren Briganten, wie sie einst aus undurchdringlichen Wäldern, aus Höhlen und Schlupflöchern auszogen, in einer verwegenen Mischung von Edelmut und Raubgier Gerechte wie Ungerechte zu strafen. Von dieser Räuberromantik ist jedoch nichts übriggeblieben (und wenig genug von den Wäldern), die Banditen haben sich in einträglichere, von Touristen bevölkerte Gefilde verzogen.

Gleichwohl, die unwegsame Landschaft, die weiten Hochebenen, die sich gegen die steil ragenden Gipfel des Apennins hinziehen, deren höchster der Gran Sasso ist, von dem aus man bei einigem Glück das Tyrrhenische wie das Adriatische Meer sieht, sie lassen immer noch ein Gefühl so wilder Einsamkeit aufkommen, daß man nicht überrascht wäre, träte einem daraus ein schnauzbärtiger Rinaldo Rinaldini oder ein Fra Diavolo entgegen im breitkrempigen Filzhut und mit angelegter Flinte. Dies gilt besonders für den prächtigen Nationalpark, in dem noch Braunbären und Wölfe hausen, Steinadler und – der Feinschmecker wird sich's merken – Wildschweine.

Inzwischen sind die Berge der Abruzzen, wie das mit vormals reinen Landschaften heute so geht, das bevorzugte Wander- und Skigebiet der ruhebedürftigen, abgasgeschädigten Römer und Neapeler. Weiter unten aber ziehen wie seit Jahrhunderten Schafherden von Weide zu Weide. Die *agnelli* und *caprette*, Lämmer und Zicken, liefern würziges Fleisch und *peccorini*, milde, fette Käse, die man wie die weichen *caciocavalli* und *scarmorze* aus Kuhmilch gern über Holzkohlenfeuer brät und mit einer Scheibe Brot in rezenter Sauce als währschafte Mahlzeit zu sich nimmt.

Überhaupt ist die abruzzische Küche einfach, aber beileibe nicht einfältig oder gar fad. Dafür sorgen schon die *peperoncini*, leuchtend rote Pfefferschötchen, die, getrocknet oder in Olivenöl eingelegt, das damit zum *olio santo* wird, fast alle Speisen und Saucen würzen; sie sind teuflisch scharf und heißen deshalb auch *diavoletti*, Teufelchen. Apropos Gewürze: In den Abruzzen, unweit der alten, einst reichen Provinzstadt L'Aquila – davon zeugen die vielen Plätze und Brunnen –, wird der beste Safran Italiens gewonnen, der *zafferano*. Er ist kostbar, weil für ein Kilo die Narben von gegen 80 000 Krokusblüten gelesen werden müssen. Die Einheimischen gehen denn auch sparsam damit um und schicken ihn lieber für den berühmten Risotto nach Mailand oder zu den Signori ins reiche Rom. Dorthin verdingen sie sich, auf der Suche nach einem Auskommen, gern gleich selbst, als Handwerker und Händler, Kellner und Köche. Die Trattorien, in denen sie wirken und wirten, zählen in der Metropole zu den besten, beliebtesten.

Ihren Fleiß, ihr Geschick bringen die Abruzzesen aus ihrer Heimat mit, wo in abgelegenen Dörfern das Kunstgewerbe bis vor kurzem lebendig war: Töpferei, Eisenschmiederei, Spitzenklöppelei, die Fertigkeit nicht zu vergessen, Nudelteig durch einen mit Drähten bespannten Holzrahmen zu pressen und daraus leckere *maccheroni alla chitarra* zu machen.

Sollte nun der Eindruck entstanden sein, dem kargen Boden der Abruzzen seien nur Hirten und Handwerker entsprossen, soll das gleich berichtigt werden: Neben alten, uralten Zeugnissen einer bewegten Vergangenheit, die man, wenngleich meist verstreut, überall antrifft, hat er auch bedeutende Geister hervorgebracht. Der römische Dichter Ovid klagte noch aus der bitteren Verbannung „Sulmo mihi patria est", „Sulmona ist meine Heimat". Die ehrwürdige Stadt hat ihm seine Anhänglichkeit bis heute gedankt, überall stößt man dort auf sein Konterfei, selbst auf den Busfahrscheinen. Aus der alten Festungsstadt Pescina stammte Giulio Mazzarino, der als Kardinal Mazzarin jahrelang die Geschicke Frankreichs lenkte. Solch herausragende Köpfe lassen sich bis in die jüngste Zeit verfolgen. In Pescara, der lebhaften Küstenstadt an der Adria, wurde Gabriele d'Annunzio geboren, leidenschaftlicher Dichter, Politiker und „superuomo", in Pescasseroli, einer beliebten Sommerfrische (im ganz wörtlichen Sinn) der Denker Benedetto Croce, der mit seiner Ästhetik gegen die „decadenza" seines Landsmanns anschrieb, und Pescina kam mit Ignazio Silone nochmals zu Ehren. Er war der „abruzzischste" aller Dichter dieses Landstrichs, seine Romane handeln vom harten Leben seiner verschuldeten Kleinbauern und rechtlosen Tagelöhner zwischen Hoffnungslosigkeit und Auflehnung – das *dolce far niente*, süße Nichtstun kennen dort nur die Touristen.

Gegen die Küste zu wird das Land wirtlicher, Olivenhaine wechseln mit Mais- und Getreidefeldern, in den verräucherten Küchen hängen pfeffrige Schinken und Schweineleberwürste, *fegati*, Knoblauch und Zwiebeln, in den einfachen, aber gastfreundlichen Osterien wird man zu einem herzhaften *minestrone* eingeladen, einer dicken Fleisch- und Gemüsesuppe, oder zum *cotturo brodettato*, einem geschmorten Lamm oder Zicklein in würziger Sauce. Dazu trinkt man – die *peperoncini* machen Durst! – einen der wenigen, aber ehrlichen Weine der Region, einen *Abruzzo* oder, lieber noch, einen leichten weißen *Trebbiano* oder einen süffigen roten *Montepulciano*.

Zum Nachtisch gibt es mancherlei Gebäck, die *tarallucci* aus Hefeteig, den *parrozzo* mit Mandeln und Schokoladenüberzug („die süßeste aller Süßspeisen" nannte ihn d'Annunzio) oder dann das wunderhübsche Konfekt, die *confetti di Sulmona* in Form bunter Blüten und magischer Zeichen, die ich mir gern als kulinarische Souvenirs nach Hause nehme. Darauf setzt man einen der trefflichen Liköre – nicht von ungefähr verstehen sich alle Bergvölker auf das Brauen wärmender Magenlabe. In den Abruzzen sind das der *Centerbe*, das Hundertkrautwasser, das angeblich Tote zum Leben erweckt, der herbsüße *Nocino* aus Nüssen oder was es sonst noch an starken, stärkenden Elixieren gibt.

Wir kommen zur Küste. Von einem der vorgelagerten Hügel aus, vom malerisch gelegenen Chieti etwa, haben wir einen schönen Blick auf die fruchtbaren Ebenen bis hin zu den langen Badestränden, die noch – wie lange noch? – nicht so überlaufen sind wie ihre Nachbarn. In Pescara schließlich, der nach dem Zweiten Weltkrieg großzügig wiederaufgebauten Gartenstadt, können wir genießen, was das hier noch einigermaßen saubere Meer hergibt: Fische aller Arten, grilliert, fritiert oder in einer großartigen Suppe, *brodetto di pesce*, der italienischen Bouillabaisse, Meereskrebse, *canocchi*, Kalmare, *calamari*, und Tintenfische, *seppie*. Fortsetzen kann man die Schlemmerreise die Küste hinunter im Molise, der kleinsten Provinz Süditaliens, einer Art unscheinbaren, aber darum nicht weniger attraktiven Schwester des Abruzzo. Hier herrschen ebenfalls die *peperoncini*, sie würzen Suppen, Teigwaren und *cavatelli*, Klöße aus Mehl und Kartoffeln. Auch sonst ist dieses fruchtbare Land einen Abstecher wert: Auf friedlichen Weiden Rinder und Schafe, und neben Brotgetreide erzeugt der Boden begehrtes Exportgut, Gemüse und Obst, Feigen und Oliven, Waldpilze und Honig.

Wenn man erfährt und erlebt, daß es im Molise noch Enklaven gibt, wo Albanisch geredet wird, wo slawische Trachten und Bräuche bewahrt blieben, kommen einem die alten Kunden von der *invasione dei turchi*, vom Einfall der Türkvölker vor Zeiten in den Sinn – die Vergangenheit hat uns, wie so oft in Italien, eingeholt.

BASILICATA – BASILIKATA

Ja, wir werden uns daran gewöhnen müssen, in Italien auf, wörtlich, Schritt und Tritt die Spuren einer großen alten Vergangenheit zu finden. Das gilt selbst für die Basilikata, eine der ärmsten Regionen des Landes. Ihr Name leitet sich vom *basilikòs* her, dem einstigen byzantinischen Verwalter. Hier, im antiken Lukanien am Golf von Tarent gegen das Ionische Meer, siedelten sich im Laufe der Jahrhunderte Osmanen und Hellenen, Araber und Sarazenen, Normannen und Hohenstaufen an. In der Griechenstadt Metapont, heute mit ihrer reizvollen Mischung von Tempelruinen und einladendem Lido ein freundlicher Badeort, versammelte der Mathematiker und Naturphilosoph Pythagoras seine Jünger um sich, mit ihnen seine Lehre vom sittlichen Sein zu leben, in Venosa, der uralten Samniterstadt an der Grenze zu Apulien, wurde Horaz geboren, der lateinische Strophensänger.

Landeinwärts hat sich, möchte man meinen, wenig geändert. Die Straßen führen in Schleifen den Bergen zu, durch halbverlassene Dörfer, wie sie der hierher verbannte Schriftsteller Carlo Levi noch in unserem Jahrhundert geschildert hat, „jene in Schmerz und Brauchtum verstrickte, unendlich geduldige Welt". Für den Basilikaner ist die Zeit nicht das Maß des Geschehens, nicht das Zählwerk der Jahre, sondern nur ein Tropfen Ewigkeit. Durch verkarstete Senken bohren sich Rinnsale, die in der Regenzeit zu tosenden Sturzbächen anschwellen, Felsstücke und, schlimmer noch, gute Erde mit sich reißend. Das Land, jahrhundertelang verwahrlost, rächt sich an seinen Bewohnern. Als sei dies der Heimsuchung nicht genug, erinnern da und dort Trümmer eines Kastells auf ragendem Fels daran, daß hier einst Burgherren aus Deutschland, Frankreich und Spanien hausten, deren Zwingherrschaft mittlerweile feudale Großgrundbesitzer fortführen. Das trieb die Menschen zur Flucht in die wenigen Städte, nach Matera zum Beispiel, in die *sassi*, ein in Tuffwände gehauenes Gewirr von Treppen und Gäßchen, die zugleich Dach und Boden sind primitiver Unterkünfte. „In diesen dunklen Höhlen sah ich elendes Mobiliar, Betten und ein paar zerlumpte Kleider, die zum Trocknen aufgehängt waren. Auf der Erde lagen Hunde, Schafe, Ziegen und Schweine" (Levi). Ob es den Behörden, wie sie es vorhaben, gelingt, aus diesem – für Touristen, zugegeben, malerischen – Elendsquartier eine menschenwürdige Heimstätte zu machen, ob die vielgeschossigen Wohnsilos, eine moderne Art troglodytischer Massenbehausung, wie sie in der Provinzhauptstadt Potenza errichtet wurde, wirklich eine Lösung sind, steht noch in den Sternen, die über diesem Land so hell glänzen, aber die Zukunft dennoch nicht preisgeben.

Denn sein bißchen Lebensqualität findet der Basilikaner immer noch am ehesten auf dem Land, auf seinem Land. Dort bestellt er seinen Acker, dort übt er sein Kunsthandwerk, dort zieht er sein Schwein auf, den Reichtum des armen Mannes. Das Schlachtfest am Tag des hl. Antonius ist denn auch einer der Höhepunkte des Jahres, da wird aufgefahren, was der Tisch trägt, Gesottenes, Geschmortes, Gebratenes, Schinken, Speck und Würste. Schon der lateinische Autor Varro berichtet, wie die römischen Soldaten hier lernten, gehacktes Schweinefleisch kräftig zu würzen und in Därme abzufüllen. Seither tragen die mit Knoblauch, Paprikaschoten und Pfeffer angereicherten *luganighe* den Namen Lukaniens in alle Welt. Was an Fleischresten übrigbleibt, wird als *pezzentini*, „Hungerschlukker", in Öl eingemacht, eine gleichfalls wohlschmeckende Spezialität der Basilikata.

Mehl, Wasser und Hartweizengrieß, das gibt es fast überall in Italien, auch in den ärmsten Ecken, und wo es die gibt – wenn es hoch hergehen soll, mit frischen Eiern verfeinert –, da gibt es auch *pasta*, Teigwaren. Ein anspruchsloses und, seien wir ehrlich, eher geschmacksneutrales Nahrungsmittel, aber ein kleines kulinarisches Wunder: Ein Flocken Butter, eine leckere Sauce, eine feine Füllung, und aus dem Aschenbrödel wird eine verführerische Prinzessin. Kommt noch hinzu, daß bei der Herstellung von Teigwaren der gestalterischen Phantasie keine Grenzen gesetzt sind – auch da geschieht auf der Zunge jeweils ein Mirakel, je nach Form verändert sich nämlich, so empfinde ich es wenigstens, der Geschmack, seien es *spaghetti* oder *ravioli, cannelloni* oder *tortelloni*. Es gibt ihrer über hundert Sorten, wir werden ihnen auf unserer gastronomischen Reise durch Italien immer wieder begegnen.

Zunächst also in der Basilikata. Dort heißen sie *fusilli*, Spirälchen, *ferretti*, Stäbchen, *lagane*, Bandnudeln, *cavatieddi*, Röllchen, oder wie sonst noch. Gereicht werden sie zu frischem Gemüse, vor allem roten und grünen Pfefferschoten, Auberginen und feinen roten, süßlichen Zwiebeln – die mit Tomaten, Petersilie und Olivenöl auch in die köstliche *peperonata* wandern –, oder bei besonderen Gelegenheiten zu einem Lamm- oder Schweineragout. Im Alltag allerdings treten herrlich frische Waldpilze, *funghi del bosco*, an ihre Stelle, die man mit Zwiebeln, Knoblauch, Petersilie und feinen Kräutern brät oder schmort, ein Fest für Auge und Magen.

„Nunc est bibendum" ruft schon Horaz aus, „nun laßt uns trinken". Auch dafür ist in der Basilikata gesorgt. Fährt man gen Norden Apulien zu, durch schöne Wälder mit frischen Quellen und fischreichen Flüssen, winkt einem der mächtige Kegel des Monte Vulture entgegen, eines erloschenen Vulkans. Um ihn herum eine malerische, fruchtbare Landschaft, die seit der Steinzeit den Menschen anzog, sich ins poröse Gestein einzugraben und die Felder zu beackern. In diesem Hügelgebiet liegen auch die Rebhänge, die der Basilikata neben Malvasiern und Muskatellern ihren besten Rotwein schenken, den *Aglianico del Vulture*. Er ist rubinfarben, fruchtig im Aroma und nimmt mit dem Alter die Reife in sich auf, die diese Landschaft in Jahrtausenden entwickelt hat, bis sie zum reizvollen, erholsamen Feriengebiet wurde.

CALABRIA – KALABRIEN

Den Mezzogiorno sollte man nicht nur als den Süden Italiens übersetzen, sondern auch wörtlich als seinen Mittag, hier stand nämlich die Sonne unserer Kultur schon früh hoch, von hier aus erweckte und erwärmte sie ganz Europa. Am Ionischen Meer gründeten die Griechen im 6. Jahrhundert vor Christus die reiche Handelsstadt Sybaris, einen zum Sprichwort gewordenen Hort von Wohlleben und Luxus, und in Regium, dem späteren Reggio di Calabria an der Straße von Messina, betrat der Apostel Paulus auf seiner Reise als Gefangener nach Rom zum ersten Mal den Boden Italiens, von hier aus trat der neue christliche Glaube seinen langen, schweren Gang durch unseren Kontinent an.

Wir befinden uns in Kalabrien, der schmalen Stiefelspitze Italiens. Solche Gegensätze prägten das Land von alters her, Lebenskultur und Askese, Ruhm und Vergessenheit bis hin zur Natur zwischen Berg und Meer. Den Rücken der Sila-Hochebene entlang mit Matten und Weiden unter weißen Schneegipfeln, wo auch die südlichsten Skilifte Italiens stehen, erstrecken sich zu beiden Seiten zwei sehr unterschiedliche Küstenstriche den Meeren entlang, dem Tyrrhenischen im Westen, dem Ionischen im Osten. Hier, wo das Meer noch sauber ist und der Sand fein weiß, machen vorwiegend Italiener Ferien – einer weiteren Empfehlung bedarf es wohl kaum. Die andere Seite längs der Autostrada del Sole steht schon eher im Rampenlicht des Tourismus. Nicht nur die Strände und Buchten mit Grotten und kleinen Inseln davor laden den Besucher, sondern auch der grüne Saum mit seinen Zitrusplantagen, Olivenhainen, mit Palmen, Bananen, Bougainvilleen und Mimosen machen diesen Landstrich zu einem blühenden Garten Eden. Orangen, Mandarinen, Zitronen, Aprikosen, Pflaumen, Feigen und Mandeln sind seine Frucht, und gegen Süden zu gedeihen wie nirgendwo anders die Bergamotten, eine Pomeranzenart, aus der seit Jahrhunderten ein begehrtes ätherisches Öl für Parfüms gewonnen wird. Ebenso alt ist der Schwertfischfang von langen, schmalen Booten aus in der Meerenge von Messina, eine dramatische, blutige Jagd mit dem Wurfspieß nach überliefertem Brauch. Einmal auf dem Tisch, ist der thunfischähnliche *pesce spada*, mit feinen Kräutern in Scheiben gekocht, ein Leckerbissen.

Auch im Landesinnern, in den verstreuten Dörfern inmitten heimatlich anmutender Buchen-, Eichen-, Kiefer- und Fichtenwälder, begegnet man einer geradezu antiken Gastfreundschaft. Das ist sogar wörtlich zu nehmen, denn dort leben noch ethnische Minderheiten, die „Grekani", Albaner und Griechen, die von hellenischen Siedlern abstammen, ihre Sprache sprechen und deren Bräuche pflegen. Auf den Straßen streunen zufrieden kleine schwarze, halbwilde Schweine, die am Schlachttag mit Tomaten, Pfefferschötchen und Wein in den *soffritto* wandern, ein herzhaftes Ragout, oder in ebenso kräftig gewürzte Würste, mit Schnüren zusammengebundene *capocolli* aus Nacken- und Kopfstücken mit viel gehacktem Pfeffer, *'nduglie* oder *morselli*. Und jede Hausfrau hat, versteht sich, ihr eigenes Rezept für Teigwaren, *filatieddi*, eine Art hohle Spaghetti, *maccaruni, strangolapreti*, „Pfaffenwürger", robuste *gnocchi*. Oder dann bäckt sie eine *pitta*, einen Hefefladen, um darin das Ragout, hier *murseddu* genannt, einzurollen.

Es ist irrig, die kalabrische Küste, wie das oft geschieht, als ein Produkt nur von Pfefferschoten und Oliven abzustempeln. Daneben gibt es dort nämlich wie nirgendwo sonst saftige, aromatische Auberginen, süße rote Zwiebeln – es lohnt sich, seine Mahlzeit einmal auf eine *parmigiana* zu beschränken, einen Auflauf aus wunderbar frischen, reinen Gemüsen und Kräutern. Diese spielen selbst beim Fisch ihre belebende Rolle, bei der *mustica* etwa, mit Paprikaschoten und Pfeffer in Olivenöl eingelegten jungen Sardellen, oder den *sarde a scapece*, mit Knoblauch, Minze in Essig und Öl gebackenen Sardinen.

Wo die Natur ihre Gaben so verschwenderisch ausbreitet, fehlt es natürlich nicht an delikaten, pikanten Käsen, *caciocavalli, calabresi, provole* – *a pasta filata*, gebrühte Knetkäse nennt man sie im Fachjargon –, an *pecorini*, Schafkäsen, und *ricotte*, Frischkäsen aus Molke. Die wirklich süßen Süßspeisen erinnern mit viel Honig, Mandeln und Feigen hingegen an den hier immer noch nahen Orient.

„Oinotrina", „Land des Weins" nannten die Griechen Kalabrien, als sie die Ionische Küste betraten, die „Magna Graecia" zu gründen – „die Griechen, ein Volk, das sich selbst unmäßig zu rühmen pflegte, fällten über dieses Land das ehrenvollste Urteil, indem sie es Großgriechenland nannten", stellte der Lateiner Plinius der Ältere anerkennend fest –, und Dionysos verteilt dort immer noch seine Gaben, den *Cirò*, einen der besten Rotweine Italiens, den altehrwürdigen – nomen est omen – *Greco di Bianco*, üppig und voluminös, den *Pollino, Donnici* und viele entdeckenswerte mehr.

Das alles führt dazu, daß sich in den Erholungsgebieten um die Zentren herum auch Gaumen und Magen wohlfühlen: in Cosenza, der winkeligen Kapitale am Busento, in dessen Bett nach Platens berühmter Ballade die Leiche des Westgotenkönigs Alarich ruht, im geschäftigen Catanzaro, das man über einen großartigen Viadukt erreicht, mit seinem Zauberblick auf das Ionische Meer, oder in der Hauptstadt Reggio di Calabria, von dessen Uferpromenade, der „schönsten Meile der Welt" (d'Annunzio), aus man nach Sizilien hinübersieht und auf den Ätna. Man wird in Italien gern der vielen Museen müde (ja, ja, eines sehenswürdiger als das andere...), aber das Museo Nazionale della Magna Grecia lohnt einen Besuch, hier werden Sage und Geschichte lebendig. Und wenn man dann von Reggio aus durch die Straße von Messina, den „schiffezertrümmernden Sund" (Ovid) nach Sizilien übersetzt (wer etwas sehen will, nehme lieber den normalen Fährdampfer als das Tragflügelboot, den *aliscafo*), kommt man am steilen Felsenkap Skylla vorbei, wo sich gegenüber der Charybdis griechische und lateinische Fluten strudelnd begegnen, „furchtbar und schrecklich, grausam und unüberwindlich" nennt sie Homer in der Odyssee. Ein stetes Denk-Mal, daß hier Antike und Gegenwart nah beieinander sind.

CAMPANIA – KAMPANIEN

Manchmal befällt mich beim Abfassen dieser Provinzbeschreibungen die Sorge, es möge mir nicht gelingen, auf den paar zur Verfügung stehenden Seiten die Fülle von prallem Leben, Kultur und Geschichte, Sehens- und Genießenswertem, deren einzelne Regionen randvoll sind, nachzuzeichnen. So geht es mir zum Beispiel mit Kampanien, und ich muß den hoffentlich geneigten Leser zum vornherein um Nachsicht bitten, wenn ich vieles nur antippen kann. Anderseits sollen diese Berichte ja aber auch zu eigenen Entdeckungen anregen.

Dazu bietet gerade die „Campania felix" der alten Römer reichlich Gelegenheit. Man spürt es schon, wenn man, von Rom her etwa, nach Kampanien kommt, eine der lebendigsten, fruchtbarsten Regionen des Südens zwischen Apennin und Meeresküste: Hier beginnt der „Mezzogiorno", hier vereint sich uralte Vergangenheit mit geschäftiger Moderne. Nach der Fahrt die Via Appia hinunter an Zitrus- und Feigengärten vorbei, an Myrten, Granatbäumen und Ölzweigen, die schon Goethe auf seiner „Italienischen Reise" beeindruckten, mit Ortschaften dazwischen aus weißen Hauskuben und antiken Stätten, verstärkt sich dies Gefühl, wenn man durch amorphe Vorstädte und einen dröhnenden, schlecht beleuchteten Tunnel in Neapel einfährt, der „orientalischsten Stadt des Abendlands, der westlichsten des Orients" (Fortunato).

Der Beton der Boden- und Bauspekulanten frißt sich wie ein Krebs die Hügel hinan durch alte Quartiere, wo das Leben wie seit Jahrhunderten in engen, mit Kindern und Wäsche, Volk und Fahrzeugen vollgestopften Gassen seinen zeitlosen, rastlosen Lauf nimmt und wo noch die *camorra* herrscht, jenes Gangstersyndikat, das seine Pfründe aus Schmuggel, Drogenhandel, Prostitution und, vor allem, Schmiergeldern eintreibt, daran aber auch, das sei zugestanden, Arbeitswillige und Arme teilhaben läßt. Ein Gang (möglichst ohne Tasche und Schmuck) durch die wirblige Altstadt, an abbruchreifen Häusern und noblen Palazzi vorbei, an bunten Marktständen und geheimnisvollen Barockhöfen, führt einem vor Augen (und vor Ohren), wie nah hier arm und reich, jung und alt beisammenwohnen. Dieses Neben-, Durcheinander hat den Neapolitaner zu seinem aus Resignation und Überlebenskraft gemischten Gleichmut erzogen, der ihn viel vertragen, aber nie verzagen läßt.

So ein Streifzug macht müde und hungrig, und auch dagegen bietet Neapel jede Möglichkeit, denn hier sind *pizza* und *pasta* daheim, jener knusprig heiße Hefefladen, der sich die ganze Welt erobert hat, aber nirgends so mundet wie hier – am liebsten habe ich die, wie der Musiker sagt, Urfassung „Margherita" mit Mozzarella, Tomaten, Basilikum und vielleicht noch ein paar Sardellenfilets, und die Teigwaren von den Hartweizenfeldern der Campania, *maccheroni*, Makkaroni, die hier gern *vermicelli* genannten *spaghetti, panzerotti* und wie immer sie heißen, es soll ihrer einige Hunderte geben. Machen Sie selbst die Probe (leider kann man dazu nicht Sophia Loren mitnehmen, denn sie ist nicht nur eine schöne Frau, sondern auch eine phantastische Nudelköchin, das kann ich versichern, – kein Wunder, stammt sie doch aus dem nahen Pozzoli). Diese naturreine Kost schmeckt überall gut, an einem Stand im Stehen gegessen, in einer einfachen Trattoria oder im gepflegten Restaurant. Für weitere Spezialitäten läßt man sich am besten in eine neapolitanische Küche einladen, denn sie ist im Grunde häuslich-bürgerlich, Fleisch mit vielem feinen Gemüse der Campania, Auberginen, Brokkoli, Fenchel, Karden, Kartoffeln auch, als *ragù* oder nahrhafte *minestra, zuppa*, mehr Eintopf als Suppe. Nicht zu vergessen die *San-Marzano*-Tomaten, die allen Saucen und Speisen ihren unvergleichlichen Geschmack geben. Dem Büffelkäse *mozzarella* sind wir schon auf der Pizza begegnet, aber daneben gibt es noch *scarmorze, caciocavalli* und andere Sorten des Südens. Von den süßen Desserts seien nur die *struffoli* genannt, kleine verlockende Teigwürfel mit Honig und kandierten Zedrat-, Zitrusstücken, die cremige *pastiera* und die reich gefüllten *sfogliatelle*. Dazu oder darauf *'na tazzulella e' caffè*, für mich der beste, aromatischste Kaffee ganz Italiens, das uns in dieser Hinsicht ja ohnehin verwöhnt. Zu guter Letzt lasse man sich von einer glutvollen Hexe verzaubern, dem bittersüßen Likör *La Strega*, er kommt aus dem sagenumwobenen Benevent nebenan.

Neapel ist, auch geistig, ein Ort der Sinne. Es ist die philosophische Hauptstadt Italiens von Giordano Bruno bis Benedetto Croce, in unserem Jahrhundert, auch politisch, das Gewissen des Landes. Als Musiker, der ich ja eigentlich bin, möchte ich auch darauf hinweisen, daß schon der junge Konservatoriumsschüler mit dem „Neapolitaner" bekannt gemacht wird, einem alterierten Akkord, wie er dort in der Opernmusik oft vorkam. 1737 wurde nämlich das Teatro San Carlo erbaut, eines der größten, glanzvollsten Opernhäuser der Welt, das Neapel lange Zeit zur musikalischen Hauptstadt machte, von Alessandro Scarlatti und Pergolesi bis zum melodienseligen Bellini. Überhaupt war (und blieb) Neapel das Reich der Melodie, des Belcanto, dafür sorgten neben aller Kunst die Canzoni, jene einschmeichelnden volkstümlichen Lieder, die von Lachen und Weinen, von Zärtlichkeit und Spott singen und so gar nichts zu tun haben mit jenen Talmiweisen, zu denen der „sole mio" dort auch zu verführen scheint.

Das Wahrzeichen Neapels ist der Vesuv, ein Vulkan, der zwar keine Rauchfahne mehr zeigt, aber noch lebt; wer im Kraterkessel herumklettert, spürt eine schlummernde Kraft, die einen beunruhigen könnte. Denn im Jahr 79 nach Christus spie er einen gewaltigen Lavapfropfen aus, Magma und Asche verschütteten alles ringsum. Dieser Katastrophe verdanken wir aber auch die besterhaltene Stadt der Antike, heute ergeht man sich im zum Teil wieder freigegrabenen Pompeji auf lavagepflasterten Straßen zwischen feudalen Villen, besichtigt Werkstätten, Garküchen und Bordelle, pilgert vom Forum zu Tempeln, Thermen und Theatern, ein eindrücklicher, fast beklemmender Gang durch unsere Vergangenheit.

„Den wunderlichen, halb unangenehmen Eindruck dieser mumisierten Stadt wuschen wir wieder aus den Gemütern, als wir in der Laube, zunächst des Meeres, in einem geringen Gasthof sitzend, ein frugales Mahl verzehrten", schrieb Goethe nach solch einem Besuch. Machen wir's ihm nach, denn dort gibt es *alici* und *sarde*, Sardellen und Sardinen, mit Kräutern gebraten, auch sonst Fisch, daneben *vongole, cozze, calamari* und *seppie*, Muscheln und Tintenfische, wie sie schon Herz und Zunge des Lucullus erfreuten, der sich nach einem kriegerischen Leben in dieser Gegend zu genüßlicher Ruhe niederließ.

Neapel und seine vielgepriesene Küste – Sorrent, Amalfi, Salerno, sie hätten alle einen eigenen Abschnitt verdient oder zumindest ein anschauliches Beiwort – sind eines der Gesichter Kampaniens, die vorgelagerten Inseln Capri und Ischia ein anderes.

Die Capresen haben sich mit dem Besucherstrom durch ihre „Insel der Glückseligen" jahraus, jahrein abgefunden, es sind ja Fremde, die Ärmsten. Unzählige Lebens- und andere Künstler haben hier und in unseren Köpfen Spuren hinterlassen, Byron, Gorki, Rilke, Axel Munthe in der Villa San Michele, wer zählt die Völker, nennt die Namen? Alle fanden sie in diesem „kleinen Welttheater" (Cerio) als Zuschauer und Akteure den reinen Akkord von Natur und Kultur. Den kann auch der bescheidene Tourist nachempfinden auf einem Spaziergang durch die homerische Landschaft, durch blühende Gärten und Haine mit Durchblicken immer wieder auf das amethystblaue Meer. Auf der belebten Piazza sodann ein belebender Schluck Kaffee oder vom Wein, der hier wächst, fein und spritzig, oder vom *Vesuvio*, der von den Lavahängen des Festlands gegenüber herkommt – wenn er viel Alkohol hat, als *Lacryma Christi*, Träne Christi. Auch sonst kredenzt Kampanien manchen Wein, der den weichen Zauber dieser Landschaft bannt, *Fiano, Greco di Tuffo, Taurasi* aus Avellino *Solopaca, Taburno* aus Benevento sowie, nicht zuletzt, den *Ischia*, weiß wie rot duftig und delikat.

Damit sind wir auf der anderen großen Insel Kampaniens. Lockt einen glückselige Harmonie nach Capri, sucht man in Ischia neue Jugend: Dort sprudeln heiße Mineralquellen aus dem vulkanischen Boden, brodelt heilkräftiger Schlamm in Felsspalten, sie verheißen dem Badegast Genesung und Verjüngung. Darüber sei nicht vergessen, daß man auf Ischia auch sonst geruhsame Ferien verbringen kann, je nach Lust und Portemonnaie in exklusiven Hotels oder einfachen Pensionen, denn auch wenn es dort heute wohl mehr Autos gibt als Fischerboote - die Gastfreundschaft allüberall ist geblieben.

EMILIA-ROMAGNA

„Dort ist ein Berg aus geriebenem Parmesan, auf dem Menschen stehen, die nichts anderes machen als Makkaroni und Ravioli, die sie in Kapaunenbrühe kochen und dann den Berg hinunterkollern lassen" – bei dieser deftigen Szene muß Boccaccio an die Emilia-Romagna gedacht haben, das Schlaraffenland Italiens den Apennin entlang von der Lombardei bis zur Adria. Es sei mir deshalb erlaubt, für einmal mit den Leckereien zu beginnen, deren es voll ist, schließlich sind sie ja das Generalthema unseres Buches.

Auch für mich hängt der emilianische Himmel voller herrlicher Würste, dicker, dünner, kurzer, langer, angefangen mit dem *zampone*, gefüllten Schweinsfuß, den schon Rossini und Garibaldi so sehr schätzten, der Schinkenwurst *culatello*, der *salama da sugo* mit Leber und Zunge, dem dreizipfligen „Pfaffenhut" *cappello del prete*, der allbeliebten *mortadella* mit Pistazien und Speckwürfeln und vielen mehr, alle aus Schweinefleisch, alle kräftig gewürzt – beim Aufzählen allein läuft einem das Wasser im Munde zusammen! Ob im *bollito misto*, dem gemischten Geschmorten, mit Kartoffelmus zu Linsen oder einfach als appetitanregende

Vorspeise zu einer *piada*, dem mürben Fladen vom heißen Stein, sie sind allemal ein fetter Festschmaus. Dem
Gipfel der Fleischeslust, dem Schinken aus Parma, werden wir in jener Stadt begegnen.

Ebenso üppig geht es bei den Teigwaren zu: Da gibt es
anolini, runde Teigtaschen, *lasagne*, überbackene Nu-
delbänder, *tortellini*, kleine Teigringe, und was man
sich ausdenken mag, mit Eiern hausgemacht und von
Ort zu Ort mit Fleisch, Gemüse, Käse verschieden gefüllt. Denn dies ist ja auch das Land des Parmesan, des
parmiggiano reggiano. Die ganze Feinschmeckerwelt
kennt und schätzt ihn als *grana*, körnigen Reibkäse.
Weniger bekannt ist, daß er reif (das muß er allerdings
sein) auch als Tafelkäse ausgezeichnet schmeckt, mild
rezent, nach dem Essen zu Birnen etwa, davor in *aceto
balsamico* – besonders zu empfehlen! Dieser Wunder-
essig, jahrelang in Holzfässern gereift wie ein edler
Wein, wahrhaft ein Balsam, stammt nämlich ebenfalls
aus dieser gesegneten Gegend, aus Modena.

Was die Emilia-Romagna kulinarisch alles zu bieten
hat, das beste Brot Italiens, die phantasievollsten Gerichte, lernt man am besten auf einer Fahrt den Po,
Italiens großem Strom entlang durch kilometerweite
Gemüse- und Obstgärten. Die Via Emilia war schon
seit der Römerzeit immer die Straße der Eroberung-
szüge, der Pilgerreisen, Kunstreisen und, in unseren
Tagen, Ferienreisen. Aber eben, man fährt heute meist,
den Urlaub vor Augen, an den vielen Städten und Stätten vorbei, die uns auf das bevorstehende Ziel einstim-
men könnten.

Das beginnt schon in Piacenza, wenn man, vom Norden gleich hinter Mailand über den Po kommend, auf
die Piazza dei Cavalli einfährt, die einen mit ihren
wildbewegten Reiterstandbildern, den Stadtpalästen
und dem nahen Dom spüren läßt, daß die Stadt einst
unter der (Gewalt-)Herrschaft so illustrer Geschlechter
wie der Visconti, Sforza und Farnese stand. Der nächste Halt wäre das lebendige, elegante Parma, das ebenfalls manche Sehenswürdigkeit birgt, den Gourmet
aber, mit Verlaub, vor allem darum anlockt, weil nahebei in hohen, luftigen Gebäuden der legendäre *prosciutto di Parma*, der Parmaschinken hängt, bis er
jenen leicht süßlichen Geschmack annimmt, der so unvergleichlich zu frischen Feigen und Melonen paßt (ihn
mit Pfeffer zu bestreuen hält der Italiener hingegen, zu
Recht, für barbarisch). Über diesem Genuß wollen wir
aber nicht vergessen, daß Parma, deren Namen ja auch

der Parmesan trägt, ebenfalls eine Musikstadt ist, hier entstanden die ersten Theater Italiens, hier liegt Niccolò Paganini pompös begraben, hier wurden Toscanini und, im nahen Le Roncole, Verdi geboren, des Landes wohl größter Opernkomponist; seine dramatische, zutiefst menschliche Kraft erschloß der Musik neue Dimensionen und beeinflußte maßgeblich die Bewegung des Risorgimento, der Einigung Italiens. „Wir nährten uns von ihm wie von Brot und freier, frischer Luft. Er gab Hoffnung und Trauer eine Stimme, weinte und liebte für uns alle" (d'Annunzio).

Über Reggio nell' Emilia, wo neben vielen Kunstdenkmälern ebenso viele typisch italienische, also besuchenswerte Speiselokale stehen, kommen wir, der früh sichtbare, elegante Glockenturm *La Ghirlandina* weist den Weg, nach Modena. Auf der Piazza Grande vor dem imposanten mittelalterlichen Dom flaniert nach alter Sitte jung und alt, und die milde Luft, die Käse und Schinken reifen läßt, scheint es auch mit der menschlichen Stimme gut zu meinen: Hier kamen Mirella Freni und Luciano Pavarotti auf eine Welt, die sie stürmisch bejubeln sollte.

Von hier ist es nicht mehr weit nach Bologna, der kulinarischen Hauptstadt des Landes, die der Italiener *la grassa* nennt. „*Alla bolognese*", das ist der Name nicht nur einer köstlich würzigen Fleischsauce, sondern ein Markenzeichen für alles, was gut und, eben, üppig ist. Wenn es eine Küche gibt, welche die etwas abgegriffene Floskel „Hausmannskost" aufwerten kann, ist sie es. Hier herrscht die *sfoglina*, die mit einem mächtigen Nudelholz den Teig hauchdünn zu walzen versteht, hier brodeln duftige Ragouts stundenlang auf dem Herd, hier warten unzählige *pezzi di buon gusto* auf den hungrigen Genießer. Bologna ist aber nicht nur die „Fette", sie ist auch *la dotta*, „die Gelehrte" (was ja kein Gegensatz zu sein braucht). Hier entstand im 12. Jahrhundert die erste Universität Europas, Zentrum der Bildung und Zivilisation unseres Kontinents. Ganze Bücher könnte man schreiben allein über die großen Meister der deutschen Kultur und Sprache, die unter den Arkadengängen Bolognas gewandelt sind, von Luther über Tieck, Brentano bis Franz Werfel und Alfred Andersch.

Von Bologna aus schlage ich einen Abstecher vor nach Ferrara im Norden, an der Straße nach Venedig. Unter den Herzögen aus dem Hause Este war unser Reiseziel Glanz und Glorie der Renaissance, an ihrem Hofe lebten und schufen die Dichterfürsten Ariost und Tasso, „Italien kennt keinen großen Namen, den dieses Haus nicht seinen Gast genannt", berichtet Goethe. Das mächtige Castello, die Palazzi an breiten Straßen erinnern noch heute daran.

Der Önophile wird es sich auf dieser Fahrt nicht nehmen lassen, auch die Weingärten und Rebhügel der Emilia-Romagna aufzusuchen, die *Colli Piacentini, Colli Bolognesi* und wie sie alle heißen. Vieles, was dort wächst, perlt und schäumt im Glase, hilft aber, so sagt man, die schwere Kost zu verdauen. In der Emilia zum Beispiel der granatrote *Lambrusco* (er muß eine Herkunftsbezeichnung tragen, soll er echt sein), trocken und prickelnd, in der Romagna die duftigen *Albana* und *Trebbiano* oder der redliche, seinem nördlichen Bruder Chianti ähnliche *Sangiovese*.

Wir nähern uns, der reisende Leser wird darauf warten, über Forlì dem Meer. Die Adriaküste ist zu bekannt, um nicht zu sagen: überlaufen, als daß man viele Worte darüber verlieren möchte. Ein langer Badestrand, wo man im Sommer eher dem Nachbarn aus Ravensburg, Ravensbrück, Raxendorf oder Rapperswil begegnet als einem Bürger aus Ravenna. Den muß man deshalb in seiner Stadt suchen, in deren Basilika kunstvolle Mosaiken eine Brücke schlagen zwischen Orient und Okzident, zwischen Byzanz und frühem Christentum. Man sollte nicht erst einen regnerischen Tag (oder die nächste Algenschwemme) abwarten, sie sich anzusehen. Drumherum das Treiben einer italienischen Ferienstadt heute, grell und laut rund um die Uhr, nicht anders als im weiter südlich gelegenen Rimini, das wie Ravenna im Zweiten Weltkrieg schwer gelitten hat: „Damals ein Meer von Trümmern. Jetzt sah ich mit demselben Schrecken ein Meer von Licht und Häusern", stellt der Filmregisseur Federico Fellini fest, ein Sohn dieser Stadt.

Wer dem entfliehen will, muß nicht weit fahren, an Tausenden von Hotelklötzen und Pensionen, Badekabinen und Strandstühlen, Pizzerien und Eisdielen vorbei die adriatische Riviera hinauf zu den Lagunen des verästelten Deltas, durch das sich der Po, des langen Laufes müde und von der Verschmutzung erschöpft, ins Meer schiebt. In diesem schilfigen Schwemmland zwischen Himmel und Wasser, im halbvergessenen Fischerstädchen Comacchio kann man bei einem mit Salbei und Lorbeer gegrillten Aal, einer *anguilla*, Ruhe schöpfen und mit einem Schluck herbem

rotem *Bosco*-Wein (merke: die Philister-Regel Fisch =
Weißwein geht nicht immer auf!) den schlechten Geschmack hinunterspülen, den die auf der Straße vorhin
plakatierten *Würstl con crauti* und „Kaffee und Kuchen" hinterlassen haben.
Zeit auch, eine Minute des Gedenkens einzuschalten
daran, daß in der nahen Abtei Pomposa der gescheite
Benediktinermönch Guido von Arezzo vor fast tausend
Jahren unsere Notenschrift erfunden hat, und daran,
daß ebenfalls unweit der Ort liegt, der dem Meer hier
seinen schönen Namen gab: Adria.

FRIULI – VENEZIA GIULIA
FRIAUL – JULISCH VENETIEN

Grenzländer haben es mir von jeher angetan: Die
Wechselwirkungen zwischen hüben und drüben, hin
und her, ergeben ein Amalgam, das so vielschichtig wie
anregend und zukunftsweisend ist. Ähnlich wie beim,
man verzeihe mir den unzimperlichen, aber unserem
Thema angemessenen Vergleich, Ragout, das um so
raffinierter schmeckt, je mehr Ingredienzen darin ge-
brodelt haben.
So geht es mir auch mit Friaul und Julisch Venetien,
der nordöstlichsten Region Italiens zwischen Alpen
und Adria. Ihre Anstößer sind Österreich und Slowenien, hier trafen, begegneten sich im Laufe der Jahrhunderte römische und deutsche, rätische und sloweni-
sche Stämme, „un piccolo compendio dell' Universo"
nannte sie Ippolito Nievo. Nicht von ungefähr wurde
hier, auf Tagungen und Treffen verschiedenster Art,
der Begriff *mitteleuropeo* geprägt.
In der Berglandschaft Karnien, der *Carnia*, sind wir
noch in den Alpen, wie wir sie von unserer Seite her
kennen, mit weiten Wäldern, blühenden Matten und
sorgsam gehegten Gemüse- und Blumengärten; die
Häuser jedoch, von wohltuenden, manchmal erstaun-
lich großzügigen Proportionen, weisen bereits nach
Italien. Drinnen der *fogolâr*, nicht nur Herd, sondern
Mitte des dörflichen Alltags. Hier simmert, neben dem
Maisbrei, der allgegenwärtigen *Polenta*, nährende Kost,
der *frico*, aus mit *Montasio*-Käse gebratenen Zwiebeln
und Kartoffeln, *muset e brovada*, fette Kochwurst mit
in Weintrester vergorenen weißen Rüben, die *Jota-*

Suppe aus Bohnen, Mais, sauren Rüben, Zwiebeln und Speck. Überhaupt gehört der *speck*, über Tannenholz und Wacholder geräuchert, zur friulanischen Küche wie auch der *San-Daniele*-Schinken, „so rot wie Geranien, so weiß wie der Schnee des Friauls" (Monelli), der allerdings schon zu den gastronomischen Spitzen ganz Italiens gehört, so wunderbar mild-aromatisch ist sein Geschmack, nicht wenige Kenner stellen ihn über seinen Vetter aus Parma.

In Friaul wird noch Friulanisch geredet, eine zum Rätoromanischen gehörige ladinische Sprache von eigenartigem Melos, wie sie auch der Schriftsteller und Filmregisseur Pasolini sprach, dessen Mutter hierher stammte, „Ciant da li ciampanis" heißt eines seiner Gedichte, „Gesang der Glocken". Daneben gibt es Sprachinseln, wo sich ein eigentümliches Althochdeutsch bewahrt hat. Je weiter wir nach Osten kommen, desto mehr macht sich bemerkbar, daß dieser Landstrich lange unter den Schwingen des k. und k. Doppeladlers und unter den Pranken des Markuslöwen stand.

In Udine, einem venezianisch anmutenden, betriebsamen Handelsplatz rund um einen Schloßberg, hat man einen überwältigenden Blick auf Stadt und Land bis hin zu den schneebedeckten Karnischen und Julischen Alpen. Sehenswert auch die lichtvollen Fresken des Venezianers Tiepolo im Erzbischöflichen Palais.

Ein verheerendes Erdbeben deckte 1976 die Dächer des Kastells ab, wütete aber schlimmer noch in der nahen Umgebung, fast tausend Menschen kamen um, eine ganze Kulturlandschaft wurde zerstört. Es wird lange dauern, bis all die Kirchen, Häuser, Mauern wiederaufgebaut sind. Nicht wiederzuerwecken sind die zigtausend Toten, die in den entsetzlichen Isonzo-Schlachten nahebei 1915 bis 1917 ihr Leben lassen mußten. In Redipuglia überdeckt ein martialisch breites Treppendenkmal unsägliches Leid und Qual, ohne es verdrängen zu können.

Gegen die Grenze nach Slowenien zu gelangen wir in die Langobardenstadt Cividale mit einem besuchenswerten Archäologischen Museum und nach Gorizia. Die alte Provinzhauptstadt Görz mußte 1947 einen großen Teil ihres Gebiets an Jugoslawien abtreten. Geblieben sind viele Erinnerungen an die Kaiserzeit, auch kulinarische: Dort gibt es noch das echte *Wiener Schnitzel*, kroß und goldbraun mit einem Zitronenspalt, ein *Gulasch*, das es mit seinem ungarischen Na-

mensvetter aufnehmen kann, die slawischen *Cevapcici*
aus zweierlei Hackfleisch vom Grill mit Zwiebeln und
Reis oder den böhmischen *Liptauer*, der hier aus Gorgonzola, Mascarpone, Paprika, Zwiebeln, Sardellen,
Kümmel und Kapern angemacht wird.

Bevor wir an der Küste weiterfahren, machen wir von
Görz noch einen Ausflug quer durch die Provinz von
Ost nach West, sie ist nicht breit, keine hundert Kilometer. Durch die anmutige, hügelige Landschaft, den
Collio zunächst, führt nämlich eine *Strada del Vino*,
und die Weine Friauls und Julisch Venetiens lohnen
eine Degustation. Sie sind so vielfältig wie ihre Speisen,
ich beschränke mich deshalb darauf, nur einige besondere hervorzuheben: den *Tocai*, der hier trocken ist,
leicht und mild duftig, den vornehmen und entsprechend raren *Ribolla*, den roten *Schioppettino* mit viel
Körper; dann, auf der süßen, schweren Seite, der erlesene *Picolit*, eine Kostbarkeit in jeder Hinsicht, oder
der *Verduzzo, verde* fruchtig frisch oder *giallo, di
Ramandolo* honigsüß. Diese und noch viele andere Ge-
wächse der Provinz haben in den letzten Jahren Fortschritte gemacht und sind bei Kennern begehrt.

Wir überqueren den Tagliamento, Schauplatz zweier
Romane von Hemingway, der hier als junger Kriegs-
freiwilliger verwundet wurde, „In einem andern Land"
und „Über den Fluß und in die Wälder". Dann, Venetien zu, die alte Provinzhauptstadt Pordenone und endlich die Küste. Zwischen Lagunen und Meer geht es die
Obere Adria entlang, einem Ferienparadies für Ver-
ständige, denn hier ist es im Sommer nicht so heiß wie
weiter unten und hier ist die immergrüne Natur nicht
mehr so herb wie im Norden. In den Badeorten Li-
gnano, Sistiana und Grado (mit warmem, heilsamem
Sand) gibt es natürlich zu essen, was die Fischer ein-
bringen: Garnelen, *gamberi, scampi* und, am delikatesten, Seespinnen, *granseole*, oft zu einem saftigen
Risotto, dazu alle Arten Fisch, am verführerischsten
gemischt in der berühmten Fischsuppe *brodetto*.

Wir sind gestärkt für die nächsten Eindrücke die steile
Karstküste entlang nach Triest, das Schloß der Fürsten
Thurn und Taxis auf zum blauen Wasser abfallender
Klippe, wo Rainer Maria Rilke als Gast (darunter tat
er's nicht) die Duineser Elegien zu dichten begann,
und, auf einem Felsvorsprung, das weiße Meereswun-
der Miramare, von dem aus sich der unglückliche Erz-
herzog Maximilian nach Mexiko einschiffte, wo er
nach einer gescheiterten Expedition erschossen wurde.

Diese wehmütigen Impressionen sind so recht eine Ein-stimmung auf das oft in weichen Dunst gehüllte Triest, Hauptstadt der Region. Denn auch hier herrscht, so empfinde ich es wenigstens, eine Stimmung melancho-lischer Vergänglichkeit. „Es gibt Tage", schreibt Hilde Spiel, die Grande Dame der österreichischen Literatur, „an denen Triest nur eine seiner Facetten hervorkehrt, nur venezianisch oder nur slawisch erscheint, nur österreichisch oder ungarisch, aber auch nur jüdisch, griechisch, levantinisch". Triest, das sich zwar langsam von der Bedeutungslosigkeit erholt, zu der es Macht-wechsel und Kriege verurteilt hatten, will nicht mehr erobert werden, sondern sanft umfangen (was viel-leicht auch erklärt, warum es laut Umfragen als die lebenswerteste Stadt Italiens gilt). In Triest war der hellsichtige Poet Italo Svevo zu Hause, „and trieste, ah, trieste ate I my liver" schrieb James Joyce, „im tristen Triest soff ich meine Leber weg". Hier begann der Englischlehrer den „Ulysses", und hier nahm ihn die Atmosphäre des Hafens gefangen, „der Geruch nach frischen Fischen, der Anblick des Seegetiers in der Schale, die zahllosen Gastwirtschaften mit ihren Na-men auf blanken Schildern und vor allem die selbst-sicheren, witzigen, freigeistigen, zweiflerischen Triesti-ner, Liebhaber roter istrischer Weine."

Kehren wir in solch eine Taverne ein, zu Polenta, Ri-sotto oder *cialzons*, Teigtaschen aus Weizen- und Kar-toffelmehl, die hier alle auch zu Fisch gereicht werden. Spätestens bei den Desserts aber werden wir wieder gewahr, daß wir uns im Herzen Mitteleuropas befin-den, sie sind nämlich nichts anderes als die altbewähr-ten k. k. Mehlspeisen: *buchteln, cuguluf* (Gugelhupf), *gubana* (Presnitz), *palacinche* (Palatschinken), *strucolo* (Strudel), *torta dobos* (Dobostorte).

Mit einem Gläschen *Grappa della ruta*, einem Wein-rautentrester, oder *Slivovitz* aus Zwetschgen stoßen wir an auf das alte, auf ein neues Mitteleuropa.

LIGURIA – LIGURIEN

Fahren wir einmal nicht von Norden, sondern von We-sten her in Italien ein, dort, wo die französische sozusa-gen nahtlos in die italienische Riviera übergeht, aber doch sogleich ein eigenes, unverwechselbares Profil an-

nimmt. Das beginnt schon beim Grenzort Ventimiglia
(dessen Namen ich immer mit „Zwanzig Meilen"
übersetzte, bis ich belehrt wurde, daß er sich vom
Stamm der Intimiler herleitet): eine hübsche Altstadt,
gewiß, aber sonst nicht weiter erwähnenswert – wenn
nicht antike Säulen mit ihren Inschriften daran erinner-
ten, daß wir uns auf römischem Boden befinden, auf
einem vorgeschobenen Posten des einstigen Weltreichs.
Von da weg liegt, zwischen der Südflanke der Alpen
sowie der Apenninen und dem Mittelmeer, Ligurien
vor uns. Durch die Region führt eine kühne Autobahn,
ein Meisterstück der Ingenieurkunst, wie auf Stelzen
über hohe Viadukte, und nur die vielen Tunnel (und
die Fahrweise der Italiener) hindern uns daran, immer
wieder einen Blick zu werfen auf das Meer, das unter
uns liegt und je nach Tages- oder Jahreszeit funkelt wie
ein Saphir, Amethyst, Türkis. Will man mehr erha-
schen, muß man sich also an die Küste bemühen, und
das wollen wir von jetzt an auch tun.

Da liegt zum Beispiel Bordighera, wohin unsere Groß-
eltern der Nässe, dem Nebel unseres Winters entflo-
hen. Sie befanden sich in guter Gesellschaft, denn an
der *Riviera di Ponente*, dem „Gestade des Westens"
überwinterte damals, was Rang und Namen hatte,
vom englischen Lord bis zum russischen Großfürsten.
Heute fahren wir im Sommer dorthin, wenn es heißer
und voller ist, und auch die Staffage hat sich geändert,
die feudalen Villen und Grandhotels sind Betonklötzen
und Campingplätzen gewichen. Wenn Sie mich fragen:
Das morsche Fin de siècle wäre mir lieber gewesen als
die forschen Autokolonnen unserer Zeit.

Eines jedoch hat überdauert: die Palmen von Bordighera. Sie sind besonders ebenmäßig, und ihre Wedel
zieren am Palmsonntag die päpstliche Prozession und
im Herbst jüdische Laubhüttenfeste. Überhaupt gleicht
das Hinterland einer einzigen Gärtnerei, Blumenkultu-
ren wechseln mit Treibhäusern (deren breite Glasdä-
cher zum Eindruck der trostlosen Überbauung dieser
Gegend beitragen). Ligurien versorgt halb Europa mit
Hyazinthen, Nelken, Rosen und anderem Flor, nicht
zu vergessen Oliven, die zu den besten Italiens zählen.
Sie alle haben diesem Landstrich den zweiten Namen
Riviera dei Fiori eingetragen. Wer sich die Zeit nimmt,
stößt im Gelände aber auch auf manch abgeschiedenen
Ort, wo Einwohner und zugezogene Künstler dafür
sorgen, daß in den alten Gebäuden, Gewölben und
Ölmühlen nicht alle Natürlichkeit verlorengeht.

Sie herrscht auch noch in der Küche Liguriens, denn in sie wandern all die wohlriechenden Kräuter, an denen diese Region so reich ist, vornweg das aromatische Basilikum, das wiederum in ihr kulinarisches Wahrzeichen gehört, den *pesto*, eine herbe Paste aus im Mörser zerstoßenen Basilikum und Knoblauch mit Pinienkernen und geriebenem Käse in Olivenöl. Er schmeckt ausgezeichnet als Würze zu *trenette*, flachen Spaghetti, oder *pansoti*, gefüllten Teigtaschen; es sei denn, man ziehe die ebenso herzhafte *salsa di noci* vor aus gekochten Walnüssen. Daß hier auch knackiges Gemüse gedeiht, Bohnen, Fenchel, Mangold, Artischocken, versteht sich.

Kehren wir an die Küste zurück. In San Remo trifft sich zwischen malerischer Altstadt und stuckverziertem Spielcasino immer noch die Gesellschaft (und am Festival della Canzone die Schlagerstars und -sternchen), und von Imperia aus stattet der Gourmet dem Spaghetti-Museum im nahen Pontedassio einen Besuch ab. Die weiteren Orte lesen sich wie ein Reiseprospekt: Diano Marina, Laigueglia, Alassio, Albengo, Finale Ligure. Allüberall lohnt sich dort ein Bummel durchs Städtchen hinter dem meist etwas schmalen, dafür überfüllten Strand, mittelalterliche Türme, Kirchen, winkelige Gassen und farbenfrohe Märkte laden zu Verweilen und Genuß.

In Albisola, gleich hinter Savona, wird der Kundige auf jeden Fall einen Halt einschalten: Hier wurde der gebieterische Papst Julius II. geboren, Erbauer des Petersdoms, Gründer der Schweizergarde, hier werden noch buntfarbige Majoliken kunstvoll zusammengesetzt, hier gibt es in einer alten Mühle nahebei ein Spaghetti-Museum und hier läßt man sich zu *buridda* oder *ciuppin* nieder, Fischsuppen von apartem, kräftigem Geschmack. Überhaupt gibt es an der Küste natürlich vielerlei Fisch, obwohl der Fang leider stark zurückgegangen ist – dem Meer geht es nicht anders als der übrigen Umwelt, der Massenandrang und die, gelinde gesagt, Sorglosigkeit der Anrainer überfordern es. Ehrliche Restaurateure machen in ihrem Angebot deshalb einen Unterschied zwischen frischem und tiefgefrorenem, *surgelato* Fisch. Ein Ausweg bietet sich in jedem Fall: Vermutlich seit alten Seefahrerzeiten ist hier auch der *baccalà* oder *stoccafisso* beliebt, der Klipp- oder Stockfisch, und ich wundere mich immer wieder, mit wieviel Delikatesse er zubereitet wird, mit Tomaten, Knoblauch oder was sonst die Phantasie den Köchen eingibt. Ins gleiche Kapitel gehört der *cappon magro*, ein gar nicht mageres (Fasten-)Gericht aus Meeresfischen und Krustentieren mit Blumenkohl, Rüben und Bohnen, Neptun und Ceres laden zum üppigen Mahl.

Die (noch) dichtere Besiedlung kündet an, daß wir uns der Hauptstadt der Region nähern, Genua. „La Superba", „die Stolze" wird sie genannt, Italiens Tor zur Welt. Hier wurde denn auch Christoph Kolumbus geboren, der Don Quichotte der Ozeane, der ausfuhr, eine Neue Welt zu entdecken. Genua ist immer noch ein Handelszentrum, aber man übersieht gern, daß es mit dem *Centro storico* eine der größten mittelalterlichen Altstädte Europas besitzt, wo einem noch Bürger mit stolz geschnittenen Zügen begegnen können, wie sie Nietzsche begeisterten: „Ich sehe Gesichter aus vergangenen Geschlechtern – diese Gegend ist mit den Abbildern kühner und selbstherrlicher Menschen übersät." Daß man mit einer Seilbahn auf das Plateau Righi fahren kann, von wo man einen so überwältigenden Blick auf den Golf hat, daß die Friedhofsstadt Staglieno mit ihren pomphaften Galerien und Kapellen, Statuen und Reliefs einen fast beklemmenden Anblick bietet steingewordener Vergänglichkeit „dal talamo al tumulo", vom Bett zur Grabstätte, daß das prächtige Teatro Carlo Felice mit seinem monumentalen Bühnenturm 1990 neu erstanden ist – das alles sei nur aufgezählt, um in Genua eine Entdeckungsrunde auf eigene Faust anzuregen, wir aber müssen weiter.

Genua ist der Scheitelpunkt der italienischen Rivieren, von hier erstreckt sich südostwärts die *Riviera di Levante*, das „Gestade des Ostens", eine Perlenkette wieder pittoresker Badeorte mit schlanken, hohen, verwitterten, bunt verputzten Häusern um einen Hafen, in dem sich Fischerboote und mondäne Yachten den Platz streitig machen: Nervi, Rapallo, Camogli, wo alljährlich im Frühling Einwohner und Gäste mit zentnerweise Fisch aus einer gigantischen Pfanne gespeist werden, Sestri Levante bis hin zur Werftstadt La Spezia (wo man aber auch, ein Tip, ungestört Ferien machen kann), zum Festungsstädtchen Portovenere und zum „Golf der Poeten" bei Lerici, dessen „softy and sublime scenery", dessen sanfte und holdselige Schönheit schon Petrarca, Dante, Byron und Shelley besungen haben.

Dazwischen Portofino, der „kleine Hafen, da wir uns im Frühling trafen" Morgensterns, wo sich heute noch die ganze und die Halbe Welt trifft, die Feinen und die

Feilen – es ist ein kleines Wunder des an Wundern nicht armen Italien, daß der Ort trotz allem Trubel den Reiz des Intimen bewahrt hat. Das gilt erst recht für die Cinqueterre, die „fünf Weiler", die sich wie eine Opernkulisse am steilen Fels festkrallen, ein Wandermekka, das man (noch) nicht mit dem Auto erreichen kann. Überall waghalsig bebaute Rebflecken, die neben Allerweltsweißen einen reizvollen goldgelben Likörwein hervorbringen, den *Sciacchetra*. Der andere Wein Liguriens von Belang, der wunderbar duftigsamtige rote *Rossese di Dolceacqua*, kommt vom entgegengesetzten Ende, nördlich von Ventimiglia. Wir sind wieder am Ausgangspunkt unserer Rundreise durch Ligurien – so kurz sie uns schien, so viel gab es zu sehen und zu erfahren.

LOMBARDIA – LOMBARDEI

Die Lombard Street in London, die Lombardsbrücke in Hamburg – wer denkt schon daran, daß früher „Lombarden", lombardische Kaufleute in ganz Europa ihre Kreditgeschäfte machten durch *giro* per *saldo* aufs *conto*? Die Lombardei am Südhang der Alpen war seit dem frühen Mittelalter bereits ein mächtiges, geldmächtiges Zentrum, und ihre Metropole Mailand ist es geblieben. „Milano da il pane" heißt es im übrigen Italien, „Mailand gibt das Brot". Hier stehen die meisten Hoch-, Handels-, Versicherungs-, Verlagshäuser des Landes, und neben aller geradezu nordischen Geschäftstüchtigkeit hat der südliche Sinn für ebenes Maß dafür gesorgt, daß Mailand auch eine Kapitale des guten Geschmacks geworden ist, des Designs, der Mode und, in der Folge, des Shopping. Man muß nur durch die Galleria Vittorio Emanuele flanieren, dem „Salon Mailands" unter gläserner Kuppel, und in einem der feinen Cafés dort an einem *Campari* nippen, der hier erfunden wurde, um von der Aura eleganter Lebenskunst dieser Stadt gefangengenommen zu werden.

Dazu gehören auch, nebst den vielen Pizzerien, Spaghetterien und *Paninoteche*, Brötchenbars, manche besternte Restaurants, die anbieten, für was Mailand bekannt ist: aus dem dort bevorzugten Kalbfleisch die *costoletta alla milanese*, ein Wiener Schnitzel mit Knochen (im 18. Jahrhundert herrschte Maria Theresia über die Lombardei), den *ossobuchi*, Kalbshachsenscheiben mit Mark, die so gut zum körnigfeuchten *risotto* mit Safran passen, der „Mailänder Nüchternheit und Eleganz" verbindet (Gadda), den *vitello tonnato*, eine dünne Scheibe Kalbfleisch in Thunfischsauce, im Sommer eines meiner Lieblingsgerichte; wenn es etwas deftiger sein darf, bestelle man eine *busecca*, Kuttelsuppe mit Bohnen. Jeder echte Mailänder schließt seine Mahlzeit mit einem Stück Käse ab, meist einem mildwürzigen *Gorgonzola* aus der Gegend, aber auch *Stracchino*, *Taleggio*, den selbst der französische Starkoch Troisgros für den besten überhaupt hielt, während der sahnige *Mascarpone* schon eher ein Dessert ist und als solches vielseitig verwendet wird. Ja, die Lombardei ist reich auch an solch guten Dingen. Wer noch nicht genug hat, nehme einen *panettone* nach Hause, jenen lieblich duftenden Hefekuchen, der nicht nur zu Weihnachten schmeckt.

Ich selbst habe Mailand schon früh durch die Lektüre Stendhals kennengelernt, jenes geistvollen Franzosen, der diese Stadt so sehr liebte, daß er sich als „Milanese" begraben ließ. Deshalb gehe ich dort auch gern seinen Spuren nach, in die versteckten Höfe und Portiken aristokratischer Palazzi hinter strenger Fassade. Oder, natürlich, zum Dom, einem steinernen Koloß mit unzähligen Fialen und Figuren, von dessen marmorner Dachterrasse man bei klarem Wetter einen weiten Blick hat bis zu den Alpen. Das „Abendmahl" des Malers, Baumeisters und Erfinders Leonardo da Vinci, bei dessen Anblick der Marsmensch nach einem Wort Rudolf Steiners etwas kennenlernte, „woraus er den Sinn der Erde erkennen würde", das trutzige Castello Sforzesco mit seinen Sammlungen, sie alle und viele Kunstdenkmäler mehr wären einen eigenen Abschnitt wert, während die Pinakothek der Brera nicht mehr gut empfohlen werden kann, vor lauter Bauarbeiten, Umstellungen, Streiks weiß man nie, welchen Saal man wann betreten kann. „Ich komme um 7 Uhr abends an, halbtot vor Müdigkeit. Ich eile nach der Scala. Meine Reise hat sich gelohnt!" schreibt Stendhal. Das könnte man immer noch ausrufen, denn das Teatro alla Scala ist wohl eines der besten, sicher aber eines der schönsten Opernhäuser der Welt geblieben. Es sei denn, man ziehe einen Besuch des Piccolo Teatro vor, wo einem Giorgio Strehler vorführt, daß auch heutiges Theater ein Fest der Sinne sein kann.

Nun wäre es aber verfehlt, anzunehmen, wer Mailand kennt, kenne auch die Lombardei. So wirr und trostlos sich die Großstadt ins Gelände frißt, so schwer Dunst und Smog auf ihr lasten, so leicht wird einem, wenn man einige Kilometer weiter in die Po-Ebene einfährt: Industrieanlagen weichen offenem Land, lichter Nebel hüllt alle Umrisse in Watte. Manch einer kann dieser melancholischen Weite nicht viel abgewinnen, für mich hat sie ihren besonderen Reiz. Hier wird auf wäßrigen, von Pappelalleen durchzogenen, von Maulbeerbäumen umstandenen Feldern Reis angebaut. Getreide, Vieh, Seidenraupen, sie sind der Grundstock für den Reichtum dieser Region.

Im Gegensatz zum weltoffenen Mailand haben sich die übrigen Städte der Lombardei den Charme des im guten Sinne Provinziellen bewahrt, sie sind überschaubar geblieben, selbstbewußt und von eigenem Gepräge. Das gilt übertragen auch für die Gastronomie: Es gibt keine eigentlich lombardische Küche, sie folgt den Traditionen der einzelnen Gemarkungen. Nach Pavia zum Beispiel, der alten Langobardenstadt mit der ehrwürdigen Universität, ist die *zuppa pavese* benannt, eine klare Fleischbrühe über gerösteten Brotscheiben mit Eiern und Käse, und im Hügelland gegenüber wachsen im *Oltrepò Pavese* gehaltvolle rote und, vor allem, zartduftige, spritzige weiße Weine.

Cremona dann ist dem Musikfreund als die Wiege des Geigenbaus bekannt, hier schufen die Amati, Stradivari, Guarneri ihre Meisterinstrumente, für die schon Monteverdi, Zeitgenosse und Sohn der Stadt, komponierte. Vom Himmel voller Geigen zurück auf die Erde: Die Rinder der Provinz liefern mit das beste Fleisch Italiens, das gekocht gern zur *mostarda di Cremona* verzehrt wird, eingelegten Senffrüchten. Der Torrazzo, Italiens höchster Glockenturm, ist das bauliche Wahrzeichen Cremonas, der *torrone*, ein süßer Nougatriegel aus Honig, Eiweiß und Mandeln das kulinarische.

„Zu Mantua in Banden..." kündet ein altes Volkslied, und Mantova war in der Tat auf mannigfache Art mit der europäischen Geschichte verknüpft, Festungsmauern und eines der größten Schlösser Italiens mit kostbaren Sammlungen zeugen davon. Wir interessieren uns hier auch für die typische Kürbissuppe *minestra di zucca*. In der Nähe Mantuas wurde vor mehr als zweitausend Jahren der Dichter Vergil geboren, der „Vater des Abendlandes".

Brescia ist nach Mailand die größte Stadt der Lombardei und auch die dynamischste. Der industrielle Aufschwung läßt einen jedoch leicht übersehen, daß der römische Tempio Capitolino, das alte Kastell der Visconti und viele Renaissancebauten auf eine glorreiche Vergangenheit weisen. Der Lago d'Iseo und andere anmutige Alpenseen in der Nähe geben viele feine Fische – Barsche, Schleien, Forellen –, die gern auch *in carpione*, mariniert genossen werden. Bergamo in Richtung Mailand wieder zerfällt in zwei Städte, die Città Bassa in der Ebene, modern und industriell, und die Città Alta oben auf dem Hügel, altertümlich eng und verwinkelt. Deren Piazza Vecchia nannten Le Corbusier und Frank Lloyd Wright einen der schönsten Plätze der Welt, und ein Denkmal erinnert daran, daß hier der Opernkomponist Donizetti geboren wurde. Die Bergamasker essen gern, den üppigen *riso alla pitocca* etwa, Reis mit Huhn, Gemüsen, Zwiebeln und Weißwein, und hier aß ich zum ersten Mal einen so einfachen wie raffinierten Nachtisch, Walderdbeeren mit Zitrone und Rotwein. Es war ein herzhafter, aromatischer *Franciacorta* aus der Gegend; dem Champagnerfreund sei verraten, daß die weiße Version es als *Spumante brut* mit manchem Franzosen aufnehmen kann. Nur zögernd füge ich hinzu, daß in der Region noch die *polenta con gli uccelli* beliebt ist, Polenta mit Zugvögeln, die hier auch *osei* heißen. Der aufmerksame Leser wird schon gemerkt haben, daß in meiner Brust manchmal der Tierfreund mit dem Feinschmekker streitet, und ich will deshalb nicht verhehlen, daß mir in Italien die unselige Schießwut der Sonntagsjäger (welch schonungsvoller Begriff!) zu schaffen macht. Von ihr sollten wenigstens, da gebe ich keinen Pardon, die erbarmens-, schützenswerten Singvögel verschont bleiben. Es hat mich schon als Lateinschütze erleichtert, beim alten Ovid nachzulesen: „Hinweg mit Netzen, Schlingen, Fallstricken und allen Mitteln des Trugs, täuscht nicht den Vogel mit Leimruten!"

Überall in der Lombardei stoßen wir auf Schilder, die nach den *laghi* weisen, den oberitalienischen Seen, und die sind tatsächlich eine der reizvollsten Landschaften Italiens, nicht mehr der sonnenarme Norden, noch nicht der sonnenverbrannte Süden. Da wäre im Westen der Lago di Varese, in dem an Wochenenden viele, allzu viele Badelustige und Surfer den seltenen Vögeln den Platz respektive das Wasser streitig machen. Der Lago Maggiore bietet dagegen auf der italienischen

Seite noch viele verwunschene Plätze mit subtropischer Flora, Feigen, Oliven, Granatäpfeln, Myrte und Zitrusfrüchten. Stresa, Pallanza, die Borromäischen Inseln mit ihren Barockgärten und der Isola Bella, dem „Thron des Frühlings" Jean Pauls, das waren und bleiben magische Namen für Reisende, die Ruhe suchen und klassische Harmonie.

Das Juwel der oberitalienischen Seen – den Gardasee sparen wir uns für Venetien auf – ist jedoch der Comer See. „Alles ist vornehm und sanft, alles erinnert an Liebe", entzückte sich Stendhal, das hat sich seit Plinius, der aus Como stammte, nicht geändert. Das Gestade besteht „aus Feldern und Weingärten mit Dörfern, Landsitzen und Gehöften", wie es Manzoni beschrieb, dessen berühmter Roman „Die Verlobten" in dieser Gegend beginnt. Uns fehlt wieder einmal der Platz, all den reizenden Orten nachzugehen, die den Comer See säumen, der Seidenstadt Como selbst, Menaggio, Cadenabbia, Lecco, Bellagio, den weißen Villenpalästen und Hotels, in denen nicht nur Fürsten und Filmstars sich wohlfühlen. Ein Rat nur: In einer Osteria unter Weinlaub und Glyzinien schmeckt der frisch gefangene *agone*, eine Art Süßwasser-Hering, gebacken, gegrillt oder luftgetrocknet als *missoltitt* köstlich zu einem Schluck Veltliner.

Mein Vater pflegte zu sagen, er sei es zufrieden, daß wir Schweizer keine Eroberungsgelüste mehr hätten; schade nur, sei das Veltlin kein graubündnerisches Untertanenland mehr. Und in der Tat hat sich der Schweizer einen besonderen Hang bewahrt zu dieser Landschaft, als sei sie noch ein Stück von ihm, zum breiten Tal der Adda, die in den Comer See fließt, zum malerisch gelegenen Hauptort Sondrio, zu den das ganze Jahr offenen Skistationen und Thermalquellen, vor allem aber zu den steilen Rebterrassen, von wo der kräftige *Valtellina* herkommt, der als *Superiore* oder *Riserva Sassella, Grumello, Inferno* (in dessen Mitte der *Paradiso* nicht fehlen darf), *Vagella* oder gar mächtiger *Sforzato, Sfurzat* so vortrefflich zu duftendem Brot schmeckt, zur *bressaola*, luftgetrocknetem Rind- oder Gemsenfleisch, oder zu herzhaften *pizzoccheri*, dunklen Bandnudeln mit Wirsing, sonst Gemüse und Kartoffeln. Spätestens in so einer gemütlichen, holzgetäfelten Gaststube wird einem bewußt, daß die Lombardei auch ein Nachbar der Schweiz ist, des Tessins und Graubündens, mit mannigfachen, fast verwandtschaftlichen Beziehungen zwischen den Landen.

MARCHE – MARKEN

Für viele Italienreisende scheinen die Marken das Land zu sein, wohin sie nicht ans, sondern ins Meer fahren, so unwiderstehlich verspüren sie dort den Drang, sich wie Lemminge ins Wasser zu stürzen. So ist denn die adriatische Riviera (die sich nordwärts in die Romagna weiterzieht) im Sommer eine einzige Superbadewanne. Daß sie nicht zur Kloake verkommt, ist Sorge und Wunsch aller Adriafreunde. Zum Glück und hoffentlich nicht zu spät haben die Behörden endlich begriffen, daß nur drastische Maßnahmen, Kläranlagen, Entsorgungsstationen die Verseuchung der Strände und des Meers durch ekle Algen, Gülle und Gift bannen können, daß aus dem *mare monstrum* wieder ein *mare nostrum* wird.

Die Küste entlang das gleiche Bild: vorn der weiße Sandstrand, dann der Badeort mit belebten Straßen, Hotels und Pensionen, Läden und Boutiquen, Pizzerien und Gelaterien, dahinter die kleine malerische Stadt voller Geschichte. Pesaro zum Beispiel mit seinem Herzogspalast an der Piazza del Popolo, auf der sich fern von allem Baderummel das Leben abspielt wie seit alters. Es sei denn im August, wenn sich das Rossini Opera Festival vor Besuchern aus aller Welt abspielt, denn hier wurde der Buffo-Komponist geboren, Genius der Heiterkeit und Feinschmecker, und Pesaro ist seine Stadt geblieben, hier stehen noch sein Geburtshaus und das von ihm gestiftete Conservatorio, hier gibt es *cannelloni alla Rossini* und im Rossini Café einen Rossini-Cocktail. (Einem *tournedos Rossini* bin ich dort nicht begegnet, das muß man im französischen Sprachführer für Gourmets nachschlagen.)

In der Umgebung von Pesaro steht das Malatestakastell Gradara, wo die Liebestragödie der Francesca da Rimini begonnen haben soll, Dante schildert sie anrührend in der „Divina Commedia". Weiter landeinwärts kommen wir zu einer der, man kann es nicht anders sagen, schönsten Städte der Welt. Steile Gassen, schlanke Treppen, Plätze, Palazzi, Kirchen, und über allem, wie unwirklich und unerreichbar, das turmbewehrte Schloß des stolzen Condottiere Federico da Montefeltro – Urbino wirkt wie die grandiose Kulisse zu einem der erregendsten Dramen unserer abendländischen Kultur, der Renaissance. Man möchte an eine

Fügung glauben, daß in dieser Traumstadt ein Raffael geboren wurde und sich in der Malerwerkstatt seines Vaters das erste Rüstzeug für seine Kunst erwarb. „So weich, so göttlich, so überirdisch schön hat die Malerei niemals die süße Melodie des Ewigen auszudrücken gewußt" (Edschmid). In der Via Raffaele steht noch sein Geburtshaus, in der Galleria Nazionale ist sein Bildnis „Die Stumme" zu sehen.

Kehren wir durch die anmutigen Hügel – es ist, als setzten sich die sanften Wellen des Meeres zu Lande fort – an die Küste zurück, kommen wir nach Fano mit seinen alten römischen Mauern und Wällen, nach Senigallia mit seinem Sandstrand und schließlich nach Ancona, Hauptstadt und Handelszentrum der Marken, dessen betriebsamer Hafen dem Osten zugewandt ist wie der helle Dom auf dem Monte Guasco mit weitem Blick übers Meer. Auch hier kann man jedoch (wo nicht in Italien?) im Buch der Geschichte blättern, schon auf kurzen Ausflügen stößt man auf unverblichene Stellen: In Iesi wurden der große Staufenkaiser Friedrich II. geboren, der „erste moderne Mensch auf dem Throne" (Burckhardt), und Giovanni Battista Pergolesi, der in seinem kurzen Dasein heute noch lebendige (beziehungsweise von Strawinsky witzig zu neuem Leben erweckte) Musik schrieb; in Recanati kam der melancholisch zerrissene Lyriker Giacomo Leopardi auf eine Welt, in der er sich begraben fühlte, und hier ruht der Tenor Beniamino Gigli nach einem Leben für die Oper in einem opernhaften Grab; Loreto schließlich ist eine pracht- und prunkvolle Feste des Glaubens, zu der Jahr für Jahr Zehntausende wundergläubige Pilger und Gebrechliche wallfahrten.

Die Provinzhauptstädte Macerata, langgestreckt auf der Höhe gelegen, und Asoli Piceno gegen Süden der Region Abruzzo zu beschließen unsere Rundfahrt. Mit ihren Herrschafts- und Bürgerhäusern, Arkaden und Loggien strömen sie eine selbstsichere Grandezza aus, die man fast behäbig nennen möchte.

Mancher Leser wird nun fragen, ob es in den Marken denn nichts zu essen gebe. Aber gemach, ich wollte zuerst versuchen, eine möglichst lautere Vorstellung zu vermitteln von der milden, erholsamen Ruhe, die diese Landschaft ausströmt. Es gibt kaum Sensationen, gewiß, aber überall, selbst beim Rastergitter der rechteckigen Felder, über den schnurgeraden Reihen von Bäumen und Hecken herrscht ein wie von Piero della Francesca mit dem Pinsel gezogenes Maß, das Augen und Sinnen wohltut und in dem die Kunststädtchen die Fluchtpunkte sind. Es hat auch die Menschen selbst geprägt, sie sind liebenswürdig, urban, man möchte sagen: gesittet. „Se 'l curpu sta ben, l'anima canta", lautet eines der Sprichwörter in ihrem Dialekt, „wenn es dem Leib gutgeht, singt die Seele".

Die Marche, die mit ihrem Namen daran erinnern, daß sie einst eine deutsche Lehensmark waren, erstrecken sich in Mittelitalien vom östlichen Apennin zur Adria, „heiterer Himmel, goldflirrende Straßen und Gärten, in der Ferne das Meer, jenseits die Berge", beschreibt sie Leopardi, im gebirgigen Teil ein Land der Bergler und Hirten, im fruchtbaren Hügelgebiet eines der Bauern und Winzer, an der Küste eines der Seefahrer und Fischer. Entsprechend könnte man auch die Küche der Marken unterteilen: San Benedetto del Tronto ist der größte Fischereihafen Italiens, von dem aus selbst in den Atlantik ausgefahren wird. Da gibt es denn auch frischen Fisch, und an keiner Küste Italiens wird der *brodetto*, die Fischsuppe, aus so vielen Sorten auf so viele Arten zubereitet (wobei ich, offen gestanden, den *brodetto di sogliole* nur aus Seezunge mit Karotten, Sellerie, Tomaten, Knoblauch, Petersilie, Safran und Anchovisfilets allen anderen vorziehe). Das Fleisch, Schwein, Haus- und Wildgeflügel, Kaninchen, wird am Spieß, auf dem Grill gebraten oder dann mit wildem Fenchel in einer würzigen Sauce, *in porchetta* geschmort; ansonsten dient es zum Füllen von *lasagne* – die als *vincisgrassi* auf die Tafel kommen (benannt nach dem österreichischen Feldmarschall Windischgraetz, der mit seinen Truppen vor mehr als hundert Jahren hier vorbeizog) –, von *capellini* oder aber, ein Leckerbissen, von großen grünen Oliven. Selbstverständlich wird Schweinernes auch zu Würsten verarbeitet, *ciauscoli, coppe, salsicce, salumi*, und zu geräuchertem Schinken, den Kenner schätzen. Der natürlichen Frische der Region verdanken wir knackiges Wildgemüse, das je nach Angebot zusammen mit Radicchio, Kresse, Rauke als *misticanza* den Frühling herbeizaubert. Die weißen Trüffeln und frischen Pilze aus den Waldungen weiter oben brauche ich dem fahrenden Gourmet nicht zu empfehlen. Wenn wir ihnen nachklettern, kommen wir auch zu den Weiden, von denen gute, gesunde Käse kommen: buttrig milde *caciotte*, pikante oder leicht süßliche *pecorini* aus Kuh-, Schaf- und Ziegenmilch und zahlreiche weitere, lokale Sorten.

Wie die Marken sind auch ihre Weine von einer ganz speziellen Qualität, der *Verdicchio* in der Amphorenflasche, einer der großen Weißweine Italiens, der zitronig frische *Bianchello*, der feinherbe *Rosso Piceno* oder der eigenartige, schäumend rote *Vernaccia di Serrapetrona* und wie sie heißen – das sind alles mehr als nur Ferien-, Sommerweine. Ja, die Marken sind, wie die Italiener sagen, ein Land der Poesia, Musica, Amicizia.

PIEMONTE – VALLE D'AOSTA
PIEMONT – AOSTATAL

Das Piemont gehört nicht zu den Traumzielen der Italienreisenden, und selbst in den Berichten so illustrer Vorgänger wie Goethe, Byron, Heine, Burckhardt kommt es nicht vor. Man weiß nicht, soll man das begrüßen oder bedauern: Blieb so dies Land *al pié dei monti*, am Fuß der Berge, nämlich zwar von der Überschwemmung durch Touristenströme verschont, bringt sich anderseits der Erholungssuchende und Bildungsbeflissene, wenn er es meidet, um manch einprägsames Erlebnis landschaftlich, künstlerisch wie, wir wollen beim Thema bleiben, kulinarisch. Ein solches ist schon die Anfahrt durch die transalpinen Tunnel des Montblanc und des Großen Sankt Bernhard, über den bereits die Römer nach Gallien zogen. Vor einem öffnet sich das urwüchsige Aostatal am Rande der höchsten Gipfel Europas, Montblanc, Matterhorn, Monte Rosa, Gran Paradiso, aber auch vieler Schwebebahn- und Skiberge. Eine Landschaft zum Erwandern und, man sollte sich die Zeit dazu nehmen, Erkunden, die stattlichen Schlösser und Wehrbauten ringsum, die alte Feste Aosta mit ihrer römischen Stadtmauer oder die berühmten Winter- und Sommerfrischen Courmayeur und Cervinia. Das Valle d'Aosta oder – hier wird noch viel Französisch, wenn nicht gar Altprovenzalisch geredet – Val d'Aoste (ausgesprochen *Val d'Ost*) ist seit 1948 eine autonome Region mit eigenem Parlament und hat sich in vielem seine Besonderheit bewahrt. Das gilt auch für seine Küche: Dazu gehört die *seupa*, eine, wie wir Schweizer sagen, währschafte Fleischsuppe mit altbackenem Brot, Wirsing und dem vorzüglichen *Fontina*-Käse, wenn nicht dem noch besseren, weil fetteren *Bettelmatt* von den Hoch-

almen; den in ganz Norditalien heimischen Maisbrei
polenta ißt man hier mit Milch, Butter und Käse. Das
Fleisch wird zu Würsten verarbeitet, der Blutwurst
boudin etwa oder der *movetta* aus der Keule von Ziege
oder Gemse. Während der „König der Alpen", der
Steinbock, *stambecco*, nicht mehr gejagt werden darf,
kommt noch anderes Berggetier auf den Tisch, meist
aus der Gegend des großartigen Nationalreservats am
Gran Paradiso: Wildziegen, weiße Hasen, Murmel-
tiere, *marmotte*, Siebenschläfer, *ghiri*; sie werden oft *in
salmí*, als Ragout in würziger brauner Sauce angerichtet. Eine wohlschmeckende Spezialität sind auch die
Edelkastanien, die getrocknet mit Speck und Butter gekocht oder zum Nachtisch in süßem Sirup eingelegt
werden. Die Krönung eines valdostanischen Mahls jedoch ist die *torta di nocciole*, ein köstlicher Haselnuß-
fladen oder -kuchen. Er schmeckt besonders gut zu
einem *Chambave Moscato* mit feinem Traubenaroma,
aber auch die anderen Weine des Aostatals lassen sich
trinken, die aufrechten *Donnaz, Enfer d'Anvier* und
manch anderer.

Vom Hochgebirge geht es steil hinab in die Po-Ebene
mit ihren Äckern, Weiden und, vor allem, Reisfeldern
(hier kommt der beste Reis Italiens her, der *riso superfino Carnaroli*), aus denen fruchtbare Hügel ragen, die
Colline, das Monferrato, die Langhe. Dazwischen,
darüber Türme, Burgen und Städtchen, die janus-
köpfig ein mittelalterliches und ein modernes Gesicht
zeigen, Asti, Alba, Mancalvo. Damit habe ich aber
auch drei Namen genannt, über die der Gastrophile,
mit Verlaub, alle Sehenswürdigkeiten vergißt. Sie sind
nämlich die Heimat der weißen Trüffel, jener Wunder-
knolle, die so unbeschreiblich – nein, nicht stinkt, sondern ambrosisch duftet. Es gibt zwei Arten Feinschmecker, die Trüffelsüchtigen und die anderen, die
dem *tartufo bianco* nichts abgewinnen können. Darob
wollen wir aber nicht traurig sein, denn er ist ohnehin
selten und in jedem Sinne kostbar. Darauf abgerichtete
Hunde erschnüffeln den Edelpilz – zumeist bei Nacht,
damit niemand die Fundstelle errät – im Oktober und
November, wenn Nebel die Landschaft streichelt, unter Buchen und Nußbäumen. Auf den Tisch gehört
diese exquisite Delikatesse roh in feinste Scheiben
gehobelt über möglichst natürliche Speisen, zu in
Olivenöl angerösteten Weißbrotscheiben, *crostini*, auf
Spiegel- oder Rührei, zur *carne cruda*, hauchdünn
geschnittenem Rindfleisch mit Pfeffer und Zitronen-

saft, aber auch über Teigwaren, *tagliatelle*, oder in die *fonduta*, eine mildsämige Käsefondue aus *Fontina* mit Milch, Eiern und Butter.

Ein Glück kommt selten allein: Die freigebige Natur läßt im Piemont außer der Trüffel unter der Erde auch Reben über der Erde gedeihen, und die gehören zu den besten Italiens, ich behaupte sogar: der Welt, allein 39 Qualitätsweine zählt man hier, meist rote. Die noblen *Barolo* und *Barbaresco* verdienen ihren Ruhm, es sind große Weine, manchem Franzosen ebenbürtig, aber man sollte darüber nicht den herzhaften *Barbera* vergessen, den ansprechenden *Dolcetto*, den geschmeidigen *Nebbiolo* oder den aparten, oft spritzigen *Freisa*. Vom *Asti Spumante*, Italiens bekanntestem Schaumwein, sei nur gemeldet, daß er in den letzten Jahren Fortschritte gemacht hat und nicht mehr so sirupsüß ist wie ehedem.

Nachdem nun so großzügig für unser leibliches Wohl gesorgt ist, wenden wir uns wieder dem Land Piemont zu. Die Hauptstadt Turin wollen wir uns für zuletzt aufsparen und sie vorerst von Norden her einkreisen. Ivrea gegen das Aostatal zu ist Hauptsitz der Olivetti-Werke, jenes gigantischen Unternehmens, bei dessen Büromaschinen Funktion und Design sich so nahtlos decken, das sich mit seinen sozialen Einrichtungen aber auch so vorbildlich für die *comunità*, das Leben in der Gemeinschaft einsetzt. Biella, das „Manchester Italiens", ist ein Zentrum der Textilindustrie. Zählt man noch das Fiat-Imperium hinzu, von dem halb Turin lebt, und den Keks-Konzern Pavesi, der in Novara sein Domizil hat und uns auf jeder Autobahn grüßt, leuchtet ein, daß das Piemont der Lombardei den Rang des Industriezentrums Italiens streitig macht.

Im Norden der Region liegt weiterhin das Westufer des Lago Maggiore, das mit dem Borromäischen Golf, mit seiner subtropischen Vegetation, seinen Villen, Gärten und Parks das Bild einer Ideallandschaft vervollkommnet, wie es alle oberitalienischen Seen bieten.

Vercelli ist seit dem 16. Jahrhundert die Reishauptstadt Italiens inmitten wie mit dem Lineal gezogener, künstlich befluteter Felder, auf denen, wenn man Giuseppe de Santis Film „Riso amaro" glauben darf, schöne, stämmige Landarbeiterinnen im breitkrempigen Strohhut zweimal im Jahr die reifen Körner ernten. Die alte Sperrfestung Alessandria, Asti und Alba, Hauptorte einst der Markgrafschaften Monferrato und Langhe, Cuneo sodann mit seinen Laubengängen,

Gewölben und Wallpromenaden, das sind nur einige der vielen Städte, die ihre Schätze nicht zur Schau stellen, aber gerade deshalb zum Verweilen laden. Aus Cavour stammt das Adelsgeschlecht dieses Namens, dessen Sproß Benso ihn als einer der Einiger Italiens zum Begriff machte, kaum eine Stadt des Landes hat heute nicht eine Via, eine Piazza, einen Corso Cavour. Wir stehen vor den Toren Turins. Für einmal sei empfohlen, die Hauptstadt des Piemont mit der Eisenbahn zu erreichen, vom Hauptbahnhof aus, der bezeichnenderweise Porta Nuova heißt. Durch dieses „Neue Tor" tritt man in eine Kapitale, die nicht nur eine moderne Metropole ist, in der die italienische Filmindustrie entstand, Radio und Fernsehen, sondern auch die ehemalige Residenz des Hauses Savoyen und der Könige Italiens. Die prächtigen, schnurgeraden Achsen der Via Roma, Via Po und Via Garibaldi führen uns durch ein rechtwinklig angelegtes Straßennetz, dessen Porphyrbeläge, Arkaden, Säulengänge und zurückhaltend vornehme Gebäude nur mit einem Wort umschrieben werden können: Stil – oder, um bei der Sprache des Landes und Rossinis zu bleiben, *di qualità.* „Der Schatz Turins ist die Stadt selber", sagt Paul Eubel, Leiter des Goethe-Instituts dort. Torino ist ein architektonisches Gesamtkunstwerk, das auch im verwöhnten Italien seinesgleichen sucht. Die geometrisch-klare Gliederung macht es ebenfalls zu einer Stätte des Denkens, der Denker, „hier ist alles frei und weit geraten, so daß man mitten in der Stadt ein stolzes Gefühl von Freiheit hat – der erste Ort, in dem ich möglich bin!" rief Nietzsche aus. Hier bildete sich der Freiheitsdichter Alfieri, hier wuchsen die großen liberalen Staatsmänner Einaudi und Saragat auf. Turin ist nicht unbedingt das Herz, aber sicher das Gewissen Italiens.

Hier stehen auch, man erlaube mir den kühnen Sprung, einige der schönsten Cafés, Bars und Restaurants des Landes. Ich erinnere mich, wie wohltuend es war, sich dort nach Orchesterproben im Studio der RAI bei einem Glase *Vermouth* und einigen knusprigen *grissini*, Brotstangen – beides Errungenschaften Turins –, vielleicht auch einer *bagna cauda*, einer duftend heißen Sauce aus Nußöl, Butter und Knoblauch, in die man rohes Gemüse tunkt, zu entspannen, während draußen elegante, gutangezogene Turiner vorbeigingen. Und wenn sich dann der Hunger meldete, war alsbald der *brasato al Barolo* zur Stelle, ein geschmorter Braten vom erstklassigen Alba-Rind, wunderbar zart und saftig, vollgesogen von kraftvollem Barolo. Der Gourmet wird es schon gemerkt haben: Das Piemont ist allein seiner Küche wegen nicht nur eine Durchfahrt, sondern eine Schlemmerreise wert.

PUGLIA – APULIEN

Va canzonetta mia,
e vanne in Puglia piana,
la magna Catapana,
là dov'è lo meo core notte e dia.

„Zieh, mein kleines Lied, und gehe ins ebne Apulien, die große Capitana, wo mein Herz ist Tag und Nacht."

Dies schrieb der unglückliche König Enzio, Lieblingssohn Kaiser Friedrichs II., als Gefangener im Kerker. Jenes flache Land, Absatz und Ferse des italienischen Stiefels, war zur Zeit der Staufen die Mitte der Welt. Davon zeugen heute noch zahllose Kastelle und Kathedralen, allen voran das Castel del Monte, die „Steinerne Krone Apuliens", stolz und unnahbar. Diese gebieterische Attitüde breitet sich über die ganze Provinz, die wie aus Stein und Steinen zu sein scheint und in ihrer Herbe an das nahe Griechenland überm Meer gemahnt: trocken, hell und ohne Schatten liegt sie unter der sengenden Sonne. Dazwischen die weißen Tupfen der Megalithen, Kriegerdenkmäler, Wehrbauten und *trulli*, jener archaischen Kegelhäuser mit konischen Dächern aus Kalksteinplatten. Sie finden sich hauptsächlich in der Hochebene der Murge, deren Terrassen Öl-, Mandelhaine tragen und weite Rebflächen. Apulien liefert fast ein Sechstel der Oliven Italiens und ist mit seinen 180 000 Hektaren die größte Weinregion der Welt. Brachte sie bisher vorwiegend *vini robusti* zum Verschnitt hervor, so gibt es inzwischen immer mehr Qualitätsweine, den zartsüßen *Aleatico di Puglia*, den aromatischen *Moscato di Trani*, den samtigen *Malvasia di Brindisi* oder für den, der es nicht zu lieblich mag, den grandiosen *Castel del Monte*, den ebenbürtigen *Rosso Canosa*, den legendären Rosé *Five Roses* oder den geschmeidigen *Salice Salentino* – man benutze die Gelegenheit, sich neben den romanischen Bauwerken aus dem Füllhorn Apuliens seine Weine einschenken zu lassen.

Wollte man die Küche der Puglia umschreiben, könnte man sie als natürlich und vegetabil bezeichnen. Selbstverständlich gibt es auch Fleisch, meist vom Lamm, phantasievoll hergerichtet und ebenso benannt, *caldariello* (in Schafmilch geschmortes Ragout), *cazzmarr* (Roulade aus Kaldaunen), *cutturidde* (Voressen mit Gemüse), *gliomariéddri* (Lamm- und Ziegeninnereien am Spieß). Der eigentliche Reichtum sind jedoch die Gemüse, *melanzane*, Auberginen, *fave*, Saubohnen, *carciofi*, Artischocken, *lampasciuni*, wilde Zwiebeln, *pomodorini*, kleine dekorative Tomaten. Sie werden gefüllt gegessen oder zu Teigwaren aus dem Hartweizen von den Feldern, *calzone, lagane, orecchiette*, aber auch als gemischtes Ragout aus der *tiella*, Backpfanne – an heißen Tagen ein Labsal. Von den Molkereiprodukten seien die, wie der Name sagt, buttrige *burrata* genannt, die *cacioricotta*, eine Art Quark, und die sämige *manteca* aus Büffelmilch, die man alle frisch verzehrt, von den Süßspeisen die *castagnedde* und *keppete*, knusprig süß mit Mandeln; das Beste liefert aber auch hier wieder die Natur: herrliche Aprikosen, Kirschen, Pfirsiche, Trauben, Feigen und Mandeln. Würde ich aufgefordert, eine typisch mediterrane Küche zu nennen, die apulische gehörte dazu.

Ich habe vorhin wieder einmal das, zugegeben, reichlich abgegriffene, aber doch sehr anschauliche Bild vom italienischen Stiefel herangezogen, und der hat auch einen Sporn, die Halbinsel Gargano im Nordosten, die einzige Landschaft Apuliens mit Wäldern, Seen und Kuppen. Eine davon, der erratische Monte Gargano, ist der Heilige Berg Italiens. Zu ihm pilgern Tausende, früher zu Fuß, heute meist im Bus, um in der Grotte des Erzengels Michael, der hier, vom Morgenland herüberschwebend, seinen Fuß aufgesetzt haben soll, Buße zu tun wie die Kreuzritter Jahrhunderte zuvor. Wie alle Völker, deren Leben Arbeit und Mühsal ist, holen sich die Apulier seit jeher auf Wallfahrten, Bittprozessionen, Exorzismen und anschließendem Fest etwas Trost und Glanz, wobei sich die Grenzen zwischen Religion und Aberglaube, Mythos und Magie verwischen. Leider wird die Weihe des Orts durch eine euphemistisch „Erschließung" genannte Überbauung der Umgegend, durch Autostraßen, Hochhäuser und Hotelkästen am Strand zusehends gestört.

Landeinwärts liegt, zwischen Apennin und Adria, der Tavoliere, die Capitanata, Catapana Enzios, die ihren Namen nach dem einstmaligen byzantinischen Statthalter, dem Katapán, trägt. Eine der größten Ebenen Italiens, durch die bis vor kurzem riesige Herden von Kühen und Büffeln, Schafen und Ziegen zogen. Heute ist sie von schier endlosen Kornfeldern bedeckt, wo früher Hirten hüteten, verrichten Mähdreschmaschinen ihre Arbeit. Obwohl die *questione meridionale*, das Problem der Verelendung und Abwanderung aus Süditalien noch nicht aus der Welt ist, trägt hier eine vernünftige Boden- und Bewässerungspolitik buchstäblich erste Früchte. Die Moderne macht das Vergangene nicht vergessen, aber erträglicher. So besitzt die Hauptstadt Bari an der Küste neben der malerischen Altstadt eine betriebsame Neustadt, einen alten und einen modernen Hafen. Als „Pforte des Orients" ist Bari ein wichtiger Handels- und Industrieplatz, „Barensis nisi vendit moritur", hieß es schon früher, „wenn der Bareser nichts verkaufen kann, stirbt er."

Nun empfinde ich es aber als ziemlich überheblich, beschreibt man diese Stadt und Apulien überhaupt, wie das oft geschieht, als reines Bauern- und Handelsland. Allein schon in Bari steht das Verlagshaus, dessen Autor Benedetto Croce war, hier wurde Piccini geboren, Rivale Glucks an der Pariser Oper, hier wird das Konservatorium vom führenden Filmkomponisten Nino Rota geleitet, hier startete Domenico Modugno, der auch bei uns erfolgreiche Schlagersänger, -komponist – die Italiener haben dafür das hübsche Wort *cantautore* – und, was weniger bekannt ist, ausgezeichnete Schauspieler seine Karriere.

Die Küste hinunter gelangen wir auf die Halbinsel Salento, die sich wie Schleswig-Holstein „meerumschlungen" nennen könnte, nur in entgegengesetzter Richtung. Mit ihrer südlichen Vegetation, den Ölbäumen, Weingärten und Trockenmauern erweckt sie von allen Teilen Apuliens am stärksten den Eindruck, man befinde sich in einem griechischen Land. Brindisi, seit dem Altertum Drehscheibe des Seeverkehrs mit dem östlichen Mittelmeer – hier starb der Dichter Vergil nach der Heimkehr von Griechenland –, ist immer noch der Hafen, von dem aus man sich nach der Levante einschifft. Das barocke Lecce sodann, das „Florenz des Südens", und Tarent auf der anderen Seite – „gäbe es kein Venedig, so würde dieses als die wunderbarste Stadt im Meere einen Weltruf haben und das Ziel zahlloser Touristen sein" (Widmann, 1904). Ja, man wundert sich in der Tat, daß nicht mehr Ferienreisende hier Erholung suchen, dies besonders auch, weil einen da das Meer mit Leckerbissen verwöhnt. Im Mare Piccolo, dem Binnenmeer von Tarent, werden Muscheln, *cozze*, und Austern, *ostriche*, gezüchtet, an der Ionischen und Adriatischen Küste gibt es Fische, die, wenn sie klein genug sind, als *ciambotto* mit Pfefferschötchen, Tomaten, Zwiebeln in Olivenöl Spaghetti würzen. Nicht verpassen sollten Sie die feinen Meeresfrüchte, *polpi*, Kraken, *ricci*, Seeigel, *seppiette*, Sepien, die man gemischt als Vorspeise, *antipasto*, genießt oder zu einem Risotto.

Zurück zur Kultur. Ziehen wir den vorhin gesteckten Kreis etwas weiter, kommt mancher Kopf zum Vorschein, der in der Welt von sich reden gemacht hat oder noch macht, in Foggia der Komponist Giordano, in Barletta der Dirigent Carlo Maria Giulini, in Lecce der Belcanto-Tenor Tito Schipa, in Tarent Paisiello, Vorbild Mozarts und Nebenbuhler Rossinis, nebst dem Filmgigolo Valentino (auch er ein – lackhaariger – Kopf, der in der Welt von sich reden gemacht hat, hauptsächlich in der Frauenwelt). Das abgelegene, unbekannte Apulien, es ist also wohl lebendiger, als man uns gelegentlich weismachen will.

ROMA – LAZIO
ROM – LATIUM

Das geflügelte Wort „Alle Wege führen nach Rom" wollen wir beiseite lassen, es ist etwas lahm geworden, aber eine Variation sei mir erlaubt: „Alle Wege nach Rom führen durchs Latium". Man vergißt nämlich gern, daran zu denken, daß Rom im Lazio liegt, so sehr steht diese Provinz zwischen Tyrrhenischem Meer und Abruzzen im Schatten der mächtigen Metropole. Dabei ist sie landschaftlich, historisch und kunstgeschichtlich manchen Baedeker-Stern wert. Obendrein, wenn das nahe Rom mit Touristen und Bussen vollgestopft ist, immer noch ein Ort der Ruhe und humanen Maßes, für Maler wie Poussin, Corot, Doré, wie Schnorr von Carolsfeld und Ludwig Richter seit langem die ideale Landschaft, „hier dichtet die Erde" (Tieck).

Das mittelalterliche Rieti steht am Rande der Sabiner Berge, nach dem Göttervater Sabinus benannt, der uns laut Vergil die Rebe gebracht hat. Bleiben wir also bei den Weinen des Latium, die auch die Weine Roms sind und sich so leicht trinken. Im Norden wächst der *Aleatico di Gradoli*, samtig und süß, an der Küste der saubere *Cerveteri* und landeinwärts wieder die *Cesanese* und *Olevano Romano*, leicht bitterlich, aber delikat und gehaltvoll; von den Albanerbergen schließlich, wo sich auch Castel Gandolfo befindet, die Sommerresidenz des Papstes, die *Castelli Romani* – man geht selten fehl, bestellt man in Rom einen offenen Karaffenwein, einen *vino della casa*, er kommt meist von hierher –, darunter der bekannte, nur echt gute *Frascati* und der legendäre *Est! Est!! Est!!! di Montefiascone*.

Zu diesen zwar einfachen, aber süffigen Gewächsen paßt die bodenständige Kost des Lazio, die *pignataccia*, ein saftiger Lamm- oder Hammelbraten, die *pajata* aus mit Tomaten und Wein in Schweineschmalz geschmorten Kaldaunen, die *asciutti*, hausgemachte Nudelgerichte, und insbesondere das vielerlei Gemüse, das man roh als Appetitanregung, gegart als Füllung, Beigabe, selbständigen Gang oder als Salat genießen kann und von dem ich nur einige typische herauszupfe: *aglio fresco*, frischer Knoblauch, *agretti*, Gartenkresse, *broccoletti*, Rübensprossen, *fiori di zucca*, Kürbisblüten, *puntarelle*, bittere Endivien, *rughetta*, Rauke, *sellero*, Sellerie. Der pikante *pecorino* aus Schafmilch dient als würziger Reib- oder Tafelkäse. Allein bei den Fischen fehlt mir sogar an der Meeresküste das Vertrauen, allzu oft wurden sie mir tiefgefroren angeboten.

Die Pontinischen Sümpfe um die Provinzstadt Latina, die Maremmen bis in die Toskana hinein, sie waren einst als malariaverseucht verrufen, sind heute dank Entwässerung aber urbarer Boden, *Agro*. Die vielen Badeorte ferner längs der Küste mit mondänen bis stillen Stränden für jeden Geschmack, die Städte und Städtchen Viterbo, Frosinone, Ostia, Tivoli voller Kunstdenkmäler, die etruskische Nekropole von Tarquinia, das antike Palestrina, Geburtsort und Namensgeber des großen Wegbereiters der abendländischen Musik – das Latium läßt für den Erholung und Bildung Suchenden keinen Wunsch offen (mit Ausnahme vielleicht der vielbesungenen Campagna, die heute nicht mehr das *dulce refugium* der Lateiner ist, sondern eine garstig überbaute Vorstadt).

Ich spüre nun eine leichte Ungeduld, den Leser zieht es nach Rom. Damit bringt er mich aber auch in Verlegenheit, denn wie soll ich auf ein paar spärlichen Zeilen diese grandiose Stadt beschreiben, die ewig lebt, überlebt? Da geht es mir nicht besser als dem großen Rom-Kenner Gregorovius, der auf die Bitte eines Gastes, er möge ihm Rom erklären, antwortete: „Das kann ich nicht, ich lebe erst elf Jahre hier." Nehmen Sie deshalb meine lakonischen Notizen als Anstoß, aus eigenem Trieb das zweieinhalbtausend Jahre alte Rom zu erkunden, Stadt der Antike und des Mittelalters, der Päpste und der vitalen Neuzeit.

Als Anfahrt wähle ich den alten Römerweg Via Appia Antica von den Albanerbergen her, Straße der verwitterten Grabmäler und Katakomben, heute nachts Treffpunkt der Liebespaare und des – wir wollen der Wahrheit tapfer ins Décolleté schauen – Straßenstrichs. Sie führt uns zum Kapitol, dem „stolzen kleinen Hügel, wogegen die höchsten Berge des Erdbodens plattes Land sind" (Heinse). Auf der Südseite das Forum Romanum, einst Nabel des Römischen Reiches, heute ein Trümmerfeld, dessen immergrün überwachsene Reste uns jedoch Jahrtausende zurückversetzen. Nicht weit davon das Kolosseum, „Urbild des alten Rom, Reliquienschrein für Schaun und hohen Traum" (Poe), zu Anfang unserer Zeitzählung Arena blutiger Gladiatoren- und Tierkämpfe vor 50 000 Schaugierigen. Heute tummeln sich da Scharen von *gatti*, Katzen, so eigen-willig und ungebunden wie die Römer. (Wenn Sie meinen Rat wünschen: Man sollte in Rom nicht nur von Sehenswürdigkeit zu Sehenswürdigkeit stapfen und deshalb ab und zu einen Ruhehalt einschalten; in der Nähe wären der Piazzale Caffarelli und die Piazza del Grillo dafür geeignet, beschauliche, irgendwie ländliche Idyllen, wo Architektur und Natur noch im Einklang sind.)

Von der Piazza Venezia schlendern wir die Via del Corso hinauf – Achtung, sie ist lang, führt uns aber durchs Einkaufs- und Flanierviertel, die feine Via Condotti, die vielbegangene Via Veneto. Denn auch das bietet uns das reiche Rom: Chic (nicht Schick, der gehört woandershin, das ist ein Unterschied wie zwischen Espresso und Mokka, Lino und Loden, Maserati und Mercedes), Alta Moda und Dolce Vita auf den Spuren Fellinis. Reißen wir uns respektive unsere Dame los, mit einem Kennwort, das wahrscheinlich wirkt: Fontana di Trevi. In diesen spektakulären Barockbrunnen, einer Stein gewordenen Theaterkulisse, muß man, so verlangt es die Überlieferung, eine Münze werfen, will man nach Rom wiederkommen. Die rauschenden Brunnen, Sinnbild der Lebensspende, der Machtfülle und des Zeitenlaufs, sind überhaupt ein Wahrzeichen dieser Stadt wie die Pinien, Obelisken und Cafés. In diesen trafen, treffen sich seit Jahrhunderten die Römer und ihre Besucher, darunter viel geniale und genialische Prominenz, zu einem *espresso*, jenem köstlich duftenden Stimulans unter schokoladebrauner Haube (die anderwärts zunehmende Gewohnheit, zu jeder Tageszeit einen *cappuccino* zu trinken, ist eine Unsitte, der gehört zum Frühstück und ist für andere Gelegenheiten zu mastig.)

Nach einer solchen Stärkung begeben wir uns zur elegant geschwungenen Spanischen Treppe, immer von Touristen belagert, trotzdem zu jeder Zeit ein beglückkendes Erlebnis, so befreiend wirkt das Maß der aufsteigenden Stufen, Balustraden, Geländer – ach, wir müssen weiter... Von der Piazza Navona, dem schönsten Platz Roms (und das will etwas heißen!), über den Tiber an der Papstfestung Engelsburg vorbei zum Vatikan, einem nur 44 Hektar großen, aber souveränen Staat in der Stadt mit eigener Post und Tageszeitung, Telephon und Rundfunk. Mit seinen Bauwerken, dem gewaltigen Petersdom in der Mitte, seinen unschätzbaren Kunstsammlungen und Gärten ist der Heilige Stuhl des Stellvertreters Christi auf Erden eine Demonstration geistiger wie weltlicher Macht, die auch den packt, der nicht gläubig ist (die Päpste selbst waren es ja auch nicht immer...).

Bleiben wir jenseits des Tibers, im so genannten Stadtteil Trastevere. Wenn es inzwischen auch schick geworden ist, dort zu wohnen und zu essen, kann man sich immer noch an einem Tisch im Freien niederlassen und unter Römern als Römer fühlen. Und während wir dort römisch schmausen, will ich Ihnen ein kleines Kolleg halten über die römische Küche. Sie hat, wenn man sie analysiert, im Grunde drei Wurzeln: eine hebräische – das jüdische Ghetto, in dem so echte Romani leben wie in der Nachbarschaft, liegt schräg gegenüber –, eine ländliche, die jener der Abruzzen und des Latium gleicht, und eine, die in den Schlachthof führt. Zur ersten gehört zum Beispiel alles, was in Öl ausgebacken ist wie insbesondere die *carciofi alla giudia*, kleine zarte Artischocken (möglichst die jungen *cimaroli*), die mit Stumpf und Stiel gegessen werden; rustikal sind Teigwaren wie *bucantini* oder *fettuccine all'amatriciana*, mit Tomaten, Zwiebeln, Chili und Schafkäse, oder *alla carbonara*, mit Eiern, Speck, Butter, Rahm und Parmesan, dann die schon erwähnten Gemüse, das zarte junge Lamm, das hier noch *abbacchio* heißt, mit Rosmarin oder das „Spring-in-den-Mund" *saltimbocca*, dünne Kalbsschnitzel mit Schinken und Salbei; das dritte Element sind die vielen Innereien von Kalb oder Rind, aus denen saftige *padellotti* und *trippa alla romana* bereitet werden, aber auch die würzigen Schmorgerichte *garofolato* und *stufinato* vom Rind.

Oje, was gäbe es nicht alles noch zu zeigen, das Pantheon, Aventin und Palatin, den mir so lieben Campo de' Fiori, ein Klein-Rom mit Marktständen und Kneipen, Händlern und Handwerkern, die unzähligen Kirchen, Museen sodann und und und – aber verschieben wir das alles auf ein andermal, Rom wurde schließlich nicht in einem Tag erbaut und läßt sich auch nicht in einem Tag erschauen. Verweilen wir lieber noch einen Augenblick bei einem *Sambuco*, jenem erfrischenden Anislikör, den man mit einer ungeraden Zahl Kaffeebohnen zu sich nimmt (Vorsicht, eine gerade brächte Unglück!), oder gehen wir in eine Gelateria ein Eis essen, wie das die Römer in so wundervoll bunten, aromatischen Varianten herzustellen verstehen.

SARDEGNA – SARDINIEN

Von oben sieht Sardinien, die zweitgrößte Insel des Mittelmeers im tyrrhenischen Becken, wie eine Sohle aus, und der Legende nach ist sie auch die Fußspur Gottes, der am Ende der Schöpfung noch ein paar übrige Felsen und Steine ins Wasser warf, sie feststampfte und etwas Natur darüberstreute, bis sich „die steinerne Insel in ein Spiegelbild seiner ganzen Schöpfung verwandelt hatte" (Serra). 1919 reiste der englische Schriftsteller D. H. Lawrence nach Sardinien, und auf der Überfahrt notierte er: „Plötzlich liegt Cagliari vor uns: eine nackte Stadt, die sich steil und vergoldet aus der Fläche inmitten der gestaltlosen, tiefen Bucht aufreckt. Es ist fremdartig und fast schön, überhaupt nicht italienisch." Und später, auf der Fahrt durch die Insel, stellte er fest: „Die Landschaft ist ganz anders als sonst in Italien. Italien ist stets fast dramatisch und vielleicht unveränderlich romantisch. Dramatisch sind die Ebenen der Lombardei und romantisch sind die veneziani-

schen Lagunen... Sardinien ist ganz anders. Man hat
ein Gefühl von Weiträumigkeit, das man in Italien ver-
mißt."
Dies Gefühl, in einer fremden Welt von eigenartigem,
unbestimmbarem Reiz zu sein, befällt auch heute den
flüchtigen Ferienreisenden, sobald er den Fuß auf die
Insel setzt. Selbst die langen Sandstrände am türkis-
blauen, klaren (in Sardinien gibt es Kläranlagen!) Meer
zwischen zu bizarren Urwesen verwitterten Granitfel-
sen scheinen sich seit den Tagen nicht verändert zu
haben, da in der Jungsteinzeit die ersten Einwanderer
an Land kamen, danach die Phönizier, Punier, Römer.
Ihre Spuren lassen sich von der Küste bis ins Innere
verfolgen: das Labyrinth von Höhlen und Grotten, wo
sie eine erste Zuflucht fanden, die Nuraghen dann,
vorgeschichtliche Wehrtürme, und aus späterer Zeit
die romanischen Landkirchen der Mönche mit ihren
weiß-schwarzen Streifen aus Kalk und Basalt.
Nur an der Costa Smeralda, der Smaragdküste im
Nordosten ist von Vergänglichkeit nichts zu spüren.
Hier errichtete 1962 ein märchenreicher Prinz aus dem
Morgenland, Karim Aga Khan, ein Ferienparadies mit
Yachthafen, feudalen Residenzen, Hotels und Golf-
platz. Ich will nun aber nicht ins Lamento derer verfal-
len, die diese exklusive Enklave als „Superluxusreser-
vat" bejammern, in dem nicht nur die *jeunesse dorée*,
die Jugend vergoldet ist. Vorher gab es hier nämlich
nur abgeweidete Wiesen, viel Steine und wenig Brot.
Und was französische und italienische Architekten
dann hingestellt haben, möchte man sich für manch
anderes Touristenzentrum wünschen: keine klotzigen
Anlagen, sondern geschickt und geschmackvoll in die
Natur eingebettete Bauten. Wer es sich leisten kann,
wird hier also wohlbeschirmt unter seinesgleichen,
einer monegassischen Prinzessin, einer amerikanischen
Filmdiva, einem englischen Duke oder einem Schweizer Bankier, alle erdenklichen Annehmlichkeiten des
Südens und des Wohlstands genießen können. Nur
eines wird er nicht: Sardinien kennenlernen.
Dazu muß er sich ins Innere begeben, aber möglichst
nicht im Rolls Royce, denn in der Barbagia, dem wilden, waldigen Herzen der Insel warten immer noch
banditi auf Opfer, die „zuviel haben" – „furat chie
venit da'e su mare", haben die Sarden seit Jahrhunderten erfahren, „wer übers Meer kommt, will uns
bestehlen." Diese Briganten sind oft die ärmsten der
armen Hirten, die kärglich die zweieinhalb Millionen

Schafe durchbringen, ein Viertel des nationalen Bestandes. „Die Banditen und die Hirten brauchen einander, denn beide sehen das Feuer des anderen in der Grotte flackern. Doch keiner wird je zugeben, den anderen gesehen zu haben", schreibt Gavino Ledda, der in seinem Buch und Film „Padre Padrone", „Mein Vater, mein Herr" das triste Leben der sardischen Schäfer autobiographisch schildert.

Sardinien ist, aller Anstrengung, Bewässerung, Industrialisierung (und mancher Fehlinvestition) zum Trotz, eine arme Insel geblieben, aus der selbst Hirten mit ihrer Herde auswandern, darüber können weder der goldene Schein des Fremdenverkehrs hinwegtäuschen noch die freundlichen, lebhaften Provinzstädte Cagliari, Oristano und Sassari die Westküste hinauf, während von Nuoro im Osten nicht viel mehr zu melden ist, als daß hier die beiden bedeutendsten Schriftsteller Sardiniens geboren sind: Sebastiano Satta – „von Sonne und Vendetta ausgedörrt" nannte er seine Heimat – und die Literatur-Nobelpreisträgerin Grazia Deledda, eine Sardin als Frau wie als Erzählerin. Denn so wortkarg die Sarden sind – Einsamkeit macht schweigsam –, sie sprechen eine eigenständige Sprache, einen „harmonischen, virilen Dialekt mit lateinischen Resten und archaischer Syntax" (Max Leopold Wagner), der so dichterisch ist wie urtümlich.

Während im Norden die Landschaft Gallura mit Felsblöcken, Macchia, Korkeichen und Olivenbäumen hinter den von Touristen belagerten Stränden im melancholischen Schlaf der Jahrhunderte zu träumen scheint, kommt einem im Süden, beim fruchtbaren Schwemmland des Campidano, die Mär vom Schöpfungsakt vor Augen: Da liegt ein Garten Eden, in dem Getreide, Obst, Reben und Blumen über Blumen wachsen und blühen, darunter solche, die wir in unseren Breitengraden nicht kennen, dazwischen Feigenkakteen, Opuntien und Eukalyptus, um nur die zu nennen. „Wer reist, der ißt", konstatiert Lawrence im erwähnten Reisebericht „Das Meer und Sardinien". Damit können wir um so mehr einverstanden sein, als die sardische Küche auch wieder anders ist als irgendwo in Italien. Das fängt schon mit dem Brot an, das noch gern selbst gebacken wird. Am eigentümlichsten der runde Fladen *carasáu* oder dessen hauchdünne Version *carta da musica*, so genannt, weil sie einem pergamentenen Notenblatt gleicht. Eigentlich eine haltbar trockene Wegzehrung der Hirten, wird sie heute als *fratáu* mit Schafskäse, *fiore sardo*, Eiern und Tomaten aufgeweicht und angereichert. Sonst kann man sich als ersten Gang die *maccarones* bestellen, mit Frischkäse, Nuß- oder Tomatensauce gewürzte Makkaroni, die am raffiniertesten jedoch zur *buttariga* schmecken, gepreßtem Meeräschenrogen. Typisch sind auch die Grießklößchen *malloreddus* und *fregula*. Das Fleisch, Lamm, Zicklein, Wildschwein oder gar Spanferkel, *porceddu*, wird am Spieß gebraten oder in einem Erdloch *a carraxiu* gebacken und mit wundersam duftenden Essenzen, Wacholder, Baumerdbeeren, Myrte eingerieben. Eine weitere Spezialität sind die Innereien, *trattaliu*, auf vielerlei Art zubereitet. Die Meerfische wandern mit Gemüse, Kräutern (Sardinien gilt als die Heimat der Petersilie) und einem Zitronenschnitz in die *burrida*, und nebst viel Meeresfrüchten sind hier die Langusten, *aragoste*, besonders geschätzt. Die Süßigkeiten lassen sich fast nicht aufzählen, sie gehören zu jedem festlichen Mahl wie die Tänze und farbenfrohen Trachten der Insel, als Beispiel seien nur die *sebadas* genannt, mit säuerlichem Frischkäse und Zitronenschale in Öl ausgebackene und mit Wildhonig bestrichene Teigtaschen. Auf diesen sardischen Honig will ich schnell noch ein Loblied singen, er ist herb duftig wie die Macchia, aus der er kommt; am liebsten esse ich ihn ganz einfach mit einem Stück *pecorino*, Schafkäse – ein aparter Leckerbissen!

So eigenartig wie alles auf dieser Insel sind ihre Weine, ein getreues Abbild ihrer langen Geschichte. Die Reben wurden von Phöniziern, Römern, Sarazenen, Liguren und Andalusiern herübergebracht, darunter der rote *Cannonau* sowie die weißen *Nuragus* und *Vermentino*; zu empfehlen ist schließlich der sherryartige *Vernaccia*, den der Sarde – wieder eine verkehrte Welt! – süß als Aperitif, trocken zum Dessert trinkt. Nach einem kräftigen Schluck *filiferru*, Tresterschnaps, ist die Welt aber wieder in Ordnung.

SICILIA – SIZILIEN

„Diese Landschaft, die keine Mitte kennt zwischen üppiger Weiche und vermaledeiter Wüste, diese Grausamkeit des Klimas, diese ständige Gespanntheit, wohin man blickt, auch diese Denkmäler der Vergangenheit, großartig, aber unbegreiflich, weil nicht von uns errichtet: sie stehen um uns her wie wunderschöne, stumme Gespenster. All die Regierungen, Fremde in Waffen, gelandet von wer weiß wo, denen man sogleich diente, die man rasch verabscheute und nie begriff, die sich ausdrückten nur in Kunstwerken, die für uns rätselhaft blieben, und leibhaftig in den Eintreibern von Steuergeldern, die hernach anderswo ausgegeben wurden – all diese Dinge haben unseren Charakter gebildet", so schildert der sizilianische Fürst von Lampedusa im „Leopard" seine Heimat, die größte Mittelmeerinsel am Ende Europas, Brücke zwischen Okzident und Orient.

Mag man sich nach der Überfahrt durch die schmale Meerenge von Kalabrien her in der modernen Hafenstadt Messina auch noch auf dem italienischen Festland wähnen, führt uns die anschließende Rundreise um die Insel durch ein fremdartiges Land antiker Fülle und afrikanischer Dürre. Die schöne Nordküste entlang mit herrlichen Blicken in romantische Täler hinein, auf Vorgebirge und immer auf das Meer gelangen wir nach Cefalù mit seinem gewaltigen Normannendom aus Menschenhand am Fuß einer ebenso gewaltigen Felsenwand aus Gottes Hand.

Die Inselhauptstadt Palermo, „Schatzkammer der Phantasien" (Piovene) in einem Rund von je nach Tageszeit sonnenhellem oder glutrotem Kalkstein hat viele Gesichter: ein modernes, die Neustadt, ein mehr vergammeltes als malerisches, die Altstadt, ein kunstreiches mit Kathedrale, sakralen und weltlichen Bauten, dem Archäologischen Museum und der Galleria Nazionale (ich versäume nie, mir dort die wunderbar stille, demütig-stolze Maria des Antonello da Messina anzusehen), sowie ein historisches, das auf den mit Bildgeschichten bunt bemalten Eselskarren überlebt oder im Puppentheater, wo Rittersleut' und Räuber blechrasselnd blutrünstige Fehden ausfechten – beiden begegnet man heute leider fast nur noch in Souvenirläden. Die stürmische Geschichte Siziliens hat sich übrigens auch in der Musik niedergeschlagen, in Verdis leidenschaftlicher Revolutionsoper „Die Sizilianische Vesper", in Mascagnis „Sizilianischer Bauernehre" nach einem Text von Giovanni Verga aus Catania. Eine ganz andere Facette Palermos ist die orientalische, die zum Beispiel in der Vuccerìa augen- und ohrenfällig wird, jenem überfüllten, wuseligen Markt, wo man sich wie auf einem türkischen Basar, einem arabischen

Souk vorkommt. In Palermo ist denn auch der *cus-cussù* heimisch, die maghrebinische Hirsegrütze mit Fleisch und Gemüse, und der *pasticcio di sostanza*, eine reich gefüllte, braungoldene Makkaroni-Pastete. Morgenländisch sind auch die Brote, mit Sesam oder wildem Fenchel bestreut, der so unvergleichlich viel frischer schmeckt als der bei uns gezogene, die *arancine di riso*, gefüllte, in Öl gebackene Reisbällchen, die an jeder Straßenecke angeboten werden und für mich mehr sind als nur eine Zwischenverpflegung, oder die raffinierten Süßspeisen, *cannoli*, ausgebackene Teigröllchen mit Ricotta, Schokolade, kandierten Früchten, *cubbaita*, Krokant aus Mandeln, Sesam und Honig, überhaupt buntschillerndes Zuckerwerk, perlmuttern, rosa, türkis; ins gleiche Kapitel gehören auch die verführerischen *gelati*, die *cassata*, vom arabischen *quas at*, die hier eine kühle Biskuittorte ist mit Ricotta und kandierten Früchten, oder das Wassereis *sorbetto*, arabisch *scharab* – Sonne und Allah entzünden die Phantasie!

Über Monreale, dessen normannisch-sarazenisches Kloster eines der Meisterwerke der Christenheit ist, kommen wir in die Gegend von Segesta, eine der ärmsten Siziliens und darum wohl Stammland der Mafia, jenes berüchtigten Geheimbunds, der sich ursprünglich nach eigenem Ehrenkodex und hinter einer Mauer des Schweigens, der *omertà*, gegen die Ausnützung durch Obrigkeit und Grundherren zusammengeschlossen hatte, heute aber nicht anders denn als organisierter Verbrecherkonzern bezeichnet werden kann. Am Mont'Erice vorbei, dem sagenumwobenen platten Felsklotz, einem mediterranen Venusberg, den schon Vergil besang, geht es nach dem afrikanisch hellen Trapani. Vor seiner Küste werden alljährlich im Frühsommer nach altem, blutigem Ritus Thunfische, man kann es nicht anders nennen, hingemetzelt. Dieser Thon, *tonno*, und der Schwertfisch, *pesce spada*, sind zusammen mit den Sardinen die Fische Siziliens. Wenn diese nicht als *sarde a beccafico* gefüllt und knusprig gebakken auf den Tisch kommen, gibt es vielerlei Arten, sie zuzubereiten, oft mit Olivenöl, Knoblauch. Origano, Petersilie und Zitrone.

Nicht weit entfernt liegt Marsala, das durch seinen trockenen oder süßen, bernsteingelben bis rubinroten Wein weltberühmt geworden ist. Schade, daß man ihn heute fast nur noch zum Kochen verwendet – obwohl die *scaloppine al marsala*, Schnitzel (vom Schwein!) in

Marsala nicht zu verachten sind –, denn er ist mit seinem kraftvoll duftigen Aroma auch als Aperitif- und Dessertwein vorzüglich wie ebenfalls zu Käse oder Kuchen. Überhaupt sollte man sich die heute meist hochwertigen Weine Siziliens nicht entgehen lassen, den hervorragenden *Cerasuolo*, den weißen oder roten *Corvo*, die lebhaften *Regaleali*, den trockenen *Alcamo*, die *Etna*-Weine und die *Moscati*.

An der Südküste sodann Agrigent, Polis des antiken Geistes, wo Empedokles geboren wurde, wo Aischylos, Pindar, Sophokles, Platon lehrten. Unvergeßlich, wenn die weißen Blüten der Mandel-, Öl- und Johannisbrotbäume im Frühling die Tempel zu neuem Leben zu erwecken scheinen. An einigen der schönsten Barockstädte Italiens, wenn nicht der Welt vorbei, Ragusa, Noto, erreichen wir Syrakus, wo der Idyllendichter Theokrit herstammt, der mit heiterer Grazie die heimatliche Landschaft besang:

> *Lorbeerbäume sind dort und schlanke Zypressen,*
> *Dunkler Efeu ist da und voller süßer Trauben der*
>   *Weinstock,*
> *Frisches Wasser auch gibt es, das mir der bewaldete*
>   *Ätna*
> *Aus leuchtendem Schnee zum göttlichen Trunke*
>   *spendet.*

Die fruchtbaren Hügel im Osten, die riesigen Orangen- und Zitronenhaine – wer in Paternò war, kennt das Land, wo die Zitronen blühn – auf der Lava-Erde rings um den königlichen Ätna, den größten aktiven Vulkan Europas, die Städte Catania und Taormina mit ihren Schätzen – das ist für die Griechen unter uns geweihter Boden, auf dem mehr ehrwürdige Stätten erhalten geblieben sind als in Griechenland selbst – und für den Gourmet eine Gegend, wo auch der Gaumen schwelgen kann, bei einer *caponata*, einem erfrischenden Gemüsetopf aus Auberginen, Pfefferschoten, Tomaten und *Caciocavallo*-Käse, bei *pasta alla Norma* (der Opernkomponist Bellini wurde in Catania geboren), Nudeln mit Gemüse, Basilikum und Ricotta, oder bei *spaghetti alla siracusana* mit Thunfischrogen, Sardellen und vielen Kräutern.

Dem Ferienreisenden sei ein Abstecher nach den Liparischen Inseln empfohlen, wo, so steht in Homers Odyssee zu lesen, Aiolos herrschte, der Gott der Winde. Auf dieser Gruppe vulkanischer Eilande nördlich von Sizilien kann man am schwarzen Lavastrand,

vor schwefligen Erdlöchern und im blubbernden Meer gratis und franko eine Fango-Kur machen.
„Italien ohne Sizilien macht gar kein Bild in der Seele, hier ist der Schlüssel zu allem", schrieb Goethe an Frau von Stein. Er hatte wieder einmal recht.

TICINO – TESSIN

Der südlichste Kanton der Schweiz als Kapitel in einem italienischen Sprachführer – heißt das, er sei ein helvetischer Splitter Italiens? Ein Schweizer nimmt in seinen italienischen Sprachführer das Tessin auf – heißt das, er wolle es damit gegen Italien abgrenzen? Beides so falsch wie richtig: Der Ticino ist ein Schweizer Kanton mit eigener Verwaltung und Kultur, aber schon 1911 notierte Kafka, als er auf der Südseite der Alpen anlangte: „Plötzliches Italien" – es ist unverkennbar, diese schöne Region prägt ein Schuß „Italianità", auch wenn der Tessiner, mit Fug und Recht, auf seine Eigenständigkeit pocht. Das ist so wie mit dem Cliché vom „heiteren Völkchen in der Schweizer Sonnenstube" – gewiß, hier herrscht ein mildes Schonklima, die Vegetation ist üppig, das Leben scheinbar leichter, aber wenn es regnet, regnet es Bindfäden, die Landschaft kann auch herb und schroff sein, die Ticinesi sind brave, schweizerisch arbeitsame Bürger. Das gilt ganz besonders für den nördlichen Teil des Kantons, den Sopraceneri, mit seinen Bergmassiven und Talschluchten. Sie empfangen einen, reise man durch den Gotthard, den „Korridor Europas", ins felsige Levantinatal ein oder, romantischer und eindrücklicher, über den Lukmanierpaß ins freundliche Bleniotal. An den Hängen, auf Terrassen drängen sich Häusergruppen eng zusammen, wie um sich gegenseitig Halt zu bieten, Bannwälder, Föhren, Lärchen, Tannen, selbst Kastanien stellen sich schützend vor bescheidene Wiesen, wo Kühe weiden, Ziegen bimmeln. Und bald schon begrüßen uns die Campanili, die granitenen Kirchtürme, die uns mit ihrem fröhlichen, silbrig hellen Glockenspiel auf unserer ganzen Reise durchs Tessin begleiten werden.
Die Autobahnschneise entlang dem Tessinfluß könnte, sollte Anlaß sein, den Fuß ganz vom Gaspedal zu nehmen und Bellinzona einen Besuch abzustatten, Haupt-

ort des Kantons, aber gleichzeitig eine charmante Kleinstadt mit altmodisch engen Gassen und Arkaden; darüber die drei wehrhaften Kastelle, „ein gut Ort, Schloß und Schlüssel der Eidgenossenschaft". Weiter das Tal hinunter kommen wir an der Magadino-Ebene vorbei, einst Sumpf-, heute Agrarland, zum einen großen See des Tessins, dem Lago Maggiore, dem Verbano der Tessiner, dem Langensee der Schweizer.

„Dal bel u na s'mangia vèe nuta", „vom Schönen hat man nicht gegessen", sagen die Tessiner. Das wollen wir sogleich beherzigen, denn der Sopraceneri ist auch die eigentliche Heimat der *cucina nostrana*, der einfachen, aber – Armut macht erfinderisch – phantasievollen Tessiner Küche, während im südlichen Teil, dem Sottoceneri, eher lombardisch gekocht wird. Zu ersterer gehören der *minestrone*, eine dicke, deftige Gemüsesuppe, oder die *polenta* aus gelbem Mais- oder graubraunem Buchweizengrieß, die *polenta negra*; sie wird oft verschieden angereichert, mit fettem Rahm zur *polenta grassa*, mit Butter und Käse zur *polenta taragna*, mit Kräutern und Käse zur *matüscia*, oder mit Salzkartoffeln zum *mazzafam*, einem wahren „Hungertöter". Die Polenta war einst, wenn man so sagen darf, das tägliche Brot der Tessiner, heute wird sie gern zu Schmorbraten oder Kaninchen, *coniglio*, gereicht. Früher kam Fleisch eher selten auf den Tisch, zu Ostern das *capretto*, Zicklein, am Schlachtfest das Schwein, das auch herzhafte Würste liefert, die *mortadella*, hier mit Speck und Leber gemischt, die dünnen *luganighe*, die an keinem Volksfest fehlen dürfen, die *cotecchini* mit gesalzener Schwarte und die *pancetta*, leicht durchzogener Bauchspeck. Im Tessin genieße ich zudem besonders gern die Süßwasserfische aus den Bergbächen und Schmelzwasserseen (wo sich, nebenbei gesagt, im Sommer herrlich erfrischend baden läßt), in Butter gebraten mit Salbei oder sonst einem wilden Kraut, Edelraute, Bergschafgarbe. Versteht sich, daß von den Bergen gute Käse kommen, *formagelle* aus Kuhmilch, *formaggini*, kleine Frischkäse meist aus Ziegenmilch, oft mit Öl, Essig und Pfeffer serviert, oder der bröckelige *sbrinz* aus der Innerschweiz. Wie alles andere, sind auch die Süßspeisen einfach, aber lecker: die *torta di pane* aus Brotresten, Milch, Weinbeeren und Gewürzen, der Kastanienfladen *castagnaccio* mit Sultaninen und Rosmarinnadeln. Das Schweizer Ufer des Lago Maggiore ist mit seinen Kamelien, Magnolien und Mimosen nicht erst seit

Wirtschaftswunderzeiten eine Zuflucht der Sonnenanbeter vor allem aus dem kühlen Norden. Vor und während dem Zweiten Weltkrieg bot das freie, tolerante Tessin so vielen Verfemten und Verfolgten Schutz, daß all ihre Namen einen Führer durch die Exilliteratur ergäben. Später kam dann die Sturmflut jener aus dem Show- und Schlagergeschäft, die das Nützliche, gnädige Steuern, mit dem Angenehmen, südlicher Wärme, zu verbinden wußten, nicht ganz so gewichtig, aber aufgeplusterter.

Hier ist es vielleicht am Platz, nochmal darauf hinzuweisen, daß das Tessin nicht nur ein Sonnenbalkon ist, sondern auch ein Zentrum der Wirtschaft – Lugano ist der drittgrößte Bankenplatz der Schweiz – und der schweizerischen Kultur. In Ascona forschte der Mythologe Kerényi, leitete C. G. Jung die Eranos-Tagungen, komponierte Wladimir Vogel, in Montagnola schrieb und gärtnerte Hermann Hesse, in Muralto malte Paul Klee, verbrachte Erich Fromm seinen Lebensabend, in Solduno dichtete, bildhauerte, malte Hans Arp, in den Schulen unterrichten Lehrer, die als Schriftsteller einen Namen haben, Konzerte wechseln mit Jazz Sessions, das Marionettentheater und das famose Teatro Dimitri in Verscio nicht zu vergessen; eine so schön am Wasser gelegene Kunstsammlung schließlich wie die Villa Favorita des Barons Thyssen in Castagnola muß man lange suchen.

Es ist ein kleines Wunder, daß sich die Ufer des Langensees aller Bedrängung zum Trotz ihr Gesicht zu wahren gewußt haben, Brissago nahe der Grenze nach Italien, wo noch recht beißend scharfe Zigarren dieses Namens aus einheimischem Virginia-Tabak hergestellt werden und auf den Inseln vornedran die seltensten exotischen Pflanzen und Bäume gedeihen, Ascona, das nie so mondän war, wie es sich gab, Locarno, ein Touristenziel zwar, aber mit seinen Läden unter Bogenlauben und dem Flohmarkt in den Altstadtgassen immer noch zu beschaulichem Bummeln einladend. In all diesen Orten dampfen zur Karnevalszeit Riesenkessel mit safrangelbem *Risotto* und *Luganiga*-Würstchen zu fröhlichem Volkstreiben. Von Locarno aus entfalten sich wie ein Fächer die Valli, das kurvenreiche Centovalli, das waldreiche Onsernonetal, das alpin grüne Maggiatal, das wilde Verzascatal – hier läßt sich auf alten Pfaden das urwüchsige Tessin erwandern.

Über den Monte Ceneri kommen wir ins Luganese, die Gegend um den Lago di Lugano, den die Tessiner den

Cerosio nennen und an dem Lugano liegt, Metropole des Kantons und freundlich eleganter Kurort. Von da aus bieten sich viele Ausflugsmöglichkeiten, auf die dominierenden Hausberge Monte Brè und Monte San Salvatore mit magistraler Fernsicht oder in den Malcantone, wo Sommerfrischen die alten *magli* (daher der Name), Hammerschmieden, abgelöst haben. Die malerisch gelegenen Orte am See, deren klangvolle Namen nicht zuviel versprechen, Gandria, Morcote, Carona, Bissone, besucht man am besten mit dem Dampfer. Von hier wanderten einst Steinmetzen und Barockkünstler aus, Solari, Borromini, Maderno, um in Moskau die Türme des Kreml zu bauen oder in Rom Dombaumeister des Papstes zu werden. Es muß an der klaren, luziden Luft liegen, daß noch heute einige der besten Architekten der Schweiz aus dem Tessin stammen, ein Mario Botta, ein Livio Vacchini.

Wir erreichen den südlichen Zipfel des Tessins, das Mendrisiotto, ein Hügelland von sanfter Serenität, das zwar Gefahr läuft, zersiedelt zu werden, aber immer noch das nahe Italien spüren läßt. Bevor wir dorthin zurückkehren, wollen wir in einem der glyzinienumrankten Grotti einkehren, an einem Steintisch bei einem Tessinerteller mit *Salami, Coppa*, luftgetrocknetem Schweinenacken, und Rohschinken, und auf das Wohl der sympathischen Ticinesi anstoßen, die *Liberi* sind und, in dieser Reihenfolge, *Svizzeri*, mit einem *boccalino*, einer blauen Tonschale süffigem *Merlot del Ticino*, einem herberen *Nostrano*, wie alle übrigen Rotweine heute dort heißen, oder einer kühlen *Grappa*, dem Tresterschnaps, der im Tessin aus blauen Trauben gebrannt wird. Auf die Gefahr hin, es mit den Freundeidgenossen ennet dem Gotthard zu verderben: Über dem Sottoceneri schwebt ein Hauch Toskana – aber wo gibt es das sonst schon, Schweizer Ordnung, Sauberkeit, Präzision verbunden mit Italiens versöhnlicher Heiterkeit?

TOSCANA – TOSKANA

Ich kenne Feinschmecker (die Ähnlichkeit mit dem Autor ist nicht zufällig), die können im Frühling kaum die ersten Spargeln erwarten und im Herbst nicht die ersten Trüffeln, und es gibt Feinschmecker, die brauchen jedes Jahr ein paar Tage Toskana. Denn die Küche dieser Provinz zwischen Apennin und Tyrrhenischem Meer ist so beglückend wie ihre Natur und Kultur, „duft- und geistreich, wie geschaffen für intelligente, aufgeweckte Leute" (Prezzolini). Am reinsten drückt sie sich im edlen Olivenöl aus, das zur Toskana gehört wie die silbrig flirrenden Ölbäume. Es kommt besonders in der *fett'unta* zur Geltung, einer gerösteten, mit Knoblauch eingeriebenen Scheibe Landbrot, mit nichts als kaltgepreßtem Olivenöl getränkt, höchstens mit einem Püree aus Fleisch oder Gemüse bestrichen – ich kenne nicht viele Speisen, die Einfachheit und Raffinesse so vollkommen vereinen; ein Schluck Wein dazu, und man wähnt sich – eben, in der Toskana! Weniger als Teigwaren – böse Zungen behaupten, die Toskaner wüßten nicht einmal, daß man Spaghetti mit Löffel statt Messer ißt – zählen Bohnen, insbesondere die länglichen weißen *cannellini*, zu ihren Leibgerichten, „mangiafagioli" nennen sie die übrigen Italiener. Eine spezielle Zubereitungsart sind die *fagioli al fiasco*, in einer dickbauchigen Flasche mit Olivenöl, Knoblauch und Salbei sanft gekocht. Daneben sind die Toskaner ausgesprochene Fleischesser, sie mögen es auf jede Art und vor allem reichlich. Zugstück ist die *bistecca alla fiorentina*, ein Monstersteak vom Chianina-Rind samt Knochen und Filet vom Holzkohlenfeuer mit viel Olivenöl, Zitronensaft und Pfeffer. Natürliche Produkte mit natürlichem Geschmack, das ist die Devise der toskanischen Küche.

Wir sind in Florenz, jenem riesigen Museum in einem modernen, lärmerfüllten Gehäuse. Ein Blick schon vom Piazzale Michelangelo auf die Stadt läßt ahnen, was alles diese Welt- und Kleinstadt birgt, angefangen bei Brunelleschis großartiger Domkuppel, die alle bisherigen Gesetze der Architektur aus den Angeln hob. Oder dann der Ponte Vecchio, die älteste Brücke über den Arno mit ihren Juwelierläden. Von ihr aus gehen Gassen und Straßen, in deren *botteghe*, Boutiquen noch mittelalterliches Metier lebendig ist – „Fiorentinità heißt soviel wie Geschmack und Handwerkskunst" (Mary McCarthy) –, von den Ziselierern, Vergoldern bis hin zu den Schustern (was eigentlich eine Untertreibung ist, denn hier werden Schuhe zu Kunststücken) und Modisten (für einmal seien Namen genannt: Gucci, Pucci & Co.). Ein paar Schritte daneben die überwältigende Fülle von Meisterwerken der Architektur, Plastik und Malerei – sie zeugt davon, daß das Geschlecht der Medici, dem wir viel von die-

sem Reichtum verdanken, eine Sippe von Geldwechs-
lern, Mäzenen und Künstlern war, ein seltenes Amalgam von Geschäftstüchtigkeit, Machtwille und Kunst-
verstand, wie es nur das lebenskluge Florenz (einer der
ganz seltenen Fälle, wo ein italienischer Name, Firenze,
auf deutsch besser klingt) hervorbringen konnte, wo
die Ratio, die Vernunft, der Anima, dem schöpferi-
schen Geist, Form und Disziplin verlieh. Die Namen
der *uomi universali*, die von den Medici angezogen,
angeregt, aber auch schnöde verstoßen wurden, lesen
sich wie ein Vademekum der italienischen Renaissance: der Staatsphilosoph Machiavelli, der Bußpredi-
ger Savonarola, das auf dem Scheiterhaufen ver-
brannte Gewissen von Florenz, der unergründliche
Dichter und Seher Dante, die Baumeister und Bild-
hauer Pisano, Brunelleschi, Donatello, die beseelten
Maler Giotto, Masaccio, Botticelli – im Florenz des
Rinascimento wurde der Mensch der Neuzeit geboren.
Diese neue Art, die Welt zu begreifen, scheint aus der
Landschaft der Toskana geschöpft zu sein, die von ge-
wellten Hügeln klar gegliedert ist, mit dunklen Zypressen und hellen Olivenbäumen staffiert, neben mannig-
fach schattiertem Grün in goldgelbe, kupferbraune,
mattrote Farben getaucht. Kein Wunder, ist die Toskana
zum Traumziel aller Menschen, und selbst der Italiener
geworden, die natürliche Harmonie und Seelenfrieden
suchen. Sie findet man auch im Rebland des Chianti
zwischen Florenz und Siena. Dessen wohl berühmtester
Wein Italiens braucht kaum vorgestellt zu werden, deshalb nur eine Anmerkung: Es gibt hervorragenden „einfachen" *Chianti* und mittelmäßigen *Chianti Classico*,
das Siegel des *Gallo Nero*, des Schwarzen Hahns auf dem
Flaschenhals hin oder her. Auch dieser Rotwein, rund
und gefällig, ist ein Ergebnis ehrlichen Hand-Werks, und
eine Degustation vor dem Kauf ist allemal ratsam. Ohne
Vorbehalt empfehlenswert sind dagegen meist die *Brunello di Montalcino* und *Vino Nobile di Montepulciano*,
der geschmeidige *Carmignano*, der *Montecarlo*, und
auch der weiße *Vernaccia di San Gimignano*, ein ausgezeichneter Fischwein, sowie andere trockene *Bianchi* der
Toskana sind nicht zu verachten.
Das ritterliche Siena, eine Stadt als Kunstgebilde, in
deren Medici-Festung sich die *Enoteca italiana* befindet, die einen Überblick gibt über die gesamte Weinpro-
duktion des Landes, San Gimignano, in dessen Ge-
schlechtertürmen das Mittelalter weiterlebt, Pisa, auf
dessen Campo dei Miracoli Wunderwerke der toskani-

schen Baukunst stehen, Dom, Taufkirche, der wohl schönste Friedhof Italiens und nicht zuletzt der berühmte Schiefe Turm, von dessen Spitze Galilei seine Fallversuche anstellte, den man heute aber nicht mehr betreten darf, die strenge Etruskerstadt Volterra mit ihren durchscheinenden Alabaster- (und Kitsch-) Figuren, das „uneinnehmbare" Lucca schließlich mit seinen wehrhaften Stadtmauern – man weiß nicht, wem man die Palme eines „schönsten Fleckens der Toskana" reichen soll. Ich entziehe mich der Qual der Wahl und beschränke mich auf einige kulinarische Notizen: Hier wachsen überall aromatische Kräuter, Estragon, Knoblauch, und knackiges Gemüse – „alla fiorentina" heißt in der internationalen Küche: mit Spinat. In Pisa sollten Sie sich die *cee* nicht entgehen lassen, junge Glasaale, die in Öl und Knoblauch fritiert eine aparte Spezialität sind. Von den Hügeln ringsum kommen pikante kleine Schafkäse, *pecorini, toscanelli*, die gern mit schwarzen Pfefferkörnern gewürzt werden, und in den Städten versteht man sich noch aufs Backhandwerk, auf den Kastanienkuchen *castagnaccio*, das Marzipangebäck *ricciarelli*, während der Sieneser *panforte*, ein Lebkuchen mit Gewürzen, schon seit dem 13. Jahrhundert gerühmt wird.

Die Küstenstädte am Tyrrhenischen Meer, Marina di Massa, Forte dei Marmi, Pietrasanta, Viareggio, sind weniger ihrer Kunstschätze als ihrer Badestrände und Pinienhaine wegen bekannt. Von ihnen aus kann man einen Abstecher in die hellen Berge von Carrara machen, aus denen Marmor abgebaut wird, ein Edelstein im wahrsten Sinne, den schon Michelangelo bevorzugte, ein weiterer Toskaner von so monumentalem Maß wie seine Schöpfungen. Von der Küste setzt man mit Dampfer oder Flügelboot auf die gebirgige, mit Wald und herb duftender Macchia bedeckte Insel Elba hinüber, einst zehn Monate lang ein Liliput-Empire Napoleons, heute ein Paradies für Wasserratten, Segler und Taucher, während in den Bergnestern die Elbaner noch unter sich sind. Der *Elba Bianco* und der *Elba Rosso* sind ihre frischen, duftigen Weine.

Kommen Sie aus Elba zurück, sei empfohlen, sich für die Heimfahrt ein paar Tage aufzusparen, es bleibt noch viel zu sehen und erleben: In Livorno kann man – auch Reisen geht durch den Magen – mit einem *cacciucco*, einer kräftigen Fischsuppe mit Kräutern, Zwiebeln und Knoblauch, vom Meer Abschied nehmen, von Grosseto aus geht es in die Maremmen, einst ver-

sumpft und verseucht, heute fruchtbares Acker-, Obst-
und Gartenland. Arezzo weiter östlich ruft wieder
ruhmvolle Vergangenheit wach, seine alte Kultur läßt
sich aus den Namen ihrer illustren Söhne ablesen:
Maecenas, römischer Freund des Augustus und der
Künste, der Mönch Guido, Erfinder unserer Notenschrift, der Dichterfürst Petrarca – das schön erhaltene
und doch lebendige Arezzo ist eine edle Miniatur der
Toskana. Und richtig toskanisch, so meinen wenigstens die Arentiner, ißt man nur in Arezzo, in einer
buca, einem jener Kellerlokale, von denen man in der
ganzen Region selten enttäuscht wird. Der Leser versteht jetzt, warum es den Feinschmecker immer wieder
dorthin zieht.

TRENTINO – ALTO ADIGE
TRENTINO – SÜDTIROL

Es war einmal ein Alpenprinz, der nahm die Tochter
des Mondkönigs zur Frau. Aber die dunklen Fels-
wände ringsum machten sie traurig, und sie wurde
krank vor Heimweh nach dem hellen Mondland. Da
kamen Zwerge, die woben ein Netz von silbrigem
Mondlicht und warfen es über das Gestein, und fortan
lebte das Paar herrlich im Land der Bleichen Berge.
Also entstanden die Dolomiten am südlichen Ostende
der Alpen, und die aus einem grünen Saum von Almen
und Waldgründen jäh aufsteigenden Felstürme mit
ihren vielgestaltigen Gipfeln sind ein Märchenland
geblieben für Bergfreunde und solche, die es werden
wollen, mit Hochtälern und Almwiesen für den
Wanderer, mit Aussichts- und Gletscherbergen für den
Kraxler, mit Idiotenhügeln, Langlaufloipen und rasan-
ten Abfahrten für Skiläufer aller Grade.
Die Dolomiten sind jedoch nicht das ganze Südtirol
oder, wie die Italiener es nennen, Alto Adige, Ober-
etschland – es ist ein Gefilde zwischen Firn und subtro-
pischem Garten und auch ethnisch ein Puffer zwischen
Deutschtum und Italianità. Seit 1919 nicht mehr
Österreich, sondern Italien zugeteilt, fällt es den Tiro-
lern immer noch nicht leicht, die Spannungen zwischen
Alteingesessenen und Zugezogenen zu überwinden,
vom Gegeneinander zum Miteinander zu finden. Dabei
bietet Tirol allen Platz, Bergbauern, Winzern und

Handwerkern, Kaufleuten, Chorherren und Künstlern. Vom Brenner her, Schleuse zwischen Nord und Süd, kommt man ins Eisacktal, auf dessen Grund, an dessen Hängen Obst, Reben und Edelkastanien gedeihen. Von ihm gehen Täler ab, die einem das schöne Tirol erschließen: Das waldgrüne, behagliche Pustertal zum Beispiel, in dessen Mitte die alte Burg- und Bischofsstadt Bruneck steht, wo der geniale Bildschnitzer Michael Pacher seine Werkstatt und Schule hatte. Im einst idyllischen, heute etwas gar überlaufenen Grödnertal fliehen wir zur Seiser Alm, der größten Hochebene Europas, auf der ich lieber im Frühsommer die farbenprächtige, seltene Alpenflora genieße als sie im Winter mit Skis zu zerstören; am Talende stehen „auff einem Kofel rund und smal, mit dickem Wald umbfangen" die Reste der Burg Hauenstein, in deren Nähe der ritterliche Dichter und Minnesänger Oswald von Wolkenstein seinen Stammsitz hatte – das Tirol ist auch Stätte vieler mittelalterlicher Burgen und Schlösser.

Überhaupt lebt hier noch viel alte Kultur: Die Nachkommen der Räter sprechen Ladinisch, die dritte Landessprache, die „wie ein Märchen aus uralten Zeiten klingt", und in vielen Stuben wird Zirbenholz geschnitzt, gedrechselt und bemalt, Kruzifixe für Herrgottswinkel, Wegkreuze über roten Geranien und Gedenktafeln, „Marterln"; hoffentlich können sie sich noch lange gegen serienmäßige Produkte vom Eierbecher bis zum Brotgestell behaupten.

Wen Holzschnitzerei interessiert, dem sei das Krippenmuseum in Brixen anbefohlen. Auch sonst lädt diese „alte Bischofsstadt im Gebirg" mit ihrem barocken Dom und den Laubengassen zu einem Rundgang – und zur Einkehr in einem der behäbigen Wirtshäuser. Es muß nicht eine jener Touristenfallen sein, die sich mit „fließend deutsch und Wasser" anbiedern, es finden sich noch genug urige Gaststuben und Jausestationen, wo einem herzhafte Tiroler Kost vorgesetzt wird, oft allerdings auch italienisch angeschrieben (hier hat sich die österreichisch-italienische Entente bewährt). Dazu gehören nach einer kräftigen Gerstensuppe, *orzetto*, vor allem Knödel, *canederli*, aus alten Semmeln, Milch und Eiern mit Grieß, Käse oder, am liebsten, mit dem vorzüglichen Bauernspeck, dem kulinarischen Wahrzeichen Tirols; süß mit *Topfen*, Quark, *Marillen*, Aprikosen, oder Zwetschgen werden sie zu aparten Nachspeisen. Wie die Knödel gehören auch *Nockerln*, Gnocchi aus Fett, Eiern, Mehl und Milch als Beilage zu allerlei Fleisch, Wild, Geflügel, Gemüsen und frischen Pilzen auf den Tisch. Daß es daneben auch die übliche *cucina italiana* gibt, versteht sich, aber mir kommt sie hier doch irgendwie fremd vor, wie Cipollini, Silberzwiebelchen, statt gebratenen Zwiebelringen. Dagegen wird die Polenta zur *Plenten*, der Raviolo zum *Schlutzkrapfen* mit Spinat und viel zerlassener Butter, die Trippa zum *Kuttelfleck*, der Ossobuco zur *Kalbsstelze*, während das *G'röstl* aus Fleisch, Bratkartoffeln und Zwiebeln (wie der *speck*) allen Italianisierungsversuchen widerstanden hat. Die Mehlspeisen kommen gaumenfällig aus der k. k. Wiener Backstube: *Strudel* und *Tascherln*, *Dampfnudeln* und *Buchteln*. Ob tirolerisch, österreichisch oder italienisch, man steht nicht hungrig vom Tisch auf. Zur Not (oder als Krönung) kann man mit einem guten Obstbrand oder *Kranabitter* aus Wacholder der Verdauung nachhelfen.

Das Eisacktal weiter hinunter erreichen wir nach Klausen, dessen malerische Silhouette Dürer in seinem Kupferstich „Das große Glück" festgehalten hat, den Hauptort Südtirols. Auf einem Rundgang durch Bozen unter schattigen Lauben – wobei Sie nicht auf Läden von italienischer Eleganz verzichten müssen – blättern wir wie in einem Bilderbuch dieser ehrwürdigen Stadt, „ein wohlbehagliches Dasein drückt sich recht lebhaft aus" (Goethe); auch den überquellenden Obstmarkt sollte man nicht versäumen, ein farbenprächtiges Bild südländischer Üppigkeit wie nordländischen Handelsgeistes.

In Bozen begegnen wir auch jenen, die von dem Dreiländereck Österreich-Schweiz-Italien eingereist sind, durch den Vintschgau, der nicht nur mit seinen Ortsnamen an das rätoromanische Engadin gemahnt. Am Wege liegt, im Burggrafenamt, das Heilbad Meran, mit seinen gepflegten Parks und Promenaden eine von mildem Klima verwöhnte Insel, „Mandeln, Forsythien, unzerspaltene Sonne" (Benn); den Weinfreund wird locken, daß man hier mit Trauben in jeder Form kuren kann. Das Schloß Tirol gab dem Land seinen Namen, im Passeier war der Landwirt und Freiheitskämpfer Andreas Hofer zu Haus, in Hafling werden die ausdauernden, gutmütigen Pferde seines Namens gezüchtet, und die Landschaft weitet sich zum besonders im Frühling und Herbst paradiesischen Obstgarten.

Will man von Bozen aus weiter gen Süden, sei statt der bumsvollen Autobahn die Südtiroler Weinstraße empfohlen. Man kann sie im Weindorf Terlan beginnen, sie führt dann über Eppan, den Kalterer See und Tramin (seine Trauben sind weltberühmt geworden) durch eine der schönsten Landschaften Südtirols mit kilometerweiten Rebfluren, schmucken Dörfern und stolzen Schlössern. Ich will diese Gelegenheit zu einer Ehrenrettung der Südtiroler Weine nutzen. Was da so als großzügig verschnittene, billige Tankware in den Regalen unserer Supermärkte herumsteht, verdient nämlich selten diesen Namen; bei einem ehrlichen Erzeuger gekostet und gekauft, sind es dagegen reelle, bukettreiche und fruchtige Tropfen, die weißen (der Tiroler trinkt sie nur bis zum Mittagsläuten) *Terlaner, Muskateller, Traminer,* die roten *Lagrein-Kretzer, Vernatsch, Kalterersee* und *St. Magdalener.* Sie munden besonders bei einer Marende oder Jause, einer Zwischenmahlzeit, zu feingeschnittenem, zum Dreinbeißen aromatischem Speck oder einer *Kaminwurzen,* einer trockenen, geräucherten Wurst, mit *Schüttelbrot,* einem hauchdünnen Fladen mit Kümmel und Anis, oder einem *Vinschgerl* aus kräftig gewürztem Roggenmehl. Wenn man es einrichten kann, sollte man im Spätherbst „törggelen", den *Nuien,* neuen, noch nicht vergorenen Wein probieren mit Walnüssen und gerösteten Kastanien. Das gehört zu Tirol wie Liedgesang, Blasmusik und schmucke Trachten.

Durch die Salurner Klause gelangt man ins Trentino, das Gebiet um die südlich heitere Stadt Trient mit vielen Türmen, Palazzi und farbenfrohen Fassadenmalereien. Sein Lob singen die inzwischen zu Bestsellern gewordenen Bergchöre und süffige Weine wie der *Teroldego* oder der duftige *Marzemino,* dem schon die Kardinäle und Bischöfe während des Trienter Konzils zusprachen und den Mozart gemocht haben muß, sonst hätte er ihn kaum in seiner Oper „Don Giovanni" als „eccellente" vertont.

Wer dem – begrüßenswerten und lohnenden – Trend zu italienischen Weinen folgen will, sollte den Südtiroler und Trentiner nicht außer acht lassen.

UMBRIA – UMBRIEN

„Nihil iucundius vidi", „nichts Herzerquickenderes hab ich je gesehn", sagte der heilige Franziskus von seiner Heimat Umbrien an den Ausläufern des Apennins in der (nicht nur) geographischen Mitte Italiens.

Auch für mich – das ist nicht anmaßend gemeint – ist sie eine der liebsten, lieblichsten Regionen des Landes; ich kann sie (wie schon viele zuvor) nur mit einem Wort beschreiben: sanft – anderswo hält man den Atem an, hier holt man Atem. Sie liegt beidseits des Tiber, bevor er durch das stolze Rom ins Tyrrhenische Meer mündet. Sein oberes Tal ist Bauernland mit Wäldern, Olivenhainen und flachen Feldern, auf denen weiße Langhornrinder weiden und sogar Tabak angebaut wird. Den Bergen zu im Osten liegen auf Kuppen und an Hängen mittelalterliche Städtchen oder besser Stadtrepubliken, im Kreis um Rathaus und Kathedrale angelegt, Gubbio, Gualdo Tadino, Novera Umbra. Sie sind die Wiege der italienischen Keramik, der *maiolicche*, eines alten Handwerks, das dort heute noch so lebendig ist wie andere *arti minori*, „mindere" Künste, Glasmalerei, Intarsia, Stickerei – Umbrien ist ein Land der Form, des Maßes.

Über den Tiber sehen wir schon von weitem wie auf einem Balkon Perugia liegen, Hauptort Umbriens und lebendige Fremdenstadt. Dazu trägt vor allem die Ausländer-Universität bei, wo Studentinnen und Studenten aus aller Herren Länder die italienische Sprache und Kultur erlernen. Es ist reizvoll, sich nach den Kollegs auf der Piazza IV Novembre und dem Corso Vannucci unter die flanierenden Kommilitonen und Einwohner zu mischen, ein anregendes Gemenge von Weltoffenheit und fester Tradition. Denn Perugia war ja auch die Wirkungsstätte des Malers Vannucci, den man deshalb Perugino nennt; das milde, lichte Umbrien bildet den anmutigen Hintergrund vieler seiner Fresken und Tafelbilder.

Von Sonnenblumenfeldern, Olivenhainen und Rebgärten umrahmt liegt westlich von Perugia der Lago Trasimeno, viertgrößter Binnensee Italiens. Dem Lateinschüler ist er durch Hannibals blutigen Sieg über die Römer im zweiten Punischen Krieg bekannt, heute verströmt er Frieden und lädt zum Bade, zu Bootspartien und mit seinen Schilfufern, seiner seltenen Flora und Fauna zur Naturbeobachtung, ein riesiges Biotop. Umbrien ist eine der wenigen Provinzen Italiens ohne Zugang zum Meer, aber dafür entschädigt der Trasimenische See mit ausgezeichneten Süßwasserfischen, Aal, Flußbarsch, Hecht, Karpfen, Schleie. Selbst auf die Fischsuppe müssen wir nicht verzichten, sie heißt hier *tegamaccio*. Sonst werden die Fische gern gefüllt und mit Zitrone und dem intensiv fruchtigen Olivenöl serviert. Diese Oliven wachsen zu einem guten Teil in der Valle Umbra, dem Umbertal, das überhaupt eine alte Agrarlandschaft ist.

„Dort, wo sanfter wird des Abhangs Steile, wurde der Welt eine Sonne geboren", steht in der „Göttlichen Komödie". Dante meinte damit die Hügelstadt Assisi und ihren berühmten Sohn Franziskus, heiligen Bettler, Ordensstifter und hymnischen Sänger. Das brüderliche Mit-Leid, die zärtliche Fürsorge des Franz von Assisi können uns Ältere, aber nicht Weisere, noch einiges lehren, Zuwendung zum Mitmenschen, Achtung vor der Natur. Man begegnet ihm in der Stadt, neben vielen anderen Kunstschätzen, mancherorts, in dem schlichten Gelaß, wo er geboren sein soll, im Dom, wo er getauft wurde, in der Chiesa Nuova, wo der reiche Vater den ungebärdigen Sohn einsperrte, im Kloster San Damiano, wo das Kruzifix ihn aufforderte, das Haus Gottes zu erneuern und wo Franziskus den Sonnengesang dichtete, am ergreifendsten aber in der Basilika San Francesco, in deren Oberkirche kostbare Fresken von Cimabue und Giotto, für mich zwei der allergrößten Maler Italiens, das Leben des Heiligen erzählen. „Gott erscheint in Assisi unter der Fülle der Schönheit, in einem erschütternden Ernst" (Reinhold Schneider).

Weiter südlich liegt die Herzogsstadt Spoleto, welche durch Gian Carlo Menotti zu neuem Ruhm gelangt ist. In ihr veranstaltet der italoamerikanische Komponist jeden Frühsommer das „Festival dei Due Mondi", an dem sich die zwei Welten Europa und Amerika treffen und kennenlernen sollen. Festspiele gibt es nachgerade mehr, als Gehör und Geldbeutel vertragen, aber das wunderschöne Spoleto als Schauplatz von Oper und Ballett, Konzert und Dichterlesung ist doch etwas ganz Besonderes.

Die westliche Tiberseite war einmal etruskisch, die Stadt Orvieto steht auf dem gleichen vulkanisch bräunlichen Tuffgestein, aus dem die kunstbegabten Etrusker ihre zum Teil heute noch erhaltenen Skulpturen und Grabanlagen schufen. Der edle, aus Kalkstein und Basalt schwarz-weiß geschichtete Dom tut kund, daß diese Gegend auch später, in der Gotik, eine Kunstprovinz war. Der Weinfreund schließlich denkt beim Wort *Orvieto* daran, daß in den Tuffkellern der berühmte Weiße dieses Namens lagert. Als der Maler Pinturicchio die Domfresken erneuern sollte, bedang er sich aus, Orvietowein trinken zu dürfen, so viel er wolle;

der Vertrag wurde aber bald aufgekündigt, der Künstler habe „zuviel Gold, zuviel Blau und zuviel Wein" verbraucht. Letzteres können wir nachfühlen, denn der Wein ist zart, fein und süffig. Eine andere empfehlenswerte Kreszenz Umbriens ist der weiße oder, insbesondere, der elegante und langlebige rote *Torgiano*.

Von der Industriestadt Terni zweigt das stille Valneria ab, ein Tal bukolischen Friedens, aber auch unruhiger Erde, zuletzt richtete hier 1979 ein Beben großes Unheil an. Es führt hinauf nach Norcia, Ort der Heiligen und, die rüde Konfrontation ist nicht zu vermeiden, Fleischwaren. In römischen Nursia wurde der heilige Benedikt geboren, Stifter eines Mönchsordens, der mit seinem nüchternen Gebot „ora et labora", „bete und arbeite" die Kultur (und Landwirtschaft) des Abendlands nachhaltig vorantrieb. Und *norcino*, Norcianer, nennt man in Rom immer noch die Fleischer und Wurstmacher. Die kleinen mageren, schwarzen Schweine von Norcia werden, mit Kastanien, Knoblauch und Fenchel gefüttert, zu allerlei schmackhaften Würsten verarbeitet, zu Schinken und Speck, am leckersten aber, als *porchetta*, ganz, gefüllt und mit wildem Fenchel am Spieß oder im Ofen gebraten; kalt in Scheiben mit goldgelber Kruste zu einem Stück Landbrot und Wein ein Genuß. Nicht nur am Rande sei vermerkt, daß diese Schweinchen, heute auch Hunde, sich darauf verstehen, die schwarzen Trüffeln aufzuschnüffeln, die im Tal der Nera wachsen – *alla nursina* heißt in der italienischen Küche: mit Trüffeln. Umberto Eco schildert im „Namen der Rose", wie man sie schon im Mittelalter aufzusuchen und zu schätzen wußte. In den Wäldern werden auch Wildtauben gejagt, *colombacci*, die man mariniert und bäckt. In klaren Bächen und Becken schwimmen frische Forellen, die Fett'unta der Toskana heißt hier, oft mit Trüffeln bestreut, *bruschetta*, auf den Höhen des nahen Casteluccio wachsen die besten Linsen, *lenticchie*, des Landes, und zum Abschluß eines umbrischen Mahls schmeckt ein *pannocciato* gut, ein Brotkuchen mit Schafkäse, Rosinen, Nüssen, Wein und Gewürzen. Die *ricotta* gibt es nicht nur in Umbrien, aber sie paßt mir mit ihrem zarten Milcharoma besonders in diese Region. Bei uns wird dieser Frischkäse meist mit Quark gleichgesetzt; er wird jedoch aus Schaf- oder Kuhmilchmolke gewonnen, der frische Milch zugesetzt wurde. Die Ricotta ist deshalb feiner, delikat säuerlicher und vielseitiger verwendbar als unser Quark.

Es gibt Kenner und Liebhaber, für die ist das Grüne Umbrien mit seiner Harmonie und Grazie, mit seinen Natur- und Kunstschätzen das unverdorbene, fast mystische Sanktuarium Italiens – ich hoffe, auch der Leser habe das aus diesen paar Zeilen herausgelesen und träume wie Paul Celan von der „umbrischen Nacht mit Silber von Glocke und Ölblatt".

VENETO – VENETIEN

Das schöne Italien ist mit Schätzen so überladen, daß man der Superlative leicht müde wird, – und jetzt noch Venetien, das Land, das, so schwärmt Hofmannsthal, „wie ein Mantel von den Hüften der Alpen niederschleift bis ans Meer, an schöngebauten Städten reicher als irgendeine Landschaft der Erde"! Daß Verona, Padua, Venedig darin liegen, dürfte bekannt sein, aber wer denkt schon daran, daß der so gemütliche wie schicke Wintersportplatz Cortina d'Ampezzo inmitten von Dolomiten-Dreitausendern ebenfalls zum Veneto gehört? Alpenländisch ist auch Belluno mit seinen Lauben und schmalen Gassen. Den Piave-Fluß hinunter kommen wir in eine ländlich-bäuerliche Gegend, wo Conegliano – der Kunstfreund möge einen Augenblick wegblicken – für seine *grappa* bekannt ist, einen ausgezeichneten Tresterbrannt, und für den delikaten weißen *Prosecco*, der auch als Schaumwein, *Spumante*, Karriere gemacht hat. Bleiben wir beim Kulinarischen: Das schon venezianisch heitere Treviso liefert den besten *radicchio*, eine angenehm bitterliche Salatpflanze, die man auch als Gemüse dünsten kann, sowie den *Soave*, der schmeckt, „wie ein sonnig klarer Himmel schmecken würde, wenn man ihn trinken könnte" (Bode). Vicenza trägt – ich will das Gastronomische nicht übertreiben – als Kunststadt den Stempel (oder soll man sagen: den Reißbrettstift?) seines Sohnes Palladio, dessen Bauten antike Klarheit und Würde darstellen, und Verona ist ebenfalls eine Stätte römischen Maßes, der allerdings der dramatische Akzent nicht fehlt: Sie ist Schauplatz der so zarten wie leidenschaftlichen Liebestragödie von Romeo und Julia und heute von pompösen Opernaufführungen in der riesigen Arena, wobei mich, ehrlich gestanden, die spontanen Reaktionen des italienischen Publikums mehr fesseln als die grandiose Akustik – ein Schau-Spiel eher als eine Ohrenweide. Mit einem Glase besänftigendem *Valpolicella* aus der Gegend kann man sich vom Spektakel erholen.

Von Verona ist es nicht weit zum Lago di Garda, dem östlichsten, größten und vielleicht schönsten der oberitalienischen Seen. Mit seinem seidigen Glanz, den malerischen Uferorten und der südlichen Vegetation ein mediterranes Diadem in Italiens Norden. Einer seiner vielen Edelsteine ist auch der duftige *Bardolino*, der, obwohl rot, so gut zur Gardasee-Forelle, dem *carpione*, paßt.

Das liebenswürdige Padua ist fromm und gelehrt: Hort, wo nach Wilhelm Busch „Sankt Anton, unsrer Kirche großer Sohn, litt und stritt und triumphierte, kurz, ein christlich Leben führte", und Sitz einer altehrwürdigen, immer noch recht lebendigen Universität. Nahe bei Padova liegt das Fangobad Abano, freundlich, gepflegt, etwas langweilig, aber heil- und erholsam. Die Provinzhauptstadt Rovigo und die Seebäder an der Adria mit feinem Sandstrand und schattigen Pinienhainen lassen wir beiseite, um endlich nach Venedig zu kommen, der goldenen Lagunenstadt zwischen Himmel und Wasser.

Es stellt sich die Frage, wie man dorthin gelangen will: mit dem Schiff vom Meer aus, wo Venedig seine verführerischste Seite zeigt mit dem „gemeißelten Schaum" seiner Kuppeln, Glockentürme und Palazzi, kokett und etwas eitel wie eine Vedute von Canaletto, oder von der *terra ferma*, dem Festland her „durch die Hintertür" über die lange Dammbrücke: Da wird man dann durch die Einfahrt auf dem Canal Grande belohnt, der Hauptwasserstraße Venedigs, zwischen Gondeln, Motorbooten, Vaporetti und Lastkähnen unter geschwungenen Brücken an der Macht und Herrlichkeit von Venezia vorbei zum Markusplatz, den Napoleon den „schönsten Salon Europas" genannt hat. Und wieder stehe ich vor dem Dilemma, wie ich Ihnen diese märchenhafte Fülle von „Stein gewordenen Erinnerungen" (Hagelstange) nahebringen soll, vom Wasser aus oder zu Fuß. Gewiß, eine Fahrt in der eleganten, graziösen Gondel, die der Gondoliere geschickt und lautlos, nur hie und da einen Warnruf ausstoßend, durch das Gewirr von engen Kanälen stakt, ist immer noch ein Traumerlebnis; aber erst zu Fuß, meine ich, erschließen sich einem das Leben und der Reichtum der Stadt in all den Gassen, Durchgängen und Plätzchen, man stößt da sogar auf heimliche Winkel, wo kein Tourist seinen Fuß hinsetzt, wo Kinder spielen, wo Hunde und Tauben am Fuße von Brunnen Wasser nippen, wo Stelen und Tafeln an die eigenwilligen, sinnenfrohen Geister erinnern, die diese Stadt hervorgebracht hat, den Weltreisenden Marco Polo, der Europa den Fernen Osten erschloß, den Komödienschreiber Goldoni, den unersättlichen Lebenskünstler Casanova, die Maler Bellini, Tizian, Giorgione, Tintoretto, Tiepolo – Venedig ist eine Stadt der Farben.

Für mich schwebt über dieser „unermeßlichen Symphonie aus Stein" (Hugo) aber auch der Klang der Musik, und es gibt in der Tat eine „Venezianische Schule", die von Monteverdi und Gabrieli zu Albinoni, Vivaldi, Marcello, Galuppi reicht – Sie sehen respektive hören: was heute so am Laufmeter Barockmusik auf uns niederrieselt, ist zum (sehr) guten Teil venezianisch. In unseren Tagen wurde diese Tradition von so bedeutenden Komponisten wie Malipiero, Maderna, Nono fortgesetzt. Das Teatro La Fenice ist eines der schönsten, intimsten Opernhäuser der Welt (1996 leider völlig abgebrannt, hoffentlich bald wieder auf-, nachgebaut). Ich erinnere mich an das unwirkliche Erlebnis, nach einem festlichen Konzert dort eines Winters in das neblig melancholische Venedig einzutauchen, man hätte sich nicht gewundert, wären einem ein Arlecchino, eine schwarzgewandete Maske, ein Sior Maschera entgegengekommen. Es war die Stimmung „lustvollen Sichauflösens", wie sie Thomas Mann im „Tod von Venedig" so unvergleichlich heraufbeschworen hat.

Und dann das Souper: Die „Königin der Meere" ist auch die Stadt der Meerestiere. Dazu gehören *scampi*, *moleche*, männliche Krebse, *masanete*, weibliche Krebse, *granseole*, Meerspinnen, und was sonst noch im Wasser herumkriecht, am besten gemischt in Öl gebacken als *fritto misto del mare*, dann Goldbrasse, Grundel, Meeräsche, Seezunge, Wolfsbarsch oder auch Stockfisch, *orata, ghiozzo, muggine, sfogo, branzino, baccalà*, manchmal *in saor*, süß-sauer mariniert. Wer Fisch nicht mag, wird vom *fegato alla veneziana* nicht enttäuscht sein, in Butter und Öl mit Zwiebeln und Petersilie, auch Salbei gebratene Kalbsleberscheibchen. Als Beilage ist *polenta* beliebt, während Teigwaren, abgesehen von den *bigoli*, dicken Vollkornspaghetti, und den allgegenwärtigen *pasta e fasioi*, Nudeln mit Bohnen, keine große Rolle spielen. Dafür gibt es Reis in jeder nur denkbaren Kombination, zu Meeresfrüchten, schwarz mit Tintenfisch, *risotto nero*, bis hin zum Reis mit Erbsen und Parmesan, *risi e bisi*, für den der Veneter alle Spaghetti stehenläßt. Als Vorspeise wurde in Venedig der *carpaccio* erfunden, rohes, in Öl und Zitronensaft mariniertes Rindfleisch mit Parmesan und Pilzen, zum Nachtisch gibt es *fritole*, kleine Krapfen mit Rosinen, Pinienkernen und Zitronat.

Anderntags kann man sich, durch ruhigen Schlaf – in Venedig fahren keine Autos! – und einen Espresso (stark: *ristretto*, schwächer: *lungo*, mit etwas Milch: *macchiato*) in einem der vielen Bilderbuchcafés gestärkt, wieder der berühmten Sehenswürdigkeiten annehmen, von denen hier nur einige summarisch genannt seien: der Dogenpalast, triumphaler Block schwerelos auf schlanken Säulen, die barocke Kuppelkirche Santa Maria della Salute an der Mündung des Canal Grande, das zierliche Goldene Haus, die Ca' d'Oro am Kanal selbst, die Rialtobrücke darüber mit ihren Ständen und Läden, der Marktplatz Venedigs, die Seufzerbrücke von den Bleikammern zum Tribunal, vorbei an unzähligen Säulen und geflügelten Markuslöwen, Wahr-, Hoheitszeichen der Stadt und Republik, zurück schließlich zum romanisch-byzantinischen Markusdom („grandioser Kitsch" sagen die einen, „erhabener Bau" die anderen) am Markusplatz, Ausgangs- und Endpunkt jedes venezianischen Spaziergangs. Dort füttern wir nochmal die zutraulichen Tauben – „in Venedig gehen die Tauben und fliegen die Löwen", sagte Cocteau – und lassen uns, wenn Zeit bleibt, zu einer der Laguneninseln übersetzen, nach Murano, Insel der Glasbläser, die Friedhofsinsel San Michele, wo Diaghilew und Strawinsky begraben liegen, Burano, Insel der Fischer und Spitzenstickerinnen, Torcello, Chioggia – nur zum Lido kann ich Ihnen nicht guten Gewissens mehr raten, der einst mondäne Strand unterscheidet sich heute kaum noch von anderen Rummelplätzen an der Adria.

„La Serenissima" nennt der Venezianer seine Stadt, „die Durchlauchtigste, Erhabenste". *Sereno* heißt aber auch „heiter", und so wollen wir zum Schluß unserer Al-fresco-Reise durch seine kulinarischen Regionen ganz Italien in Erinnerung behalten, als ein altes, altersloses Land goldenen Überflusses, hellen Geistes, mystischen Glaubens und unbefangener Sinnenfreude, zu der auch Essen und Trinken gehören. „O wie wird mich nach der Sunnen frieren", seufzte Dürer, als er Italien verlassen mußte.

Kulinaria von A bis Z
Italienisch – Deutsch
Deutsch – Italienisch

Aal *anguilla* [anguilla] f

abalone urspr. amerik.: Meerohr, ↑ *aliotide*

abbacchio früher (jetzt noch in Rom): Milchlamm; heute meist allg. junges Lamm, 4−8 Wochen alt, am besten im Frühling; ↑ *agnello*

Abbazzia di Busco ausgezeichnete Sortenweine aus Ponte del Piave bei Treviso, Venetien: *Bianco*, weiß, trocken, TT 8−10°; *Buschino*, weiß, lieblich bis süß, TT 8−10°; *Merlot*, rot, mild und rund, TR 3−6 Jahre, TT 16°; *Pinot Nero*, rot, trocken und weich, leicht erdig, TR bis 6 und mehr Jahre, TT 18°; *Raboso*, rot, duftig trocken, TR bis 8 Jahre, TT 18°; *Tocai*, weiß, trocken, frisch und mild, TR bis 1 Jahr, TT 10°

abbespata Kalabrien: Art Frischkäse, ↑ *ricotta*

abbinamento passender Begleitwein

abboccato Wein: leicht süßlich, lieblich, süffig

abbondanza Fülle, Überfluß; Vorrat

abbote kl. Büffelmilchkäse (Latium)

abbrustolire rösten, bräunen

abburatturata Kleie, Keim und Schale des Getreidekorns

Abendbrot, -essen *cena* [tschéna] f

abkühlen *raffreddare* [rafräddàre]

A(r)borio Reissorte, ↑ *riso superfino*

abramide Blei, Brachse(n), Brasse, karpfenartiger Süßwasserfisch, gr. Exemplare mageres, weiches, aber etwas fades und grätiges Fleisch, läßt sich braten, blau kochen, schmoren, fritieren

abruzzese, (all') auf abruzzische Art, mit scharfen Pfefferschötchen, gewürzten Makkaroni und anderen Teigwaren usw.

Abruzzo Abruzzen, Gebirgsregion Mittelitaliens im Apennin, ↑ S. 18 ff.; einfache Tafelweine, weiß, rosé oder rot; ↑ a. *Montepulciano d'Abruzzo, Trebbiano d'Abruzzo*

abwaschen *lavare* [lawàre]

acagiù, acaj(o)u Cashewnuß, † *anacardio*

accendino, accendisigari Feuerzeug, Zigarrenanzünder

accesso Zugang, Zutritt

accia Kalabrien: Sellerie, † *sedano*

acciuga, -ghe, alice, mascolinella Sardelle, kl. fetter Heringsfisch, wo erhältlich fangfrisch *(fresca)* grilliert, fritiert oder gebr. ausgezeichnet, sonst in Öl *(sott'olio)* oder Salz *(sotto sale)* eingemacht (die bei uns üblichen Ölsardellen aus der Dose sind in Italien kaum bekannt); in Italien a. oft zerkleinert und zerdrückt als Würze verwendet

acciugata Paste aus mit der Gabel in Öl aufgeschlagenen, gesalzenen Sardellen, a. mit Kapern und Tomatenpüree als Würze zu Fisch, Eiern, Kartoffeln (Ligurien)

acconciare Obst usw. einlegen, einmachen; den Magen beruhigen, stärken

acconto Anzahlung

acerbo bitter, herb, sauer, unreif; Wein: grün, unharmonisch

aceto Essig (ohne nähere Bezeichnung: Weinessig)
– **aromatico** Kräuteressig, Weinessig mit Kräutern
– **balsamico** Weinessig aus gekochtem, stark zuckerhaltigem Traubenmost, eine „balsamische" Kostbarkeit, aromatisch süß-sauer, wird mit dem Alter (3–25 und mehr Jahre) besser (und teurer!) (Provinzen Modena, Emilia-Romagna, und Reggio Calabria, Kalabrien)
  all' – mit Essig
  sott' – in Essig eingelegt

acetosa, erba brusca Sauerampfer, Wildkraut, junge zarte Blätter für Salate, Suppen oder als Würze, wird in der ital. Küche nicht oft verwendet

achillea, moscata Moschusschafgarbe, junge bitterliche Blätter können zum Würzen von Suppen und Salaten verwendet werden

acidità Säure

acido sauer, herb
– **carbonico** Kohlensäure
  latte – Sauer-, Dickmilch

acino (Wein-)Beere

acqua Wasser
– **acrata** kohlensaures Wasser
– **arzente** reiner Alkohol, Branntwein

- **da tavola, potabile** Tafel-, Trinkwasser
- **di conduttura** Leitungswasser
- **gassosa** Sodawasser, künstlich kohlensäurehaltiges Wasser
- **minerale** Tafel-, Mineralwasser; einzelne Marken ↑ Eigennamen
- **– gassosa** kohlensäurehaltiges Mineralwasser
- **– non gassosa** kohlensäurearmes Mineralwasser
- **potabile** Trinkwasser
- **salata, saline** Salzwasser
- **selz** Selterswasser, kohlensäurehaltiges Wasser
- **tinta** mit Wasser verdünnter Wein

acquacedrata Limonade

acquacotta urspr. einfache bäurische Suppe mit versch. Gemüsen (Tomaten, Pfefferschoten, Sellerie usw.), Wasser, Öl, altbackenem Brot und Eiern, heute a. in raffinierteren Varianten (Maremmen, Toskana)

acquatella Ährenfisch, ↑ *latterino*

acquavite Branntwein, Schnaps, insbes. Tresterbranntwein, ↑ *grappa*

acquetta sehr dünner Kaffee; leichter, verdünnter Wein

acquistare anschaffen, erwerben, kaufen

acre herb, sauer

actinidia Kiwi, ↑ *kiwi*

adacquamento Wein: gewässert, verdünnt

addolcire süßen, versüßen

adulterato Wein: gepanscht

affamato hungrig, ausgehungert

affettatartufi Trüffelhobel

affettato in Scheiben geschnitten, zerstückelt; Aufschnitt (normalerweise Coppa, Rohschinken, Salami, oft a. reg. Spezialitäten)

Affile Rotwein DOC aus dem Latium, ↑ *Cesanese d'Affile*

affinare Wein: verbessern, veredeln

affogat|o pochiert, in heißer Flüssigkeit gargezogen; Eis oder Halbgefrorenes in einer Flüssigkeit
  uova -e, in camicia verlorene Eier

affumicato geräuchert

africano kl. Mandel- oder sonst Gebäck, mit Konditorcreme oder Weinschaum, ↑ *zabaione*, gef., mit Schokolade überzogen

agar-agar Agar-Agar, Pflanzenschleim aus Meeralgen, statt Gelatine verwendbar (Ostasien)

agarico, -ci Agaricus, Gattung der Hut- und Lamellenpilze mit Champignons, Egerlingen und vielen weiteren eßbaren Arten; ↑ a. *amanita*

– **color di miele, chiodino, famigliola buona** Hallimasch, Honigpilz, leicht säuerlich herb, muß jung sein und ohne Stiel gut abgebrüht und durchgekocht werden, gute Zeit Sept.–Nov.

– **colubrino** Schirmpilz, ↑ *lepiota bruna*

– **conglobato** Grauer Knäuel-Rasling, Erdsilberling, festes Fleisch, schwach mehliger Geruch und Geschmack, gute Zeit Aug.–Nov.

– **delizioso** (Edel-)Reizker, ↑ *lattario delizioso*

– **equestre, tricoloma equestre** Grünling, Echter Ritterling, vorzüglicher Speisepilz von erdig-mehligem Geschmack, nicht roh essen, gute Zeit Okt.–Nov.

– **nebbioso** nebelgrauer Trichterling, Graukopf, etwas mehlig-schimmeliger Geschmack, sollte abgebrüht werden, gute Zeit Sept.–Nov.

– **violaceo** (Nackter) Rötling, angenehmer, aber madenanfälliger Speisepilz von kräftigem Geschmack, bes. gut in Öl eingemacht, gute Zeit April und Sept.–Nov.

agghiotta, a ghiotta Eintopf aus mit Sellerie, Tomaten, Zwiebeln, Oliven, Kapern usw. geschmortem frischem oder getr. Fisch (Sizilien)

Aghiloia Weißwein aus Sardinien, ↑ *Vermentino di Gallura*

agliaceo nach Knoblauch riechend, schmeckend; Wein: scharfer, unangenehmer Geschmack, der an Knoblauch erinnert

Aglianico edle südital. Rebsorte, ergibt volle, noble, tanninhaltige Rotweine, die mit dem Alter noch an Qualität gewinnen

– **del Taburno** Rotwein aus Kampanien, ↑ *Taburno*

– **del Vulture** roter Spitzenwein DOC, darf sich nach 3 Jahren Lagerung *Vecchio* nennen, nach 5 *Riserva*, jung trocken und säurehaltig (aber auch lieblich, *amabile*, oder süßlich schäumend, *spumante*, erhältlich), wird mit dem Alter immer weicher und samtiger, TR 3–10 und mehr Jahre, TT 18°, zu dunklem Fleisch, Geflügel, Wild (Provinz Potenza, Basilikata)

agliata cremige Knoblauchsauce mit Olivenöl, a. eingeweichten Brotbröseln (Ligurien)

aglietto junger milder Frühlingsknoblauch, kann ganz als Gemüse genossen werden; a. knoblauchähnliches Zwiebelgewächs wie Bärlauch, ↑ *aglio orsino*

aglio Knoblauch, Knofel, penetrant süßlich-würzige Zwiebelknolle, *rosa* (gute Sorten: *rosso di Sulmona, rosso* napoletano) milder als weiß, *bianco, comune* (gute Sorten: *bianco piacentino, grosso d'America*); gute Zeit frisch Aug.–Febr., übrige Zeit getrocknet (in Zöpfen) (Emilia-Romagna, Kampanien, Venetien, Kalabrien, Sizilien u. a.)

– **cipollino** Schnittlauch, ↑ *erba cipollina*
– **dolce** Knoblauchzehe, der durch ein Milchbad die Schärfe entzogen wurde (Piemont)
– **d'Oriente** Perlzwiebel, meist sauer eingelegt
– **orsino, aglietto** Bär(en)lauch, wilder Knoblauch, Blütenrispen frisch oder getrocknet kräftig würzig
– **romano, d'India, di Spagna** Rockenbolle, ↑ *rocambola*
– **scalogna** Eschalotte, ↑ *scalogno*
  bulbillo d' – Knoblauchknolle (mit mehreren Zehen)
  spicchio d' – Knoblauchzehe
  treccia d' – Knoblauchbund, -zopf

agneddu Sizilien: Lamm, ↑ *agnello*

agnello Lamm, 8–10 Wochen alt, gute Zeit Dez.–Juli, Fleisch sollte zartrosa sein; Fleischteile und -stücke ↑ Lamm; ↑ a. *abbacchio, ovino*
– **da latte, pasquale** noch nicht entstilltes Milch-, Osterlamm, 3–4 Wochen alt, bes. zart

agnellone 6–10 Monate altes Schaf, ↑ *ovino*

agnellotti Teigtaschen, ↑ *agnolotti*

agnoli, sorbir d'- trad. Suppe aus ↑ *agnolini* in Fleischbrühe mit einem Schuß Rotwein (Mantua, Lombardei)

agnolini kl. runde oder halbmondförmige Teigtaschen mit Füllung aus geh. Fleisch (Mantua, Lombardei u. a.)

agnolotti, agnellotti vier- oder rechteckige Teigtaschen mit Füllung aus geh. Fleisch, Geflügel, Wurst, Gemüse, ↑ *Ricotta* oder Käse (Piemont, a. Lombardei, Toskana u. a.)
– **carnici** gef. Teigtaschen, ↑ *cialzons*

ago, -ghi (Küchen-, Spick-)Nadel

agone Finte, kl. Fisch aus voralpinen Seen, läßt sich fritieren oder grillieren; wird am Comer See an der Sonne getrocknet *(essicato)*, ↑ *missoltitt*; ↑ a. *cheppia*

agora Makrelenhecht, ↑ *costardella*

agosta Venetien u.a.: Languste, ↑ *aragosta*

agostinella im August gefischte, noch nicht voll entwickelte Meerbarbe, ↑ *triglia*; Fang in Italien eigtl. verboten, wird dort aber a. importiert angeboten

agramente herb, sauer

agresto saurer Saft aus unreifen Trauben

agretto(ne)   Norditalien: Gartenkresse, ↑ *crescione inglese*

agro   herb, sauer; Saft von säuerlichen Früchten
  all'– sauer, mit Zitrone zubereitet

agrodolce   süß-sauer

agrume   Zitrusfrucht

aguardiente   urspr. span. (Trester-)Branntwein

aguglia   Hornhecht, Grünknochen, Meerfisch mit grünen Gräten, festes, trockenes, aber delikates Fleisch, läßt sich in Stücken fritieren, kochen, braten, a. räuchern

aidos   kl. Nocken, ↑ *malloreddus*

aïoli, ailloli   würzige Knoblauchmayonnaise, zu Vorspeisen, als Zutat zu Fischsuppen, Fisch, (Schaf-)Fleisch usw.

ala   Flügel

ALA   *Antiquo Liquore Amarascato*, aufgespriteter, bittersüßer Aperitif- und Dessertwein, schwer und nach Weichselkirschen schmeckend, TR bis 15 Jahre, TT kühl oder 18° (Casteldaccia bei Palermo, Sizilien)

alaccia   Ohrensardine, heringsartiger Meerfisch, etwas größer als die Sardine, ↑ *sarda*, und wie diese zuzubereiten

à la coque, (uovo)   weichgek. (Dreiminuten-)Ei

alalunga   Weißer Thunfisch, ↑ *tonno alalunga*

alaùstra   Sizilien: Languste, ↑ *aragosta*

Alba, Sorgente   stilles Tafelwasser mit oder ohne Kohlensäurezusatz, leicht mineralhaltig (Valli del Pasubio, Venetien)

Albana di Romagna   fein delikater trockener *(secca)* oder fruchtig fülliger, lieblicher *(amabile)* Weißwein DOCG aus der gleichn. Rebe, TR 2–4 Jahre, TT 10°, a. schäumend *(spumante)* ausgebaut, günstiges Preis-Wert-Verhältnis (Emilia-Romagna)

albarello   Toskana: Birkenpilz, ↑ *porcinello grigio*

Albarola   Rebsorte aus Ligurien und der Toskana, die trocken-herbe, blumig frische weiße Tafelweine ergibt, jung und kühl trinken

albatrello   reg.: Birkenpilz, ↑ *porcinello grigio*

albatra   Frucht des Erdbeerbaums, ↑ *corbezzola*

alberino   Stockschwamm, ↑ *piopparello*

albero del pomodoro   Baumtomate, Tamarillo, bittersüß, läßt sich frisch auslöffeln oder in Obstsalate mischen, a. als Marmelade

albese, carne all' dünne rohe Fleischscheiben in einer Sauce aus Olivenöl, Zitronensaft, Salz und Pfeffer, mit Streifen Käse, a. Trüffeln, Steinpilzen, Artischocken usw. garniert (Piemont)

albicocca, -che Aprikose, Marille, gute Zeit Juni–Aug.

Albino trockener, frischer weißer Landwein, TR 1–2 Jahre, TT 10°, zu Fisch (Apulien)

alborada Kartoffelauflauf mit Zwiebeln und (Sbrinz-) Käse (Tessin)

alborella Ukelei, Laube, Weißfischchen aus dem Süßwasser, angenehmes, aber grätiges Fleisch, meist fritiert

albume Eiweiß

Alburno (Rosso) trockener Rotwein mit würzigem Mandelgeschmack, TR 1–2 Jahre, TT 16° (Castel San Lorenzo, Provinz Salerno, Kampanien)

Alcamo Weißwein aus Sizilien, ↑ *Bianco Alcamo*

alchechengi Alkekengi, Blasenkirsche, eine säuerliche Frucht, läßt sich frisch essen, zu Konfitüre, Saft verarbeiten oder kandieren, gute Zeit Herbst (urspr. Peru, heute a. Italien)

Alchermes sehr süßer roter Likör aus Gewürznelken, Muskatnuß, Vanille, Zimt und aromatischen Kräutern, TT 8–10°, wird heute meist nur noch für Backwaren verwendet (Kloster Santa Maria Novella, Florenz)

alcol(e), alcool Alkohol, Weingeist

alcolici alkoholische Getränke, Spirituosen

alcolico, -che alkoholisch, alkoholhaltig
  bevande -che alkoholische Getränke

al dente beißfest, ↑ *dente, al*

Aleatico, Leatico, Uva liatica blaue Rebsorte aus Apulien, Latium, Toskana u. a., ergibt süße, alkoholhaltige und samtig zarte rote Dessertweine mit Muskatgeschmack
– **di Gradoli** DOC, sanft, geschmeidig und fruchtig süß (*dolce naturale*), auch likörig (*liquoroso*) als «Likör des kleinen Mannes», TR 4–6 Jahre, TT 12°, zu Süßspeisen (Viterbo, Latium)
– **di Portoferraio** dunkelroter, aromatischer Likörwein von ausgeprägtem Muskatgeschmack, muß mehrere Stunden vor Genuß entkorkt werden, TR bis 10 und mehr Jahre, TT 12°, zu Süßspeisen (Insel Elba)
– **di Puglia** DOC, zartsüß und kraftvoll harmonisch, darf sich nach 3 Jahren Lagerung *Riserva* nennen, mit höherem Alkoholgehalt *Liquoroso*, TR bis 6 und mehr Jahre, TT 12–14°, zu Süßspeisen (Apulien)

A

alenoto, torcinella   Innereien von Lamm oder Ziege im Netz (Abruzzen)

alette   Flügel von Geflügel, ohne Knochen, aber mit Haut

Alezio   trockener, aber geschmeidiger DOC-Wein, rosé, *rosato* (TR 3–6 Jahre, TT 10–12°), ausgezeichnet würzig zu Gemüsesuppen, Gemüse, weißem Fleisch, oder rot, *rosso* – darf sich nach 2 Jahren Lagerung *Riserva* nennen – (TR 3–6 und mehr Jahre, TT 18°), zu Wurstwaren, gewürzten Speisen, dunklem Fleisch aus dem Ofen oder vom Rost (Provinz Lecce, Apulien)

alga, -ghe   Alge, knackig und mit Meergeschmack, wird in Italien haupts. in Kampanien (in Teig als *frittella*) und Sizilien (*corallina* roh mit Öl und Zitrone, *mauro* geröstet oder *ortica di mare* roh mit Zitrone) zubereitet

ali   ganze Flügel des Geflügels mit Haut

alice   Sardelle, ↑ *acciuga*

aligusta   Mittelitalien: Languste, ↑ *aragosta*

alimentar|i, (generi)   Lebens-, Nahrungsmittel
   negozio di –   Lebensmittelladen
   pasta -e   Teigwaren
   regime -e   Diät

alimentazione   Ernährung
– **vegetariana**   vegetarische Kost

alimento   Nahrung, Nahrungsmittel

aliotide, abalone, orecchio di mare, di Venere, patella reale   Meer-, Seeohr, kleine, immer seltenere Meerschnecke, festes, köstliches Fleisch, das vor der Zubereitung aber zartgeklopft werden muß; a. als *abalone* in Konserven erhältlich

Alkohol   *alcol* [àlkol] m
   ⌀**frei**   *analcolico* [analkòliko]

all', alla   auf, nach Art (von)

alletterato   Falscher Bonito, ↑ *tonnetto liscio*

allevamento   (Vieh-)Zucht
– **di polli**   Hühnerfarm

allievo   Apulien: sehr kl. Tintenfisch, ↑ *seppia*

allodola, lodola   Lerche, darf in Italien (leider) noch gejagt werden und wird dort, bes. in der Lombardei und in Venetien, ↑ *polenta e osei*, (ebenfalls leider) gern gegessen

alloro, lauro   Lorbeer, Gewürzstrauch oder -baum, Blätter frisch oder (weniger gut) getrocknet herb-würzig, appetitanregend

allungare verdünnen, strecken

alosa, salacca Alse, Maifisch, Heringsfisch aus dem Meer und a. Flüssen (*alosa finta*), etwas fettes, grätiges, aber – bes. im Frühling – zartes, wohlschmeckendes Fleisch, verträgt jedoch keinen Transport; a. ger. erhältlich

Alpestre, Arquebuse anregender, verdauungsfördernder Likör aus gut 34 meist alpinen Kräutern, alkoholisch kräftig, TT 8–10° (Carmagnola, Piemont)

Alto Adige das Oberetschgebiet, Südtirol, ↑ Trentino-Alto Adige S. 74 ff.; unter ital. und deutschen Namen viele gute bis hervorragende Sortenweine DOC aus der Provinz Bozen

Weißweine:

Moscato Giallo Goldmuskateller, mild und aromatisch, TR 2–5 Jahre, TT 9–11°, zu Nachspeisen

Pinot Bianco Weißburgunder, trocken und herb würzig, TR 1–3 Jahre, TT 10°, als Aperitif, zu leichten Vorspeisen und Fisch

Pinot Grigio Ruländer, herb, aber rund und harmonisch, TR 2–4 Jahre, TT 9–11°, zu Fisch und Eierspeisen

Riesling Italico Welschriesling, trocken, aber frisch und gefällig. TR 1–2 Jahre, TT 9–11°, zu Fisch und Krustentieren

Riesling Renano Rheinriesling, fruchtig mit angenehmer Säure, TR 1–4 Jahre, TT 8–10°, zu Fisch und Meeresfrüchten

Riesling Sylvaner Müller-Thurgau, fruchtig mit feiner Säure, TR 1–3 Jahre, TT 10°, zu Meeresfrüchten, Fisch, Schnecken und Froschschenkeln

Sauvignon angenehm würzig und elegant, TR 1–3 Jahre, TT 10°, zu Krustentieren, Fisch, Suppen

Sylvaner ausgewogen trocken und fruchtig, TR 1–3 Jahre, TT 10°, zu Krustentieren, Fisch, Schnecken, Froschschenkeln

Traminer Aromatico Gewürztraminer, aromatisch trocken und elegant würzig, TR 1–4 Jahre, TT 8–10°, zu Fisch und Meeresfrüchten

Rosé Weine:

Lagariono, Lagrein Rosato Lagrein Kretzer, trocken und lebhaft fruchtig, leicht prickelnd und wenig Körper, TR 2–3 Jahre, TT 12–14°, zu Wurstwaren, ger. Fisch und Fleisch

Moscato Rosa Rosenmuskateller, eine Rarität, mild und fein mit Muskatellergeschmack, TR 1–4 Jahre, TT 12°, zu Nachspeisen

Rote Weine:

Cabernet ausgeglichen trocken, angenehme Säure, darf sich nach 2 Jahren Lagerzeit *Riserva* nennen, TR 2–5 und mehr Jahre, TT 18°, zu Wild, Federwild, dunklem Fleisch und reifem Käse

Lagariono, Lagrein Scuro Lagrein dunkel, ausgewogen weich und süffig, TR 2–5 Jahre, TT 18°, zu Braten und anderen robusten Speisen

Malvasia Malvasier, duftig, weich und voll, TR 2–4 Jahre, TT 16°, zu Teigwaren, Gemüse, Süßwasserfischen

Merlot trocken, harmonisch und fein, TR 2–6 Jahre, TT 16–18°, zu weißem Fleisch, Geflügel und Wild

Pinot Nero Blauburgunder, trocken, voll und samtig, TR 2–5 Jahre, TT 18°, zu Fleisch

Schiave Vernatsch, trocken, mild und süffig mit leichtem Mandelgeschmack, TR 1–3 Jahre, TT 15–17°, zu kräftigen Vorspeisen und weißem Fleisch

↑ a. *Caldaro, Casteller, Colli di Bolzano, Meranese, Santa Maddalena, Sorni Bianco, Terlano, Teroldego Rotaliano, Trentino, Valdadige, Valle Isarco*

alzavola, garganello Krickente, die kleinste einheimische Wildente, jung delikates, schmackhaftes Fleisch, gute Zeit Okt.–Nov.

amabile liebenswürdig; Wein: lieblich, mild, etwas süßer als ↑ *abboccato*

amalgamare vermengen, vermischen

amanita, tignosa Wulstling, Pilzfamilie mit versch. (meist nicht roh) eßbaren, aber a. sehr giftigen Arten

amaramente bitter, bitterlich

amarasca Maraskakirsche, ↑ *marasca*

amarella Beifuß, Gänsekraut, frische Blütenrispen oder getr. Blütenknospen mildherb würzig, frisch gute Zeit Mai–Aug., a. getr. gemahlen erhältlich

amarena, ciliega acida hellrote Sauer-, Weichselkirsche, Hauptsorte *Montmorency*, weiches, säuerliches Fleisch, wird haupts. zu Getränken, Konfitüren und Likören verarbeitet; oft Name a. für ähnliche Arten, ↑ *marasca, visciola;* Sauerkirschensirup

amaretto bitterlich; Bittermandelmakrone; kräftiger Bitterlikör aus 17 aromatischen Zutaten, darunter Bittermandel, Sauerkirschen, Pflaumen, Kakao und aromatische Kräuter; der bekannteste kommt aus Saronno nördl. Mailand

amarettus trockener, bittersüßer Mandelkeks (Sardinien)

Amaricante bittersüßer Likör aus rund 30 in Marsala, Alkohol und Zucker getränkten Kräutern, verdauungsfördernd

amaro bitter, ungesüßt; Bitterlikör, meist aus Rinden, Wurzeln und Blättern von Gewürz- und Heilpflanzen

amarognolo Wein: mit Bittermandelgeschmack

Amarone, (Recioto della Valpolicella) trocken ausgebauter ↑ *Recioto*, roter Spitzenwein, elegant und kräftig, schwer und samtig, TR 3–12 und mehr Jahre, TT 18°, zu Fleisch, Wild, Käse (Verona, Venetien)

amarore Wein: bitter, herb

amatriciana, all', matriciana würzige Zubereitungsart von Teigwaren wie ↑ *buccatini, perciatelli* u. ä. mit grobgewürfelter Schweinebacke oder durchwachsenem Speck, Tomatenstücken, Zwiebelwürfeln, Pfefferschötchen und geriebenem Schafkäse (Abruzzen, Latium, Rom)

Amber Drops Süßwein aus getrockneten Trauben, sherryähnlich elegant, weich und geschmeidig, TR 7–10 Jahre, TT 8° (Insel Ischia, Kampanien)

Ambrato di Comiso schwerer, gehaltvoller goldgelber Wein, süffig süßlich, dabei leicht bitterlich, TR 2–3 Jahre, TT 10°, ausgezeichneter Dessertwein (Südostsizilien)

Americana Tafeltraube, eher kleine Beeren, erdiger Geschmack, gute Zeit Sept.–Okt.

americana, all' Hummer-, a. andere Meereskrebsstücke mit Schalotten, Tomaten, Würzkräutern in heißer Butter und Olivenöl sautiert, mit Cognac flambiert und mit Weißwein abgelöscht

Americano Aperitif aus ½ Campari und ½ rotem Vermouth, mit Soda aufgefüllt und einer Zitronenschale garniert; a. Aperitif aus vielen aromatischen Kräutern in Weißwein mit Zucker und Orangenschale

ammacato Frucht: mit Druckstellen, zerquetscht

ammandorlato Mandelgebäck, ↑ *mandorlato*

ammazzacaffè ugs. Gläschen Alkohol, das nach dem Kaffee getrunken wird

ammollare einweichen

ammollicare Fisch, Gemüse, u. a. mit Brotbröseln bestreuen

ammorbidire mürb, weich machen

ammostare Trauben zu Most, a. Oliven usw., keltern

ammucidito, ammuffito schimmelig

ampoll|a Fläschchen
-e, ampolliera Öl- und Essigflasche, Gewürzständer

anacardio, acagiù Cashewnuß, exotisches Gewürz, a. Mandel-, Walnußersatz, sanft und angenehm; aus ihrem Fett schmackhaftes Speiseöl (Brasilien, Südostasien)

analcolico alkoholfrei; alkoholfreies Getränk

ananas, ananasso Ananas, exotische Frucht, charakteristisch süß-säuerlich, pur eßbar, aber frisch oder aus der Konserve a. sonst vielseitig verwendbar, in Italien gern zu Schinken oder Schweinefleisch (tropische Gebiete)

anatra, anitra Ente, sollte für die Küche nicht älter als 2–4 Monate sein, am delikatesten noch jünger
– **commune, domestica, nostrana** Hausente (Hauptzuchtgebiete in Italien: Emilia-Romagna, Lombardei, Piemont, Venetien)
– **mulard** Kreuzung zwischen Haus- und Moschusente
– **muschiata, muta** Moschusente
– **selvatica** Stock-, Wildente, heute oft gezüchtet, wild gute Zeit Okt.–Dez., ↑ *a. alzavola, fischione, marzaiola, moretta, morettone*
  pechino Pekingente, Jungmastente, etwa 4 Wochen alt

anca Tessin: Mittelschwanzstück, weißes Scherzel, Eckstück vom Rind

Ancellotta Rebsorte und roter Dessertwein daraus, samtig mild und leicht prickelnd, TT 10° (Emilia-Romagna)

anchoyade urspr. südfrz. [äschojād]: Sardellenpaste mit Knoblauch, Olivenöl, a. einem Schuß Essig usw., zu Vorspeisen oder auf Brot überbacken

anciolo Grauhai, in Italien wegen seines weißen, wohlschmeckenden Fleisches geschätzt

anciuovo Sizilien: Sardine, ↑ *sardina*

andalusa, all' mit geschmorten Pfefferschoten, Tomaten, Zwiebeln, oft in Reisrand, meist zu Fleisch vom Grill oder Eiern

anelletti, anellini kl. Teigringe aus Hartweizenmehl, in Sizilien traditionell als Auflauf, ↑ *timbalo*, zubereitet

Anesone, Anicione Spirituose auf Basis von Anis und Lakritze, dem frz. Pastis ähnlich

aneto, dill, finocchio bastardo, fetido Dill, Gurkenkraut, Küchengewürz, Blätter, Blattstiele und Stengel kleingeh. leicht süßlich scharf, möglichst frisch oder tiefgefroren verwenden, a. getr. erhältlich

angelica Angelika, Engelwurz, Gewürz- und Heilpflanze, Blätter, Stiele (frisch), Samen, Wurzeln (getr.) angenehm süßlich-bitter; als Tee anregend und nervenstärkend; gute Zeit Blätter und Stiele Apr.–Juni, Samen Sept.

Anghelu Ruju   roter, alkoholreicher und kräftig aromatischer Dessertwein aus an der Sonne getrockneten Trauben, portweinähnlich, trocken oder lieblich, TR bis 10 Jahre, TT 10 und mehr Grade (Alghero bei Sassari, Sardinien)

angiula   Apulien: Pfeifen-Knurrhahn, ↑ *capone lira*, Gestreifter Knurrhahn, ↑ *capone ubriaco*

angiulottus   Sardinien: gef. Teigtaschen, ↑ *culurjones*

anguilla   Aal, Meer- und Flußfisch, fett, aber fein und wohlschmeckend, muß gehäutet werden; vielseitig verwendbar: gek., gebr., gegrillt (in Italien als Weihnachtsessen beliebt), a. mariniert, in Gelee, geräuchert
– **affumicata**   Räucheraal
– **al verde**   „Aal grün" mit Kräutern, aus dem Kräutersud
– **marinata**   marinierter, saurer Aal

anguria   reg.: Wassermelone, ↑ *cocomero*

anice   Anis, Gewürz- und Heilpflanze, getr. Früchte süßlich-aromatisch, als Würze oder wie Petersilie verwendbar; Anislikör
– **dei Vosgi**   Feldkümmel, ↑ *cumino dei prati*
– **stellato, badiana**   Sternanis, Badian, getr. Früchte des Sternanisbaums, anisartig und angenehm süßlich, als Gewürz und Würze; daraus a. aromatisches Öl; frisch gute Zeit gegen Ende Sommer

Anicione   Anisspirituose, ↑ *Anesone*

aniletti   Sizilien: Nudelart ↑ *anelletti*

animal|e   Tier
-i da cortile   Hausgeflügel, Kaninchen
– **da macello**   Schlachtvieh

animella, timo   Bries, Milch, Milke, die Thymus-, Wachstumsdrüse des jungen Kalbs oder Lamms, eine zarte, schmackhafte Delikatesse

Anisetta   zart-feuriger, erfrischender Likör aus Anis, Sternanis, Süßholzsaft und versch. Würzkräutern, meist verdünnt getrunken

annacquare   (mit Wasser) verdünnen, strecken

annata   Wein: Jahrgang

annecchia   Neapel: nicht mehr als ein Jahr altes Kalb

annona   Lebensmittel; Proviant; Vorrat (für 1 Jahr)

Annurca   Apfelsorte, knackiges, saftiges Fleisch von süßsäuerlichem Geschmack, wird im Nov. gepflückt und läßt sich bis Juni lagern (Kampanien, Süditalien)

annutolo   junger Büffel, Fleisch jenem des Kalbs ähnlich

anona, chirimoya   Cherimoya, schmackhafte Tropenfrucht, viele Kerne, aber süßes Fleisch mit angenehmer Säure, leichtverdaulich (Tropenländer, Kalabrien, Sizilien)

Ansonica   Rebsorte, die frische, aromatische Weißweine ergibt, darunter:
- **(di Orbetello)**   lebhaft mit ausgeprägter Blume, trokken, *secco*, besser als lieblich, *amabile*, jung zu trinken, TT 8° (Toskana)

antipasto   der „Gang vor der Pasta", kaltes *(freddo)* oder warmes *(caldo)* Vorgericht, Vorspeise

Aosta, Valle d'   Aostatal, Landschaft und Region Norditaliens mit malerischen Tälern, ↑ Piemonte – Valle d'Aosta S. 49 ff.; Weine ↑ *Valle d'Aosta*

ape   Biene

aperitivo   Aperitif, appetitanregendes, entspannendes (alkoholisches) Getränk vor dem Essen

aperto   offen; frei; geräumig

Apfel, Äpfel   *mela* [méla] f, *mele* [méle] pl
-kompott   *mele cotte* [mélekótte] pl
-kuchen   *torta di mele* [tórta di méle] f
-most   *mosto di mele* [mósto di méle] m
-mus, -brei   *composta di mele* [kompósta di méle] f
-saft   *succo di mele* [ßúkko di méle] m
-strudel   *strudel di mele* [ßtrúdel di méle] m
-wein   *sidro* [ßidro] m

Apfelsine   *arancia* [aràntscha] f
-nsaft   *succo d'arancia* [ßúkko daràntscha] m
   frischgepreßter -nsaft   *spremuta d'arancia* [spremúta daràntscha] f

apio   Sellerie, ↑ *sedano*

apparecchiare   zubereiten, zurüsten; den Tisch decken

appetito   Appetit, Eßlust
   buon – ! guten Appetit, Mahlzeit!

Appia, Acqua   leicht perlendes Tafelwasser mit natürlicher und zugesetzter Kohlensäure, mittlerer Mineralgehalt, verdauungsfördernd (Via Appia um Rom)

appiattire   platt drücken, flach klopfen

approntare   vorbereiten, fertigmachen

appuntamento   Verabredung, Stelldichein
   luogo d'–   Treffpunkt

apri|barattoli   Dosenöffner
-bottiglie   Flaschenöffner

Aprikose   *albicocca* [albikókka] f

Aprilia Name dreier DOC-Weine: *Merlot*, granatrot, mild harmonisch und körperreich, TR bis 6 Jahre, TT 16–18°, zu Fleisch, Geflügel und Grillgerichten; *Sangiovese*, hellrot, trocken und gefällig, TR bis 4 Jahre, TT 16°, zu Vorspeisen mit Saucen, dunklem und weißem Fleisch; *Trebbiano*, strohgelb, trocken und frisch, TR 1–2 Jahre, TT 8–10° (Aprilia, Latium)

Apulia kräftiger, tanninhaltiger Rotwein, TR 4–6 und mehr Jahre, TT 18°, zu dunklem Fleisch, Wild und pikantem Käse (Martina Franca, Apulien)

Apulien Region in Südostitalien, ↑ *Puglia*

Aquileia Gemeinde in der Provinz Udine, in der leichte, süffige Sortenweine DOC erzeugt werden (Friaul–Julisch Venetien); ↑ *Cabernet, Merlot, Pinot Bianco, Pinot Grigio, Refosco Nostrano, Riesling Renano, Tocai Friulano,* a. *Verduzzo Friulano*

arac Arrak, ↑ *arak*

arachide, brustalino, nocciolino americano Erdnuß, wird a. in Italien angepflanzt, roh, geröstet oder als feines Speiseöl genießbar, a. statt Haselnüssen, Mandeln, Pistazien in Gebäck usw.

aragosta Languste, scherenloser Langschwanzkrebs aus dem Meer, (bes. Schwanzstück) delikat, wird in Italien (mit Recht) dem Hummer, ↑ *astice*, vorgezogen, muß frisch (d. h. der Schwanz gekrümmt) sein, läßt sich kochen, grillieren, pochieren

– **catalana** lauwarmer Langustensalat mit Sauce aus Tomaten, Sellerie, Zwiebeln, Knoblauch, Petersilie und Langustenrogen (Sardinien)

– **di Cuba** Languste aus tropischen und subtropischen Gewässern, sehr wohlschmeckend, meist tiefgefrorene Schwänze im Handel

– **nostrana, mediterranea** Languste von den Westküsten des Mittelmeers, sehr delikates Fleisch, gute Zeit Okt.–Juni, am besten aus Sardinien und Sizilien

– **rosa, di Portogallo** Languste von den Atlantik- und Mittelmeerküsten Nordafrikas, aus dem Atlantik, nicht ganz so delikat wie die ↑ *aragosta nostrana*

– **verde, di Mauretania** Languste aus subtropischen und tropischen Gewässern, haupts. um Afrika herum, nicht so delikat wie die ↑ *aragosta nostrana*

ar(r)ak Arrak, Branntwein aus Palmsaft, vergorenem Reis und Zuckerrohrmelasse, a. anderen ähnlichen Substanzen (Asien)

arancia, -ce Apfelsine, Orange, Zitrusfrucht; Sorten mit rötlichem Fruchtfleisch: *Moro*, dickschalig, säuerlich-süß, wenig Kerne, Ende Nov.–März, *Tarocco*, dünnschalig,

feines Aroma, wenig Kerne, Jan.–Mitte Juni; mit hellem Fruchtfleisch: *Biondo* Ende Okt.–Mitte Mai, *Calabrese, Ovale* Mitte Apr.–Mitte Juli, *Navels,* süß und kernlos, Nov.–März, *Valencia,* süß und kernlos, Apr.–Juni (Sizilien, Kalabrien, a. Basilikata, Kampanien, Sardinien u. a.)
– **amara, di Siviglia, bigaradia, forte melangolo** Bitterorange, Pomeranze

aranciata Orangensaft, Orangeade

arancino di riso paniertes, fritiertes Reisbällchen mit Füllung aus Hackfleisch, Gemüse (Erbsen, Tomaten usw.), gek. Eiern, Käse usw., heiß, lauwarm oder kalt gegessen (urspr. Sizilien)

aranzada Nougatsüßigkeit aus gerösteten Mandeln und in Honig gek. Orangenscheiben (Sardinien)

Arborio Reissorte, ↑ *riso superfino*

arca di Noè, mussolo „Arche Noah", Archenmuschel, Schaltier aus dem Mittelmeer, meist roh gegessen, aber a. (bes. in Apulien) für Saucen verwendet

arcera Süditalien: Schnepfe, ↑ *beccaccia*

arcigghiola Süditalien: Bekassine, ↑ *beccaccino*

argnone Niere, ↑ *rognone*

aria condizionata Klimaanlage

ariete Schafbock, Widder

aringa, -ghe Hering, fetter Atlantikfisch, in Italien nicht frisch, nur in Konserven erhältlich
– **affumicato** leicht gesalzener, heißger. Hering
– **argentata, salata** Salzhering
– **del Baltico, Bismarck** ausgenommener, mit Zwiebelringen in Essig marinierter Hering
– **dorata** gesalzener, heißger. Hering

arista eingerolltes Schweinskarree am Knochen, mit Rosmarin, Fenchelsamen u. Knoblauch gespickt am Spieß oder im Ofen gebraten, schmeckt a. kalt (Toskana u. a.)

armelline Aprikosen-, Pfirsichkerne

Arneis (dei Roeri) weiße Rebsorte (*Nebbiolo Bianco*); daraus seltener, aber hervorragender Wein, trocken, doch charaktervoll und süffig, jung zu trinken, TT 8−10°, zum Aperitif; daraus ebenfalls ausgezeichneter Grappa

aromatico aromatisch,   wohlriechend;   Wein: geschmacksintensiv, bukettreich

aromi aromatische Kräuter (Estragon, Rosmarin, Salbei, Thymian usw.) oder Würzpflanzen (Knoblauch, Sellerie, Zwiebeln usw.), frisch oder getrocknet

Arquebuse [arkebüs], Kräuterlikör, ↑ *Alpestre*

arrabbiata, all' mit scharfer, würziger Sauce aus Pfefferschötchen, Knoblauchzehen, Zwiebeln usw., meist zu Teigwaren wie *penne* u. ä. oder Fleisch

arrasojas Sardinien: Scheidenmuschel, ↑ *cannolicchio*

arria Norditalien: Schnepfe, ↑ *beccaccia*

arriminari Sizilien: umrühren

arrosti (misti) Rind, Schwein, Lamm, Huhn, Languste usw. in der Pfanne gebraten (Toskana)

arrostino Lendenstück, Nierenbraten vom Kalb mit Speck, Salbei und Weißwein (Mailand)

arrostire Fleisch: braten; Kaffee, Kastanien usw.: rösten
− **allo spiedo** am Spieß braten

arrosto Braten
− **annegato** Schmorbraten
− **di codino, di mezzo** Huft, Schlußbraten vom Kalb

arrow-root urspr. engl. [arourūt]: Stärke aus der Wurzel tropischer Stauden, neutrales Bindemittel

arsella Ligurien, Toskana: Archenmuschel, ↑ *arca di Noè*, oder Venusmuschel, ↑ *tartufo di mare, vongola*; a. Teigmuschel, ↑ *conchiglie*

arsiccio angebrannt; ausgedörrt

artefatto Lebensmittel: gefälscht, verfälscht; Wein: gepanscht

artemisia Beifuß, Gattung aromatischer Pflanzen, darunter Gemeiner Beifuß, ↑ *amarella*, Edelraute, ↑ *genepi*, Estragon, ↑ *dragoncello*, Wermut, ↑ *assenzio*

articol|o ˙ Artikel, Ware
-i casalinghi Haushaltsartikel
-i di consumo Konsumartikel, Verbrauchsgüter

artigianale handwerklich

Artischocke *carciofo* [kartschófo] m

arzagola, arzavola Krickente, ↑ *alzavola*

arzedda Sizilien: Herzmuschel, ↑ *cuore di mare*

arzente, (acqua) Branntwein, Schnaps

arzilla Rom: Rochen, ↑ *razza*

arzillo Toskana: prickelnd, schäumend

Äsche *temolo* [témolo] m

ascé Stück Fleisch, meist Rindsfilet, das fein gehackt, kurz in Butter oder Öl angebraten und pur oder mit Senf verzehrt wird; heute a. Bezeichnung für rohen geh. Fisch (Salm, Schwertfisch u. ä.); ↑ a. *tartara, bistecca alla*

A

asciugamano   Handtuch

asciugare   (Geschirr) abtrocknen

asciutt|o   trocken; mager; Wein: (sehr) trocken, herb
 pasta -a   Nudel-, Teigwarengericht

Ascolano   geschätzte grüne Olivensorte, groß und flei-schig, wird gern gef. paniert und fritiert (Ascoli Piceno, Marken)

asia   Venetien: Dornhai, ↑ *spinarolo*

asiago   harter Schnittkäse DO aus Kuh-Vollmilch (Pro-vinzen Vicenza, Trient, a. Padua und Treviso, Venetien)
– **d'All(i)evo**   halbfett, je nach Alter (3–6 Monate *da taglio, mezzanello, mezzano,* 12 Monate *piccante, vec-chio,* 18–24 Monate *stravecchio*) mild und delikat als Tafelkäse bis hart und kräftig zum Reiben, Fettgeh. mind. 34 %
– **grasso di monte**   von den Voralpen, bes. würzig, Fett-geh. 45 %, gut zu Polenta
– **pressato**   vollfett, pikant, wird nach etwa 4 Wochen als Tafelkäse verzehrt, Fettgeh. mind. 44 %

asin   Tafelkäse, am besten jung, einen Monat alt, auch, von ausgeprägterem Geschmack, als *asin salmistra* aus der Lake

asino   Esel; Fleisch des jungen, gutgenährten Tieres et-was kräftiger als Kalbfleisch, wird in Italien wie dieses zubereitet

asparagina   Sprossen des Wilden Spargels, ↑ *asparago di campo,* leicht bitterlich, werden in Risotto oder Omeletts zubereitet

asparago, -gi   Spargel, in Italien i. a. Ende März bis Juni auf dem Markt (Emilia-Romagna, Kampanien, Piemont, Toskana, Venetien)
– **bianco**   Weißer Spargel, dick, fest und feinmild aro-matisch
– **di bosco**   Waldspargel, sehr dünn und bitterlich, wächst wild im Buschwald, *macchia*
– **di campo, selvatico**   Wilder Spargel, dünn und grün, köstlich bitterlich
– **verde**   Grünspargel, intensiver Geschmack, muß nicht geschält werden, nur holzige Enden abschneiden
– **violetto**   Violetter Spargel, würzig

aspic   Aspik, Gelee; a. das damit überzogene kalte Sülz-gericht

asportare, da   zum Mitnehmen

aspretto, asprigno   Wein: sehr herb, stark tanninhaltig

Asprin(i)o   Weißwein aus der gleichn. Rebsorte, frisch, leicht säuerlich und prickelnd, durstlöschend, jung zu trinken, TT 10°, als Aperitif, zu Meeresfrüchten und Fisch (Basilikata, Apulien)

aspro herb, sauer

assaggi|are, assaporare kosten, probieren, versuchen **-o del vino** Weinprobe

assenzio Absinth, Wermut, bitter-aromatisches Kraut; Absinth, Branntwein aus bitter-aromatischem Wermut mit Anis und Fenchel, wegen seiner Nervenschädlichkeit verboten und durch ↑ *Pastis* ersetzt

assetato durstig; ausgetrocknet, verdörrt

Asso, caprino di, formaggio di kl. Käse aus Kuh- und Ziegenmilch, wird meist frisch gegessen, aber a. in Öl eingelegt (Valsassina, Provinz Como, Lombardei)

assortimento Auswahl, Sortiment

assortito, antipasto gemischte Vorspeisen

astara Steckmuschel, ↑ *pinna*

Asti Stadt im Piemont mit zwei typischen Weinen:
Moscato d'– aus der weißen Muskatellertraube, still, *naturale*, und süß, intensiv fruchtig, am besten der *Moscato di Pantelleria*, TR 1–3 und mehr Jahre, TT 8–10°, zu Desserts und Gebäck
Moscato d'– Spumante natürlich süß und schäumend, intensives Muskatbukett, TR 1–3 Jahre, TT 6–8°, zum Aperitif, zu Desserts und Früchten

astice, elefante, gambero di mare, langobardo, omero Hummer, das größte Meereskrebstier, festes, aromatisches Fleisch, weiblich schmackhafter als männlich, läßt sich kochen, grillieren, pochieren, in Italien am besten Okt.–Juni aus dem Mittelmeer

astinente abstinent, enthaltsam, mäßig

astrea Sizilien: Heuschreckenkrebs, ↑ *canocchia*

attesa Warten, Wartezeit

Aubergine *melanzana* [melandsàna] f

Auflauf *sformato* [sformàto] m **-form** *stampo per sformati* [stàmpo per sformàti] m

Aufpreis, Aufschlag *supplemento* [ßuplemènto] m

Aufschnitt *affettato* [affettàto] m

aufwärmen *riscaldare* [riskaldàre]

aulivi Süditalien: Oliven, ↑ *oliva*

aurora Samtsauce aus Tomatenpüree und Butter oder Sahne

Aurum herber Likör aus in Wein ausgezogenen Orangenschalen und Kräutern, TT 8–10° (Abruzzen)

Ausonia, Acqua natürlich sprudelndes Tafelwasser, mäßig mineralhaltig (Bognanco, Thermalbad im Piemont)

Auster *ostrica* [óstrika] f

Austernpilz, -seitling *gelone* [dschelóne] m

austero einfach; Wein: herb

Auswahl *scelta* [schélta] f

avana Havannatabak, -zigarre

avanzo Rest, Überbleibsel

avellana Haselnuß, ↑ *nocciola*

avem(m)arie kl., ziemlich dicke Röhrennudeln, für Suppen oder mit Gemüsegerichten

avena Hafer, das vollwertigste Getreide, wird in Italien haupts. in Apulien und der Basilikata angebaut
  crema d'– Haferschleimsuppe
  fiocchi d' – Haferflocken
  pappa d' – Haferbrei
  tritello d' – Hafergrütze

avocado Avocado, tropische Steinfrucht, vollreif butterzartes Fleisch mit mildem Nußaroma, i. a. roh an Salatsauce oder (mit Garnelen, Krabben usw.) gef. gegessen, aber a. mit anderen salzigen oder süßen Zutaten kombinierbar, als Creme usw. (a. im Mittelmeergebiet angebaut)

Avorio Reissorte, ↑ *riso superfino*

Aymaville [emawíl] hellroter Tafelwein, trocken und angenehm säuerlich, TR 1–4 und mehr Jahre, TT 12–14°, zu weißem Fleisch (Aymaville, Aostatal)

azienda Betrieb, Geschäft, Unternehmen

az(z)imo ungesäuerter Teig, ungesäuertes Brot

azuki, azzucchi Adzuki-Bohnen, leichter Nußgeschmack, können wie Bohnenkerne zubereitet werden

baba mit Spirituosen oder Sirup getränkter Napfkuchen aus Hefeteig mit Rosinen

babaco tropische Frucht, saftig und von aromatischem, leicht säuerlichem Geschmack, kann roh gegessen oder in Scheiben gekocht werden (Südamerika, heute a. Süditalien)

baby Whisky: kleine, halbe Portion

bacato wurmstichig

bacca, -cche Beere

baccalà Klippfisch, gesalzener, luftgetr. Magerfisch (Kabeljau usw.); ↑ a. *stoccafisso*

baccello Hülse, Schote; Ligurien: Gelbstriemen, ↑ *boga*

baccellone Frischkäse, ↑ *caciobianco*; Toskana: zarter, leicht ges. Käse aus Kuh- und Schafmilch, wird gern im Frühling mit Bohnen gegessen

baccola Toskana: Heidelbeere, ↑ *mirtillo*, oder Wacholderbeere, ↑ *ginepro*

baci „Küßchen", kleines Gebäck
– **di dama** „Damenküßchen", kl. Gebäck aus Mürbeteigscheiben mit zerstoßenen Mandeln und einer Schicht aus Aprikosenmarmelade oder Schokolade (Piemont)

backen *friggere* [fridschere]

Back|fett *grasso per friggere* [gråßo per fridschere] m
-form *stampo per paste* [ståmpo per påste] m
-hähnchen *pollo fritto* [pòllo frito] m
-obst *frutta secca* [fruta ßåkka] f
-ofen *forno* [fòrno] m
-pulver *lievito (in polvere)* [li|éwito (in pólwere)] m
-waren *prodotti del panettiere* [prodòtti del panätti|é-re] pl

bacon urspr. engl. [beikon]: dünne Scheibe Frühstücksspeck

badiana Sternanis, ↑ *anice stellato*

bagna caôda, cauda pikante warme Sauce aus Knoblauchzehen und Sardellen in Oliven- oder Nußöl und Butter, die heiß am Tisch – am besten in einer Fonduepfanne über offener Flamme – serviert und in die rohes Gemüse gedippt wird, i. a. Karden, Artischocken, Blumenkohl, Fenchel, Peperoni, Stangensellerie usw. (Piemont)

bagnet pikante Cremesauce aus Knoblauch, Öl und Sardellen, Brotbröseln, Petersilie *(verd)* oder Karotten, Pfefferschoten, Tomaten, Zwiebeln *(ross)* zu gesottenem Fleisch, ↑ *bollito* (Piemont)

bagnomaria Wasserbad

bagoss(o), formaggio dell' amore halbfetter Käse aus Kuhmilch, sehr pikant, wird gern, in Scheiben über dem Rost gegrillt, auf (geröstete) Brotscheiben gestrichen (Voralpen der Lombardei)

baicolo Gebäck aus Weißmehl, Butter, Hefe, Wasser, Zucker und Salz, wird gern in warme Schokoladencreme, Weinschaum, ↑ *zabaione*, oder ein Glas Dessertwein getunkt (Venetien)

Baiser *meringa* [meringa] f

Baldo Reissorte, ↑ *riso superfino*

baldonazza, baldone Wurst aus Speckwürfeln, Schweineblut, Kastanien, Rosinen, a. Reis u. a., wird gekocht und scheibenweise in Speck gebraten (Trient)

baldone venezianische Blutwurst, ↑ *boldone*

balestra Drückerfisch, ↑ *pesce balestra*

ballerina ugs. Gestreifter Knurrhahn, ↑ *capone ubriaco*

ballerino Blaubarsch, ↑ *pesce serra*

ballotta gek. Kastanie, ↑ *castagna*

balsamella ugs. Béchamelsauce, ↑ *besciamella*

Balsamessig *aceto balsamico* [atschéto balsámico] m

bambù Bambus, tropisches Baumgras, Sprossen, *germogli*, jung und zart als spargelähnliches Gemüse, in Salaten, zu Fleischgerichten usw.; a. in Dosen oder eingelegt als Gewürz erhältlich

bam(m)ia, gombo, ketmia, okra Okra, Gombo, Ladyfinger, krautartige Malvenpflanze, Schoten mit herbwürzigem Bohnengeschmack als Gemüse, zu Fleischgerichten usw., a. sauer eingelegt (tropische, subtropische Gebiete)

banana Banane

bancarella Verkaufsstand

banchetto Bankett, Festmahl, Festschmaus

banchista Kellner(in) (an der Theke)

banco(ne) Ladentisch; Theke

B and B [bi änd bi] „Bénédictine and Brandy“, feinherbe Spirituose aus ⅔ Bénédictine-Likör und ⅓ Cognac, trinkt sich kühl

bandiera Gemüseragout in den Farben der „Fahne“ Italiens, d. h. aus weißen Zwiebeln, roten Tomaten und grünen Paprikaschoten (Umbrien)
– rossa Roter Bandfisch, ↑ *cepola*

bar bar; man bekommt dort i. a. nichts zu essen, kann aber frühstücken und erhält alkoholfreie Getränke

barattolo Büchse, Dose, (Glas-)Gefäß

barbabietola Rote Rübe, Rote Bete, Rande, einzige eßbare Runkelrübe, roh, gek., sauer eingelegt oder als Saft genießbar

Barbacarlo Rotwein DOC, ausgewogen und körperreich, trocken *(secco)*, süßlich *(amabile)* oder schäumend *(spumante)*, TR 5–10 Jahre, TT 16–18°, zu gekochtem, geschmortem Fleisch (Provinz Pavia, Lombardei)

barba di becco Bocksbart, ↑ *scorzobianca*

barba di cappuccino, di frate Salzkraut, zarte, leicht bitterliche Blätter im Frühling roh als Salat oder mit Öl, Zitrone, Salz und Pfeffer als Gemüse

barbaforte Meerrettich, ↑ *cren*

barbajada,   barbagliata Schokoladengetränk mit Milch, Kaffee und nach Belieben Zucker, warm oder eiskalt mit Sahnehaube (Mailand)

barbarea Barbarakraut, ↑ *rucola palustre*

Barbaresco Rotwein DOCG, vollmundig robust, jedoch samtig elegant, darf sich nach 3 Jahren Lagerung *Riserva* nennen, nach 4 Jahren *Riserva speciale*, TR 3–10 Jahre, TT 18-20°, zu dunklem Fleisch und Wild (Provinz Cuneo, Piemont)

Barbarossa di Bertinoro, Emiliano edler Rotwein aus der gleichn. Rebe, trocken, körperreich und samtig, TR bis 10 Jahre, TT 18°, zu dunklem Fleisch (Emilia-Romagna)

barbatella Schlitzblattwegerich, ↑ *erba stella*

Barbera blaue Rebsorte des Piemont, ergibt zugängliche, herzhaft fruchtige Rotweine von prickelnder, feiner Säure
– **d'Alba** DOC, trocken, kräftig und leicht tanninhaltig, darf sich nach mind. 3 Jahren Lagerung *Superiore* nennen, TR 2–8 Jahre, TT 18°, zu dunklem Fleisch, Wild und pikantem Käse (Provinz Cuneo)
– **d'Asti** DOC, der beste Barbera, trocken oder leicht lieblich, vollmundig und körperreich, darf sich nach mind. 3 Jahren Lagerzeit *Superiore* nennen, TR 3–10 Jahre, TT 18°, zu gebratenem, geschmortem Fleisch, Wild und pikantem Käse (Provinzen Asti, Alessandria)
– **dei Colli Tortonesi** ↑ *Colli Tortonesi Barbera*
– **del Monferrato** DOC, frisch, lebhaft und mild, manchmal leicht lieblich und prickelnd, darf sich nach mind. 2 Jahren Lagerung *Superiore* nennen, TR 2–8 Jahre, TT 17–18°, zu dunklem Fleisch und Wild (Provinz Alessandria)
– **dell'Oltrepò Pavese** ↑ *Oltrepò Pavese Barbera*

barbo Barbe, karpfenartiger Süßwasserfisch, etwas fades und grätiges, aber feines Fleisch, läßt sich braten, dünsten, schmoren, kleinere Exemplare grillieren, fritieren; der Rogen ist giftig

barchetta ovales Blätter- oder Mürbeteigschiffchen, salzig gef. als Vorspeise, süß gef. als Nachspeise; Name a. für kleines Sieb

bardare bardieren, Fleisch, Geflügel, Wild mit dünner Speckscheibe belegen oder umwickeln

Bardolino hellroter DOC-Wein, trocken und delikat bitterlich, manchmal leicht prickelnd *(frizzante)*, darf sich nach mind. 1 Jahr Lagerung *Superiore* nennen, TR bis 3 Jahre, TT 16°, zu dunklem, weißem Fleisch und Wild; weißgekeltert a. als Rosé *(Chiaretto)* erhältlich (Gardasee, Provinz Verona, Venetien)

barile Faß

barista, barman Barmann, -dame; Barbesitzer

Barolo Rotwein DOCG, einer der Spitzenweine Italiens, trocken, schwer und samtig, muß 3 Jahre lagern, darf sich nach 4 Jahren *Riserva* nennen, nach mind. 5 *Riserva speciale*, TR 5–15 und mehr Jahre, TT 16–20°, zu dunklem Fleisch, Wild und Trüffelgerichten (Provinz Cuneo, Piemont); ↑ a. *Monfortino*
– **Chinato**   ↑ *Barolo* mit Chinarinde und anderen aromatischen Kräutern, süßlich weinig, wird als Aperitif oder Dessertwein kühl getrunken

barone Lamm, *agnello*, und Kaninchen, *coniglio*: Baron, Rücken und beide Keulen unzerlegt an einem Stück

Barsch *pesce persico* [pésche pérsiko] m

Barzemino Reb- und Weinsorte, ↑ *Marzemino*

barzotto Ei: wachsweich gekocht

base di cucina Fond, ↑ *fondo*

Basilicata Basilikata, südital. Region zwischen den Golfen von Policastro und von Tarent, ↑ S. 21 ff.

basilico Basilikum, Gewürzkraut, in Italien allg. üblich und überall gezogen, Blätter (je kleiner, desto würziger), möglichst frisch, geh. oder zerstoßen, a. Kraut, getr. und pulverisiert, pikant süßlich, appetitanregend; als Tee nervenstärkend, lösend

bassacorte Hühner-, Geflügelhof

bassotti sehr dünne Bandnudeln aus Eierteig

bastarda, salsa, salsa al burro cremige Buttersauce, weiße Mehlschwitze

bastardella runder Koch-, Schmortopf aus Metall

bastone längliches Brot aus Weiß- oder Vollkornmehl

batata Süßkartoffel, ↑ *patata dolce*

batsoa trad. Gericht aus gekochten und dann gebratenen Schweinsfüßen (Piemont)

battelmatt, bettelmatt fetter oder halbfetter Käse aus Kuh-Vollmilch von den Almen oberhalb Domodossola, reicher, intensiver Geschmack, Fetgeh. mind. 45 %, zum Kochen oder, von Sept. an, für die Tafel (urspr. Tessin, heute a. Novara, Piemont)

battere schlagen, stampfen; schaumig schlagen; hakken; dreschen

batteria Küchenbatterie, -ausrüstung

battezzare verdünnen; Wein: verwässern

battuto Emulsion aus kleingeh. Speck mit aromatischen Gemüsen und Würzpflanzen (Karotten, Petersilie, Sellerie, Zwiebeln, a. Knoblauch usw.) als Basis für Suppen, Fleischgerichte usw. (Lombardei u. a.)

batú d'oca im eigenen Fett gekochtes, im Steingut- oder Glastopf eingemachtes Gänsefleisch (Rom)

bauletti versch. gefüllte Rouladen, ↑ *involtino*

bava, gnocchi alla mit ↑ *Fontina*-Käse zubereitete Nokken, ↑ *gnocchi*, die Fäden *(bava)* ziehen (Piemont)

bavarese bayerisch
  la – meist warmes Getränk aus Tee, Kaffee, Schokolade, Milch und einer alkoholischen Flüssigkeit mit vielen Varianten
  lo – kalte Süßspeise aus mit Gelatine und Schlagsahne gebundener, gestürzter Englischer Creme mit versch. Aromen, Früchten, Marmeladen, Kaffee, Schokolade usw.

bavette, bavettine lange, dünne und flache Nudeln aus Hartweizengrieß mit Wasser oder Eiern, für Suppen oder gemischte Teigwarengerichte (Apulien, Sizilien u. a.)

bavosa, blennio, gatarosola, patuvanu, ravuschella Schleimfisch, barschartiger Meer-, a. Flußfisch, mäßiges Fleisch, wird meist fritiert oder für Fischsuppen verwendet

bazzoffia Latium, Toskana: dicke Suppe

bazzotto Ei: wachsweich gekocht

béarnaise, bearnes urspr. frz. [be|arnäs]: aufgeschlagene sämige Buttersauce mit Eigelb, Essig oder Weißwein und Würzkräutern (Estragon, Kerbel, Schalotten usw.), eine Art warme Kräutermayonnaise ohne Öl

bec der ↑ *robiola* ähnlicher Käse

becanoto Norditalien: Bekassine, ↑ *beccacino*

beccaccia Waldschnepfe, das feinste Federwild, läßt sich nicht züchten, sollte aber aus tier- und umweltfreundlichen Gründen nicht mehr gejagt und gegessen werden

beccaccino Bekassine, Moor-, Sumpfschnepfe, kleiner und noch feiner als die Waldschnepfe, ↑ *beccaccia*

beccafico Grasmücke, a. allgemein kl. Zug-, Wandervogel, sollte aus tier- und umweltfreundlichen Gründen nicht mehr gefangen und gegessen werden

sarde a – Rouladen aus in Essig marinierten, panierten und gebr. Sardinen mit Schafkäse, geschl. Eiern, Brotbröseln, Knoblauch und Lorbeerblättern in Olivenöl, a. mit Sardellenfilets, Petersilie, Pinienkernen, Rosinen usw., heiß, lauwarm oder kalt gegessen (Sizilien)

becciate, beccute   ländliches, süßliches Brot aus Maismehl, Pinienkernen und Rosinen (Marken)

béchamel   ↑ *besciamella*

Becher   *coppa* [kȯppa] f

Bedienung   *servizio* [ßärwizio] m

Beefsteak   *bistecca* [bißtȧkka] f

Beere   *bacca* [bȧkka] f

Beifuß   *artemisia* [artemisia] f

Beignet   *bignè* [binjē] m

Beilage   *contorno* [kontȯrno] m

bek   der ↑ *robiola* ähnlicher Käse

bellavista, in   Krustentiere, Fische, Geflügel kalt in glänzender Geleehülle

Bellini   vom Gründer der Harry's Bar in Venedig, Giuseppe Cipriani, kreierter Cocktail aus ³/₁₀ gequirltem Pfirsichfleisch und ⁷/₁₀ (↑ *Prosecco*-)Weißwein, trockenem Champagner oder Spumante

bel paese   Markenname für einen weichen, doch schnittfesten Butterkäse aus Kuhmilch, zart säuerlich und gut bekömmlich, Fettgeh. mind. 50 %, guter Dessertkäse, auch zum Kochen oder Überbacken

ben, bene   gut; richtig

ben cotto   gut gekocht, durchgebraten, gesotten, gebakken

bensone, benzone   ländliches, süßliches Gebäck, manchmal mit in Most gek. Früchten gefüllt, zu Vesper und Wein (Modena, Versilia)

bere   trinken

bergamotto   Bergamotte, Kreuzung aus Limone und Bitterorange, frisch ungenießbar sauer, aus der Schale aber aromatisches Öl für Liköre und zum Kandieren (Reggio Calabria)

Berici, (Colli)   Sortenweine von den ↑ *Colli Berici*

berlingozzo   süßer Kringel, mürb und knusprig, meist zur Karnevalszeit gebacken (Toskana)

bernardo l'eremita, pagura   Bernhardskrebs, Art der Einsiedlerkrebse aus dem Meer, feines Fleisch, wie Garnelen zuzubereiten

bertagnin Venetien: Klippfisch, ↑ *baccalà*

Berzemino Reb- und Weinsorte, ↑ *Marzemino*

besciamella Béchamel [běschamäl]-Sauce, weiße Rahm-, Grundsauce aus mit Mehlschwitze angedickter Milch und evtl. Würzzutaten, in Italien zu den meisten geb. Gerichten gereicht

Besen *scopa* [ßkópa] f

besetzt *occupato* [okkupáto]

Besitzer(in) *padrone, -na* [padróne] m, [padróna] f

Besteck *posate* [posáte] pl
  Fisch○ *posate per il pesce* [posáte per il pésche] pl
  Salat○ *posate per l'insalata* [posáte per linßaláta] pl

Bestellung Auftrag: *ordine* [órdine] m; Reservation: *riservazione* [riserwatsióne] f

Bete, Rote *bietola* [bi|étola] f

bettelmatt Käse aus Kuh-Vollmilch, ↑ *battelmatt*

Beuschel *corata* [koráta] f

beút Pesaro: süßliches Brot, ↑ *becciate*

beva Getränk, Trunk; Wein: Trinkreife

bevanda Getränk
– **analcolica** alkoholfreies Getränk
– **gassata** kohlensäurehaltiges Getränk

bevibile trinkbar

Bianchello del Metauro Weißwein DOC, trocken, frisch und pikant säuerlich, TR bis 2 Jahre, TT 8–10°, zu Vorspeisen, Meeresfrüchten und Fisch (Marken)

bianchetto kleiner, junger Heringsfisch (Alse, Sardelle, Sardine usw.), wird meist fritiert; weiße Trüffelsorte, ↑ *tartufo*

bianco weiß

Bianco (di) Alcamo Weißwein DOC, trocken, fruchtig frisch, TR bis 2 Jahre, TT 8–10°, zu Vorspeisen, Fischsuppen, Fisch und Grillgerichten (Nordwestsizilien)

Bianco Capena Weißwein DOC, trocken oder lieblich, voll, rund und leicht bitterlich, TR bis 2 Jahre, TT 8–10°, zu Vorspeisen, Fischsuppen und Fisch (Provinz Lazio, Rom)

Bianco dei Colli Maceratesi Weißwein DOC, trocken, frisch und aromatisch, TR bis 2 Jahre, TT 10°, zu Vorspeisen, Fischsuppen und Fisch (Provinzen Macerata und Ancona, Marken)

Bianco della Valdinievole Weißwein DOC, trocken, frisch und harmonisch, manchmal leicht spritzig, günstiges Preis-Wert-Verhältnis, TR bis 2 Jahre, TT 8–10°, zu Vorspeisen, Fischsuppen und Fisch (Provinz Pistoia, Toskana)

Bianco di Alcamo   Weißwein aus Sizilien, ↑ *Bianco Alcamo*

Bianco di Custoza   Weißwein DOC, trocken, charmant feinfruchtig und leicht bitterlich, a. schäumend, *spumante*, im Handel, TR bis 2 Jahre, TT 8–10°, zu Vorspeisen, Fischsuppen und Fisch (südöstl. Gardasee, Venetien)

Bianco di Pitigliano   Weißwein DOC, trocken, weich und leicht bitterlich, TR bis 1 Jahr, TT 10°, zu Vorspeisen, Fischsuppen und Fisch (Provinz Grosseto, Toskana)

Bianco di Scandiano, Scandiano Bianco   leichter Weißwein DOC, trocken *(asciutto, secco)*, halbtrocken *(abbocato, amabile, semisecco)*, perlend *(frizzante)* oder schäumend *(spumante)*, frisch mit Malvasier-Geschmack, jung zu trinken, TT 10°, zu Vorspeisen und Fisch (Provinz Reggio, Emilia-Romagna)

Bianco di Toscana   weißer Tafelwein, einfach, leicht, aber erfrischend und aromatisch, oft leicht perlend *(frizzante)*, jung zu trinken, TT 8–10° (Toskana)

bianco d'uovo   Eiweiß

bianco e nero d'agnello   Gericht aus Innereien (Herz, Leber, Lunge) des Kalbs (Ligurien)

biancomangiare   „Weißes Essen", süße Geleespeise aus Mandelmilch

biancone   weiße Trüffelsorte, ↑ *tartufo bianco*

Bianco Pisano di San Tropè   Weißwein DOC, ausgeglichen trocken, schwach bitterlich, TR 1–2 Jahre, TT 8–10°, zu Vorspeisen und Fisch; davon a. ein *Vin Santo* aus getr. Trauben, trocken bis lieblich, weich und harmonisch, TR bis 10 Jahre, TT 12–14°, zu Desserts (Provinz Pisa, Toskana)

biancospino   Weißdorn, Hagedorn, mehlige Beeren, leicht säuerlich, lassen sich roh essen oder zu Gelee, Marmelade, a. Likör verarbeiten; als Tee herzstärkend, beruhigend

Bianco Vergine Val di Chiana   Weißwein, trocken und frisch mit leichter Säure, TR 1–3 Jahre, TT 8–10°, zu Vorspeisen, Fischsuppen und Fisch (Provinzen Arezzo und Siena, Toskana)

biberon, biberone   Milchfläschchen (für Säuglinge)

bibita   Getränk
– **analcolica**   alkoholfreies Getränk
– **gassata**   kohlensäurehaltiges Getränk

– **ghiaccata** Eisgetränk
– **rinfrescante** Erfrischungsgetränk, Limonade

bicchiere Glas, Becher, Trinkgefäß

biconcentrato Tomatenmark (in Dosen)

Bier *birra* [bira] f
-deckel *sottobicchiere* [sottobikki|ére] m
-seidel *brocca di birra* [brókka di bira] f
-wärmer *riscaldatore per la birra* [riskaldatóre per la bira] m

  dunkles – *birra scura* [bira skúra] f
  Faß ○ *birra alla spina* [bira alla ßpina] f
  helles – *birra chiara* [bira kiara] f
  Weizen ○ *birra di frumento* [bira di fruménto] f

bietola, bieta Mangold, Krautstiel, Blatt- und Stengelgemüse, Blätter *(foglie)* und Blattrippen *(coste)* spinatartig
mild, Stiele *(gambi)* spargelähnlich zart, frisch als
schmackhaftes Gemüse, Suppen-, Salatbeigabe, Ravioli-,
Kuchenfüllung, in Italien oft gef., in Teig schwimmend
ausgebacken, gute Zeiten Mai–Aug., Sept.–Nov.

Biferno DOC-Weine aus der Provinz Campobasso im
Molise: weiß, *bianco*, trocken aromatisch und harmo-
nisch, TT 8°, rosé, *rosato*, trocken und fruchtig, TR bis 2
Jahre; rot, *rosso*, trocken, tanninhaltig und geschmeidig,
TR bis 4 Jahre, 11–18°

bigaradia Bitterorange, Pomeranze

bigio, (pane) Graubrot, dunkles Brot

bignè Beignet, kl. Brandteigkrapfen mit salziger oder
süßer Füllung, wird a. glasiert

bigoli Mantua: dicke Spaghetti aus (Buch-)Weizenmehl
und Eiern; Venetien: Spaghetti aus Vollkornmehl

bilancia Waage

biova, biove hartes Brot (urspr. Piemont, heute ganz
Norditalien)

birbanti, (panini) kl. trockenes Backwerk aus Zucker
und Pinienkernen (Umbrien)

Birne *pera* [péra] f

biroldo Wurst aus Innereien, Schmalz und Blut des
Schweins mit Pinienkernen und Rosinen (Versilia, Garfa-
gnana)

birra Bier
– **alla spina, dal fusto** Bier vom Faß
– **chiara** helles Bier
– **di frumento** Weizenbier
– **di malto** Malzbier
– **di Monaco** Münchner Bier

B

– **estera** ausländisches Bier
– **scura** dunkles Bier

birreria Bierausschank, Bierhaus, wo man a. etwas zu essen bekommt

bisato Venetien: Aal, ↑ *anguilla*

biscottato, pane geröstetes Brot

biscotti di cruschelle trockene Kekse, ↑ *pepatelli*

biscottini di Prato trockene Mandelkekse, ↑ *cantucci*

biscott|o urspr. Zwieback, heute a. Biskuit, Keks, Plätzchen
– **della salute, pan –** Zwieback
  -i salati Salzgebäck
  -i da tè Teegebäck

biscuit urspr. frz. [biskuj]: Halbgefrorenes, Eissoufflé aus versch. aromatischen Schichten

Bismarck, alla Beefsteak, a. andere Speisen (Pizza, Spargeln usw.) mit Spiegelei

bisna Gemüsesuppe (Friaul)

biso Unechter Bonito, ↑ *tombarello*

bisque urspr. frz. [bīsk]: Cremesuppe aus pürierten Krustentieren

bistecca, -cche Beefsteak, je nach Landesgegend aus versch. Teilen des Rinderrückens geschnittene, gebratene oder gegrillte Scheibe Fleisch; Garstufen ↑ Fleisch; ↑ a. *filetto*
– **ai ferri** Beefsteak, Schnitzel vom Grill, vom Rost
– **costata, lombata** Lendenstück mit oder ohne Knochen
– **di maiale** Schweinekotelett
– **di rosbif(f)** Roastbeef, ↑ *rosbif(fe)*
– **dissossata** reg.: Kotelettstück, Karree vom Kalb
– **(alla) fiorentina** gr. Lendenstück und Filet (Porterhouse-Steak) von sehr jungem Rind (möglichst aus dem Chianatal, ↑ *Chianina*) am Knochen, sollte nicht in der Pfanne, sondern auf dem Grill oder einer heißen Platte gebraten, erst anschließend gesalzen, gepfeffert und mit etwas Olivenöl begossen werden, reicht meist für zwei Personen
– **(alla) milanese** Mailänderschnitzel, ↑ *cotoletta alla milanese*

bistecche di filetto Filetsteak(s); Nierenbraten, Nier-, Sattelstück vom Kalb

bistrò, bistrot urspr. frz.: Gaststätte mit einfachem, aber oft gutem Essen; heute mehr und mehr a. feines Eßlokal

Bitter alkoholischer oder alkoholfreier Magenbitter oder -likör aus würzigen Wurzeln, Rinden, Blättern, Kräutern usw., als Aperitif oder zur Verdauung, oft verdünnt (a. mit Tee), immer kühl getrunken

bitto Hartkäse aus Kuhmilch, pikant aromatisch, je nach Alter von 6 Monaten an gut als Tafelkäse (z. B. zu kräftigem Rotwein der Gegend und Polenta) oder von 12 Monaten an zum Reiben (Sondrio, Veltlin)

Blanc de Morgex et de La Salle Weißwein von den höchsten Weinbergen Europas, sehr trocken und herb, aber delikat, duftig und manchmal spritzig, TR bis 3 Jahre, TT 8–10°, zu Meeresfrüchten, Fisch, Wurst- und Schinkenplatten, frischem Weichkäse (Aostatal)

blanchieren *(far) bollire* [(far) bollire]

Blätterteig *pasta sfoglia* [pàsta sfólia] f

Blaubeere *mirtillo* [mirtillo] m

Blauburgunder Rebsorte und Wein, ↑ *Pinot Nero*

Blaufränkisch Rebsorte und Wein, ↑ *Franconia*

blennio Schleimfisch, ↑ *bavosa*

bleu urspr. frz. [blö]: Blauschimmel-, Edelpilzkäse

bleu, al Süßwasserfische: in aromatischem Essigsud blau gekocht

blicca Güster, Blicke, Süßwasserfisch, wegen seiner Kleinheit und den vielen Gräten nicht bes. geschätzt

blò blò Specksuppe mit Tomaten (Umbrien)

Blumenkohl *cavolfiore* [kawolfióre] m

blutig *al sangue* [al ßàngu|e]

Blutwurst *sanguinaccio* [ßanguinàtscho] m

Boario, Acqua stilles Tafelwasser mit mäßig zugesetzter Kohlensäure, schwacher Mineralgehalt (Boario Terme, Thermalbad in den Voralpen der Lombardei)

boba Gemüsesalat aus Tomaten, Paprikaschoten, Zwiebeln und Kartoffeln, wird kalt oder lauwarm serviert (Syrakus, Sizilien)

Boca Rotwein DOC, trocken und harmonisch, TR 4–10 Jahre, TT 18°, zu Braten und Wild (Provinz Novara, Piemont)

bocca Mund, Mundvoll; Maul
– **di dama** trad. Blätterteiggebäck mit Füllung aus Mandeln, Eigelb, Brotbröseln, Eischnee und geriebener Zitronenschale

boccadoro, bocca gialla Umber, ↑ *ombrino boccadoro*

boccale (Steingut-)Krug, Humpen

boccalino   kl. Weinkrug aus Keramik (Tessin u. a.)

boccata   Mundvoll; Zigarette: Zug

boccia, -ce   Karaffe

bocconcini   kl. Happen, Leckerbissen; Ragout aus kl. Stücken Kalbfleisch mit Erbsen, Kartoffeln usw. (in Nudelteig); ↑ *Ricotta*-Bällchen, paniert und fritiert; olivengroßes Stückchen (Frisch-, Mozzarella-)Käse

bocconotto   kleines gef. Gebäck aus Mürbeteig (Kalabrien, Molise)

bock   Doppelmalzbier; Bierkrug, Biermaß

boero   Schokoladekugel, mit Likörkirsche gefüllt

boga (commune, -salpa)   Gelbstriemen, Goldstriemen, kl. Meerbrasse, festes, aber grätiges, leichtverderbliches Fleisch, muß ganz frisch sein, meist für Fischsuppen oder fritiert

Bohne   *fagiolo* [fadschólo] m
-nkraut   *santoreggia* [ßantorédscha] f
   grüne -n   *fagioli verdi* [fadschóli wérdi] pl
   Sau ○   *fava* [fàwa] f

boiabessa   reg.: Fischsuppe

boldone, baldone   süßliche Wurst aus Schweineblut, gek. Reis mit Kastanien, Pinienkernen, Rosinen, Schokolade und Gewürzen, wird in dicke Scheiben geschnitten, die in Butter oder Öl gebacken oder auf dem Grill gebraten werden (Venetien)

boldro   Seeteufel, ↑ *rana pescatrice*

boleto   Röhrling, Gattung der Röhrenpilze mit vielen guten, fleischigen Speisepilzen wie dem Steinpilz, ↑ *porcino*; ↑ a. *laricino*
– **del gambo rosso, dal piede rosso**   Flockenstieliger Hexenröhrling, Schusterpilz, festes, schmackhaftes Fleisch, roh giftig, muß gut abgebrüht, durchgek. werden, gute Zeit Mai–Okt.
– **lurido, pernicioso**   Netzstieliger Hexenpilz, guter Speisepilz, aber nicht immer leicht verträglich, roh giftig, muß gut abgebrüht, durchgek. werden, gute Zeit Mai–Okt.
– **regio**   Königsröhrling, ausgezeichneter Speisepilz, steht dem Steinpilz kaum nach, ist aber selten geworden und sollte deshalb geschont werden

Bolgheri   DOC-Weine aus der Provinz Livorno in der Toskana: weiß, *bianco*, delikat trocken, TR 1–2 Jahre, TT 8°; rosé, *rosato*, trocken und fruchtig frisch, TR 2–3 Jahre, TT 12–14°; beide zu Vorspeisen und Fisch, letzterer a. zu Geflügel

B

bollire in siedendem Wasser kochen
  far – abbrühen, abwällen, blanchieren

bollito (misto) Eintopf aus in mit Karotten, Sellerie, Zwiebeln, a. Petersilie gewürztem Wasser gesottenem Fleisch (Rind, Kalb, Zunge, Huhn usw.), in einzelnen Gebieten auch Würsten, mit vielen reg. Varianten (insbes. Emilia, Lombardei, Piemont); Leiter-, Federstück, Nachbrust, Querrippe, Kügerl vom Rind

bollitore Kochtopf, (Tee-)Kanne

bologna Mortadella-Wurst, ↑ *mortadella*

bolognese, alla für Bologna und im weiteren Sinne die Emilia typische Speise, ↑ *baccalà, ciambella, cotoletta, fritto misto, maccheroni, ragù, stecchi;* insbes. mit einer Hackfleischsauce, ↑ *ragù, sugo bolognese*

Bolognesi, (Colli) weiße und rote Weine aus der Hügelzone bei Bologna, ↑ *Colli Bolognesi*

bomba Bombe, Auflauf, Becherpastete, salzig oder süß; Eisbombe
– **di riso** Reisbombe mit Füllung aus Stücken junger Taube, Braten usw. mit Zwiebeln, Salbei, Tomatensaft und Weißwein (Piacenza, Emilia)

bomboloni süße Krapfen (Toskana)

bombolotti große, kurze, gewölbte Teigwaren aus Hartweizengrieß, als Vorspeise in gehaltvollen Saucen, zu Gemüse und Ragouts

bondiola Lombardei: Art Preßkopf, ↑ *coppa;* Venetien: Wurstsorte, ↑ *bondola*

bondola, bondiola (di Adria) luftgetrocknete Wurst aus Kalb- und Schweinefleisch, Speck, Rotwein und viel Gewürzen (Venetien)
– **polesana** Wurst aus grobgeh. magerem Schweinefleisch, Pfeffer, Salz und Rotwein in Schweinsblase oder Truthahnmagen, geräuchert oder ungeräuchert (Venetien)

bonet Pudding aus geriebenen Mandelmakronen, geschl. Eiern und Schokolade oder anderen Aromen (Piemont)

bonissima, sarzenta Mürbeteigkuchen, mit Honig und Nüssen gefüllt, mit Schokolade überzogen (Modena, Emilia-Romagna)

bonissimo ausgezeichnet, köstlich

bonita, bonito Echter Bonito, ↑ *tonnetto striato*

bontà Güte, Qualität

boragine Borretsch, ↑ *borragine*

B

bordatino Suppe aus Maismehl, Bohnen u. a. Gemüsen, a. Speck, frischen oder gesalzenen Fischen usw. (Toskana)

Bordeaux, Bordò Bordeaux(wein)

bordolese braune Sauce aus Rotwein, Markwürfeln, Schalotten, Thymian, Lorbeer, schwarzem Pfeffer und Bratenfond, paßt bes. zu grilliertem Fleisch

bordura runde oder ovale, eßbare Einfassung von Speisen

boreto Fischsuppe aus Grundeln, ↑ *ghiozzo*

Borgogna Burgund(erwein)

borgognona, alla in Rotwein gekocht, mit Champignons, Zwiebelchen und Speckwürfeln garniert

borlanda Gemüsesuppe aus in Stücken geschnittenen Borlottibohnen, Kartoffeln, Karotten, Lauch und Wirsing (Tessin)

borlenghi Fladen aus Weizenmehl, über Kaminfeuer mit Schweineschwarte gegart, warm mit geh. Speck, Knoblauch und Rosmarin gegessen; heute a. mit Milch, Ei und geriebenem Käse zubereitet (Emilia)

Borlotto, Borlotti Bohnensorte Mittel- und Süditaliens, gelbgrün mit rotweißen Streifen, Kerne oder ganze Hülsen werden frisch oder getr. verwendet, gute Zeit Sommer, Herbst

borragine, boragine, borrana Borretsch, Gewürzkraut, samtweiche Blätter, Blüten als Würze, Gemüse, Füllung anregend gurkig, nur jung und frisch verwendbar; als Tee herz- und nervenstärkend

bortellina (bettolese) Fladenbrot aus Hartweizenmehl, Hefe und Schweineschmalz, warm oder kalt, mit oder ohne Belag; mit Schinken, Käse, Sardellen usw. belegt herzhafte Vorspeise (Piacenza, Emilia-Romagna)

Bosco Eliceo, (Rosso del, Vin di) roter Tafelwein, trocken, a. lieblich, bukettig und angenehm säuerlich, TR 2–3 Jahre, TT 10–12°, zu Teigwaren, Fleisch, Geflügel, gern a. Aal und fetten Fischen (Adriaküste bei Ferrara, Emilia-Romagna)

boscaiola, alla „auf Holzfäller-Art": mit Pilzen und oft Tomatensauce

bottaggio deftiger Eintopf, ↑ *casoeûla*

bottarga flacher Riegel aus ges., festgepreßtem Meeräschen-, a. anderem Fischrogen, wird in dünnen Scheiben als Vorspeise gegessen (Venedig u. a.)

bottatrice, lota Quappe, Rutte, Trüsche, der einzige Süßwasserdorsch, aalartig, zartes, leichtverdauliches weißes Fleisch fast ohne Gräten, wird wie Aal zubereitet; sehr geschätzt ist ihre Leber; kommt in Italien nur im Po vor

botte   Faß, Tonne

bottega   Laden, Geschäft; Werkstatt; Gaststätte, Schnellimbiß

Botticino   Tomatensorte für Saucen

bottiglia   Flasche

boudin   [budã] Blutwurst aus gek. Schweineblut, Kartoffeln, Speck und versch. Gewürzen, wird gekocht oder leicht angebraten (Aostal); ↑ a. *sanguinaccio*

bouillabaisse   [bujabäß] Bouillabaisse, Fischsuppe auf provenzalische Art

Bouillon   *brodo* [bródo] m
-würfel   *dado per brodo* [dàdo per bródo] m

bovino   Rind, jung, ↑ *vitello*, oder bis etwa 6 Jahre alt, *bovino adulto*; Fleischteile und -stücke ↑ Rind

bovista   Bovist, Stäubling, Pilzgattung mit einigen eßbaren Arten, müssen jung sein, noch weißes, festes Fleisch haben und gekocht, gebraten werden, gute Zeit Juni–November

bovoleto   Venetien: Meerschnecke, ↑ *lumaca di mare*

Bozner Leiten   Rotwein aus Südtirol, ↑ *Colli di Bolzano*

Bozner Zelten   flaches Früchtebrot (Südtirol)

bozzone   Toskana: junger Hammel

bra   halbfetter Hartkäse DO aus Kuh-, evtl. a. mit Schaf- oder Ziegenmilch, jung würzig, alt pikant, Fettgeh. 42 % (Piemont)

bracciatella, bracciatello, brazadèl   kl. Hefering, wird, meist um Ostern, zum Frühstück, zur Vesper oder zu einem lieblichen Wein gegessen (Emilia)

brace, (alla)   (auf) Holzkohlenglut

Brachetto d'Acqui   Rotwein DOC aus der gleichn. Rebe, leicht prickelnd, delikater Mangelgeschmack, sehr jung zu trinken, TT 12–14°, zu Obst, Desserts, Gebäck, a. Wurstwaren (Provinzen Asti und Alessandria, Piemont)

Brachse(n)   *abramide* [abràmide] m

braciato   reg.: Schmorbraten, ↑ *brasato*

braciola   Rücken- oder Lendenstück von Schlachtvieh (Rind, ↑ *costate*, Pferd, Schaf, Schwein); Rostbraten daraus
– **avvolta**   Roulade
– **panata**   Wiener Schnitzel

braciole di costa Padua: Hochrippe, hohes Roastbeef, Rippenstück, Rieddeckel, abgedeckter Rücken vom Rind
– **di costola** Kalbskotelett, ↑ *costolette*
– **di lonza** Nierstück, Nierenbraten, Sattelstück vom Kalb; Venedig a.: Rücken, Karree vom Lamm

bracioletta Lamm, Hammel: Kotelettstück mit Rippen

braciolettine kl. Kalbsrouladen, ↑ *braciulittini*

braciulittini (arrustuti), braciolettine Sizilien: kl. Kalbsrouladen vom Holzkohlengrill

Bramaterra Rotwein DOC, trocken und robust, nervig und körperreich, darf sich nach mind. 3 Jahren Lagerzeit *Riserva* nennen, TR 2–6 und mehr Jahre, TT 18°, zu Braten und Wild (Provinz Vercelli, Piemont)

branda Piemont: Tresterbranntwein, ↑ *grappa*

brandacoion, brand de cujin gek. Stockfisch mit Kartoffeln und Nüssen (Ligurien)

Brandy Weinbrand, destillierter Wein aus Italien, mind. 3 Jahre in Eichenholzfässern gealtert, TT 18–20°

Branntwein *acquavite* [aquawite] f

branzi halbfester Käse aus Kuh-Vollmilch, delikat und mild, wird mit dem Alter pikant, Fettgeh. 45 %, als Tafelkäse oder in Polenta, Risotto usw. (Bergamasker Alpen, Lombardei)

branzino Wolfsbarsch, ↑ *spigola*

brasato geschmort; Schmorbraten vom Rind (Genua, Piemont u. a.)
– **al Barolo** Schmorbraten von Kalbskeule, Entrecôte, Rumpsteak usw. mit Speck, Karotten, Sellerie, Knoblauch, Kräutern, Gewürzen und schwerem (Barolo-) Rotwein

brasiliana, noce Paranuß, ↑ *noce del Brasile*

Brasse(n) *abramide* [abràmide] m

braten *arrostire* [arostire]

Braten *arrosto* [aròsto] m

Brat|kartoffeln *patate arrostite* [patàte arostite] pl
-wurst *salsiccia arrostita* [ßalsitscha arostita] f

Braulio (Amaro alpino) Bitterlikör aus aromatischen Alpenkräutern und -pflanzen, stärkend und verdauungsfördernd, altert lang im Eichenfaß, TT 8–10° (Monte Braulio, Stilfser Joch)

brazadèl, brazadela kl. Hefering, ↑ *bracciatella*

brazzoleddu di mare Sardinien: Archenmuschel, ↑ *arca di Noè*

Breganze DOC-Weine aus der gleichn. Region: weiß, *bianco*, herbtrocken und herzhaft kernig, TR bis 2 Jahre, TT 10–12°, zu Vorspeisen und Fisch; rot, *rosso*, trocken, kräftig und leicht tanninhaltig, TR 2–3 Jahre, TT 16–18°, zu Fleisch, Schaf, Ziege, Wild (Venetien); ↑ a. *Torcolato*

Brei *pappa* [pȧpa] f

brenta Faß, Kufe für 50 l Wein

bresaola gepökeltes, luftgetrocknetes, gepreßtes mageres Rindfleisch in dünnen Scheiben, meist mit Öl, Zitronensaft und frisch gemahlenem schwarzem Pfeffer angemacht (urspr. Sondrio im Veltlin, Lombardei)

Bresciano, Riviera del Garda Rotweine DOC vom West- und Südufer des Gardasees: dunkelrot *rosso*, trokken, würzig und leicht bitterlich, darf sich nach mind. 1 Jahr Lagerzeit *Superiore* nennen, TR 3–4 Jahre, TT 18°; hellrot *chiaretto*, trocken, leicht und erfrischend, TR bis 2 Jahre, TT 14–16° (Provinz Brescia, Lombardei); ↑ a. *Gropello*

bricco Lombardei, Piemont: steile Anhöhe, Weinberg; Toskana: (Kaffee-)Kanne

Bricco del Drago roter Tafelwein, mild trocken und harmonisch, TR bis 4 Jahre, TT 18° (Alba, Piemont)

briciola, briciolo Brösel, Krümel

bricoccola reg.: Aprikose, ↑ *albicocca*

Bries *animella* [animélla] f

brigidini kl. Aniswaffeln, als Nachspeise heiß serviert (Pistoia, Toskana)

brillante glänzend; Wein: klar, glanzhell

brillare Getreidepflanzen: enthülsen, schälen; Wein: moussieren, schäumen

brindisi Trinkspruch, Toast

Brindisi Rotweine DOC aus Apulien, dürfen sich nach mind. 2 Jahren Lagerung *Riserva* nennen: rosé, *rosato*, trocken und angenehm fruchtig, TR 1–2 Jahre, TT 12°; rot, *rosso*, kraftvoll trocken und elegant, TR bis 4 Jahre, TT 16–18°, günstiges Preis-Wert-Verhältnis (Provinz Brindisi)

brioche urspr. frz. [briosch]: lockeres, leicht süßliches Hefebrot mit zartem Butteraroma, in Italien meist zum Frühstück

broade Rübengericht, ↑ *brovada*

brocca Krug, Kanne

broccoletti eßbare Blütenknospen, Röschen der Brokkoli, ↑ *broccolo*, oder Rübensprossen, ↑ *cime di rapa*, werden meist gek. und mit Öl und Zitrone oder Essig angemacht

broccolo, cavolbroccolo Brokkoli, Spargelkohl, würzig-feiner, etwas fader Verwandter des Blumenkohls, Blütenknospen *(broccoletti)* und Stiele *(rape)* wie dieser zuzubereiten, am besten aus Verona, gute Zeit i. a. Sept.–Dez.
– **romano** roter Blumenkohl, Mischung zwischen Brokkoli und Blumenkohl, delikater Geschmack

broda(glia) (fade) Fleisch-, Gemüsesuppe, ugs. a. dünner Kaffee

brodettato in Fleischbrühe ged. Frikassee von Lamm, Schaf, Ziege oder Kaninchen (Latium, Umbrien u. a.)

brodetto Fischsuppe (meist aus Adriafischen, sonst heißt sie eher ↑ *zuppa di pesce*), wird mit gerösteten Brotscheiben serviert
– **di pasqua** Ostersuppe aus Fleischbrühe, Ei und Zitrone (Latium u. a.)

brodo Brühe von gek. Fleisch, a. Gemüse oder Fisch
– **di carne** Fleischbrühe, Bratensaft, Jus
– **di dadi** Brühe, Suppe aus Fleischwürfeln
– **di pollo** Hühnerbouillon
– **lungo** dünne, fade Suppe, Brühe
– **ristretto** Kraftbrühe
  pastina in – Fleischbrühe mit Einlage (Teigwaren)

broeto Venedig: Fischsuppe, ↑ *brodetto*

Brokkoli *broccolo* [brókkolo] m

Brombeere *mora (del rovo)* [móra (del rówo)] f

brongo Ligurien: Meeraal, ↑ *grongo*

bronzino Bronzeröhrling, ↑ *porcino nero*

brôs, brüs, bruss(u) pikanter, in Grappa oder Weinbrand mit Essig, Olivenöl, Pfefferschoten und Pfeffer fermentierter Käse (mit Maden), wird mit geröstetem Brot, Polenta usw. gegessen (Apenninentäler zwischen Piemont und Ligurien)

Brot *pane* [pàne] m
-krume *mollica* [móllika] f
-kruste, -rinde *crosta del pane* [krósta del pàne] f
-messer *coltello per il pane* [koltèllo per il pàne] m
-scheibe *fetta di pane* [fétta di pàne] f
  belegtes – *sandwich* [ßǻnduitsch] m
  Butter ♀ *pane imburrato* [pàne imburàto] m
  geröstetes – *pane tostato* [pàne tostàto] m
  Grau ♀, Misch ♀ *pane bigio* [pàne bidscho] m; *pane misto* [pàne misto] m
  Kasten ♀, Toast ♀ *pan carré* [pankarē] m
  Roggen ♀ *pane di segale* [pàne di ßégale] m

Schwarz ⊙ *pane nero* [påne néro] m
Vollkorn ⊙ *pane integrale* [påne integråle] m
Weiß ⊙ *pane bianco* [påne biånko] m

Brötchen *panino* [panino] m

brovada, broade in Scheiben geschnittene saure Weiße Rüben, werden mit Knoblauch und Schmalz zu dicken Würsten, Schweinefleisch, a. Teigwaren, Bohnen oder in Suppen gegessen (Friaul)

bruciare anbrennen, verbrühen

bruciata geröstete Kastanie

brúcio Piemont: Braten-, Fleischsaft

brühen *bollire* [bollire]

brûlé urspr. frz. [brülē]: gebrannt, geröstet; verbrannt
latte –, alla porthoghese süße Creme aus Milch und Eiern aus dem Wasserbad
vino – Glühwein

Brunello di Montalcino roter Spitzenwein DOCG, kraftvoll trocken, reiches Bukett, rassig elegant und doch geschmeidig weich, muß 4 Jahre lagern, darf sich nach mind. 5 Jahren *Riserva* nennen, TR 5–50 und viel mehr (!) Jahre, TT 18°, zu gebr. Fleisch und Wild (Siena, Toskana)

brüs pikanter Käse, ↑ *brôs*

bruscandoli, bruscansi junge, wilde Hopfen- und Mäusedorn-Sprossen, werden im Frühling im Risotto gekocht (Venetien)

bruscare reg.: rösten

bruschetta, fett'unta, panunta goldbraun geröstete, mit Knoblauch eingeriebene, von (neuem) Olivenöl durchtränkte Scheibe Landbrot, großzügig gepfeffert und gesalzen, kann a. mit Püree aus Milz, (Hühner-)Leber oder Gemüsen bestrichen werden, heiß als so einfache wie raffinierte Vorspeise oder zu einem Glase Wein (urspr. Abruzzen, Latium, Toskana)

brüscítt Schmorgericht aus kl. Streifen Rindfleisch, Bauchspeck vom Schwein, Fenchelsamen und Rotwein, wird gewöhnlich von Polenta begleitet (Lombardei)

brusco Rom: geröstet; Wein: herb

bruscolini geröstete Kürbiskerne

bruss(u) pikanter Käse, ↑ *brôs*

Brust *petto* [pétto] m

brustolini geröstete Kürbiskerne

brustolino americano Erdnuß, ↑ *arachide*

brut   urspr. frz. [brüt]: Schaumweine: sehr trocken, herb

brutti ma buoni   kl. Kekse aus geriebenen Mandeln, geschl. Eiweiß, Zucker, Zimt und Vanille (Piemont u. a.)

bubana   süße Teigtasche mit Nußfüllung, ähnelt der griech. Baklava

bubbola   Schirmling, Schirmpilz, jung sehr guter Speisepilz, zart-süßlich mit Waldgeschmack, nur Hut verwenden, nicht roh essen, zum Trocknen geeignet, gute Zeit Juli–Okt.

buc(c)a   Kellerlokal; Toskana: kl. Landgasthof, meist ohne gr. Angebot, aber mit guten einfachen Gerichten

bucatini, perciatelli   gr. dicke Spaghetti aus Hartweizen, meist *all'* ↑ *amatriciana* oder *alla* ↑ *carbonara* zubereitet, auch für Öl- und Knoblauchsaucen (Latium, Süditalien)

buccellato   gr. Kuchenfladen aus Mehl, Hefe, Schmalz, Butter, Eiern und Milch mit Zucker, Zitronenscheiben und Marsala (Lucca, Toskana); *purciddata*, Hefekranz mit Trockenfrüchten (Sizilien)

buccia   Hülse, Pelle, Rinde, Schale
– **d'arancia candita**   in Zuckersirup kandierte Orangen-, Pomeranzenschale

buccuni   Sardinien: Sizilien: Stachelschnecke, ↑ *murice*

budegasso, budego   Ligurien: Seeteufel, ↑ *rana pescatrice*

budella, budello   Eingeweide, Gedärm von Schlachtvieh; natürliche oder künstliche Wursthaut
– **gentile, (salame del), salame gentile**   Salami in fettem Schweinedarm (Emilia)

budino, budinone   süßer Pudding, Soufflé, kalt oder warm; ↑ a. *flan, pudding, sformato*
– **di erbaggi**   Gemüseauflauf
– **sanguinaccio**   Blutwurst

bue   Ochse, männliches kastriertes Rind, älter als 1½ Jahre; Fleischteile und -stücke ↑ Rind

bufalo   Büffel, Rindergattung, aus Indien und dem Orient eingeführt, in Italien vor allem in den Provinzen Caserta, Frosisone, Latina und Salerno als Haustier gezüchtet; Fleisch des jungen Tiers ähnlich dem Rind; Fleischteile und -stücke ↑ Rind

buffè, buffet   Geschirrschrank, Anrichte; Tisch mit darauf angerichteten kalten oder warmen Speisen (und Getränken); Bahnhofrestaurant

buffetto, pan   lockeres Weißbrot

bugie   Piemont: kl. Krapfen, ↑ *cenci*

bulbo   Pflanzenknolle

buongustaio   Feinschmecker, Gourmet

buono   gut; genießbar, schmackhaft; Gutschein, Kassenschein; Anweisung

burè   Butterbirne

buridda   Gericht aus Mittelmeerfischen (Brandbrasse, Drachenkopf, Glatthai, Meeraal, a. nur Stockfisch), Tintenfischen, Krustentieren usw. mit Kartoffeln und Gemüse in mit kräftiger Knoblauchmayonnaise, ↑ *aïoli*, und Eigelb gebundener Brühe (Ligurien, Sardinien)

burina, alla   auf Bäuerin-Art: mit starkem, kräftigem Geschmack, mit Kartoffeln und Gemüsen (Karotten, weißen Rübchen, Sellerie, Zwiebeln usw.)

buristo   stark gewürzte Wurst aus Blut, Eingeweiden und Schmalz vom Schwein, Scheiben werden vor dem Verzehr einige Minuten in Rotwein gekocht (Toskana)

burrata   Knetkäse, ↑ *filata*, mit einer Füllung von ↑ *Ricotta*, Schlagsahne und Salz im Inneren, cremig mild, mit elastischer Hülle eßbar, nicht lange haltbar, muß frisch verzehrt werden (Apulien, Süditalien)

burrato   gebuttert, mit Butter bestrichen

burrida   Sardinien: Fischsuppe, ↑ *buridda*, aber mit Haifisch und Rochen

burrielli   Kügelchen aus buttrigem ↑ *Mozzarella*-Käse (Neapel)

burriello   Kalabrien: gef. Käse, ↑ *manteca*

burriera   Butterdose

burrino   kl. Käse in Kürbisform, in der Mitte ein Stück Molkenbutter, leicht säuerlich pikant (Salerno); ↑ a. *manteca*

burro   Butter (die Bezeichnungen *di qualità, di marca, dei pascoli alpini, di montagna* usw. sind in Italien nicht gesetzlich vorgeschrieben und sagen deshalb wenig aus, am ehesten noch *di pura panna centrifugata*)
- **aromatizzato, composto**   würzige Butter mit aromatischen Zutaten (Curry, Estragon, Kräutern, Krebsen, Sardellen usw.)
- **bianco**   zarte Buttersauce mit geh. Schalotten, Weißwein(essig) und/oder Fischsud, Gewürzen
- **chiarificato**   flüssige, geklärte Butter
- **da tavola**   Tafelbutter
- **di latteria**   Molkereibutter
- **fresco**   frische Butter
- **fuso**   geschmolzene, zerlassene Butter

B

– **maneggiato**   mit Mehl verknetete Butter zum Andikken, Binden von Suppen und Saucen
– **rosso, nocciola, nero**   braun erhitzte, dickflüssige Butter
– **salato**   salzige Butter
– **vegetale**   Pflanzenbutter
   al –   in Butter gebacken, gebraten, mit Butter angerichtet
   di –   butterweich, -zart

burtleîna   Piacenza: gebackener Fladen, ↑ *crescentina*

busbana   Zwergdorsch, dem Wittling, ↑ *merlano*, ähnlich

busecca, büséca   Kutteln, Kaldaunen, Fleck, Pansen von Rind oder Kalb; a. dicke Suppe daraus mit Borlottibohnen, Kartoffeln, Karotten, Lauch, Sellerie, Tomaten, Wirsing, Zwiebeln, Kümmel, Safran usw. und geriebenem Parmesan (Lombardei, Tessin)
– **matta, trippa finta**   kl. Eierkuchen mit Speck- und Tomatenwürfeln, Salbei und Zwiebeln; Mailand: Kuttelsuppe mit Wirsingstreifen

busecchina   einfache, aber feine Süßspeise aus gedörrten Kastanien, Weißwein und flüssiger Sahne (Lombardei, Tessin)

bussolai, bussolani   Kringelgebäck (Po-Ebene)

bussoldi   krokante Kringel, ↑ *forti*

butirro   mit Molkenbutter gef. Käse aus Apulien, der Basilikata und Kalabrien, entspricht dem ↑ *burrino*

Butt   *rombo* [rómbo] m

Buttafuoco   DOC-Wein, alte Benennung eines roten ↑ *Oltrepò Pavese*, trocken bis lieblich, nervig harmonisch und leicht tanninhaltig, TR 2–4 Jahre, TT 16–18°, zu Suppen, Würsten, dunklem und weißem Fleisch (Provinz Pavia, Lombardei)

Butter   *burro* [búro] m
-brot   *pane imburrato* [páne imburráto] m
-dose   *burriera* [buri|éra] f
-milch   *latticello* [lattitschéllo] m

butto'   mit Molkenbutter gef. Käse aus Kampanien, ↑ *manteca*

buzara   Schal- und Krustentiere mit Reis oder Teigwaren in viel pikanter Sauce aus Gemüsepaprika, Knoblauchzehen, Brotkrumen, Olivenöl und Weißwein (Istrien, Venetien)

buzzetta   Blutwurstsorte, ↑ *mallegato*

cà, da   Tessin: nach Hausmacherart

Cabernet   klassische, edle rote Rebsorte in zwei Spielarten: *Cabernet Franc* für elegante, feinfruchtige Weine und *Cabernet Sauvignon* für jung etwas rauhe, tanninhaltige, älter jedoch runde und weiche Weine, TR i. a. 4–7 und mehr Jahre, TT 18°; Weine daraus werden haupts. in Friaul–Julisch Venetien (↑ *Colli del Friuli, Collio, Grave del Friuli, Isonzo, Latisana*), ↑ *Montello*, Trentino-Südtirol (↑ *Alto Adige, Trentino*) und Venetien (↑ *Breganza, Colli Berici, Piave, Lison Pramaggiore*) erzeugt

cacao   Kakao(bohne), in Italien meist von der Elfenbeinküste importiert

Cacc'e mmitte di Lucera   Rotwein DOC, trocken, geschmeidig und würzig, TR 2–3 Jahre, TT 14–16° (Provinz Foggia, Apulien)

caccia(gione)   Wildbret

cacciatora, alla   Lamm, Huhn, Kaninchen, a. Reis „auf Art der Jägerin": mit Knoblauch, Rosmarin, Essig usw. (Mittelitalien) oder mit Tomaten, Zwiebeln, Speck, a. Pilzen usw. (Süditalien)

cacciatore, cacciatorino   Art Landjäger, kl. luftgetrocknete, harte Wurst aus reinem Schweinefleisch (Lombardei, Piemont)

cacciucco, caciucco   trad. Fischsuppe aus Drachenkopf, Hai, Knurrhahn, Meeraal, Tintenfischen, Krebsen usw. in vielen reg. Varianten (Livorno, Viareggio, Versilia); ↑ a. *scottiglia*

cachi, diospiro, kaki, loto   Kaki, Dattelpflaume, tomatenähnliche exotische Frucht, zartsüßes Fleisch, kann ausgelöffelt, in Scheiben geschnitten oder a. getr. gegessen werden, am besten leicht überreif Okt.–Nov. (Kampanien, Emilia-Romagna u. a.)

caciatello   Milch- und Eiercreme, ↑ *casadello*

cacimperio   Piemont: Fondue, ↑ *fonduta*; Süditalien: Salatsauce, ↑ *pinzimonio*

cacio   Toskana u. a.: Käse(laib); ↑ a. *pecorino toscano*

caciobianco   kl. Käse aus Ziegen- und/oder Kuhmilch, wird frisch gegessen

caciocavallo   Knetkäse, ↑ *filata*, aus Kuh-Vollmilch, nach 3 Monaten fein mild als Tafelkäse, nach 6–12 Monaten säuerlich pikant zum Reiben, Fettgeh. mind. 44 %, muß frisch verzehrt werden (Mittel-, Süditalien)

caciofiore   Weichkäse aus Ziegen-Vollmilch, flockt mit Blüten wilder Artischoken aus, mild aromatisch und würzig, muß frisch verzehrt werden (Latium, Mittelitalien)

caciotta, caciottella, caciottina halbfester Schnittkäse aus Kuh-, a. Schaf- und/oder Ziegenmilch, buttrig süßlich, Fettgeh. 45 %, kann a. gebraten oder gegrillt werden (Mittelitalien, Sardinien)

caciucco Fischsuppe, ↑ *cacciucco*

cadevida Trient: Tresterbrand, ↑ *grappa*

caffè Kaffee; Café, Kaffeehaus
— **caffè** echter, guter, ausgezeichneter Kaffee
— **corretto** Kaffee mit Schuß Alkohol
— **decaffeinato** koffeinfreier Kaffee
— **espresso** Espresso aus feingemahlenem Kaffee, wird ohne Milch oder Sahne serviert
— **irlandese** *Irish Coffee*, Kaffee mit (irischem) Whiskey und Sahne
— **liscio** schwarzer Kaffee ohne Milch oder Sahne
— **lungo, alto** dünner Kaffee
— **macchiato** Kaffee mit einigen Tropfen Milch
— **macinato** gemahlener Kaffee
— **nero** schwarzer Kaffee
— **ristretto, basso, carico** konzentrierter, starker Kaffee
— **solubile** löslicher Kaffee
— **tostato** gerösteter Kaffee
— **turco, alla turca** türkischer, pulverfein gemahlener Kaffee, mehrfach aufgekocht, mit viel Zucker in kleiner Tasse; Satz am Boden der Tasse nicht mittrinken
— **verde, crudo** ungebrannter Kaffee
— **viennese** Wiener Kaffee, gezuckert und mit Sahnehaube, a. kalt, *ghiacciato*

caffel(l)atte Milchkaffee

caffet(t)eria Frühstücks-, Schnellimbißraum mit alkoholfreien Getränken, meist in Hotels

caffettiera Kaffeekanne, Kaffeemaschine

cagliata Frisch-, Weißkäse, Quark, Topfen, Fettgeh. bis 60 %

Cagnina Cesena: Name für Rebsorte ↑ *Canaiolo* und hellroter Wein daraus, lieblich und trocken, leicht herb, TR 1 Jahr, TT 10°, zu allen Mahlzeiten (Provinz Forlì, Emilia-Romagna)

cagnone, riso in Ligurien: Reis mit Wurststücken, Tomatenmark und Parmesan; Lombardei, Tessin: in Salzwasser gek. Reis mit Knoblauch, Salbei, brauner Butter und Parmesan; Piemont: Reis mit Fontinakäse und brauner Butter

Calabria Kalabrien, die „Stiefelspitze" Italiens, Region in Südwestitalien zwischen Ionischem und Tyrrhenischem

Meer, wirtschaftlich wenig erschlossen, aber fruchtbar, ↑ Calabria S. 24 ff.

calamaio   Toskana: Tintenfisch, ↑ *seppia*

calamaro, calamaretto   Kalmar, zehnarmiger Tintenfisch aus dem Meer, festes, mageres, angenehm krebsähnliches Fleisch, muß frisch sein, bleibt, wenn nicht lange genug gekocht, gern zäh, läßt sich a. füllen, grillieren, fritieren oder in seiner Tinte kochen
– **todaro**   Venetien: Pfeilkalmar, ↑ *totano*

calamo aromatico   Zimt, ↑ *cannella*

calcatreppola   Taubenblauer Seitling, ↑ *cardoncello*

calcinello   Dreiecksmuschel, ↑ *tellina*

calcionetti, calgionetti, calzoni   Pfannkuchen aus Mürbeteig, mit getr. oder kandierten Früchten gefüllt (Abruzzen)

calcioni, caciuni   mit (Schaf-)Käse oder ↑ *Ricotta*, Eiern, Zucker und geriebener Zitronenschale gefüllte süße Teigtaschen aus Brot- oder Mürbeteig (Ascoli, Marken)
– **di ricotta**   mit ↑ *Ricotta*, Eiern, geh. Schinken und Petersilie gefüllte Teigtaschen aus Mehl, Eiern, Schmalz und Zitronensaft (Abruzzen)

caldallessa   mit der Schale in Salzwasser gek. Kastanie

caldariello   Lammragout mit Knoblauch, Fenchel, Petersilie, Zwiebelringen und gerösteten Brotscheiben, in Schafmilch geschmort (Apulien)

Caldaro, (Lago di)   Kalterer(see), Rotwein DOC, trocken, mild und süffig, mit wenig Säure und feinem Mandelton, darf sich *Classico* nennen, wenn er aus einem genau begrenzten Gebiet kommt, *Superiore*, wenn sein Alkoholgehalt mind. 10,5 % beträgt, und *Scelto, Selezionato* (Auslese), wenn er aus ausgesuchten Beeren stammt und der Alkoholgehalt mind. 11,5 % beträgt, TR 1–4 Jahre, TT 14–16°, zu Räucherwaren, Braten und weißem Fleisch (Provinzen Bozen und Trient, Südtirol)

caldarrosta   in der Schale geröstete Kastanie, kann heiß gegessen oder mit Kümmelschnaps, Kirsch oder Grappa flambiert werden

caldo   warm
a –   in heißem Wasser gek. Fleisch, Gemüse, Teigwaren, Reis usw.

calendula, fiorrancio   Ringelblume, Blüten können Mai–Sept. roh in Mischsalate gegeben werden

calgionetti   süße Pfannkuchen, ↑ *calcionetti*

calice   Stielglas für Wein, a. Becher, Kelch

California, manzo alla in Kraftbrühe mit Sahne geschmortes Rindfleisch (Brianza, Lombardei)

calore Wärme, Hitze

Caluso Passito Weißwein DOC, Auslese aus teilgetrockneten, edelfaulen Trauben, süß und samtig weich, nach mind. 5 Jahren Lagerzeit a. als alkoholreicherer Likörwein, *Liquoroso*, erhältlich, TR 2–8 und mehr, Liquoroso 3–10 und mehr Jahre, TT 8–10°, zu Backwerk und Kuchen (Provinzen Turin und Vercelli, Piemont); ↑ a. *Erbaluce*

calzagatt Maispolenta, ↑ *cazzagai*

calzoncelli kl. Teigtaschen mit Füllung, ↑ *calzone*, in heißem Öl gebacken (Apulien, Neapel)

calzone Teigtasche aus Brot- bzw. Pizzateig mit Öl und Schmalz, mit einer cremigen Füllung aus ↑ *Ricotta*, Eiern, (Mozzarella-)Käse und Schinken-, Wurstwürfeln, a. nur mit Gemüse (Süditalien)

cameriere Kellner; Diener

camicia pochiertes Ei; Wein: (Boden-)Satz in der Flasche

camomilla Kamille, Heilpflanze, Blüten aromatisch, beruhigend, als Tee appetitanregend, entspannend

Camorei, Acqua stilles Tafelwasser mit oder ohne Kohlensäurezusatz, ganz schwach mineralhaltig (Borgo San Dalmazzo, Piemont)

camoscio Gemse, jung feines Wildbret (Alpen, Abruzzen)

campana glockenförmiger Deckel, ↑ *cloche*

campanello Unterschale, Anschnitt, Unterspälte vom Rind

Campania Kampanien, hist. Landschaft in Süditalien zwischen Neapolitanischem Apennin und Küste des Thyrhenischen Meeres, fruchtbar und dicht besiedelt, ↑ Campania S. 26 ff.

Campari Markenname eines Bitterlikörs aus vielen Kräutern, Früchten, Wurzeln und Gewürzen (darunter Orangenschalen und Rhabarber), dazu der typische rote Farbstoff Cochenille, so würzig-süß wie pikant-bitter, trinkt sich als Aperitif oder Verdauungsgetränk pur mit viel Eis oder mit wenig Soda, Orangen-, Grapefruitsaft aufgegossen, a. in Cocktails (Fratelli Campari, Mailand); ↑ a. *Americano, Negroni*

Campidano (di Terralba) Rotwein DOC, trocken, gehaltvoll ausgeglichen und leicht bitterlich, TR 2–4 Jahre, TT 16–18°, zu gebr. weißem Fleisch; es gibt a. einen weißen Tafelwein dieses Namens, intensiv duftig und von leichtem Rauchgeschmack, TR 1–3 Jahre, TT 10°, zu Fisch und Meeresfrüchten (Provinz Cagliari, Sardinien)

Canaiolo (Nero)   dunkle Rebsorte v. a. der Toskana, robust und etwas bitter, ergibt feine, duftige Rotweine, ↑ *Cagnina*

canapè   belegte Scheibe frisches oder geröstetes, kaltes oder warmes Weißbrot

canarini   kl. gelbgrüne Artischocken, im Frühjahr auf dem Markt, ganze Hälften werden in Paniermehl und Öl schwimmend ausgebacken (Lagune von Venedig)

canarino   kanariengelbes Getränk aus Zitronenschale und heißem Wasser, wird gewöhnlich nach dem Mahl ohne Zucker zur Verdauung getrunken

canavrola   Norditalien: kl. Zug- und Wandervogel, ↑ *beccafico*

candelaus   Zuckergebäck mit Mandeln (Sardinien)

Candia dei Colli Apuani   Weißwein DOC, trocken bis leicht lieblich, aromatisch frisch, TR 1–3 Jahre, TT 10°, zu Meeresweichtieren, Suppen, Gemüsegerichten; davon auch eine süße Spielart *(passita)* als Dessertwein; Rotwein DOC, delikat trocken, TR 1–5 Jahre, TT 16–18°, zu Vorgerichten und Geflügel (Provinz Massa-Carrara, Toskana)

candito   kandiert, in Zuckersirup eingelegt
   zucchero – Kandiszucker

canederli   Knödel aus alten Semmeln, Milch, Eiern und versch. Zutaten, salzig oder süß

canesca   Hundshai, mäßiges Fleisch, wird meist enthäutet angeboten (Mittelmeer und Adria)

canestrato   Hart-, a. Halbweichkäse aus Schaf- oder Kuhmilch, jung Tafelkäse, aber meist älter zum Gratinieren und Reiben

canestrello   Mandelkringel mit Orangensirup, a. Kakao, Vanille usw. (Ligurien, Piemont); Kammuschel, eßbares Meeresweichtier, kleinere, feinere Verwandte der Jakobsmuschel, ↑ *conchiglia del pellegrino*, empfindlich und leichtverderblich, aber (meist gek., in Risotto, a. roh mit Zitrone) ausgezeichnet, am besten im Winter

cannella, calamo aromatico, cinnamomo   Zimt, getr. Innenrinde eines tropischen Lorbeerbaums, ganz oder zerstoßen süßlich würzig

cannellini   längliche weiße (Busch-)Bohnensorte, getr. eine der meistkonservierten Arten; Winterbirnen mit körnigem, leicht süßlichem Fleisch, werden meist gekocht

Cannellino süßer Dessertwein DOC aus edelfaulen Trauben, fein und mild, saftig und samtig, TR 1–2 Jahre, TT 8–10°, zum Nachtisch (Provinz Rom, Latium); ↑ a. *Frascati*

cannelloni gr. Röhrennudeln, Teigrollen, hausgemacht aus Mehl und Eiern, a. industriell aus Mehl und Wasser, mit versch. Füllungen aus Hackfleisch, Gemüse, Fisch usw., meist überbacken (urspr. Kampanien, Piemont, Sizilien)

cannistreddu Sizilien: gr. Hefekranz, ↑ *buccellato*

cannolicchio, cappalunga Messer-, Scheiden-, Schwertmuschel, Schaltier aus dem Meer, roh oder gek. eßbares, aber nicht bes. schmackhaftes Fleisch, wird meist grilliert, gratiniert oder in Suppen verwendet

cannolo in Öl ausgebackene, knusprige Teigrolle mit Füllung aus gesüßter ↑ *Ricotta* und kandierten Früchten, a. Schokolade, mit Puderzucker oder Vanillin bestäubt (urspr. Sizilien)

Cannonau di Sardegna dem Grenache verwandte Rebsorte, daraus der bekannteste Rotwein DOC Sardiniens, von weiniger Fülle, TR i. a. 3–8 Jahre, TT i. a. 18°, darf sich nach 3 Jahren Lagerzeit *Riserva* nennen; versch. Spielarten: hellrot, *Rosato*, trocken, zu leichten Fleischspeisen und Gemüsegerichten, *Superiore Naturalmente Secco*, trocken, zu dunklem Fleisch, Wild und würzigem Käse, *Superiore Naturalmente Amabile*, lieblich, *Naturalmente Dolce*, süß, *Liquoroso Secco*, sherryartig trocken, zu gebr. Fleisch, oder *Liquoroso Dolce*, likörartig süß, zu Nachspeisen (Provinz Cagliari, Sizilien)

cannoncino mit Konditorcreme, Sahne usw. gef. Blätterteigrolle

canocc(h)ia, pannocchia Heuschrecken-, Fangschreckenkrebs aus dem Mittelmeer, zartes, aromatisches, dem Kaisergranat ähnliches, aber nicht ganz so feines Fleisch, wird meist gek. oder in Suppen verwendet, gute Zeit Ende Winter

Canosa, (Rosso) Rotwein DOC, herzhaft trocken und fruchtig, darf sich nach 2 Jahren Lagerzeit *Riserva* nennen, TR 4–6 Jahre, TT 14–16°, zu kräftigen Fleischspeisen und Käse (Provinz Bari, Apulien)

canova Weinausschank, Schenke; Verkaufsstelle für Wein, Öl usw.

cantalupo Melonensorte, ↑ *melone cantalupo*

cantarella Streifenbrasse, ↑ *tanuta*

cantarello, finferlo, galletto Pfifferling, Eierschwamm, Gelbschwammerl, beliebter Speisepilz, mild und leicht pfeffrig, aber gern etwas zäh und schwerverdaulich, frisch, jedoch nicht roh zu essen, am besten geschmort, gute Zeit Juni–Okt.

cantina Keller, in dem Wein bereitet und gelagert wird; Weinausschank, in dem man meist a. einen kleinen Imbiß erhält; Kantine
– **sociale, co-operativa** Winzergenossenschaft

cantucci, cantuccini, biscotti di Prato, giottini trokkene Mandelkekse mit Pinienkernen und Anissamen, a. Vanille-Aroma, werden zum Schluß eines Mahls gern in ↑ *Marsala*, ↑ *Vin Santo* oder einen Rotwein getaucht (Toskana)

cantuccio Brotanschnitt, -kanten; Stückchen (Käse usw.); reg.: Gebäck

capasanta Venedig: Jakobsmuschel, ↑ *conchiglia di San Giacomo*

capelli d'angelo „Engelshaar", sehr lange, dünne Fadennudeln für Suppen

capellini Fadennudeln, nicht so dünn wie ↑ *capelli d'angelo*, dünner als ↑ *spaghetti*

Capena Weißwein DOC aus der Provinz Rom, ↑ *Bianco Capena*

capicollo Schweinefleisch, ↑ *capocollo*

capiler Lombardei: Kaffee mit Zitronenschale/-saft

capitone gr. weiblicher Aal, ↑ *anguilla*, wird trad. am Weihnachtsabend gegessen (Süditalien)

capocollo Hals, Kamm, Nacken vom Schwein; Wurst aus gr. Stücken davon, die gepökelt, in Rotwein eingelegt und mit Pfeffer bestreut wurden (Mittel-, Süditalien)
– **pugliese** leicht geräucherte Schweinewurst, ↑ *capocollo*, mit Cayennepfeffer und ausgeprägtem Rauchgeschmack (Apulien)
– **umbro** delikate Wurst aus der Schweinelende, mit Pfeffer, Knoblauch, a. Fenchelsamen gewürzt, in trokkenem Weißwein getränkt und in Strohhülle luftgetrocknet (Umbrien)

caponata trad. Eintopf aus geschmortem Gemüse (Auberginen, Tomaten, grüne Paprikaschoten, Zwiebeln usw.) in süß-saurer Sauce mit Basilikum, Petersilie, Knoblauch, Oliven, Sardellen usw., in die man Brot tunkt, wird oft kalt als Vorspeise gegessen (Süditalien)

caponatina geschmortes Gemüse, ↑ *caponata*, statt in Sauce mit Parmesan überbacken (Sizilien)
– **(di melanzane)** Gemüsetopf aus Auberginen mit Bleichsellerie, Tomaten, Zwiebeln, Oliven, Pinienker-

nen, Kapern und Birnen, Rosinen, Zucker, a. mit Parmesan überbacken, apart süß-sauer (Sizilien)

cap(p)one Knurrhahn, stachliger Meerfisch mit gepanzertem Kopf, festes, angenehmes Fleisch, gehört in viele Fischsuppen, gute Zeit Sept.–Apr.

– **coccio, imperiale** Kuckucksknurrhahn, Seekuckuck, ausgezeichnetes Fleisch, läßt sich braten und schmoren

– **gallinella** Roter Knurrhahn, sehr guter Speisefisch, oft a. ohne Kopf und enthäutet angeboten, läßt sich schmoren, in Fischsuppen verwenden usw.

– **gurno, gorno** Grauer Knurrhahn, bes. im Herbst vorzüglich

– **lira, organo** Pfeifen-Knurrhahn, ebenso gut wie der Rote Knurrhahn, ↑ *capone gallinella*

– **ubriaco, lineato** Gestreifter Knurrhahn

cappa chione Glatte Venusmuschel, ↑ *fasolaro*

cappa gallina Strahlige Venusmuschel, ↑ *vongola*

cappa incrocicchiata Kreuzmuster-Teppichmuschel ↑ *vongola verace*

cappalunga Messermuschel, ↑ *cannolicchio*

cappasanta Venetien: Jakobsmuschel, ↑ *conchiglia di San Giacomo*

cappa verrucosa Rauhe Venusmuschel, ↑ *tartufo di mare*

cappel di prete Schweinekochwurst, ↑ *cappelletto del prete*

cappellacci Teighütchen mit leicht süßlicher Füllung von Kürbis usw. (Ferrara, Emilia-Romagna)

cappelletti Teighütchen mit Hackfleisch- (Reggio Emilia) oder Käsefüllung (Romagna)

cappelletto, cappello del prete, tortellino mit gewürztem Schweinehack und Schwartenstreifen gefüllte Kochwurst

cappero Kaper, Blütenknospe des Kapernstrauchs, in Essig, Salzlake oder Öl eingelegt pikant salzig-würzig; obwohl die kl. Kapern geschmacksintensiver sind, werden in Italien die großen bevorzugt

capponalda, capponata Salat aus mit Öl, Kapern, Oliven, Sardellen und Gewürzen zerstoßenen Schiffszwiebäcken (Ligurien)

cappone Kapaun, kastrierter Masthahn, 6–7 Monate alt zart und saftig (Brianza, Emilia-Romagna, Toskana, Venetien u. a.); Ligurien, Toskana: Drachenkopf, ↑ *scorfano rosso*; ↑ a. *capone*

cappon magro gar nicht mageres Fastengericht aus mit Knoblauch eingeriebenen, in Essigwasser getränkten Schiffszwiebäcken mit Gemüsen (Blumenkohl, Brokkoli, grüne Bohnen, Fenchelknollen, Karotten, Kopfsalat, Sellerie, Zwiebeln, Zucchini usw.) Basilikum, Knoblauchzehen, Oliven, Pinienkernen, Sardellen, a. Pilzen, Merlan, Jakobsmuscheln usw. (Ligurien)

cappucina versch. Arten Kresse, insbes. Kapuzinerkresse, Kraut als Salat, junge Triebe frisch geh. oder eingelegt als Würze, Kapernersatz; ugs. grüner Salat, ↑ *lattuga cappuccia*

cappuccino starker Kaffee mit etwas heißer, schäumender Milch, evtl. mit Sahnehaube und geriebener bitterer Schokolade, wird in Italien gern zum (als) Frühstück genossen (nicht jedoch nach dem Essen, dafür ist er zu nahrhaft!)

cappuccio Kopfkohl, ↑ *cavolo cappuccio*

capra Ziege, wird in Italien wegen ihres zähen Fleisches und dem ausgeprägten Geschmack nicht bes. geschätzt; ↑ a. *capretto*
  formaggio di – Ziegenkäse, wird in Italien meist aus Frankreich eingeführt *(chèvre)*; ↑ a. *caprino, tomino*
  prosciutto di – getr. Schinken von der Ziegenkeule

caprese frischer, leichter Salat aus reifen Tomaten mit ↑ *Mozzarella*-Käse in Würfeln, Knoblauch, Olivenöl und Basilikum

capretto junge Ziege, Gitzi, am besten *da latte*, Milchböcklein, Milchkitz; Fleischteile und -stücke ↑ Lamm

Capri malerische Insel im Golf von Neapel, ↑ Campania S. 26 ff.; von daher zwei DOC-Weine: weiß, *bianco*, angenehm trocken und frisch, TR 2–3 Jahre, TT 8–10°, zu Meeresfrüchten und Fischsuppen; rot, *rosso*, trocken und harmonisch würzig, TR 3–6 Jahre, TT 18°, zu Saucegerichten und gebr. Fleisch

Capriano del Colle DOC-Weine aus der Provinz Brescia in der Toskana: *Trebbiano*, strohgelb, trocken und angenehm säuerlich, TR bis 2 Jahre, TT 8°, zu Vorspeisen und Fisch; *Rosso*, rubinrot, trocken, leicht und harmonisch, TR 2–3 Jahre, TT 18°, zu Fleischgerichten

caprino quarkähnlicher zylindrischer Käse aus pasteurisierter Ziegenmilch, frisch (am besten Mitte Mai–Juni) mild aromatisch, gereift (nach 3–4 Wochen) kräftig salzig (Alpen der Lombardei); heute jedoch oft a. aus Kuhmilch, in Öl eingelegt und mit stark aromatischen Pflanzen (Knoblauch, Lorbeer, Pfefferschötchen usw.) gewürzt
  – di Asso Käse aus Kuh- und Ziegenmilch, ↑ *Asso, formaggio di*

capriolo   Rehbock, sollte nicht mehr als 3 Jahre alt sein; Fleischteile und -stücke ↑ Reh

capsico   Pfefferschote, ↑ *peperone*

carabaccia   versch. geh. Gemüse und Kräuter (Karotten, Sellerie, Zwiebeln, Basilikum, wilder Fenchel usw.), in Kasserolle geschmort und auf einer Scheibe geröstetem Brot mit verlorenem Ei und geriebenem Parmesan angerichtet; Florenz: trad. Zwiebelsuppe

caragolo   Venedig: Meerschnecke, ↑ *lumaca di mare*

carambola   Karambole, Sternfrucht, Baumstachelbeere, Frucht eines tropischen Baums, erfrischend süß-säuerlich, sternförmige Scheiben als Dekoration von Fleisch-, Fischgerichten und Desserts, frisch oder aus Dosen für Obstsalate, als Kompott, Gelee, Konfitüre, Saft usw.

caramella   Karamelle, Bonbon
  crema (alla) –   Karamelcreme

caramello   Karamel, braun gebrannter Zucker

Caramino   Rotwein, trocken, voll und samtig, TR bis 5 Jahre, TT 18°, zu dunklem Fleisch, Geflügel und Federwild (Provinz Novara, Piemont)

carapace   Panzer, Schale der Krustentiere

carasau   sardisches Brot, der ↑ *carta da musica* ähnlich

carassio   Karausche, Süßwasserfisch, Kenner schätzen sein zartes, schmackhaftes, etwas grätiges Fleisch höher als das des verwandten Karpfens, wird in Italien meist eingeführt

carbonara, (pasta alla)   „nach Köhlerart": (Teigwaren) in einer Sauce aus Eiern, Speck, Butter, Rahm, geriebenem Parmesan und einer Prise Muskat

carbonata   Rindskarbonade mit Zwiebeln und kräftigem Rotwein, wird meist mit Polenta gegessen (Aostatal)

carbone (di legna)   (Holz-)Kohle

carbonico   kohlensäurehaltig

carcassa   Karkasse, Gerippe eines Tieres, Rumpf des Geflügels

carciof|o   Artischocke, distelartige Gemüsepflanze, wird in Italien, meist klein und jung, immer ganz, geviertelt oder in Stücken gegessen, i. a. mit Olivenöl und Kräutern, nie Blatt für Blatt, gute Zeit Okt.–März (Apulien, Kampanien, Latium, Sardinien, Sizilien); ↑ a. *canarini, cimarolo*
-i alla Giudea, Giudía   „auf jüdische Art": kl. junge Artischocken *(Romaneschi)*, in gewürztem Olivenöl goldbraun knusprig ausgebacken und flachgepreßt, mit Zitronenspalten, Pfeffer und Salz serviert, werden mit Stumpf und Stiel gegessen (urspr. Ghetto Roms)

– **di Giappone** Knollenziest, ↑ *stachys*
– **di Giudea** Topinambur, ↑ *topinambur*
– **selvatico** Wilde Karde, ↑ *cardo selvatico*

cardamomo Kardamom, tropische Ingwerstaude, Samen, meist pulverisiert, würzig aromatisch und anregend (Indien, Westasien, a. Mittelmeer)

cardarella, cardarello Taubenblauer Seitling, ↑ *cardoncello*

cardinale, alla „kardinalrot"; Fisch: mit Hummerscheiben oder in rosaroter Hummersauce; (geeiste) Süßspeise mit roten Früchten oder in rotem Fruchtsirup

cardo Karde, artischockenähnliche Distelpflanze, deren zarte, wohlschmeckende Blattstiele *(costole)* man gern blanchiert, gedünstet, a. überbacken als Gemüse ißt, gute Zeit Nov.–Febr.
– **selvatico, carciofo selvatico** Wilde Karde, etwas weniger zart und bitterlicher als die Karde, ↑ *cardo*

cardoncello, cardarella, cardarello, cicciolo, cordarella, fungo di ferola Taubenblauer Seitling, Speisepilz, angenehm milder, leicht säuerlicher Geschmack, gute Zeit Sept.–Nov. (haupts. Apulien, Basilikata); Apulien: Wilde Karde, ↑ *cardo selvatico*

carduccio Sproß, Wurzelstock der Artischocke; reg.: Karde, ↑ *cardo*

carduncieddi mit schwarzen Oliven geschmorte Karden, ↑ *cardo*

Carema Rotwein DOC, trocken, vornehm mild und geschmeidig, TR 2–10 und mehr Jahre, TT 18°, zu dunklem Fleisch und Wild (Provinz Turin, Piemont)

carico von intensiver Farbe; Wein: dunkel
  caffè –, tè – starker, dunkler Kaffee, Tee

Carignano (del Sulcis) Carignan, Rebsorte, die robuste, recht langlebige Weine ergibt; daraus in Italien zwei DOC-Weine: rot, *rosso*, trocken und charaktervoll würzig, darf sich nach mind. 1 Jahr Lagerzeit *Invecchiato* nennen, TR 2–5 Jahre, TT 18°, zu Geflügel und weißem Fleisch, Lamm, Zicklein; rosé, *rosato*, harmonisch und weich, TR 2–4 Jahre, TT 14°, zu Vorspeisen, Suppen, Risotto, weißem Fleisch und Geflügel (Provinz Cagliari, Sardinien)

carlina, alla Scampi, Fischfilets: leicht bemehlt und in Butter angebräunt, mit reifen Tomaten, Kapern und Butterflocken (Venedig)

Carmignano roter Spitzenwein DOCG, füllig trocken und geschmeidig, darf sich nach 3 Jahren Lagerzeit *Riserva* nennen, TR 4–12 und mehr Jahre, TT 18–20°, zu

dunklem Fleisch und Haarwild; mit Restsüße auch als
↑ *Vino Santo* trocken, *secco*, halbtrocken, *semisecco*, oder
süß, *dolce*; ferner als trockener, prickelnd frischer Rosé,
Vinruspo, oder bei weniger Lagerzeit und Alkoholgehalt
als einfacher Tafelwein, *Barco Reale* (Provinz Florenz,
Toskana)

Carnaroli   eine der besten Reissorten, ↑ *riso superfino*

carne, carni   Fleisch, Fleischgerichte
- **affumicata**   Rauch-, Selchfleisch
- **al'albese**   rohes Fleisch in pikanter Sauce, ↑ *albese,
  carne all'*
- **alla genovese**   Zwiebelfleisch, ↑ *genovese, carne alla*
- **alla glassa**   Schmorfleisch, ↑ *glassa, carne alla*
- **battuta, macinata, tritata**   Hackfleisch
- **bovina, di bue, di manzo**   Rindfleisch
- **congelata, surgelata**   Gefrierfleisch
- **cruda**   rohes Fleisch; ↑ a. *carpaccio, (carne all') albese, (bistecca) tartara*
- **equina**   Pferdefleisch, in bestimmten Fällen a. Esel-,
  Maulesel-, Maultierfleisch
- **fredda**   kaltes Fleisch, Aufschnitt
- **in insalata**   Salat aus rohen Rindfleischwürfeln mit
  bitteren Salatblättern (↑ *cicorino, radicchio, ruchetta,
  rucolo*) in Öl und Zitronensaft oder Essig
- **insaccata**   Wurst(waren)
- **'ncantarata**   mit scharfen Pfefferschötchen und Fenchelsamen in Salz eingelegtes Schweinefleisch im Terra-
  kottagefäß (Kalabrien)
- **salata**   Pökelfleisch
- **secca, carnesecca**   jüdische Küche Roms: gesalzenes,
  gepfeffertes und luftgetrocknetes Schulter-, Bugstück
  vom Rind; Toskana: gepökelter Bauch, Wammerl vom
  Schwein

carnia, formaggio di malga   Käse aus Kuh-, oft a. mit
etwas Schafmilch, in Scheiben als Tafelkäse, a. gebacken,
gegrillt, zu Polenta (Friaul)

carnumi   Toskana: Seescheide, ↑ *uovo di mare*

carota   Möhre, Gelbe Rübe oder ihre zarte, runde Form,
Karotte, gute Zeit Apr.–Juli (Sizilien, Abruzzen, Venetien
u. a.)
- **selvatica**   Wilde Möhre, mehr als deren eher hölzerne
  Wurzeln werden die zarteren Blätter verwendet

carpa   Karpfen, Teich- und Flußfisch, meist gezüchtet,
fett und schmackhaft, am besten etwa dreijährig im Winter, läßt sich backen, blau kochen, füllen

carpaccio   mageres rohes Rind- (a. Lamm-, Lachs- usw.)
Fleisch in hauchdünn geklopften Scheiben, original mit

rosa Mayonnaise serviert, heute meist mit Zitronensaft, Salz, Pfeffer und Olivenöl mariniert, a. mit Knoblauch, Thymian, Majoran, Oregano, Pilzen usw. nach Geschmack gewürzt (urspr. Harry's Bar, Venedig)

carpione Gardaseeforelle, feines, festes und nussiges Fleisch, überaus wohlschmeckend, läßt sich pochieren, a. blau kochen, braten, dünsten

   in – Süßwasserfische, Gemüse usw.: in gewürztem Essig oder Weißwein mariniert

carraginu Sardinien: Brachsenmakrele, ↑ *pesce castagne*

carré urspr. frz. [karē]: Karree, Kotelett-, Rippenstück von Kalb, Schaf oder Schwein; Tessin: a. ganzer Schweine- oder Schafrücken

   pan – weißes Kastenbrot

carrello (Vorspeisen-, Käse-, Dessert- oder a. Servier-) Wagen

carrettiera, alla „auf Fuhrmannsart": Teigwaren mit kräftigen, robusten Zutaten und Gewürzen

carrozza, in Schicht ↑ *Mozzarella*-Käse zwischen zwei Weißbrotscheiben, in Olivenöl überbacken

carruba Johannisbrot, Schotenfrucht des immergrünen Karobenbaums, von den Arabern in Sizilien eingeführt, süßes, gehaltvolles Mark, wird im Sept. gepflückt und getrocknet, kann roh gegessen werden, a. pulverisiert, als Mehl (statt Kakao), Sirup oder zum Gelieren

Carso Rotwein DOC, trocken, harmonisch und gefällig, TR 3–5 Jahre, TT 18°, zu Saucengerichten und dunklem Fleisch (Provinzen Triest und Görz, Friaul–Julisch Venetien)

– **Malvasia** strohgelb, trocken, aromatisch und fruchtig, TR 3–4 Jahre, TT 8–10°, zu Vorspeisen und Gemüsegerichten

– **Terrano** rubinrot, ein leichter ↑ *Carso*, duftig und angenehm säuerlich, TR 4–7 Jahre, TT 16–18°, zu Braten und Wurstwaren

carta Menü, Speisekarte; Küchenpapier

– **da musica** „Notenpapier", dünner, knuspriger Dauerbrotfladen aus Hartweizengrieß (Sardinien); ↑ a. *fratau, pane*

   alla – à la carte, nach der Speisekarte einzeln zusammengestellt

cartamo, zafferano bastardo, zafferanone Wilder Safran, in der Küche zum Einfärben, Aromatisieren verwendet, kommt nicht ganz an den echten Safran, ↑ *zafferano* heran; daraus aber ausgezeichnetes Speiseöl (Marken u. a.)

cartellate, carteddate   Weihnachtskuchen mit eingekochtem Traubenmost oder Honig usw. in Spiralstreifen (Apulien)

Cartizze   Weißwein DOC. ↑ *Prosecco di Conegliano Valdobbiadene*

cartoccio, -cci   Tüte
  al –   in Pergamentpapier oder Alufolie gegart

Caruso   ital. Cocktail aus ⅓ Gin, ⅓ trockenem Vermouth und ⅓ Pfefferminzlikör

carvi   Feldkümmel, ↑ *cumino dei prati*

casa   Haus, Wohnung; Firma, Handelshaus
– vinicola   Weinhaus, Weinhandlung
  della –   nach Art des Hauses
  fatto in –   hausgemacht

casadello, caciatello, latteruolo   sämige Creme aus Milch, Eiern, Zucker und Vanille (Rom)

casadinas   Mürbeteigkörbchen ↑ *pardulas*

casalingo   hausgemacht; Hausrat
  vitto –   Hausmannskost

casatella   Weichkäse aus Kuh-Vollmilch, buttrig mit Milchgeschmack (Venetien)

casatiello   salziger, a. süßer Hefekranz, meist zu Ostern mit Eiern, a. Wurststückchen garniert

cascio di ocre   runder Schafkäse (Abruzzen)

casher   [keschä] koscher, nach rituellem jüdischem Speisegesetz zubereitet

cas(s)oeûla, cazzoeûla, bottaggio   [kasŏla] deftiger Herbst-, Wintereintopf aus Schweinefleisch, -füßen, -schwarte und -würsten, Wirsing, Karotten, Sellerie, Tomaten usw., wird oft zu Polenta gereicht (Lombardei)

casônsei   rechteckige, gebogene Teigtaschen, ↑ *ravioli*, mit versch. Füllungen: Wurst, geriebenem Brot, Spinat, Käse, Makronen, Sultaninen usw. (Provinzen Bergamo und Brescia, Lombardei)

cassata   urspr. Biskuitboden mit gesüßter ↑ *Ricotta* oder Schokolade und kandierten Früchten, heute meist Eistorte, -riegel aus Schichten von Speiseeis versch. Aromen mit kandierten Früchten, Nüssen, Makronen usw. (urspr. Sizilien, Abruzzen)

cassatina   sizilianisches Gebäck, ↑ *minni 'i virgini*

casseruola   Kasserolle

cassetta, pane a   weißes Kastenbrot

cassoeûla   deftiger Eintopf, ↑ *casoeûla*

cassola Schmorgericht; Sardinien: Fischsuppe mit insbes. Meeräschen, vielen Meeresfrüchten usw.

cassöla Novara: deftiger Eintopf, ↑ *casoeûla*

cassuola Kampanien: allg. Name für Fischsuppe

castagna Edel-, Eßkastanie mit mehreren abgeplatteten Früchten in der stachligen Hülle (sonst der größere ↑ *marrone*), kann frisch gekocht, gedörrt, geräuchert oder als Mehl verwendet werden; gute Zeit Mitte Sept.–Dez. (Kampanien, Kalabrien, Piemont, Toskana, Latium, u. a.); a. Name der Brachsenmakrele, ↑ *pesce castagne*
- **d'acqua** Wassernuß, maronenähnliche Frucht einer Schwimmpflanze, wird a. wie die Kastanie gekocht oder geröstet
- **di terra** Topinambur, ↑ *topinambur*

castagnaccio, fiascia knuspriger Fladen aus Kastanienmehl, Olivenöl, Zucker und Sultaninen, a. Rosmarinnadeln, Anislikör und Zitronenschale, zur Karnevalszeit üblich; Friaul: süße Klößchen aus Mehl, Butter, Eiern, Zucker und Zitronenschale, in Schmalz gebacken

Castel del Monte DOC-Weine aus der Provinz Bari in Apulien: weiß, *bianco*, duftig trocken und frisch, TR bis 2 Jahre, TT 8–10°, zu Fisch und ged. Gemüse; rosé, *rosato*, trocken, fruchtig und geschmeidig, TR bis 3 Jahre, TT 12–14°, zu Vorspeisen aus Fisch und Gemüse, Krustentieren, weißem Fleisch; rot, *rosso*, rassig herb und leicht tanninhaltig, kann ausgezeichnet sein, TR 4–8 Jahre, TT 18°, zu Braten und Käse

Casteller DOC-Weine aus der Provinz Trient in Südtirol: rot, *rosso*, trocken oder halbtrocken, angenehm fruchtig, TR 1–3 Jahre, TT 14–16°, zu Wurstwaren und Suppen; rosé, *rosato*, frisch und ausgewogen, TR 1–3 Jahre, TT 12–14°

Castelli Medioevali DOC-Weine aus der Emilia-Romagna, ↑ *Colli Bolognesi*

Castelli Romani Sammelbegriff für einfache bis (edel-) süße weiße (TT 10°), rosé (TT 12°) oder rote (TT 18°) Tafelweine für alle Mahlzeiten aus der südöstl. Umgebung von Rom; ↑ a. *Colli Albani, Colli Lanuvini, Frascati, Marino, Montecompatri, Velletri, Zagarolo*

castello, patate Schloßkartoffeln, oval zugeschnitten, in Butter braun gebraten und mit geh. Petersilie bestreut

Castello di Monte Antico Tafelwein aus der Toskana, ↑ *Monte Antico*

Castello di Montoro Rotwein aus der Provinz Terni in Umbrien, trocken und füllig, TR 2–5 Jahre, TT 18°, zu Schafffleisch

C

castelmagno   Halbweichkäse aus Kuh- und evtl. wenig Schafmilch, jung mild, wird mit dem Alter ausgeprägter und pikanter, Fettgeh. mind. 34 % (Cuneo, Piemont)

Castel San Michele   Rotwein aus dem Trentino, trocken, leicht grasig und tanninhaltig, TR bis 9 Jahre, TT 18°, zu dunklem Fleisch und Wild

castradina   trad. fetter Schmorbraten von gepökeltem, ger. Hammelfleisch, kommt meist Ende Herbst auf den Tisch (Venedig)

castrato   Hammel,   Schöps,   kastriertes   männliches Schaf; Hammelfleisch; Fleischteile und -stücke ↑ Lamm

castraure   Lagune von Venedig: kl. Artischocken, ↑ *canarini, carciofo, cimarolo*

casu marzu   Schafkäse, weicher Teig, ausgeprägter, scharfer Geschmack (Sardinien); ↑ a. *fiore sarde*

catalana   Sauce zu Meereskrebstieren, ↑ *aragosta catalana*

catalogna, (indivia)   Endivie mit langen, gefiederten Blättern, leicht bitterlich, Herbst und Winter als Salat verwendbar

Cataratto   Rebsorte Siziliens, daraus trockener Weißwein, der a. für ↑ *Marsala* verwendet wird

cattas   Sardinien: süßer Kringel, ↑ *zeppola*

cattivo   schlecht, ungenießbar, faul, verdorben

cavallo   Pferd; Pferdefleisch, darf in Italien nur verkauft werden, wo kein anderes Fleisch angeboten wird; Wurstwaren aus Pferdefleisch müssen mit einem „E" gekennzeichnet sein

   a –   Rindsteak, Hamburger u. ä. mit Spiegelei

   angeli a –   *angels on horseback*, mit Speck grillierte Austern

cavallucci di Siena   Honigkuchen; kl. Kuchen mit Früchten und Nüssen; Gewürzkekse (Provinz Siena, Toskana)

cavatappi   Korken-, Zapfenzieher

cavatelli   kl. trockene, harte Röhrennudeln aus Hartweizengrieß (Apulien); Klöße aus Mehl und Kartoffeln (Sizilien, Süditalien)

cavatiddi   kl. zylindrische Teigstäbchen aus Hartweizengrieß (Sizilien, Süditalien)

cavatieddi, cecatelli   kl. längliche Teigrollen aus Hartweizengrieß ohne Eier (Apulien, Basilikata)

cavedano, cavezzale, mozzella   Döbel, Aitel, der in Italien verbreitetste Süßwasserfisch, wird aber wegen seiner vielen Gräten lieber geangelt als gegessen, ansonsten schmackhaft festes Fleisch, nur fangfrisch genießbar, läßt sich grillieren, kochen

caviale Kaviar, Rogen von Störfischen; ↑ a. *storione*
– **di olive** würzige Olivenpaste, Art ↑ *tapenade*
– **rossastro** Rogen von Salm und anderen Fischen

cavolbroccolo Brokkoli, ↑ *broccolo*

cavolfiore Blumenkohl, Karfiol, zart-würzig, gegart als Gemüse oder Salat verwendbar, gute Zeit Mitte Dez.– Mai (Kampanien, Apulien, Marken u. a.)

cavoli acidi Sauerkraut, ↑ *crauti*

cavolini di Bruxelles [brüsäl] Sprossen des Rosenkohls, ↑ *cavolo di Bruxelles*

cavol|o Kohl, Kraut, Gemüsepflanze
– **bianco** Weißkohl, Weißkraut, Kabis, Kappes, Krauthäuptel, wird vorwiegend zu Sauerkraut verarbeitet, aber a. als Gemüse, Salat, Füllung verwendet, gute Zeit Nov.–Apr.
– **cappuccino** Kopfkohl mit glatten Blättern, weiß, ↑ *cavolo bianco*, oder rot, ↑ *cavolo rosso*, kann roh als Salat oder gek. verzehrt werden; gute Zeit Nov.–Mai (Apulien, Latium, Venetien, Kampanien, Kalabrien)
– **cinese, della cina, Pe Tsai** Chinakohl, Blätterkohl, Kochsalat, kann gek., gedünstet oder als Salat bereitet werden
– **comune, riccio** Grünkohl, Braunkohl, Federkohl, Krauskohl, robust und vitaminreich, als Salat oder Gemüse verwendbar
– **di Bruxelles** [brüsäl] Rosenkohl, Brüsseler Kohl, Sprossenkohl, feines (Suppen-)Gemüse, gute Zeit von Dez.–März (Apulien, Ligurien u. a.); ↑ a. *cavolini Bruxelles*
– **marino, marittimo** Meerkohl, zarte, knusprige Blätter, wird haupts. in Ligurien mit Öl und Knoblauch oder gek. mit Salatsauce gegessen
– **nero, a penna, palmizio, toscano** Schwarzkohl, Blätter, meist in Streifen geschnitten, für Suppen usw., gute Zeit Okt.–März (Süditalien, Toskana)
– **rapa** Kohlrabi, Rübkohl, zart-milde Knolle roh als Salat oder gek. verwendbar, in Italien nicht sehr verbreitet
– **rosso** Rotkohl, Rotkraut, Rotkabis, Roter Kappes, als Salat oder Gemüse verwendbar
– **verza** Wirsing, Mailänder Kohl, Welschkraut, als Gemüse oder Salat, a. in Eintöpfen und Suppen verwendbar, gute Zeit Dez.–Apr. (urspr. Piemont und Lombardei, Nordwestitalien)

Cavour, alla [kawūr] Kalbfleisch oder Bries, Milke auf Polentaschnitten mit Hühnerleberpüree und Pilzen; mit Grießkroketten

cazzagai, calzagatt Maispolenta mit Bohnen (Reggio, Emilia-Romagna)

cazzimperio Süditalien: Salatsauce, ↑ *pinzimonio*

cazzmarr Roulade aus Gedärm und Innereien des Lamms (Basilikata)

cazzoeûla deftiger Eintopf, ↑ *casoeûla*

cazzuola, cazzöla rustikaler Eintopf aus Schweinefleisch in Stücken, Speckwürfeln, Karotten, Kohl, Sellerie, Zwiebeln, Rosmarin, Salbei und Weißwein (Tessin)

cc *centimetri cubici*, Kubikzentimeter

cecatelli Apulien: Nudelart, ↑ *cavatieddi*

cecenielli Neapel: kl. Weißfischchen, ↑ *rossetto*, meist in Hefeteig fritiert oder in Omeletts

ceci Kichererbsen, Hülsenfrüchte, knackig nussig, in Italien immer getr., vor allem für Suppen und Eintöpfe verwendet, aber a. als Gemüse (mit Teigwaren gemischt), Brei, zu Schmorgerichten oder zu Mehl gemahlen
  pasta e – Suppe mit Nudeln und Kichererbsen

Cecubo Rotwein, schon von Virgil, Horaz und Ovid besungen, trocken und intensiv, TR 2–5 Jahre, TT 18°, zu dunklem und weißem Fleisch (Provinz Latina, Latium)

cedrata Limonade, a. Sirup oder Likör aus Bitterorangen

cedrina, erba luisa, limoncina, verbena odorosa Zitronenkraut, Blätter mit starkem Zitronenaroma werden für Süßspeisen, Getränke und Liköre verwendet

cedro Zedrat-, Zitronatzitrone, stark süßlich-aromatische, kernlose Zitrusfrucht, wird in Italien als würzige Zutat zu Gebäck, Speiseeis usw. meist kandiert

cedronella Melisse, ↑ *melissa*

cee, ciece Toskana: Glasaale, sehr junge, durchsichtige Aale, meist in Öl, Knoblauch, a. Pfefferschötchen mit Salbei, Pfeffer und Zitronensaft gek. oder fritiert, gute Zeit März–Mai (Livorno, Pisa, Viareggio)

cefalo, musao Meeräsche, barschartiger Meer-, manchmal Süßwasserfisch, wird a. gezüchtet, festes, etwas fettes, aber leichtes Fleisch, läßt sich braisieren, braten, pochieren, grillieren, gute Zeit Sept.–Okt. sowie Jan.–Febr.; aus ihrem Rogen wird a. die ↑ *bottarga* gewonnen

cena Abendessen (Norditalien ab 19–20 Uhr, Süditalien später); Tessin: Nachtessen

cenci, donzelle, intrigoni, nastri di suora süße Karnevalskrapfen aus ausgezogenem Mürbeteig in versch. Varianten, u. a. mit Anis, Vanille oder Orangenschalen und süßem Wein

cenere Asche

Centerbe „Hundertkraut", grünlicher Likör aus Pfefferminze und vielen anderen (Berg-)Kräutern, stark und intensiv, TT 8–10° (Abruzzen)

centro, di Parmesankäse, ↑ *di centro*

cepola, bandiera rossa, cipolla, fiamma Roter Bandfisch aus dem Meer, nicht bes. geschätztes Fleisch, meist in Fischsuppen

ceppatello Steinpilz, ↑ *porcino*

cerasella süßer Kirschlikör, Cherry Brandy, TT 8–10°

Cerasuolo (di Vittoria) Rotwein DOC aus Sizilien, trocken und saftig, voll und warm (Auslesen: ↑ *Villa Fontane*, ↑ *Stravecchio Siciliano*), TR bis 20 Jahre, TT 16° (Provinzen Ragusa, Caltanisetta, Catania); a. einfachere Rotweine aus den Abruzzen *(del Morrone)*, aus Apulien *(delle Murge)*, Kalabrien *(di Paleni, di Scilla)* und Sizilien *(di Mazzarino, Ombra)*, alle trocken und delikat, TR bis 3 Jahre, TT 16°

– **(Montepulciano) d'Abruzzo** DOC-Weine aus den Provinzen Chieti, Aquila, Pescara, Teramo in den Abruzzen: rot, *rosso*, ausgewogen trocken und körperreich, darf sich nach 2 Jahren Lagerzeit *Vecchio* nennen, TR 3–10 und mehr Jahre, TT 18°, zu dunklem Fleisch; rosé, *rosato*, frisch und fruchtig, TR bis 3 Jahre, TT 10–12°, zu Vorspeisen, a. zu kräftigeren Gerichten

cereali Getreide
  fiocchi – Getreideflocken

cereghín Lombardei: gebackenes Ei

cerfoglio Kerbel, Gemüsekraut, gezupfte oder feingehackte Blätter von zart aromatischem Anis-Petersilie-Geschmack für Suppen, junges Gemüse, Kräutermischungen usw., aus dem Treibhaus oder gar getr. oder tiefgekühlt weit weniger intensiv

ceriole Nudelsorte, ↑ *ciriole*

cernia Grouper, Zackenbarsch, Gruppe von Meerfischen aus Küstengewässern, rar geworden, heute meist aus Afrika *(cernia bianca)* oder Argentinien und Brasilien *(cernia brasiliana)* eingeführt, kräftiges, schmackhaftes Fleisch, am besten der Braune Zackenbarsch, *cernia marrone*

cerniola Wrackbarsch, Art der Groupers, ↑ *cernia*

Certosa würziger Likör aus Kräutern und Weinbrand, von Kartäusermönchen hergestellt, am bekanntesten jener aus dem Kloster von Pavia, TT 8–10°

certosina, alla Risotto mit Erbsen, Pilzen, Garnelen, Knoblauch und Olivenöl

certosino (pane), pane speziale süßes Honigbrot mit kandierten Früchten, bitterer Schokolade und Mandeln, Pinienkernen, Zimt, zu Weihnachten und zum Jahreswechsel üblich (Bologna)

cervelas urspr. frz. [ßårwöla]: gewürzte, ger. Brühwurst; in Italien meist Name für Würstchen deutscher Art, ↑ *würstel*

cervella, cervello Hirn (von Schlachttieren)

cervellata Wurst aus Schweine- oder Rindfleisch mit versch. Gewürzen, Fenchel, Pfefferschoten u. ä.; Mailand: würzige Mischung *(cervellée)* aus Schweinespeck, Rindermark mit Nelken, Zimt, Muskatnuß und geriebenem Käse im Darm

cervellatina Neapel: dünne, fette Wurst aus Schweinefleisch

Cerveteri DOC-Weine aus der Provinz Rom: weiß, *bianco*, trocken und lieblich, fein und harmonisch, TR bis 2 Jahre, TT 10°, zu Fisch und Gemüsegerichten; rot, *rosso*, trocken, körperreich und weich, angenehm bitterlich, TR 2–5 Jahre, TT 18°, zu Fleisch und Geflügel

cervo Dam-, Rothirsch, sollte nicht älter als 1 Jahr sein (Mittelitalien, Sardinien u. a.); Fleischteile und -stücke ↑ Reh

Cesanese dunkle Rebsorte Mittelitaliens, ergibt einfache, aber harmonische Rotweine, darunter im Latium:
– **d'Affile, del Piglio, di Olevano Romano** DOC-Weine aus der Provinz Rom: trocken, *asciutto*, lieblich, *amabile*, oder süß, *dolce*, a. perlend, *frizzante*, oder schäumend, *spumante*, ausgeglichen und leicht bitterlich, TR 1–6 Jahre, TT trocken 16–18°, süß 10°, zu Fleisch und Geflügel, süß und schäumend zu Nachspeisen

cesena, gaggi Wacholderdrossel, Krammetsvogel; ↑ a. *tordo*

cestello, cestino (Brot-, Salat-)Korb

cetriolini Essiggürkchen

cetriolo Gurke, Kukumer, Fruchtgemüse, mild und erfrischend, gute Zeit frisch Mai–Juli, a. eingelegt erhältlich (Latium, Apulien, Sizilien, Venetien u. a.)

Chambave [schābāw] Weine aus dem Aostatal: rot, *rosso*, duftig trocken und harmonisch, leicht tanninhaltig, TR 3–7 Jahre, TT 17–18°, zu allen Mahlzeiten; *Moscato*, strohgelb, aromatisch trocken mit delikatem Muskatton, TR 2–3 Jahre, TT 8–10°; *Moscato Passito* aus teilgetrockneten Muskatellertrauben, goldgelb, lieblich mit intensivem Muskatgeschmack, TR bis 30 Jahre, TT 10°

Champagner *sciampagna* [schampánja] f

champignon (Zucht-)Champignon, Egerling, vorzüglicher Zuchtpilz, milder Geschmack, frisch und dunkel aromatischer als konserviert und hell

Chantilly urspr. frz. [schātiji]: Mayonnaise mit ungezukkerter Schlagsahne; gezuckerte Schlagsahne, Schlagobers, Schlagrahm

Chardonnay klassische frz. Rebsorte, die kräftige, alkohol- und extrakthaltige Weißweine von leichtem Rauchgeschmack ergibt; wird noch nicht lange a. in Italien gezogen, sorgt aber, meist im Eichenfaß ausgebaut, mit seiner eleganten Fülle und Frucht für angenehme, wenn nicht gar verblüffende Überraschungen; TR i. a. 3–5 Jahre, TT 8–10° (Friaul, Piemont, Toskana, Trentino u. a.)

Charmat, Méthode Herstellung ital. Schaumweine durch zwei Gärungen

checca, spaghetti alla Rom: Spaghetti mit rohen Tomaten und Basilikum

chenella, quenelle Kloß aus feinzerstoßenem, fettarmem Fleisch, Geflügel, Wild oder Fisch

cheppia Mittelmeerfinte, heringsähnlicher Fisch, bes. im Frühling zartes, wohlschmeckendes Fleisch, verträgt aber keinen Transport; ↑ a. *agone*

chiacchiere trad. Karnevalsgebäck aus ausgezogenem Mürbeteig mit Eiern, Butter, abgeriebener Zitronen-, Orangenschale und Weißwein, goldbraun fritiert (Lombardei)

Chianina berühmte ital. Rinderrasse, die vermutlich älteste, größte und schwerste der Welt; die Tiere werden im Alter von 15–17 Montaten geschlachtet, um ein nahezu fettfreies, schön rotes Fleisch mit außerordentlich hohem Filet- und Steakanteil zu geben, heute leider immer seltener (Chianatal, Toskana)

Chianti einer der berühmtesten Rotweine Italiens, aus den Provinzen Arezzo, Florenz, Pisa, Pistoia und Siena in der Toskana, DOCG (Weinsiegel *Putto*, Goldene Putte, sagt wenig aus), früher im bauchigen Strohfiasco, heute in der Bordeauxflasche, trocken, jung fruchtig würzig, leicht erdig und tanninhaltig, im Alter weich, fein und elegant, darf sich nach 2 Jahren Lagerzeit *Vecchio* nennen, nach 3 *Riserva*, TR 1–3 Jahre, TT 17–18°, zu allen Mahlzeiten, *Vecchio* insbes. zu Teigwaren, weißem Fleisch und Geflügel, *Riserva* zu feinen Braten

– **Annata** Jahrgangs-Chianti, ein Jahr nach der Ernte im Handel, frisch, fruchtig und unkompliziert, TR 1–2 Jahre, TT 12–14°

– **Classico** Chianti aus dem „klassischen", ursprünglichen Anbaugebiet zwischen Florenz und Siena, DOCG (Weinsiegel *Gallo Nero*, Schwarzer Hahn, ist Markenzeichen, aber nicht immer Qualitätsausweis), trocken, alkoholreich, aromatischer und schwerer als der gewöhnliche ↑ *Chianti*, TR 4–6, manchmal a. mehr Jahre, TT 18°

– **(dei) Colli Arentini** ↑ *Chianti* aus der Umgebung von Arezzo, beschwingt und leicht prickelnd

– **(dei) Colli Fiorentini** ↑ *Chianti* aus der Umgebung von Florenz, leicht, frisch und harmonisch

– **(delle) Colline Pisane** ↑ *Chianti* aus der Umgebung von Pisa, frisch und fruchtig

– **(dei) Colli Senesi** ↑ *Chianti* aus der Umgebung von Siena, fester Körper und reich an Tannin

– **(di) Montalbano** ↑ *Chianti* aus den Provinzen Florenz und Pistoia, robust, aber harmonisch und samtig

– **Rufina** ↑ *Chianti* aus der Umgebung von Florenz, kräftig und körperreich

chiara ugs.: Eiweiß

Chiaretto Roséwein aus hellgekelterten blauen Trauben, im besonderen Roséwein vom Südwestufer des Gardasees, ↑ *Bresciano, Riviera del Garda*

chiarire klären, läutern

chiaro hell, klar; verdünnt, leicht

chicca Süßigkeit, Zuckerwerk; Leckerbissen

chicco, -cchi Korn; Kern; Beere; Bonbon

chichingero ugs. Alkekengi, ↑ *alchechengi*

chiece Glasaale, ↑ *cee*

chiffel Hörnchen, Kipfel, meist aus Brioche-, a. Blätterteig

chili Chili, kl. Pfefferschote, aromatisch feurig und brennend scharf, Schote getr., pulverisiert oder gemahlen in Saucen, ↑ *tabasco*, oder als Paste *(Sambal)* im Handel

china Chinarinde, chininhaltige Rinde des Chinabaums, bitterer Geschmack, heute oft synthetisch hergestellt

chinato Chinawein, chininhaltiger (Arznei-)Wein

chinotta Bitterorange, Pomeranze, kl. Zitrusfrucht, bitter-säuerlich, für Sirups und zum Kandieren (Ligurien,

Kalabrien, Sizilien); Getränk daraus mit Mineralwasser oder Soda

chinulille   gefüllte, süße Ravioli, ↑ *panzarotte*

chiocciole, lumachine   Teigschnecken aus Hartweizengrieß, meist in (Gemüse-)Suppen

chiodo di garofano   kl. braune, ölhaltige Blütenknospe des Gewürznelkenbaums, getr., ganz oder gemahlen brennend würzig zu Braten, Wild- und süß-sauren Gerichten, Kohl, Kompott, Gebäck, zum Spicken von Zwiebeln usw.

chiodino, famigliola buona   Hallimasch, Honigpilz, leicht säuerlich-herber Speisepilz, muß jung sein und ohne Stiel gut abgebrüht und durchgekocht werden, wird in Italien gern mit Knoblauch und Petersilie an-, a. in Öl eingemacht, zu Risotto, Polenta oder Teigwaren gereicht, gute Zeit Sept.–Okt.

chirimoya   Cherimoya, ↑ *anona*

chitarra   „Gitarre", rechteckiger, mit Metalldrähten bespannter Holzrahmen, durch den Teigwaren (*alla chitarra*) gepreßt werden (Abruzzen)
  pesce –   Geigenrochen, ↑ *pesce chitarra*

chiuso   geschlossen

chop   urspr. engl. [tschopp]: ausgelöstes, knochenloses Lendenkotelett vom Lamm

ciacci   Fladen aus Kastanienmehl mit Füllung aus ↑ *Ricotta* oder weichem, mildem Käse (Apenninen)
– di ricotta   Fladen aus Mehl, Hefe und in Milch aufgelöster ↑ *Ricotta*, mit Schinken- oder ↑ *Coppa*-Scheiben belegt (Emilia)

cialda, cialdono   Waffel, Oblate; Waffelrolle, Hohlhippe, meist mit Schlagsahne gef. oder garniert

cialledda   gewürzter Biskuit, Art ↑ *frisella*

cialzons, agnolotti carnici   mit Spinat, a. gek. Birnen und Pflaumen, Schokolade, Gewürzen usw. gefüllte Teigtaschen (Karnische Region im Friaul, Südtirol)

ciambella   süßer oder salziger Kranz, Kringel

ciambotta   Gemüseeintopf aus Auberginen, Paprikaschoten, Tomaten, Kartoffeln, Zwiebeln usw. (Kalabrien u. a.)

ciammotta   der ↑ *ciambotta* ähnlicher Gemüseeintopf, bei dem Auberginen, Paprikaschoten und Kartoffeln einzeln in Öl angebräunt werden (Basilikata)

cian   Pfannkuchen aus Kastanienmehl, wird mit ↑ *Ricotta* oder Frischkäse gegessen (Lunigiana, Ligurien)

cianchettone   Hundszunge, ↑ *linguattola*

cianfotta ländliches Gemüseragout, a. kalt gegessen (Süditalien)

Ciappazzi, Acqua stilles Tafelwasser mit oder ohne Kohlensäurezusatz, reicher Mineralgehalt (Messina auf Sizilien)

ciaudedda Schmorgericht aus Artischocken, Kartoffeln, Saubohnen, Zwiebeln usw. und magerem Speck (Basilikata)

ciauscolo Streichwurst aus feingeh. Schweinefleisch und Fett, mit Knoblauch gewürzt und geräuchert (Marken)

cib|o Speise, Nahrung, Kost; Essen
-i precotti vorgekochte Speisen, Fertiggerichte

cibreo Frikassee aus Hühnerklein (Toskana)

cica ugs.: Kaugummi

cicala di mare Ligurien, Toskana: Heuschreckenkrebs, ↑ *canocchia*

cicala grande Großer Bärenkrebs, ↑ *magnosa*

cicca ugs. Kaugummi

ciccetto kleiner Happen; Gläschen

ciccioli Grieben, Grammeln, ausgebratene Schweinespeckwürfel

cicciolo Taubenblauer Seitling, ↑ *cardoncello*

cicenielli winzige Weißfischchen, werden meist fritiert; insbes. frisch ausgeschlüpfte Sardellen, als Pizzabelag, mit verrührten Eiern als Omelett usw.

cicerbita, crespigno Gänsedistel, junge zarte Blätter in Mischsalaten oder ged. als spinatartiges Gemüse

cicerchia Platterbse, Hülsenfrucht, Samen herbbitterlicher Geschmack zwischen Bohnen und Erbsen, schwerverdaulich, werden wie Kichererbsen, ↑ *cece*, zubereitet

cicerchiata in Öl geb., mit Honig verrührte Teigwürfel, trad. Karnevalsgebäck (Abruzzen, Umbrien)

cicerello Sandaal von den Meeresküsten, wird meist fritiert und paniert, gute Zeit Frühling

cicinello junger Ährenfisch, ↑ *latterino*

ciciones kl. Grießklößchen, ↑ *malloreddus*

cicirata süßes Gebäck, den ↑ *struffoli* ähnlich (Kalabrien)

cicoli Kampanien: Grieben, ↑ *ciccioli*

cicoria (belga, di Bruxelles), insalata belga Chicorée, bleiches Wintergemüse, knackig und erfrischend zartbitter, als Salat oder warm als Gemüse, gute Zeit Okt.–März; ↑ a. *indivia, radicchio*

– **selvatica, cicorino, lattuga selvatica** Wilde Zichorie, Eskariol, Wilder Lattich, Blattsprossen mild bitterlich, am besten sehr jung als Salat mit Speckwürfeln und geb. Weißbrotwürfeln

cicoriella, cicorione Herbstlöwenzahn, wilder Löwenzahn, wird in Olivenöl als Gemüse zubereitet (Apulien u. a.)

cicorino Wilde Zichorie, ↑ *cicoria selvatica*; a. besondere Endiviensorten *(Ceriolo verde, rosso, Zuccherina di Trieste)* vom zweiten Schnitt

cieche Glasaale, ↑ *cee*

ciliegia, -ge Kirsche (Kampanien, Emilia-Romagna, Venetien, Apulien u. a.)
– **acida** hellrote Sauerkirsche, ↑ *amarena*
– **a grappoli** Elsbeere, Scheinfrucht der Eberesche, angenehm feinsäuerlich, für Gelees und Marmeladen
– **amara, agriotta, amarena, canina, visciola** Weichselkirsche, dunkle Kirschensorte von weichem Fleisch und erfrischend säuerlichem Geschmack
– **di monte** Vogelkirsche, wilde Stammform der Süßkirsche, klein und säuerlich, für Marmeladen, Sirups und Spirituosen
– **duracina** hartfleischige Kirsche
– **tenera** weichfleischige Kirsche

ciliegiolo Weichselkirsche, ↑ *ciliegia amara*; Kirschwasser; Kirschlikör

cima gef. Kalbsbrust und -bauch; gef. Ochsenmagen
– **alla genovese** Kalbsbrust mit reicher Füllung (Bries, Hirn, Mark, Gemüse, Knoblauch, Majoran, geriebener Parmesan usw.) (Genua, Ligurien)

cimarolo Rom: frühe Artischocke, besonders zart und geschmacksintensiv; ↑ a. *carciofo*

cime di rapa, broccoletti Rübensprossen, brokkoliähnliches Gemüse, den Brokkoliröschen ähnlich, gute Zeit Jan.–März

cimino Kümmel, ↑ *cumino*

cin cin Prosit, zum Wohl

cincoli kl. Grießklöße

cinese Spitzsieb

cinghiale Wildschwein, Schwarzwild, jung als Frischling, *cinghialetto*, am besten, wird ähnlich zubereitet wie ↑ Reh, Fleischteile und -stücke ↑ Schwein (Latium, Kalabrien, Toskana u. a.)

cinnamomo Zimt, ↑ *cannella*

cinque spezie Piment, ↑ *pimento della Giamaica*

Cinqueterre Weißwein DOC von der Steilküste im Nordwesten von La Spezia in Ligurien, trocken und eigenwillig herzhaft, TR 1–3 Jahre, TT 7–8°, zu Meeresfrüchten, Fisch, Fleisch und Käse (Ligurien)
– **Sciacchetrà** süßer Likörwein aus teilgetrockneten Trauben, geschmeidig mit leichtem Rauchgeschmack, TR 4–6 Jahre, TT 8–10°, Dessertwein

cioccolata kaltes oder warmes Schokoladengetränk mit Milch oder Wasser und Zucker, heute oft a. Schokolademischung, die nur mit warmem Wasser aufgegossen werden muß

cioccolatino Praline, Praliné, mit Schokolade überzogene Süßigkeit

cioccolato Schokolade(tafel)
– **al latte** Milchschokolade
– **alle nocciole** Nußschokolade
– **bianco** weiße Schokolade
– **fondente** dunkle, bittere Schokolade
  al – mit Schokolade(sauce)
  tavoletta di – Schokoladetafel

cioppino Fischsuppe, die italo-amerikanische Version des ↑ *ciuppin* (San Francisco u. a.)

cipolla Zwiebel, Gemüse- und Würzpflanze, mildwürzig und knackig, roh ganz oder in Scheiben als Salat, gek. in Suppen, als Beilage zu gebr. Fleisch, auf salzigen Kuchen oder Pizzas usw., gute Zeit Juli–Aug., je nach Sorte a. ganzes Jahr (Emilia-Romagna, Kampanien, Apulien, Sizilien, Kalabrien, Venetien u. a.); Name a. für den Roten Bandfisch, ↑ *cepola*

cipollaccio kl. Wildzwiebel, ↑ *lampasciono*

cipollata Zwiebelsuppe mit Schweinefleisch (Provinz Siena, Toskana)

cipollina, erba Schnittlauch, ↑ *erba cipollina*

cipolline sott'aceto Perlzwiebeln oder Schalotten mit Pfefferkörnern und Lorbeerblättern in mildem Rotweinessig

cipollotto Frühlingszwiebel, zart und fein, kann sowohl roh (mit Stumpf und Stiel) gegessen als auch gedünstet werden

ciriola Rom: kl. schlankes Brot mit goldbrauner, knuspriger Kruste und weicher Krume

ciriole, ceriole, stringozzi gr. handgemachte Spaghetti, werden mit Knoblauch, Olivenöl und Pfefferschötchen, a. Tomaten angemacht (Umbrien); kl. Aale, werden mit

Knoblauch, Pfefferschötchen, Kapern, Sardellen und Weißwein zubereitet

Cirò DOC-Weine aus der Provinz Catanzaro in Kalabrien: weiß, *bianco*, duftig trocken, TR bis 2 Jahre, TT 8–10°, zu Vorspeisen, Schnecken und (gegrilltem) Fisch; rosé, *rosato*, trocken, gehaltvoll und geschmeidig mit angenehmer Säure, TR bis 4 Jahre, TT 14–16°, zu gebratenem und grilliertem Fleisch; rot, *rosso*, kraftvoll trocken, vollmundig und weich, darf sich bei Herkunft aus den Weingärten von Cirò selbst *Classico* nennen, nach mind. 3 Jahren Lagerzeit *Riserva*, TR 3–10 Jahre, TT 17–18°, zu Fleisch, Wild und Teigwaren

citrato zitronensaures Brausegetränk, verdauungsfördernd

citronnette [ßitronätt] Salatsauce aus Zitronensaft und Öl, a. mit geh. Petersilie, Schnittlauch und kl. Zwiebelwürfeln

ciuppin Fisch-, Muschel-, a. Tintenfischsuppe mit Knoblauch und Petersilie in Öl, Weißwein, a. etwas Tomaten (Ligurien)

civé, civet, sivé Wildpfeffer, kräftiges Ragout vom Hasen und anderem Haarwild, Rehbock, Damwild, Frischling, Gemse u. ä. in mit Kräutern gewürztem Rotwein, oft mit Grappa beträufelt; ↑ a. *salmí*

Claretto Klarettwein, zart rötlicher Weißwein aus sofort nach der Lese gekelterten blauen Trauben

Classico Wein aus einem genau begrenzten Anbaugebiet, dem klassischen Kernbereich, meist von höherer Qualität

Claudia, Acqua leicht perlendes Tafelwasser mit wenig natürlicher (blaues Etikett) oder zugesetzter Kohlensäure (rotes Etikett), mittlerer Mineralgehalt (Anguillara im nördl. Latium)

clavaria Keulen-, Korallenpilz, ↑ *ditola*

clementina Clementine, kl. kernlose Mandarinenart, süß und aromatisch, gute Zeit Dez.–Febr. (Kalabrien, Sizilien, a. Basilikata, Sardinien)

Clinton, Clinto Rotwein aus amerikanischen Reben, nicht ganz dem ital. Weingesetz entsprechend, aber trotzdem sehr beliebt, trocken und frisch, durstlöschend und manchmal leicht bitterlich, jung zu trinken, TT 16° (Venetien und ganz Italien)

cloche, campana, sopropiatti urspr. frz. [klosch]: Haube, Glocke aus Metall zum Warmhalten von Speisen, in der Nouvelle Cuisine oft mehr Ritual als Erfordernis

coagulare gerinnen, sauer werden

coccia (Muschel-, Apfelsinen- usw.)Schale

coccio Tonware, Steingut; Küchengeschirr

cocciola (di fango) Herzmuschel, ↑ *cuore di mare*

cocciule riccia Sizilien: Venusmuschel, ↑ *tartufo di mare*

cocco Kokosnuß, ↑ *noce di cocco*; Kaiserling, ↑ *ovolo*

coccola (della rosa di macchia) Hagebutte, Scheinfrucht der Heckenrose, sauersüß erfrischend, als Gelee, Marmelade, Saft, a. in Suppen, Saucen usw. verwendbar, im Herbst nach dem ersten Frost am besten; als Tee herzstärkend, sehr erfrischend

cocomero, anguria Wassermelone, mildsüß wässerig, ausgezeichneter Durstlöscher, gute Zeit Juni–Aug. (Latium, Emilia-Romagna, Lombardei, Apulien u. a.)

cocotte urspr. frz. [kokott]: runder oder ovaler Topf aus Porzellan, Steingut, Terrakotta oder Gußeisen mit Deckel zum Schmoren

coda Schwanz
– **di rospo** Handelsname für den Schwanz des Seeteufels, ↑ *rana pescatrice*

codino Schweineschwanz; hinteres oberes Keulenstück, Schlußbraten, Huft vom Kalb

colabrodo Spitzsieb

colapasta Beckensieb, Durchschlag aus Metall für Reis und Teigwaren

colare sieben, seihen

colazione Mahlzeit
– **a caffè** Frühstück mit Milchkaffee
prima – Frühstück
seconda – Mittagessen

colino Sieb, Durchschlag

colla Gelatine, ↑ *gelatina*

colle Hügel

colletti gr. grüne Teigrollen mit Füllung aus Spinat und ↑ *Ricotta* (Emilia)

Colli Albani Weißwein DOC aus der Provinz Rom, trocken, *secco*, am besten, aber a. lieblich, *amabile*, oder schäumend, *spumante*, süffig und fruchtig weich, darf sich bei über 12,5° Alkohol *Superiore* nennen, TR 1–2 Jahre, TT 8–10°, zu Vorspeisen, Süßwasserfischen, gemischten Teigwaren

Colli Altotiberini, Alto-Tiberini DOC-Weine von den Hügeln nördl. Perugia in Umbrien: weiß, *bianco*, trocken, frisch und gefällig, TR 1–2 Jahre, TT 8°, zu Fisch; rosé, *rosato*, trocken und fruchtig, TR 1–3 Jahre, TT 12°, zu Vorspeisen und Geflügel; rot, *rosso*, trocken und fruchtig weinig, TR 1–3 Jahre, TT 16°, zu Suppen und Fleisch

Colli Barbera　Rotwein DOC, ↑ *Colli Tortonesi Barbera*

Colli Berici　Sortenweine DOC von einem Hügelgebiet in der Provinz Vicenza, Venetien

Weiße Weine:
Garganega, Garnego　abgerundet trocken, angenehm bitterlich und säuerlich, TR bis 2 Jahre, TT 10°, zu Vorspeisen und Fisch
Pinot Bianco　trocken, voll und samtig, TR 2–4 Jahre, TT 8–10°, zu Vorspeisen und Fisch
Sauvignon　herzhaft trocken, voll und elegant, TR 2–3 Jahre, TT 8–10°, zu Meeresfrüchten und Fisch
Tocai (Bianco, Italico)　trocken, frisch mit leichtem Mandelton, TR 1–2 Jahre, TT 10°, zu Vorspeisen, Suppen, Fisch und Eiergerichten

Rote Weine:
Cabernet　trocken, füllig und angenehm tanninhaltig, darf sich nach 3 Jahren Lagerzeit *Riserva* nennen, TR 3–6 Jahre, TT 18°, zu Kalbfleisch, Innereien, Federwild und Käse
Merlot　trocken, voll, mild und weich, TR 3–6 Jahre, TT 16–18°, zu Fleisch, Geflügel und Innereien
Tocai Rosso　trocken mit angenehmer Säure und leichtem Mandelgeschmack, TR 2–5 Jahre, TT 16–18°, zu allen Mahlzeiten, insbes. weißem Fleisch und Geflügel

Colli Bolognesi, Castelli Medioevali, Monte San Pietro　DOC-Weine vom Hügelgebiet südwestl. Bologna in der Emilia-Romagna, trocken *(secco, asciutto)*, halbtrocken *(semi-secco)* oder lieblich *(amabile, abboccato)*

Weiße Weine:
Bianco (dell'Abbazia)　trocken, a. lieblich, duftig und leicht tanninhaltig, TR 2–3 Jahre, TT 8–10°, zu Vorspeisen und Eiergerichten
Pinot Bianco　trocken oder halbtrocken, delikat, leicht würzig und süffig, TR 1–3 Jahre, TT 10–12°, zu Vorspeisen, Krustentieren mit Reis oder Teigwaren
Riesling Italico　Welschriesling, trocken oder leicht lieblich, angenehm frisch und ausgewogen, TR bis 3 Jahre, TT 8–10°, zu Vorspeisen und Fisch
(Cabernet-)Sauvignon　trocken, halbtrocken oder lieblich, frisch und aromatisch elegant, TR bis 2 Jahre, TT 8–10°, zu Krustentieren, Gemüsesuppen und mildem Käse

Rote Weine:

Barbera trocken, fest mit angenehmer Säure, darf sich nach 3 Jahren Lagerzeit *Riserva* nennen, TR 2–3 Jahre, TT 18°, zu dicken Suppen und dunklem Fleisch

Merlot trocken bis halbtrocken, gehaltvoll und weich, TR 2–4 Jahre, TT 18°, zu Geflügel und Wild

Colli del Trasimeno DOC-Weine vom Trasimenischen See in Umbrien: weiß, *bianco*, liebenswürdig trocken und blumig, TR bis 2 Jahre, TT 8–10°, zu Vorspeisen und gebr. Fisch; rot, *rosso*, harmonisch trocken, voll und leicht tanninhaltig, TR 2–5 Jahre, TT 18°, zu Wurstwaren und Fleisch

Colli di Bolzano Bozner Leiten, Rotwein DOC aus den Tälern um Bozen, trocken, mild und vollmundig, TR bis 3 Jahre, TT 16–18°, zu dunklem und weißem Fleisch

Colli di Parma DOC-Weine aus dem Hügelgebiet bei Parma, Emilia-Romagna: ohne weitere Bezeichnung rot, trocken, mundig und spritzig, TR 3–4 Jahre, TT 16–18°, zu Teig- und Wurstwaren, weißem und dunklem Fleisch; *Malvasia*, weiß, trocken *(secco, asciutto)* oder lieblich *(amabile)*, a. schäumend *(spumante)*, aromatisch und würzig, TR 1 Jahr, TT 8–10°, zu Gemüse und Eierspeisen, lieblich und schäumend zu Obst und Gebäck; *Sauvignon*, weiß, trocken, frisch und doch körperreich, TR bis 4 Jahre, TT 8–10°, zu Vorspeisen, Fisch und Gemüse

Colli Euganei DOC-Weine aus dem Hügelgebiet südwestl. Padua in Venetien, dürfen sich bei mind. 12° Alkohol *Superiore* nennen

Weiße Weine:

Bianco trocken *(secco, asciutto)*, lieblich *(amabile)* oder schäumend *(spumante)*, angenehm geschmeidig und fein, der Tischwein Venedigs, TR 1–2 Jahre, TT 8–10°, zu Fisch, Eierspeisen, Gemüse usw.

Moscato süßlich mit Muskatgeschmack, manchmal leicht perlend, a. schäumend *(spumante)*, TR 1–2 Jahre, TT 8–10°, Dessertwein

Pinot Bianco Weißburgunder, trocken *(secco)* oder lieblich *(amabile)*, mild und ausgewogen, TR 2–4 Jahre, TT 10°, zu Fisch, Eierspeisen und Gemüse

Tocai Italico trocken und mild, a. lieblich *(amabile)*, TR bis 3 Jahre, TT 10°, zu Fischvorspeisen, Eier- und Gemüsegerichten

Rote Weine:

Cabernet trocken, kräftig würzig, TR 4–8 Jahre, TT 18°, zu dunklem und weißem Fleisch

Merlot trocken bis mild lieblich *(amabile)*, weich und körperreich, TR 3–5 Jahre, TT 16–18°, zu gebr. Fleisch, a. fettem Fisch (Aal usw.)

Rosso   trocken *(secco)*, lieblich *(amabile)* oder schäumend *(spumante)*, gehaltvoll geschmeidig, TR 4−5 Jahre, TT 16−18°, zu Wurstwaren und Geflügel

Colli Lanuvini   Weißwein DOC vom Nemi-See in der Provinz Rom, trocken *(secco)* oder lieblich *(amabile)*, süffig mild und geschmeidig, TR 1−2 Jahre, TT 8−10°, zu Suppen, Fisch und Gemüse

Colli Morenici Mantovani del Garda   DOC-Weine aus der Provinz Mantua südöstl. vom Gardasee: weiß, *bianco*, trocken, weich und harmonisch, TR 1−2 Jahre, TT 10°, zu Vorspeisen und Fisch; rosé, *chiaretto, rosato*, elegant und geschmeidig, TR 2−3 Jahre, TT 14°, zu Vorspeisen und Wurstwaren; rot, *rosso, rubino*, trocken, aber weich und ausgeglichen, TR 1−3 Jahre, TT 16−18°, zu allen Mahlzeiten

collina   Anhöhe, Hügel

Colline Lucchesi   Weine aus der Provinz Lucca in der Toskana: weiß, *bianco (della Lucchesia)*, herzhaft trocken und harmonisch, TR 2−4 Jahre, TT 8°, zu Vorspeisen und Fisch; rot, *rosso*, DOC, trocken und frisch, TR 3−6 Jahre, TT 16°, zu dunklem und weißem Fleisch

Collio (Goriziano)   DOC-Weine aus dem Hügelgebiet bei Görz nahe der italienisch-jugoslawischen Grenze im Friaul; ↑ a. *Terre Alte*

Weiße Weine:

(Goriziano)   trocken, angenehm säurehaltig, leicht spritzig oder perlend, TR 1−2 Jahre, TT 10°, zu Meeresfrüchten und Fisch

Malvasia   trocken, manchmal a. lieblich, voll und weich mit duftigem Bukett, süffig und durststillend, TR 2−3 Jahre, TT 8−10°, als Aperitif, zu Meeresfrüchten und Fisch

Pinot Bianco   Weißburgunder, trocken, fein und elegant mit pikanter Säure, TR 2−5 Jahre, TT 8−10°, zu Vorspeisen, Fisch und Eiergerichten

Pinot Grigio   Ruländer, trocken, würzig frisch und säurearm, TR bis 4 Jahre, TT 10−12°, zu Suppen, weißem Fleisch und Geflügel

Riesling Italico   Welschriesling, trocken, süffig mit fruchtiger Säure, TR bis 2 Jahre, TT 8°, zu Vorspeisen, Fisch und Froschschenkeln

Sauvignon   trocken, nervig elegant mit mildem Rauchton, TR bis 2 Jahre, TT 7−8°, zu Fleischbrühen, Krustentieren und Fisch

Tocai (Friulano)   trocken, voll und fruchtig mild mit delikatem Mandelton, TR bis 2 Jahre, TT 8−10°, zu Fleischbrühen, Fisch und Eierspeisen

Traminer   trocken, vollmundig und aromatisch würzig, TR 2–3 Jahre, TT 10–12°, zu Vorspeisen, Fisch und weißem Fleisch
Rote Weine:
Cabernet Franc   trocken, rund und harmonisch elegant, TR 4–6 Jahre, TT 18°, zu Braten und Wild
Merlot   trocken, samtig und würzig mit Bittermandelton, TR 2–5 Jahre, TT 16–18°, zu Braten und Federwild
Pinot Nero   Blauburgunder, aromatisch elegant und leicht herb, mit dem Alter mild und samtig, TR 2–5 Jahre, TT 18°, zu weißem Fleisch, Kaninchen, gek. Würsten

Colli Orientali del Friuli   DOC-Weine aus der Provinz Udine im Friaul, dürfen sich nach mind. 2 Jahren Lagerzeit *Riserva* nennen; ↑ a. *Terre Alte*

Weiße Weine:
Picolit   lieblich bis rassig süß, harmonisch elegant und edel, in bester Qualität ein seltener, kostbarer Spitzenwein, TR 5–10 und mehr Jahre, TT 6–8°, als Dessertwein, a. zu Fisch, Eierspeisen und Gemüse, zu Schimmelpilzkäse oder gar zu Schaltieren
Pinot Bianco   Weißburgunder, trocken, vollmundig weich und harmonisch, TR 2–5 Jahre, TT 8–10°, zu Vorspeisen, Fisch, Eierspeisen und Gemüse
Pinot Grigio   Ruländer, trocken und würzig fruchtig, TR 2–5 Jahre, TT 8–10°, zu Vorspeisen und Fisch
Ribolla   delikat trocken und weich, TR 1–2 Jahre, TT 8°, zu Vorspeisen, Fleischbrühen und Fisch
Riesling Renano   Rheinriesling, elegant trocken, frisch und fruchtig, TR bis 2 Jahre, TT 8°, zu Vorspeisen, Krustentieren, Fisch und weißem Fleisch
Sauvignon   trocken, nervig frisch und geschmeidig, TR bis 2 Jahre, TT 8–10°, zu Gemüsesuppen, Krustentieren und Fisch
Tocai (Friulano)   trocken, aromatisch mild und leicht bitterlich, TR bis 2 Jahre, TT 8–10°, zu Vorspeisen und Fisch
Verduzzo   trocken, manchmal leicht lieblich *(Ramandolo)*, bitterlich und pikant fruchtig, TR 2–4 Jahre, TT 8–10°, zu Vorspeisen, Fleischbrühen, Krebsen, Fisch und Geflügel; als *Ramandolo* zart süß und leicht, TR 1 Jahr, TT 8°, zu Gänse-, Entenleber und Desserts

Rote Weine:
Cabernet (Franc)   trocken, kräftig und elegant, TR 2–6 und mehr Jahre, TT 18°, zu Wurstwaren, Lamm, Ziege, gelagertem Käse
Merlot   trocken, körperreich und vollmundig saftig, TR 2–6 Jahre, TT 16–18°, zu dunklem und weißem Fleisch

Pinot Nero Blauburgunder, trocken, kraftvoll körperreich und samtig, TR 2–5 Jahre, TT 16–18°, zu weißem Fleisch und gek. Würsten

Refosco (dal Peduncolo Rosso) trocken, voll, warm und leicht bitterlich, TR 2–6 und mehr Jahre, TT 18°, zu dunklem Fleisch und Wild

Colli Perugini DOC-Weine aus der Provinz Perugia in Umbrien: weiß, *bianco*, trocken, frisch und fruchtig mit feiner Säure, TR 1–2 Jahre, TT 10°, zu Fisch; rosé, *rosato*, trocken und frisch, TR 1–3 Jahre, TT 14–16°, zu Fisch und Gerichten in weißer Sauce; rot, *rosso*, gehaltvoll trocken, TR 2–6 Jahre, TT 18°, zu dunklem und weißem Fleisch, Geflügel; ↑ a. *Torgiano*

Colli Piacentini DOC-Weine aus der Provinz Piacenza, Emilia-Romagna

Weiße Weine:

Malvasia trocken oder lieblich, a. schäumend *(spumante)*, anregend frisch, TR 2–4 Jahre, TT 8–10°, zu Gemüsesuppen, Fisch und Eierspeisen

Monterosso Val d'Arda trocken *(secco)* oder lieblich *(amabile)*, a. schäumend *(spumante)*, zart duftig und anregend, TR bis 3 Jahre, TT 10–12°, zu Vorspeisen, Aufschnitt, Gemüse und Frischkäse

Ortrugo trocken, a. schäumend *(spumante)* mit leichtem Mandelgeschmack, TR 2–4 Jahre, TT 8–10°, zu Fisch- und Gemüsesuppen, Fisch

Pinot Grigio Ruländer, trocken, a. schäumend *(spumante)*, frisch und fein, TR 2–4 Jahre, TT 10°, zu Vorspeisen, Meeresfrüchten und Fisch

Sauvignon trocken, frisch und delikat, TR 2–4 Jahre, TT 10°, zu Vorspeisen, Meeresfrüchten und Fisch

Trebbianino Val Trebbia trocken oder lieblich, a. schäumend *(spumante)*, dünner Körper, fein spritzig, TR bis 3 Jahre, TT 8°, zu Gemüsesuppen, Fisch und Frischkäse

Val Nure trocken, lieblich oder schäumend *(spumante)*, aromatisch frisch, TR bis 2 Jahre, TT 8°, zu Vorspeisen und Fisch

Rote Weine:

Barbera nicht DOC, aber typisch körperreich und trocken, TR 3–6 Jahre, TT 18°, zu Suppen, Fleisch und Wurstwaren

Bonarda (di Ziano) nicht DOC, aber angenehm tanninhaltig und trocken, TR 3–5 und mehr Jahre, TT 18°, zu grilliertem Fleisch

Gutturnio Spitzenwein, trocken, a. lieblich, anregend kräftig, TR 3–5 und mehr Jahre, TT 18°, zu Fleisch und Wurstwaren

Pinot Nero Blauburgunder, ausgewogen trocken, TR 3–6 Jahre, TT 18°, zu weißem Fleisch und gek. Würsten

Colli Tortonesi DOC-Weine aus der Provinz Alessandria in Ligurien: weiß, *bianco*, trocken, harmonisch und leicht bitterlich, TR bis 2 Jahre, TT 10–12°, zu Vorspeisen, Fleischbrühen, Fisch und Gemüse; rot, *Barbera*, trocken, leicht und herb, darf sich nach mind. 2 Jahren Lagerzeit *Superiore* nennen, TR 3–7 Jahre, TT 8°, zu Braten, Wild und pikantem Käse

collo Hals, Nacken von Kalb, Rind oder Schaf
– **d'oca** mit geh. Gänse-, Schweinefleisch, Gänseleber usw. und vielen Gewürzen gef. Gänsehals, warm oder kalt zu essen

colomba Taube, ↑ a. *piccione*; delikater, leichter Hefekuchen in Form einer Taube mit viel Butter, Eiern, kandierten Orangenschalen usw., zu Ostern üblich (urspr. Lombardei)

colombaccio Ringeltaube, etwas größer als die Haustaube, zäheres, aber aromatischeres Fleisch, meist nur Brust und Schenkel verwertbar, gute Zeit Juli–Okt.

colombina, russula maggiore Frauentäubling, Blätterpilz, wohlschmeckend mild, aber madenanfällig, muß gewürzt werden, wird in Italien gern in Butter mit einem Spritzer Weißwein und Zitrone gegessen, gute Zeit Mitte Juni–Sept.

colombina verde Grüntäubling, ↑ *russula verde*

Colonna Weißwein DOC aus der Provinz Rom, ↑ *Montecompatri Colonna*

coltello Messer

colza, olio di Raps-, Rüböl, wird geläutert als Speiseöl verwendet, a. zum Backen

comino Kümmel, ↑ *cumino*

commestibile eßbar, genießbar

commestibili Eßwaren, Lebensmittel

companatico Zukost (zu Brot usw.)

complet|o voll, besetzt
  pensione -a Vollpension

composta Kompott, in Sirup pochierte Früchte

comp(e)rare kaufen, einholen, erwerben

compreso eingeschlossen, inbegriffen
  servizio – einschließlich, inklusive Bedienung

compressa Tablette

conca gr. Becken aus Terrakotta oder Holz

conchiglia Muschel(schale)

– **del pellegrino, di San Giacomo, Jacobo, pellegrina, pettine, ventaglio** Jakobs-, Pilgermuschel, eine der größten Meermuscheln, festes, zartsaftiges Fleisch ohne viel Eigengeschmack, je nach Zubereitung und nicht zu lange gek. jedoch recht delikat; der oft mitgelieferte Rogensack, *corallo*, ist hübsch, aber von wenig kulinarischem Interesse; wirklich frisch nur Okt.–Mitte Mai; a. Name für Gericht aus mit Weißwein, Petersilie und Knoblauch oder Sahnesauce überbackener Jakobsmuschel in der Schale

chonchiglie gerippte Teigmuscheln für Suppen und Saucen, Sughi

concio Tessin: gratiniert, überbacken

condiggion, condijun Salat aus Gemüsen (Gurken, Kopfsalat, Paprikaschoten, Tomaten) über in Essig, Öl und Knoblauch angemachten Schiffszwiebäcken (Ligurien)

condimento Würze, Zutat; Gewürz

condizioni (di pagamento) Zahlungsbedingungen

confermare bestätigen

confetto Bonbon, Dragée, überzuckerte Frucht, Mandel usw.

confettura Konfitüre, in Zuckersirup eingemachte Früchte oder Püree davon; Zuckerwerk

– **extra** Konfitüre aus Früchten mit Ausnahme von Äpfeln, Birnen, Kürbis, Melonen, Pflaumen

confezione Packung, Verpackung

confortini dünnes, knuspriges Gebäck, lange haltbar (Piemont)

congelato eingefroren, tiefgekühlt

coniglio (domestico) (Haus-)Kaninchen, am besten 3–4 Monate alt, beste Stücke: Rücken, *sella*, Lendenstück, Filet, *filetto*, Schulter, *anteriore*, Schenkel, *posteriore*, a. Leber, *fegato*

– **selvatico** Wildkaninchen, wegen der Myxomatose a. in Italien rar geworden, ähnelt mehr dem Hasen, ↑ *lepre*, als dem Hauskaninchen

connita Einlaufsuppe aus Bauchspeckbrühe mit in Käse und Petersilie verschlagenen Eiern (Abruzzen)

cono Eistüte

consegna Lieferung, Zustellung; Verwahrung

conserva Konserve

– **di carne** Büchsen-, Dosenfleisch

C

– di pomodoro   Kampanien u. a.: Paste aus zerdrückten, an der Sonne getr. Tomaten mit Basilikum

consistente   dicht, dick, fest; dickflüssig

consolida maggiore   Beinwell, Wallwurz, Küchenkraut, Blätter frisch, getr. oder pulverisiert als borretschähnliche Würze, Blätter a. als Gemüse oder Salat, Sprossen als spargelähnliches Gemüse; als Tee beruhigend, hustenlösend

consommé   urspr. frz. [kõßommē]: klare Kraft-, Fleischbrühe (mit Karotten, Lauch), warm oder kalt, wird in Italien nur am Abend gereicht

consorzio   Genossenschaft; anerkannter, kontrollierter Produzent eines Nahrungsmittels oder Getränks; Produzentenverband

consumare   verbrauchen, verzehren

contadino   ländlich; Bauer, Landwirt

contenuto   Inhalt; Inhaltsangabe (in Litern, auf dem Weinetikett obligatorisch)

conto   Rechnung; Konto

contorno   Beilage; Garnitur

controfiletto   Lenden-, Rückenstück vom Rind, ↑ *lombata*; Tessin: Roastbeef, Beiried vom Rind

cooperativa   Genossenschaft
– agricola   landwirtschaftliche Genossenschaft
– di consumo   Konsumgenossenschaft
– vinicola   Winzergenossenschaft

copata, cupata   kl. rundes, knuspriges Gebäck mit Honig, Nüssen und Anis (Siena, Toskana)

coperchio   Deckel

copertina   Schulter, Bug vom Rind

Copertino   DOC-Weine aus der Provinz Lecce im Süden Apuliens: rot, *rosso*, herzhaft trocken und samtig mit leicht bitterem Abgang, darf sich nach 2 Jahren Lagerzeit *Riserva* nennen, TR 2–5 Jahre, TT 16°, günstiges Preis-Wert-Verhältnis, zu Suppen und Schweinefleisch; rosé, *rosato*, trocken und angenehm bitterlich, TR 1–3 Jahre, TT 12–14°, zu Vorspeisen, Suppen und geb. Gerichten

coperto   Besteck; Gedeck

copeta   Mandelgebäck, ↑ *cupeta*

copett   Lombardei: der ↑ *copata* ähnliches Gebäck

copioso   ausgiebig, reichlich

coppa   Glas, Becher, Pokal; Kamm, Kotelettstück, Schopfbraten vom Schwein; Art Preßkopf aus gewürztem,

C

luftgetr. Schweinenacken und -filet, aromatisch zart und mürb, am besten aus Parma und Piacenza

coppiette   mageres, getr., ger. Ochsen- oder Schweinefleisch, mit Ingwer gewürzt (Maremmen)

coppo   mit Eiern, Kräutern und Gewürzen im Ofen eingedickte Milch (Emilia); gr. Gefäß, ↑ *orcio*

copra   getr. Kokosnußfleisch

coprino chiomato   Schopftintling, jung feiner, aber leichtverderblicher Speisepilz, angenehmer Geruch und Geschmack, in Italien gern nur mit Butter und Salz gegessen, gute Zeit Ende Juni–Okt.

copripiatti   glockenförmiger Deckel, ↑ *cloche*

coprire   bedecken, überziehen

coque, à la   urspr. frz. [alakok]: weiches (Dreiminuten-) Ei; in seiner natürlichen Hülle (Fett usw.) gek. Nahrungsmittel

corata   Geschlinge, Herz, Leber und Lunge von Schlachtvieh

coratella   Innereien von Schaf oder Ziege mit Leber und Luftröhre

corbell|o, corba   (Weiden-)Korb
   a -i   in Hülle und Fülle

corbezzolo, albatra   Frucht des Erdbeerbaums, süßsäuerlich, aber ohne viel Geschmack, wird roh gegessen oder für Konfitüren, Sirupe und andere Getränke verwendet

corda   Gedärm von Schaf oder Ziege, ↑ *cordula*

cordarella   Taubenblauer Seitling, ↑ *cardoncello*

cordiale   „herzstärkende" süße Spirituose

cordula, corda   Gedärm von Schaf oder Ziege mit Speck und Kräutern, a. frischen Erbsen und Tomaten (Sardinien)

coregone   Renke, Felchen, ↑ *lavarello*

Cori   DOC-Weine aus der Provinz Rom: weiß, *bianco*, trocken *(secco)*, lieblich *(amabile)* oder süß *(dolce)*, delikat sanft und geschmeidig, TR bis 3 Jahre, TT 8–10°, zu Gemüsesuppen, Fisch und Gemüse; rot, *rosso*, trocken, frisch und samtig mild, TR 2–4, a. mehr Jahre, TT 18°, zu weißem Fleisch und Saucengerichten

coriandolo, erba cimicina   Koriander, Würzkraut getr. Samenkörner ganz, gemahlen oder zerstoßen herbwürzig süß; junge Blätter a. als Mischsalat

cornetto   Hörnchen, Kipfel aus süßem oder Brioche-Teig; Brechbohne, ↑ *fagiolino*; Teigtüte, ↑ *tasca*; Ligurien: Hornschnecke, ↑ *torricella*

– de mà   Ligurien: Stachelschnecke, ↑ *murice*

corniola   Kornelkirsche, weiches, süß-säuerlich würziges Fleisch, wird meist für Kompotte, Marmeladen, alkoholische Getränke verwendet

corno dell'abbondanza   Totentrompete, ↑ *trombetta da morto*

coronopo   Schlitzwegerich, ↑ *erba stella*

corpo   Körper, Leib; Wein: Körper

corrente   fließend, flüssig

correzione   Schuß Alkohol (Anisgeist, Fernet, Grappa, Rum, Weinbrand usw.) in Kaffee oder Tee

corteccia   Borke, Rinde; Kruste, Schale

cortello   Rom: Messer

Cortese   Rebsorte aus dem südöstl. Piemont, ergibt leichte, gefällige, bes. frisch-fruchtige und tanninhaltige Weißweine; daraus die DOC-Weine:
– **dei Colli Tortonesi**   ↑ *Colli Tortonesi Cortese*
– **dell'Alto Monferrato**   trocken, delikat und leicht bitterlich, TR 1–2 Jahre, TT 8°, als Aperitif, zu Muscheln und Süßwasserfischen (Provinzen Alessandria und Asti)
– **dell'Oltrepò Pavese**   ↑ *Oltrepò Pavese Cortese*
– **di Gavi**   der beste Cortese-Wein, trocken, a. perlend *(frizzante)* oder schäumend *(spumante)* ausgebaut, elegant und sehr fruchtig, TR 1–4 Jahre, TT 8°, zu Meeresfrüchten und Fisch (Provinz Alessandria)

cortinario maggiore, prestante   Blaugestiefelte Schleiereule, Schleimkopf, guter Speisepilz mit festem, fast madenfreiem Fleisch, gute Zeit Sept.–Nov.

corvina (di sasso, di scoglio, locca)   Meer-, Seerabe, guter Meerfisch, delikates Fleisch, läßt sich (in Butter) kochen, filetiert braten, schmoren, a. für Fischsuppen

Corvo   Markenname für Spitzenweine aus Casteldaccia nördl. Palermo auf Sizilien:
    Bianco   strohgelb, trocken, nervig und delikat, TR bis 1 Jahr, TT 8°, zu Gemüsevorspeisen und Fisch
    Colomba Platino   hellweiß, etwas zarter und spritziger als der vorhergehende, zu Meeresfrüchten
    Rosso   rubinrot, trocken, elegant und doch kräftig, TR bis 7 Jahre, TT 18°, zu gewürztem Fleisch
    Sherry Stravecchio   goldgelb, aus halbgetrockneten Trauben, Sherry-ähnlich trocken, aber voll, TR bis 4 Jahre, TT 6°, als Aperitif, 14° als Dessertwein
    Spumante   trockener *(brut)* oder halbtrockener *(demi-sec)* Schaumwein, TT 6°

corzetti   hausgemachte, breite Nudeln aus Hartweizengrieß und Eiern, meist mit zerlassener Butter, frischem

Majoran, Pinienkernen und Parmesan, a. mit Fleischbrühe oder Pilzen zubereitet, zu Ragouts, Saucen, Sughi
usw. (Ligurien, Trient u. a.)

coscetta   Geflügelschenkel

coscia   Keule, Schlegel, Stotzen, Schinken von Schaf,
Schwein, Geflügel, im Tessin a. Rind oder Kalb

coscio, cosciotto   Keule, Schlegel, Gigot vom Schaf

costa   Rippe; Blattrippe vom Mangold, ↑ *bietola*

**costardella, costardello, agora, gastardello, gastau-
riello, luccio sauro**   Makrelenhecht, fangfrisch delikates
Fleisch, a. gefroren im Handel, läßt sich (in Mehl) backen,
grillieren

costardelle   Latium: Kotelett vom Milchlamm, a.
Schwein

costa|re   kosten
  quanta – ?   was kostet das, wie teuer ist es?

costarelle   Latium: Kotelett vom Milchlamm, a.
Schwein

costata   Rippenstück, mit oder ohne Knochen, i. a. vom
Rind
– **di manzo**   Entrecote, Rumpsteak vom Rind
– **fiorentina**   Rindsstück, das auf der einen Seite Filet,
  auf der anderen Rumpsteak ist, auf Holzkohle gegrillt
  (Florenz, Toskana)

costate   Kamm, Fehlrippe, hinteres Ausgelöstes, abgedeckter Rücken vom Rind; a. Rücken, Lende vom Rind,
↑ *braciola*

coste della schiena   Tessin: Hochrippe, Rieddeckel,
Hochrücken vom Rind

costo   Preis

costoletta   Kotelett vom Kalb, Schaf, Schwein und gr.
Haarwild; ↑ a. *milanese, costoletta alla*

costolette   Kotelett-, Rippenstück vom Kalb; Tessin a.
Kotelettstück vom Schwein

Costozzo   ausgezeichnete Tafelweine aus der Provinz
Vicenza in Venetien von den Rebsorten *Riesling Renano*
(weiß), *Cabernet* und *Pinot nero* (rot), alle sortentypisch

cotechino   halbfeste, würzige Schlackwurst aus Speck,
Schwarte und geh. Fleisch vom Schwein, a. Rind, mit Pfeffer und anderen Gewürzen, wird gek. gegessen

cotenna | di maiale   Schweine-, Speckschwarte
– **di prosciutto**   Schinkenspeck aus mageren Hüftstük-
  ken des Schweins

cotica   Schweine-, Speckschwarte

cotogna, mela cotogna, pera cotogna   Quitte, herb-aromatische Frucht, nur gek., ged. oder geb. genießbar, bes. als Gelee oder Pasta, *cotagnata*, gute Zeit Okt.–Dez.

cotoletta   Kotelett, insbes. Kalbskotelett mit Knochen; Hühner-, Truthahnbrust; Scheibe, Stück Fisch, a. Gemüse
– **alla milanese, viennese**   Wiener Schnitzel, in Ei und Paniermehl oder Semmelbröseln paniertes Kalbsschnitzel, in Schmalz knusprig gebr., läßt sich a. kalt essen

cotta   Kochen, Backen, Braten, Dünsten, Schmoren, Sieden; Salamisorte für warme Zubereitung

cotto   gar; gekocht, gebacken, gebraten, gedünstet, geschmort, gesotten

cottura   Kochen, Backen, Braten, Dünsten, Schmoren, Sieden
   grado di –   Kochstufe
   tempo di –   Kochzeit

coturnice   Steinhuhn, wachtelartiges Feldhuhn, eines der besten Wildhühner, wird frisch oder gefroren a. eingeführt (Alpen, Apenninen, Sizilien); ugs. a. Wachtel, ↑ *quaglia*

couscous   nordafrikanisches Gericht, ↑ *cuscus*

cozza   Mittel-, Süditalien: Miesmuschel, ↑ *mitilo*

cozzola reale   Apulien: Herzmuschel, ↑ *cuore di mare*

cozzolo   Himmelsgucker, ↑ *pesce lucerna*

crafen   Krapfen, ↑ *krapfen*

crauti, salcrauti   Sauerkraut (Südtirol, Trentino u. a.)
– **guarniti**   Schlachtplatte mit gepökeltem Schweinefleisch, Schinken, ger. Bauchspeck, Würsten usw. im Sauerkrautbett

cravaos   ugs. kl. Gnocchi, ↑ *malloreddus*

crema   Creme-, Rahmsuppe, legiert und sämig; Creme, Süßspeise; mild-würziger Likör auf der Basis von Früchten, Getreiden, Pflanzen, Blumen usw. mit Zuckerzusatz, TT 6–8°
– **acida**   Sauerrahm, ↑ *panna acida*
– **al mascarpone**   Creme aus ↑ *Mascarpone*, Sahne, Eigelb, Zucker und Zimt mit Weinbrand, Marsala, Portwein oder einem aromatischen Likör, wird mit trockenen Biskuits oder Keksen serviert; ↑ a. *tiramisù*
– **caramello, crème caramel**   gestürzte Karamelcreme, Karamelpudding
– **Chantilly**   gezuckerte Schlagsahne, Schlagrahm, Schlagobers, oft mit Vanille aromatisiert
– **cotta**   gek. Creme aus Milch, Sahne, Zucker und Eiern mit Mehl oder Stärke zum Binden

– **cruda** Creme aus Butter, Eigelb und Puderzucker mit Haselnüssen, zerstoßenen Mandeln, Krokant, Kaffee, Schokolade, Likören usw.

– **del Lario** Schlagsahne mit Zucker, Zitrone und Grappa

– **di latte** Sahne, Rahm, Obers; ↑ a. *panna*

– **di mascarpone** Mascarpone-Creme, ↑ *crema al mascarpone*

– **fritta** Gebrannte Creme, Karamelcreme

– **ganache** dunkle Schokoladencreme mit Butter und flüssiger Sahne

– **inglese** Englische Creme, dickflüssige Vanillecreme aus Milch oder Sahne, Eigelb, Puderzucker und Vanille

– **pasticciera** Konditorcreme, (gestürzte) Füllcreme aus Milch, Mehl, Eigelb, Puderzucker und Vanille

– **Zola** Käsemischung, ↑ *gorgonzola al mascarpone*
  gelato di – Eiscreme

Cremaretto Mandel-Sahne-Likör, TT 8 – 10°

Cremeschnitte *millefoglie* [millefōlje] m

cremino Weichkäse aus Kuhmilch, streichfähig und delikat (Lombardei)

cremolata, cremolato Würzmischung, ↑ *gremolada*

cremolato, cremolata, gremolata körniges Eis aus versch. Fruchtsäften oder andern aromatischen Flüssigkeiten, insbes. Kaffee, Zitrone (Rom); ↑ a. *gramolata*

cremonese sternförmiges, süßes Gebäck mit goldgelb glänzender Kruste und weichem Inneren, zu Imbiß und Vesper

cren, barbaforte, rafano di Spagna, orientale Meerrettich, Kren, das schärfste Wurzelgemüse, beißend nussig, kann roh mit Salz und Butter gegessen oder gerieben, geraffelt vielseitig als appetitanregende Würze verwendet werden; a. scharfe Meerrettichsauce mit Essig und Brotkrumen

creola, riso alla gek. Langkorn-, Pilawreis (mit Pfefferschoten und Tomaten)

crêpe urspr. frz. [kräp]: hauchdünn geb. Pfannkuchen, nach Belieben aromatisiert, salzig oder süß

crescenta, crescente viereckige oder rautenförmige, in Schmalz oder Öl knusprig goldgelb geb. Teigwaren zu Würsten und Käse

crescentina in Öl oder Schmalz geb. Fladen aus Mehl, Hefe und Butter oder Schmer, salzig oder süß, wird heiß serviert (Emilia, Toskana)

crescenza weicher Frischkäse aus Kuh-Vollmilch, cremig mild, Fettgeh. mind. 48 %, Tafelkäse (Lombardei)

crescione Kresse, Blattgemüse, Salat- und Gewürzpflanze
- **d'acqua, nasturzio** Brunnenkresse, feines Kraut von
  würzigem Geschmack, saftige Stiele und zarte Blätter
  frisch als appetitanregender Salat, als Würze in Suppen,
  Omeletts, Rühreiern, Salaten usw. oder aber als Garnitur, wuchs früher wild an Bachrändern, heute meist
  gezüchtet
- **dei prati** Wiesenkresse, Schaumkraut, wächst in der
  warmen Jahreszeit wild, junge bitterliche Blätter ausgezeichnet als Salat
- **inglese, comune** Gartenkresse, nicht so pikant wie
  die Brunnenkresse, als Gewürz für Salate, Saucen usw.
  und für Garnituren geeignet, wird a. im Haus gezüchtet

crespella salzige Crêpe, ↑ *crêpe*, aus Weizenmehl

crespino Berberitze, Sauerdorn, beerenartige, herbsäu-
erliche Strauchfrucht, als Gelee, Marmelade, Saft usw.,
a. in Suppen oder Saucen verwendbar

crespone Darm, Wursthaut vom Schwein

cresta Hahnenkamm, Delikatesse als Vorspeise, Ragout, Beilage
- **di gallo** eßbare Margerite, ↑ *crisantemo*

crestoni, creste di gallo „Hahnenkämme", dekorative
Teigwaren, für Saucen mit oder ohne Tomaten

creta, alla in Tongeschirr gekocht

crisantemo, cresta di gallo Feldmargerite, Wiesen-
blume, aromatische Blätter in Mischsalaten verwendbar

crispeddi Sizilien: kl. Pfannkuchen, ↑ *frittelle*

critmo, cretamo, finocchio marino Meerfenchel, Salzpflanze von den Meeresküsten, aromatisch bitterliche,
jodhaltige Blätter, als Würze zu Salaten, a. in Essig eingelegt als Vorspeise

croccante knusprig; Krokant, Süßigkeit aus geh. Mandeln und Haselnüssen mit karamelisiertem Zucker

crocchetta Krokette, Krustel, schwimmend ausgebak-
kenes Klößchen aus Fleisch, Fisch, Gemüse, Kartoffeln,
Pilzen, Käse usw.

croccolone Doppelschnepfe, Art der Sumpfschnecke,
würziges Fleisch, gute Zeit März–Mai, Aug.–Okt.; ↑ aber
a. *beccaccia*

crocetta Brotkreuz

Crodo Kurort bei Domodossola nahe der schweiz.
Grenze mit zwei Tafelwässern:
- **Listel** still mit zugesetzter Kohlensäure, schwacher
  Mineralgehalt

– **Valle d'Oro**   still mit zugesetzter Kohlensäure, mittlerer Mineralgehalt, verdauungsfördernd

croissant   urspr. frz. [kroaßā]: Hörnchen, Kipfel, leichtes Frühstücksgebäck aus Hefe- oder Blätterteig mit Süßrahmbutter, zart mürb, am besten ofenwarm, wird nicht geschnitten, sondern abgebissen

croque-monsieur   urspr. frz. [krockmösjö]: Schinken und (Gruyère-)Käse zwischen zwei altbackenen Weißbrotscheiben, die beidseitig in Butter oder Öl geb. wurden

crosta   Kruste; Teigmantel; Käserinde; Kuchenüberzug, -glasur

crostacei   Krebs-, Krustentiere aus dem Meer, a. Süßwasser

crostata   vor oder nach dem Kochen mit Creme, Früchten, Marmelade überzogener Mürbeteigkuchen

crostino   Scheibe Bauern- oder Weißbrot mit versch. Belag, a. warm, hellbraun geröstet, in Butter gebr. oder (mit Käse) überbacken; in Butter oder Olivenöl gerösteter Weiß- oder Graubrotwürfel als Suppeneinlage

crostoli   fettgebackenes Karnevalsgebäck, den ↑ *cenci* ähnlich

crostone   gr. in Butter, Öl geröstete oder im Ofen geb. Landbrotscheibe zum Belegen mit (geschmolzenem) Käse oder sonst Eßwaren (Tournedos, Federwild usw.)

crotonese   Hartkäse aus Ziegenmilch, ausgeprägter Geschmack

crudità   rohes, frisches oder kurz blanchiertes Gemüse, a. an Salatsauce als Vorspeise

crudo   roh, ungekocht; nicht gar; ungeröstet, unreif, herb, sauer

crumiro   trockenes Biskuitstäbchen aus Weizen- und Maismehl mit Eiern und Zucker (Piemont)

crusca   Kleie, Keim und Schale des Getreidekorns

cubbaita   Krokant aus Honig, Mandeln und Sesamsamen (Mittelmeerländer, Sizilien)

cubetto   Würfel, Würfelchen

cucchiaino   Teelöffel, Löffelchen

cucchiaio, -ai   (Eß-)Löffel
– **da tavola**   Suppenlöffel
– **di legno**   Holzlöffel
– **per rimestare**   Koch-, Rührlöffel
    al –   mit dem Löffel zu essen

cuccia, grano dolce, di Santa Lucia   süßer Brei aus gek. Getreidekörnern, Zucker oder Honig und Sahne (Sizilien)

cucciddato dem ↑ *buccellato* ähnlicher Hefekranz (Sizilien)

cuccu Sizilien: Kuckucksknurrhahn, ↑ *capone coccio*

cucett a la ragna Lammkopf mit Kartoffel- und Zwiebelscheiben, Wurststücken, Knoblauch und Origano in Öl aus dem Ofen (Abruzzen)

cucina Küche; Kochherd; Küchenausstattung; Kochkunst; Kost, Speisen; a. Molkerei
- **alberghiera** (Hotel-)Küche, meist mit persönlichem Stil des Chefs und regionalen Spezialitäten
- **casalinga** bürgerliche Küche, Hausmannskost
- **dietica** Diätkost

cucire (Geflügel) binden

cuculli, galletti Klöße aus Kichererbs- oder Kartoffelmehl (Ligurien)

cucuzza Süditalien: Kürbis, ↑ *zucca*
- **all'auruduci** süß-saures Kürbisgericht (Sizilien)

cucuzzeddo, cucuzzella Süditalien: Zucchini, ↑ *zucchino*

cuffiteddu Sizilien: dem ↑ *buccellato* ähnlicher Hefekranz

cugna Piemont: Quittenpaste

culatello eingesalzenes, luftgereiftes Kernstück des Schweineschinkens, aromatisch zart, rar und in jedem Sinne kostbar (Provinz Parma, Emilia-Romagna)

culurjones, culingiones, cullurzones, angiulottus, spighitti Ravioli, Teigtaschen aus Hartweizengrieß, mit sehr frischem Schafkäse und Kräutern gefüllt (Sardinien)

cumino, comino Kümmel, alte Würzpflanze, Samen kräftig aromatisch, leicht süßlich, frisch od. getr. intensiver als gemahlen; zarte Blätter a. als Salat verwendbar
- **dei prati, tedesco, anice dei Vosgi, carvi, nigella dei campi** Feldkümmel, fenchelartig würzig
- **nero, nigella** Schwarzkümmel, pfefferscharf mit leichtem Zitronenaroma

cuocere kochen
- **a lesso** kochen, sieden, dünsten
- **al forno** im Ofen backen, braten
- **in umido** schmoren, dünsten

cuocipolenta Gerät zum Zubereiten der Polenta, ↑ *paiolo elettrico*

cuoco Koch

cuor di coscetto reg. obere Keule, Schlegel, Stotzen, Schlußbraten vom Kalb

cuore   Herz (von Kalb, Rind, Schaf, Schwein); Inneres einer eßbaren Pflanze (Artischocke, Sellerie usw.)
– **di bue**   fleischige Tomatensorte, gut für Salate
– **di mare**   Herzmuschel, eßbares Meeresschaltier, die „Auster der Armen", wenig, aber festes, schmackhaftes Fleisch, gut gewässert roh oder gek. ausgezeichnet, gute Zeit Okt.–Apr.
– **di palma**   Palmherz, ↑ *palmito*
– **spinoso**   Stachelige Herzmuschel, ↑ *cuore di mare*
– **tubercolato**   Dickrippige, Dornige, Knotige Herzmuschel, Fleisch noch geschätzter als das der Gemeinen Herzmuschel, ↑ *cuore di mare*

cupata   knuspriges Gebäck, ↑ *copata*

curadduzza, corallina   kurze, zylindrische Nudel aus Hartweizengrieß, in Gemüsesuppen und zu Gemüse (Sizilien)

curapipe   Pfeifenstopfer

curcuma, zafferano delle Indie, zenzero giallo   Kurkuma, Gelbwurz, tropisches Ingwergewächs, getr., ganze oder gemahlene Wurzel herbsäuerlich, aromatisches Gewürz

curry   urspr. engl. [kari]: Curry, süßlich-scharfes Pulver aus tropischen Gewürzen (Indien); a. Gericht damit

cuscinette   geröstete, belegte Schnitte Brot, Toast
– **di pandorlo**   Scheibe Kastenweißbrot mit Mozzarella- oder Provolone-Käse, Parmaschinken, a. geh. Sardellenfilets
– **di vitello**   Kalbsschnitzel, mit Käse und Schinken überbacken

cuscus, couscous, cuscùsu, kuskus   nordafrik. Nationalgericht aus grobkörnigem, über Wasserdampf in Bouillon gegartem Hartweizen-, a. Gerstengrieß mit versch. Beilagen: Kichererbsen, Bohnen, anderen Gemüsen, Fleisch, a. Fisch, Koriander, Gewürzen usw., oft in scharfer Sauce, ↑ *harissa* (Algerien, Marokko, Tunesien)

Custoza, Bianco di   Weißwein DOC vom Gardasee, ↑ *Bianco di Custoza*

cuticùsu   mit zerstoßenem Knoblauch, Majoran, Sardellen, Öl und Essig gek. dicke Bohnen (Macerata, Marken)

cutturiddu (d'agnello)   Lammragout mit Gemüse (Apulien, Basilikata)

Cynar   Bitter-Likör aus Artischocken und anderen Pflanzen, Kräutern und Gewürzen, als Aperitif gut gekühlt oder über Eis pur, mit Soda oder Orangensaft genießbar, als Verdauungsgetränk nach der Mahlzeit (zu Kaffee) pur, a. als Begleitung von Bier

dado   Würfel
– **di carne**   Suppenwürfel

dadolata   kl. Gemüse-, a. Schinken-, Zungen-, Käse-usw. Würfel

daino   Damhirsch, Damtier, schmackhaftes Wildbret, Fleisch des Weibchens zarter als das des Männchens (Mittelitalien, Sardinien); Fleischteile und -stücke ↑ Reh

dal   *decalitro*, Dekaliter

Dampf   *vapore* [wapóre] m

dämpfen   *stufare* [stufáre]

dariola   Becherpastete, ↑ *timballo*

dattero   Dattel, Frucht der Dattelpalme; Ancona: hintere Dünnung, dünnes Kügerl, Vorschlag vom Rind
– **di mare, folade**   Stein-, Meerdattel, Verwandte der Miesmuschel, ↑ *mitilo* (Apulien, Istrien, La Spezia u. a.); reg. Name a. für andere Schaltiere

decaffeinato   koffeinfreier Kaffee

decantare   dekantieren, Wein behutsam aus der Flasche in eine Karaffe umgießen, um ihn vom Satz zu trennen und ihm Luftsauerstoff zuzuführen, empfiehlt sich für viele ital. Rotweine DOC

deglassare   deglacieren, ablöschen

delfino   Delphin, Fang und Verkauf in Italien seit 1980 gesetzlich verboten

delicato   zart; erlesen, lecker; leicht(verdaulich); empfindlich; wählerisch; Wein: fein, harmonisch

delikatessen   abgek. *deli*: Delikateßgeschäft

delizioso   köstlich, wohlschmeckend

Demidoff, alla   mit Gemüsen gef., mit schwarzen Trüffeln garnierte Poularde, a. sonst Geflügel, im Reisring

demi-sec   urspr. frz. [dömißäck]: halbtrocken, halbsüß

denominazione   Benennung, Bezeichnung, Name
– **di origine controllata**   Ursprungsbezeichnung (nicht unbedingt a. Qualitätsgarantie) für Weine, Käse, Schinken, ↑ D.O.C., D.O.C.G.

densità   Dichte, Dicke

dente   Zahn
– **di leone, di cane, insalata matta, piscialletto, soffione, tarassaco**   Löwenzahn, Wiesenpflanze, zarte Blätter herbsüß bitterlich, müssen März–Mai vor dem Blühen verwendet werden, in Italien gern (mit Speckwürfeln) als Salat gegessen, a. ged. in Suppen oder als spinatartiges Gemüse
al –   beißfest, außen nicht zu weich, innen gerade gar

dentice Zahnbrasse(n), gr. Mittelmeerfisch aus der Familie der Doraden, saftiges, etwas grobes, schwerverdauliches Fleisch, läßt sich grillieren, pochieren, schmoren, wird meist aus Nordafrika importiert

denti di cavalli „Pferdezähne", dicke Röhrennudeln, etwas kleiner als ↑ *rigatoni*

deperibile leicht verderblich

deprezzato zu gesenktem Preis

derrata (alimentare) Lebensmittel

desfritto Venedig: Gemüsemischung, ↑ *soffrito*

desinare Hauptmahlzeit, Mittagessen

dessert urspr. frz. [däßär]: Nachspeise, der letzte Gang einer Mahlzeit

　　vino da – Dessertwein, in Italien meist ein ↑ *Moscato* oder ein Likörwein, *vino liquoroso*; ↑ a. *Passito, Vin Santo*

Dessert *dolci* [dóltschi] pl

deteriorabile verderblich

Diano Rotwein DOC aus dem Piemont, ↑ *Dolcetto de Diano d'Alba*

Diät *dieta* [di|éta] f

-kost *alimentazione dietetica* [alimentazióne di|etétika] f

diavola, alla (mit roten Pfefferschoten u. ä.) scharf gewürzt, in scharfer Sauce (in Italien oft plattgedrücktes Huhn)

diavoletto, diavolillo Abruzzen: Pfefferschötchen, ↑ *peperoncino*

diavolo di mare Venetien, Sizilien: Seeteufel, ↑ *rana pescatrice*

di centro im Juli, Aug. hergestellter Parmesankäse, ↑ *parmiggiano*

di coda vom 1. Sept. bis 11. Nov. hergestellter Parmesankäse, ↑ *parmiggiano*

dieta Diät, Schonkost; Krankenkost

digeribile verdaulich

digestivo Verdauungsschnaps, -likör nach dem Essen, pur oder über Eis

digiuno, (a) nüchtern, auf nüchternen Magen; Fasten

digrassare entfetten

diliscare ausgräten

Dill *aneto* [anéto] m

diluire verdünnen, verwässern

dind(i)o reg.: Truthahn, ↑ *tacchino*

diospiro Kaki, ↑ *cachi*

diplomatica, salsa, salsa Riche Fischrahmsauce mit Hummerbutter, Hummer- und Trüffelwürfeln

diplomatico, torta diplomatica Pudding aus kandierten Früchten, Marmelade, a. Eiercreme zwischen Schichten von Blätter-, Briocheteig oder Löffelbiskuit

disossare ausbeinen, entbeinen

dispensa Speiseschrank; Speise-, Vorratskammer
– di vini Weinhandlung

dissanguare ausbluten lassen

dissetante durstlöschend, -stillend

ditali, ditalini, ditaloni „Fingerhüte", kl. Röhrennudeln aus Hartweizengrieß, gerillt oder glatt, für dicke Gemüsesuppen oder Tomaten-, Gemüsesaucen und Muscheln

di testa im Apr. und Juni hergestellter Parmesan, ↑ *parmiggiano*

ditola, clavaria Familie der Keulen-, Korallenpilze, darunter der Ziegen-, Geißbart, schmackhaft mild, nur jung und nicht roh genießbar, gute Zeit Juli–Nov.

D.O., DO *Denominazione di Origine*, gesetzlich kontrollierte Herkunftsbezeichnung für Käse usw.

D.O.C., DOC *Denominazione di Origine Controllata*, gesetzlich kontrollierte Herkunftsbezeichnung (nicht unbedingt a. Qualitätsgarantie) für ital. Weine, die aus einem genau umgrenzten Anbaugebiet stammen und den im Weingesetz von 1963 festgelegten Produktionsvorschriften entsprechen; das Gütezeichen D.O.C. dürfen a. Käse, rohe Schinken und seit kurzem Rindfleisch tragen

D.O.C.G., DOCG *Denominazione di Origine Controllata e Garantita*, Spitzenprädikat, gesetzlich kontrollierte und garantierte Herkunfts- und Erzeugerbezeichnung für ital. Weine

dolce süß, mild; Süßspeise, Torte, Kuchen; ↑ a. *dolci*
– al mascarpone Torte aus Löffelbiskuitteig mit cremigem Belag aus flüssiger Sahne, ↑ *Mascarpone* und Zitronensaft, mit geh. Pinienkernen garniert

Dolceacqua Rotwein DOC aus Ligurien, ↑ *Rossese di Dolceacqua*

dolcetta Feldsalat, ↑ *valerianella*

Dolcetto dunkelblaue Rebsorte, die (trotz ihres Namens) trockene, unkomplizierte und geschmeidig fruchtige, a. schäumende Rotweine mit leichtem Mandel-

geschmack ergibt (Piemont); daraus DOC-Weine, die sich nach mind. 1 Jahr Lagerzeit *Superiore* nennen dürfen:
- **d'Acqui** frisch und ausgeglichen mit einer Spur Bittermandel, TR 2–4 Jahre, TT 16°, zu allen Mahlzeiten (Provinz Alessandria)
- **d'Alba** einer der besten Dolcetto-Weine, freundlich weich und vollmundig, TR 1–4 Jahre, TT 16–18°, zu allen Mahlzeiten, insbes. weißem Fleisch und Geflügel (Provinz Cuneo)
- **d'Asti** harmonisch samtig mit mäßiger Säure, TR 1–4 Jahre, TT 18°, zu allen Mahlzeiten, insbes. weißem Fleisch und Geflügel (Provinz Asti)
- **delle Langhe Monregalesi** gefällig und leicht bitterlich, TR 3–5 Jahre, TT 18°, zu weißem Fleisch und Geflügel (Langhe, Provinz Turin)
- **di Diano d'Alba** gehaltvoll harmonisch und von mäßiger Säure, TR 2–4 Jahre, TT 16°, zu weißem Fleisch, Geflügel und Federwild (Provinz Cuneo)
- **di Dogliani** delikat und leicht herb, TR 3–5 Jahre, TT 16°, zu Schmorbraten, weißem Fleisch und Geflügel (Provinz Cuneo)
- **di Ovada** körperreich und harmonisch mit mäßiger Säure, TR 3–7 Jahre, TT 18°, zu weißem Fleisch und Federwild (Provinz Alessandria)

dolci Dessert, Nachtisch; Süßigkeiten, Zuckerwerk; ↑ a. *dolce*

dolciamaro bittersüß

dolico Augenbohne, ↑ *fagiolo dall'occhio*

Donnas, Donnaz [donās] Rotwein DOC, trocken, robust und doch elegant mit Mandelgeschmack, muß mind. 3 Jahre lagern, TR 5–9, a. mehr Jahre, TT 16–18°, zu dunklem Fleisch und Schmorgerichten (Aostatal)

Donnici DOC-Wein aus der Provinz Cosenza in Kalabrien, hellrot *(rosato)* bis rot *(rosso)*, trocken, frisch und leicht säuerlich, TR bis 2 Jahre, TT 16°

donzella, labro Lippfisch, barschartiger Meerfisch, grobes, süßliches, nicht bes. schmackhaftes Fleisch, meist in Fischsuppen

donzelle Karnevalskrapfen, ↑ *cenci*

donzelline geb. Nudeln, gut zu Wurstwaren, a. mit Sardellenstücken gef. oder sogar mit Puderzucker bestreut (Emilia)

dorare glänzend goldbraun backen, braten

dormiente März-Ellerling, ↑ *marzuolo*

Dorsch *merluzzo* [merlúzo] m

Drachenkopf *scorpena* [skorpéna] f

dragoncello, estragone Estragon, feines Würzkraut, zarte Triebspitzen, nur frisch verwendbar, duftig anisähnliches und zart bitterliches Aroma, gute Zeit Frühling bis Herbstanfang

dragone Geflecktes Petermännchen, ↑ *tracina dragone*

Driola blaue Rebsorte aus Norditalien, ↑ *Bonarda*

droga, -ghe Gewürz(e)

drop Drops, Karamel-, Fruchtbonbon

dry urspr. engl. [drai]: trocken (Wein, Schaumwein, Vermouth usw.)

duchesse urspr. frz. [düschäß]: Krokette aus mit Butter und Eigelb pürierten, goldgelb geb. Kartoffeln; Mandelgebäck

Duft *aroma* [aróma] m

Durello weißer Tafelwein aus der Provinz Vicenza in Venetien, selten, trocken und delikat säuerlich, a. schäumend *(Champenois)*, sehr trocken, TR bis 8 Jahre (!), TT 10°, zu leichten Vorspeisen und Fisch

duro hart; hartgesotten; zäh; Wein: unharmonisch, mit viel Säure

eccellente ausgezeichnet, hervorragend, vorzüglich

effervescente brausend, sprudelnd

Egeria, Acqua *Acqua Santa di Roma*, Tafelwasser mit natürlicher und zugesetzter Kohlensäure, mittlerer Mineralgehalt (Albaner Berge bei Rom)

eglefino Schellfisch, kommt in den Meeren um Italien nicht vor, deswegen dort kaum verbreitet

Egli *pesce persico* [pésche pérsiko] m

Ei, Eier *uovo* [uówo] m, *uova* [uówa] pl
-dotter, -gelb *tuorlo d'uovo* [tuórlo duówo] m
-schnee *chiara montata (in neve)* [kiàra montàta (in néwe)] f
-weiß, -klar *bianco d'uovo* [biànko duówo] m
    Dreiminuten ⌣, weiches – *uovo alla coque* [uówo alla kóck] m
    Fünfminuten ⌣, wachsweiches – *uovo bazzotto* [uówo badsótto] m
    hartes – *uovo sodo* [uówo sódo] m
    Rühr ⌣ *uova strapazzate* [uowa strapadsàte] pl
    Spiegel ⌣ *uovo al tegame* [uówo al tegàme] m
    verlorenes – *uovo affogato* [uówo affogàto] m
Eier|becher *portauovo* [pórta|uówo] m
-gericht *pietanza d'uova* [pi|etànza duówa] f

-kuchen *frittata* [fritåta] f
-löffel *cucchiaio da uovo* [kukkiåjo da uòwo] m
-pfannkuchen *frittella* [fritélla] f
-schwamm *cantarello* [kantaréllo] m

einfach *semplice* [sémplitschē]

eingießen *versare* [werßåre]

einmachen *mettere in conserva* [méttere in konsérwa]

Eis *ghiaccio* [giåtscho] m; Speiseeis: *gelato* [dschelåto] m
– am Stiel *gelato da passeggio* [dschelåto da paßé-dscho] m
  -becher *coppa di gelato* [kòppa di dschelåto] f
  -bein *zampetto* [tsampétto] m
  -bombe *bomba gelata* [bòmba dschelåta] f
  -creme *gelato (di crema)* [dschelåto (di kréma)] m
  -diele *gelateria* [dschelateria] f
  ○**gekühlt** *ghiacciato* [giatschåto]
  -getränk *(bevanda) ghiacciata* [(bewånda) giatschåta] f
  -kaffee *caffè freddo* [kaffē fråddo] m
  -kübel *portaghiaccio* [pòrtagiåtscho] m
  -schokolade *cioccolata fredda* [tschokolåta frådda] f
  -tüte, -hörnchen *cono di gelato* [kòno di dschelåto]
  -würfel *(cubetto di) ghiaccio* [(kubétto di) giåtscho] m
  gemischtes – *gelato misto* [dschelåto misto] m

Eisacktaler weiße Sortenweine DOC aus dem Eisacktal in Südtirol, ↑ *Valle Isaro*

Elba toskanische Ferieninsel im Tyrrhenischen Meer zwischen der nordital. Küste und dem frz. Korsika mit reichen Kultur- und Mineralschätzen, s. Toscana S. 70 ff.; von daher und von der Festlandprovinz Livorno versch. DOC-Weine: weiß, *bianco*, herzhaft trocken, leicht und frisch, a. schäumend, *spumante*, erhältlich, TR bis 2 Jahre, TT 8°, Spumante 6°, zu Fisch, Krustentieren, Eierspeisen – empfehlenswerter als rot, *rosso*, trocken und leicht tanninhaltig, a. schäumend, TR 2–6 Jahre, TT 18°, zu allen Mahlzeiten

elefante di mare Hummer, ↑ *astice*

eliche Spiralnudeln, zu Tomaten- oder Käsesaucen

Emilia-Romagna fruchtbare Landschaft in der oberital. Tiefebene zwischen Po, Nordapennin und Adria mit vielen bedeutenden Städten und Badeorten, berühmt für seine üppige, „fette“ Küche, ↑ S. 30 ff.

emporio Markt, Warenlager; Kauf-, Warenhaus

endivia Endivie, ↑ *indivia*

Enfer d'Arvier [ãfär darwijē] Rotwein DOC aus der gleichn. Gemeinde im Aostatal, trocken, apart herb, wird mit dem Alter weicher, TR bis 6 und mehr Jahre,

TT 16–18°, zu Wurstwaren und typischen Gerichten der Gegend; wird aus teilgetr. Trauben auch süß, *liquoroso*, als Dessertwein hergestellt, TT 12–14°

enoteca   Weinsammlung, -lager, -probierstube, wo (typische, edle) reg. Weine ausgestellt und verkauft werden

ente   Betrieb, Unternehmen; Institut; Verband

Ent|e   *anatra* [ánatra] f
-enbrust   *petto d'anatra* [pétto dánatra] m
-enstopfleber   *foie gras d'anatra* [fọagra dánatra] m

entrata   Eingang, Zutritt
– **libera**   freier Eintritt

entrecôte   urspr. frz. [ãtrökōt]: dicke Scheibe aus dem saftigen Zwischenrippenstück des Rinds; ↑ a. *costata*

epigrammi   gr. Bruststück mit Kotelett von Lamm, Hammel, a. Reh usw., paniert und grilliert oder sautiert

Episcopio (Ravello)   Weine aus der Provinz Salerno in Kampanien: weiß, *bianco*, trocken und würzig frisch mit leicht bitterem Abgang, TR bis 1 Jahr, TT 8–10°, zu Fisch und weißem Fleisch; rosé, *rosato*, trocken und aromatisch, TR bis 3 Jahre, TT 10°; rot, *rosso*, trocken, weich und samtig, TR bis 15 Jahre, TT 18°

equino   Pferdefleisch (jenes von Esel, Maulesel und Maultier ist heute in Italien praktisch verschwunden)

erba, erbe   Gras, Kraut; Gemüse; ↑ a. *erbe aromatiche*
– **acciuga**   Bohnenkraut, ↑ *santoreggia*
– **amara**   Marienkraut, ↑ *erba di San Pietro*
– **barbar(e)a**   Rauke, ↑ *rucola palustre*
– **brusca**   Sauerampfer, ↑ *acetosa*
– **buona**   Eisenkraut, ↑ *verbena*
– **cannella**   Zimt, ↑ *cannella*
– **cedrata**   Gartenmelisse, ↑ *melissa*
– **cerea**   Bohnenkraut, ↑ *santoreggia*
– **cimicina**   Koriander, ↑ *coriandolo*
– **cipollina, aglio cipollino, ciboulette**   Schnittlauch, der feinste Lauch, junge Blattröhrchen roh und kleingeschnitten als Würze von zart-mildem Zwiebelgeschmack
– **di San Pietro, di Santa Maria, erba amara**   Balsam-, Barbara-, Barben-, Marienkraut, angenehm bitterliche Blätter als pikante Würze für Suppen und Salate, gute Zeit Sommer
– **Luisa**   Zitronenkraut, ↑ *cedrina*
– **salvia**   Salbei, ↑ *salvia*
– **stella, barbatella, coronopo, minutina**   Schlitzwegerich, Wildgemüse, frisch im Frühling und Sommer für Mischsalate oder als Würze für Suppen, Saucen
  fagioli in – grüne Bohnen

Erbaluce (di Caluso) Weißwein DOC aus den Provinzen Turin und Vercelli im Piemont, angenehm trocken, frisch und elegant, TR bis 4 Jahre, TT 8–10°, zu Vor- und Eierspeisen, Kraftbrühen; ↑ a. *Caluso Passito*

erbazzone Mürbeteigkuchen mit geh. Mangold und/ oder Spinat, Eiern, a. Speck, Knoblauch, Petersilie usw. und geriebenem Parmesan, kann heiß, lauwarm oder kalt gegessen werden (Reggio, Emilia)

erbe aromatiche, culinarie (Gewürz-)Kräuter
- **per brodo, minestra** Suppengrün, Suppenkräuter
- **fini** frisch geh. Schnittlauch, aber a. andere grüne Kräuter (Basilikum, Fenchel, Kerbel, Rosmarin, Thymian usw.) für Suppen und Saucen
- **selvatiche** wild gewachsene, eßbare Kräuter
  piazza delle – ugs.: Obstmarkt

erbette Emilia: Mangold, ↑ *bietola*; Latium: Petersilie, ↑ *prezzemolo*

erborinato Käse: von grünem Edelpilz durchsetzt

erboristeria Kräuter-, Gewürzladen

Erbse(n) *pisello* [piséllo] m; *piselli* [pisélli] pl

Erdbeere *fragola* [frágola] f
  Wald⌑ *fragola dei boschi* [frágola de|i bóski] f

Erdnuß *arachide* [arákide] f
-öl *olio di arachide* [olio di arákide] m

escluso, servizio Bedienung nicht inbegriffen

Eskariol *scarola* [skaróla] f

espresso auf ausdrücklichen Wunsch; Eilbrief; Espresso aus der Kaffeemaschine, ↑ *caffè espresso*; in Bar, Restaurant a. normale Tasse Kaffee

eßbar *commestibile* [kommestibile]

essen *mangiare* [mandscháre]

essenza Auszug, Essenz, Öl

Essig *aceto* [atschéto] m
  Balsam⌑ *aceto balsamico* [atschéto balsámiko] m

Est! Est!! Est!!! (di Montefiasone) Weißwein DOC aus der Provinz Viterbo nördl. Rom, dessen origineller Name auf eine hist. Begebenheit zurückführt, trocken oder halbtrocken *(abboccato)*, weich und (gefährlich) süffig, TR bis 2 Jahre, TT 10°, zu Vorspeisen und Süßwasserfischen

estragone Estragon, ↑ *dragoncello*

Etna DOC-Weine von den Vulkanhängen des Ätna in Catania, Sizilien: weiß, *bianco*, herb oder trocken, frisch und harmonisch, darf sich bei Herkunft aus Milo, bes. fruchtig, *Superiore* nennen, TR bis 2 Jahre, TT 8–10°, zu allen Mahlzeiten, insbes. Fisch und Grillgerichten; rosé, *rosato*, herzhaft trocken und voll, TR 1–2 Jahre, TT 12–14°, zu Vorspeisen und Fisch; rot, *rosso*, sehr trocken, kräftig und harmonisch füllig, TR 2–10 und mehr Jahre, TT 18°, zu Fleisch

Etschtaler   Weine aus dem Etschtal in Südtirol, ↑ *Valdadige*

etto   hundert Gramm

Eureka, Acqua   stilles Tafelwasser, natürlich oder mit Kohlensäurezusatz, leicht mineralhaltig (Lecce in Apulien)

eviscerato   ausgenommen, ausgeweidet; Geflügel: bratfertig

fabbro   Norditalien: kl. Zug- und Wandervogel, ↑ *beccafico*

Fabia, Acqua   natürliches stilles Tafelwasser mit leichtem Mineralgehalt, heilsam und durstlöschend (San Pellegrino, Thermalbad in den Bergamasker Alpen der Lombardei)

Fabriano   geräucherte Wurst, ↑ *sopressa Fabriano*

facciuno di Santa Chiara   mit Schokolade überzogener Fladen mit Mandeln, Zedratfrucht- und Orangenmarmelade (Noto auf Sizilien)

fagiano   Fasan (jung: *fagianotto*), einst „König des Federwilds", heute in Italien oft Haustier und gezüchtet, sollte nicht älter als 1 Jahr sein; am besten die saftigere Henne *(femmina)*, weniger als 1 Jahr alt *(fagianella)*
– **di mare**   reg. für Knurrhahn, ↑ *capone*
– **di monte**   Birkhahn, Birkhuhn, kl. Waldhuhn, a. in Italien rar geworden, gute Zeit Mai (Ostalpen)

fagiolata   Gericht aus Borlotti-Bohnen und Schweineschwarte (Piemont)

fagiolino, fagiolo mangiatutto, cornetto   zarte grüne Schnittbohne, die vor der Reife mit Hülse gegessen werden kann, insbes. Zuckerschote, Kefe, Mai–Okt. nur frisch genießbar (Kampanien, Venetien, Latium, Emilia-Romagna, Piemont, Sizilien)

fagiolo   Bohne, Fisole, Hülsenfrucht, in Italien Grundnahrungsmittel; ↑ a. *azuki, borlotti, cannellini, fagiolino, fava, piattellini, toscanelli*

Sorten:
fagiol|o (bianco)   dicke Weiße Bohne, Puff-, Saubohne, sehr mild, frisch oder getr. für Suppen, Pürees, als Gemüse oder Salat

- **americano, della regina** Feuerbohne, ↑ *fagiolo di Spagna*
- **Borlotto** gesprenkelte Bohnensorte, ↑ *Borlotto*
- **burro** blaßgelbe Speck-, Wachs-, Brechbohne, zarter Geschmack, für Suppen, Pürees, als Gemüse oder Salat
- **cespitoso, nano** Buschbohne, Form der grünen Gartenbohne
- **comune, rampicante** grüne Stangen-, Kletterbohne
- **con l'occhio, dall'occhio, dolico** Augenbohne, für Salate
- **di Lima** Lima-, Mondbohne, kl. und dunkel, weich und mild, frisch oder konserviert erhältlich, muß gründlich abgekocht werden, als Gemüse oder Salat
- **di Spagna, caracalla, fagiolone** Feuer-, Prunkbohne, gr. dicker Kern, als Frisch- oder Trockengemüse für Suppen und Pürees
- **fresco** frische grüne, enthülste Bohne
- **indiano** Helmbohne, Lablab, wie die Gartenbohne verwendbar, junge Hülsen als Gemüse, Samen als Trockenbohne (Indien, Ostafrika, Südeuropa)
- **mangiatutto** unreife, zarte grüne Schnittbohne, ↑ *fagiolino*
- **nero** Schwarze Bohne, aus Lateinamerika eingeführt, deshalb meist gek., strenger Geschmack, für Salat
- **patata** Yamswurzel, ↑ *igname*
- **peloso, verde** Mungo-, Linsenbohne, für Suppen oder püriert, Keimlinge als Salat oder Gemüse
- **i secchi** Trockenbohnen
- **i sgranati** ausgehülste Bohnen
- **i verdi** grüne Bohnen, Schnittbohnen
  Zubereitungen:
  fagioli (cotti) al fiasco Weiße Bohnen mit Olivenöl, Salbei und Knoblauch in bauchiger (Chianti-)Flasche gek., warm oder kalt gegessen, gut zu Fleisch (Toskana)
- **al forno** Eintopf aus getr. Weißen Bohnen, Schweineschwarte, Tomaten, Lauch und Knoblauch (Florenz)
- **all'uccelletto** getr. Weiße Bohnen mit geschälten Tomaten, Knoblauch und Salbeiblättern, zu Fleisch
  crema di – Suppe aus pürierten Weißen Bohnen und aromatischen Kräutern
  pasta e – Bohnensuppe mit Nudeln, ↑ *pasta e fagioli*

fagiolone Feuerbohne, ↑ *fagiolo di Spagna*

fagopiro Buchweizen, ↑ *grano sarazeno*

fagottini fettgeb. Teig„bündel", mit versch. Füllung als Vorspeise, mit Fleisch, Gemüse gef. als Hauptgericht

faïnà Fladen aus Kichererbsmehl, ↑ *farinata*

Falerio (dei Colli Ascolani) Weißwein DOC aus der Provinz Piceno in den Marken, trocken, harmonisch und zart säuerlich, TR bis 2 Jahre, TT 10°, zu Fisch

Falerno, Falernum Tafelweine aus dem Latium und Kampanien, in der Antike hochberühmt, heute einfach, jedoch recht gefällig: weiß, *bianco*, trocken *(secco)* oder lieblich *(amabile)*, robust, aber ansprechend, TR 1–3 Jahre, TT 10°, zu Fisch und Krustentieren; rot, *rosso*, trocken, körperreich und tanninhaltig, TR 3–8 Jahre, TT 18°, zu gebr. und geschmortem Fleisch

falso falsch, unrichtig

fame Hunger

famigliola buona Hallimasch, ↑ *chiodino*

Fara Rotwein DOC aus der Provinz Novara im Piemont, trocken, a. lieblich *(amabile)*, mild, tief und elegant, TR 4–8 und mehr Jahre, TT 18°, zu dunklem Fleisch und Wild

faraona, gallina di faraone, di Numidia Perlhuhn, delikatester Vertreter der Hühnerfamilie mit leichtem Wildgeschmack, sollte nicht mehr als 11–13 Wochen alt sein, heute meist gezüchtet, dann am besten aus dem Freilaufgehege, *all'aperto*, wird oft mit Polenta angerichtet
– **alla creta** das bekannteste Perlhuhngericht: mit Speck, Zwiebeln, Sellerie, Möhren, Salbei, Rosmarin, Petersilie, Knoblauch, Thymian usw. in Tongeschirr gegart

farcia Farce, Füllung

farcito gefüllt, a. gespickt

farda Sizilien: Lendenfleisch vom Pferd, mit Öl, Zitrone, Salz und Pfeffer gewürzt

farfalle zarte Nudeln aus Hartweizengrieß mit Eiern in Schmetterlingsform, zu Tomatensaucen, Sughi aus Meeresfrüchten, Frühgemüse usw.

farfara, tussilagine Huflattich, Wild- und Arzneipflanze, für Mischsalate und Gemüsesuppen, gute Zeit März–Juli

farina Mehl, i. a. Weizenmehl
– **bianca** Weißmehl
– **di castagna, dolce** Kastanienmehl
– **di granturco, di polenta, gialla** Mais-, Kukuruzmehl
– **di manioca** Tapioka, ↑ *tapioca*
– **di segale** Roggenmehl
– **di semola** Auszugs-, Kernmehl
– **integrale** Vollwertmehl
– **zero** feinstes Mehl

farinata, faïnà Fladen aus Kichererbsmehl (Ligurien)

Faro Rotwein DOC aus Messina auf Sizilien, trocken, rund und körperreich, TR 2–3 Jahre, TT 18°, zu Saucengerichten, Fleisch und Gemüse aus dem Ofen

farricello Schrot, zerkleinerte, grob gemahlene Getreidekörner

farro, spelta Dinkel, Spelt, anspruchslose Weizenart

farsumagru, farsumauru Roulade aus magerem, geh. Kalb- oder Rindfleisch mit Eiern, Schinken, Speck, ↑ *Caciocavallo*-Käse, Zwiebeln, Rotwein, Würzkräutern usw., warm oder kalt mit oder ohne Tomatensauce gegessen (Sizilien)

Fasan *fagiano* [fadschàno] m

fasolaro, cappa chione, issolon venere chione, vongola chione Glatte, Braune Venusmuschel, eßbares Meeresschaltier, frisch nach dem Fang roh oder – besser – gek. wohlschmeckend

Faßbier *birra alla spina* [birra alla spina] f

fatt. *fattura*, Rechnung

fatto gemacht, fertig; reif
– in casa hausgemacht

fattoria Gut, Hof, Meierei; Weingut

fattura Rechnung

fatula Sizilien: Brachsenmakrele, ↑ *pesce castagna*

fava Sau-, Puffbohne, Hülsenfrucht, große, leicht herbe Kerne, roh, gek. oder getr. als Gemüse oder Salat, im Sommer a. jung, enthülst und abgezogen erhältlich; ↑ a. *macco*

favata nahrhafter Eintopf aus getr. Saubohnen, Schweinerippchen, Bratwurst, Bauchspeck, Wirsing, Fenchel, Tomaten und Zwiebeln, auf gerösteten Brotscheiben mit geriebenem Parmesan serviert (Sardinien)

fave dei morti, dolci Krokantgebäck mit Mandeln und Pinienkernen, trad. zum Totentag am 2. Nov. üblich (Latium, Lombardei u. a.)

favette süßes, ausgebackenes Gebäck zum Karneval (Venedig)

favollo Italienischer Taschenkrebs, Meereskrebstier, Fleisch aromatisch und wohlschmeckend, aber wenig ergiebig, meist in Fischsuppen

fazzoletti „Taschentücher", gr. viereckige Teigblätter, ↑ *lasagne*

feccia, fecciume Wein: Bodensatz, Hefe

fecola reine(s) Stärke(mehl)

fedelini Fadennudeln, dünner als Spaghetti

Feder|vieh *pollame* [pollàme] m
-wild *uccellame selvatico* [utschellàme selwàtiko] m

fegatelli mit Fenchelsamen (Toskana) oder Lorbeer (Latium) gewürzte Schweineleber, mit Brot- und Speckwürfeln am Spieß gebraten

fegatino Geflügel-, insbes. Hühnerleber

fegato Leber
– **alla veneziana, veneta** dünne Kalbsleberscheiben, mit Schalotten oder Zwiebeln, Öl, Butter und geh. Petersilie, a. Salbei in der Pfanne gebacken
– **grasso** Gänse- oder Entenstopfleber, ↑ *foie gras*
– **pazzo** mit Paprikaschoten scharf gewürzte Leberwurst

Feige(n) *fico* [fiko] m, *fichi* [fiki] pl

feijoa Feijoa, Guave-ähnliche tropische Frucht, sauerpikantes, aromatisches Fleisch, roh eßbar oder für Marmeladen, Gelees und Kompotte verwendbar (Südamerika u. a., heute a. in Italien gezogen)

felat Ligurien: Meeraal, ↑ *grongo*

Felchen *lavarello* [lawaréllo] m

felciata Schaf- oder Ziegenkäse, ↑ *raveggiolo*

Feldsalat *valerianella* [walerianélla] f

felino dünne ↑ *Salami*, diagonal in dünne Scheiben geschnitten

Fenchel *finocchio* [finókkio] m

feriale werk-, wochentags

fermentazione Gärung
– **naturale** Herstellung ital. Schaumweine durch natürliche Gärung direkt aus dem Most

Fernet (-Branca) bitterer Magenlikör aus mehr als 36 Kräutern und Wurzeln, darunter Aloe, Chinarinde, Enzian, Galgant, Myrrhe, Safran, Salbei, Wacholder und Kamillentee, wird von den Italienern zur Verdauung gern nach dem Essen mit Tee getrunken; seit 1967 a. etwas milder, mit Pfefferminze-Extrakt und weißem Zucker, als *Branca Menta* im Handel (Stammhaus in Mailand)

ferragosto Himmelfahrt, 15. August (Beginn der ital. Ferien)

Ferrarelle, Acqua leicht perlendes Tafelwasser mit wenig natürlicher Kohlensäure und mittlerem Mineralgehalt (Riardo nördl. Neapel in Kampanien)

ferretti kl. Stabnudeln (Basilikata)

ferri, ai gegrillt, vom Rost

fertile fruchtbar

fesa Keule, Schlegel, Stotzen (ohne Knochen) vom Kalb; Keule, Schwanzstück, Schale, Unterspälte vom Rind

Fett *grasso* [gráßo] m

fett *grasso* [gráßo]

fettin|a kl. Scheibe, Schnitte; Schnitzel, Plätzli
-e di patate dünne rohe, in Fett geb. Kartoffelscheiben

fettucine breite Bandnudeln (werden in Süditalien i. a. *tagliatelle* genannt)

fett'unta Toskana: geröstete, gewürzte Scheibe Landbrot, ↑ *bruschetta*

Feuer *fuoco* [fuóko] m

fiadone Fladen aus Hefeteig mit Mandeln, Honig, Gewürzen und Likör (Trient); Fladen aus Mürbeteig mit Frischkäse (Abruzzen)

fiamma Flamme; Roter Bandfisch, ↑ *cepola*
  alla – flambiert

fiammeggiare (Geflügel) absengen; flambieren, mit Spirituosen übergießen und abflämmen

fiandoléin Creme aus verquirlter Milch, Eigelb, Zucker, Orangenschalen und Rum, wird mit gerösteten Roggenbrotscheiben serviert (Aostatal)

Fiano (di Avellino) Rebsorte aus Süditalien, ergibt trockene, lebendige Weißweine; daraus der gleichn. Spitzenwein DOC aus der Provinz Avellino in Kampanien, trocken, a. schäumend, *spumante*, apart, elegant und haselnussig, TR 2−6 Jahre, TT 8−10°, zu Vorspeisen und Fisch

fiapon süßer Pfannkuchen aus Maismehl (Mantua, Lombardei)

fiaschetteria Weinkeller, -handlung, -ausschank; in Mittel- und Süditalien a. Wirtschaft, Gasthaus

fiaschetto Flaschentomate, gut für Saucen

fiascia Tessin: Fladen

fiasco dickbauchige Flasche mit meist 2 l (Chianti-)Wein, früher mit Stroh oder Bast umflochten, heute in Plastikhülle

fico, -chi Feige, Mittelmeerfrucht, grüngelb bis violett, Geschmack in Italien etwas zarter als aus Griechenland oder Spanien, je kleiner, desto saftiger, in Italien bes. beliebt zu Schinken und/oder Salami, *fichi con prosciutto, salami*, gute Zeit Sept.–Okt.; a. getr. erhältlich; Name a. für Gabeldorsch, ↑ *musdea*, oder Deckfisch, ↑ *fieto*
– d'India Kaktusfeige, Fruchtfleisch leicht säuerlich, saftig und erfrischend, roh zu essen oder für Konfitüren und Liköre, gute Zeit Aug.–Dez. (Tropen, Subtropen, heute a. Süditalien)

– **fiore, grosso, primaticcio** frühe Feige aus erster Ernte

– **(racolto) fornito** aus später Ernte, reif

ficosecco, fico secco getrocknete Feige, ↑ *fico*

fidel(l)ini Fadennudeln, ↑ *fedelini*

fiera (Jahr-)Markt, Messe

fieto, leccia bastarda, pesce fico Deckfisch, Pampel, Mittelmeerfisch, mäßiges Fleisch, am besten mit Haut gegrillt oder im Ofen gekocht

figa coi fichi, garbo e dolce trad. venezianisches Gericht: süß-saure Leber mit Feigen

figaro Ligurien: Umber, ↑ *ombrina boccadoro*

filata, a pasta in heißem Wasser gebrühter Knetkäse mit „gezogenem" Teig

Filetsteak *bistecca di filetto* [bistèkka di filétto] f

filetti Geflügel: herausgelöste Brust; Fisch: von den Gräten gelöste Seite

filetto Filet von Schlachttieren, meist vom Rind, zartes Muskelfleisch aus der Lendengegend, aufgeteilt in Spitze, *testa*, Herz, Kern, *cuore*, und dickes Ende, Kopf, *coda*, wird in Italien gern grilliert oder in dünnen Scheiben angebraten

– **della spalla** Tessin: Schulterspitze, -filet vom Rind

– **di petto** Geflügelbrust, ↑ *filetti*

filone gr. längliches Brot mit goldgelber, knuspriger Kruste, bleibt 2, 3 Tage frisch

filoni Rückenmarkstücke vom Kalb

Filter *filtro* [filtro] m
-kaffee *caffè filtro* [kaffè filtro] m

filtro Filter, Sieb

filzetta längliche Wurst aus Rind- oder Schweinefleisch mit wenig Fettstücken, wird wie die ↑ *Salami* als Vorspeise oder Zwischenmahlzeit, Imbiß gegessen

finanziera Eintopf aus Fleischscheiben, Gekröse und Rückenmark vom Kalb mit Gemüsen und Kräutern; a. Garnitur aus Hahnenkämmen, Geflügelklößchen, Champignon- und Trüffelscheiben (in Madeirasauce und Trüffelessenz, ↑ *salsa finanziera* (Piemont)

fine fein; geschmackvoll; dünn; Wein: von guter Qualität, feines Bukett, ausgewogen, elegant und harmonisch

fines herbes frz. Name für ↑ *erbe fini*

finferla Gelbe Kraterelle, Goldstieliger Pfifferling, Speisepilz, jung intensiv duftig und fruchtig, läßt sich a. dörren, gute Zeit Aug.–Nov.

finferlo   Pfifferling, ↑ *cantarello*

Fingerschale   *lavadita* [lawadita] f

finocchiella   Wilder Fenchel, ↑ *finocchio selvatico*

finocchio, -cchi   Fenchel, knollige Gemüse- und Gewürzpflanze, Samen, Stengel, Blätter angenehm zartsüßer Anisgeschmack, gute Zeit Nov.–Mai, so frisch wie möglich zu verwenden; als Tee appetitanregend, beruhigend, schleimlösend (Apulien, Marken, Latium, Kampanien u. a.)
— **bastardo, fetido**   Dill, ↑ *aneto*
— **marino**   Meerfenchel, ↑ *critmo*
— **selvatico, forte, finocchiella**   Wilder Fenchel, Samenkörnchen als Würze für Suppen, Fisch- und Grillgerichte, Brote, Gebäck usw. (Apulien, Kalabrien, Sardinien, Sizilien u. a.)

finocchiona, sbriciolona   Wurst aus feingeh. Rind-, Schweinefleisch mit Bauchspeck und Fenchelsamen, a. Knoblauch usw. (Toskana)

fiocchetto   Rohwurst aus Fleisch von der Schweinehüfte, im Gegensatz zum Schinken nur 3 Monate gelagert (Parma, Emilia-Romagna)

fiocchi   (Getreide-)Flocken

fiocco di punta   Schulter, Blatt, Bug vom Kalb

Fiorano   Weine von der Via Appia südöstl. Rom: weiß, *bianco*, selten, trocken bis mild, elegant mit leichtem Feuersteingeschmack, TR 2–3 Jahre, TT 8–10°, zu Krustentieren und weißem Fleisch; rot, *rosso*, trocken, zart und harmonisch mit leicht bitterlichem Abgang, TR 4–8 und mehr Jahre, TT 18°, zu dunklem Fleisch und Schmorgerichten

fior d'arancio   Orangenblüte(nwasser)

fior di ...   der beste Teil eines Produkts, von auserlesener Qualität

fior di latte   weicher Knetkäse, ↑ *filata*, eine ↑ *Mozzarella* aus Kuh-Vollmilch, leicht säuerlich mild, Fettgeh. mind. 44 %, Tafelkäse, muß frisch verzehrt werden (ganz Italien)

fiore   Blume, Blüte
— **di latte**   Sahne, Obers, Rahm
— **di zucca, zucchina**   Kürbis-, Zucchiniblüte, wird in Italien meist fritiert, gute Zeit Juni, Juli
— **sardo**   Schaf-, a. Ziegenkäse DO aus Sardinien, ↑ *pecorino sardo*

fiorentina, (bistecca alla)   Florentiner Steak, ↑ *bistecca fiorentina*

– , (guarnizione) alla mit Spinat(püree), auf Blattspinat

fiorone frühe Feige, Ende Frühling, Anfang Sommer reif, nicht sehr saftig

fiorrancio Ringelblume, ↑ *calendula*

Fisch *pesce* [pésche] m
-markt *mercato di pesce* [merkáto di pésche] m
-suppe *zuppa di pesce* [súppa di pésche] f
   Fluß ⚲ *pesce di fiume* [pésche di fiúme] m
   Meer ⚲ *pesce di mare* [pésche di máre] m
   Süßwasser ⚲ *pesce di acqua dolce* [pésche di áqua dóltsche] m

fischione Pfeifente, Schwimmente aus dem Norden, ↑ *anatra selvatica*

fischiotti röhrenförmige Suppennudeln

fitascetta platter Kranz aus weichem Brotteig mit roten Zwiebeln und Butter, a. ↑ *Mozzarella*-Käse, salzig oder süß (Como, Lombardei)

Fiuggi stilles Tafelwasser, schwach mineralhaltig und radioaktiv, gesundheitsfördernd (Fiuggi Terme, Thermalbad bei Palestrina im Latium)

Flaminia, Sorgente Tafelwasser, mäßig mineralhaltig (Perugia, Umbrien)

flan urspr. frz. [flã]: Auflauf, Pudding

Flasch|e *bottiglia* [bottílja] f
-enkürbis *zucca lagenaria* [tsúkka ladschenária] f
-enmilch *latte in bottiglia* [látte in bottílja] m

Fleisch(gericht) *carne* [kárne] f
Garstufen: stark blutig, innen roh *molto al sangue* [mólto al ßángu|e], noch weitgehend blutig, saftig *al sangue* [al ßángu|e], halb durch(gebr.), medium, innen rosa *a punto* [a púnto], ganz durch(gebr.), trocken *ben cotta* [ben kótta]
-brühe *brodo (di carne)* [bródo (di kárne)] m
-erei *macelleria* [matschelleria] f
⚲**los** *senza carne* [ßénza kárne]
-waren *carni* [kárni] pl

flisse, grive mit Wacholder gewürzte Schweineleber im Schweinenetz, in Butter oder Öl gebraten (Piemont)

Flunder *passera* [páßera] f

Fluß|barsch *pesce persico* [pésche pérsiko] m
-fisch *pesce di fiume* [pésche di fiúme] m
-krebs *gambero di fiume* [gámbero di fiúme] m

focaccia, -ce (Brotteig-)Fladen mit versch. Belag (Oliven, Zwiebeln, Gemüse, Wurst, Käse, getr. Oregano, Rosmarin, Salbei, Thymian usw.), salzig oder (mit Anis, Honig, Mandeln, Rosinen usw.) süß

focaccina kl. salzige ↑ *Pizza*

focolare Herd, Feuerstelle

fogli|a Blatt
mille -e Blätterteiggebäck; Schafgarbe, ↑ *achillea*; Blättermagen der Wiederkäuer, ↑ *omaso*

Foianeghe gute Tafelweine aus der Umgebung von Rovereto im Trentino, Südtirol: weiß, *bianco*, delikat trokken und vollmundig, TR 1–3 Jahre, TT 10°, zu Fisch; rot, *rosso*, trocken und samtig füllig, TR 3–6 und mehr Jahre, TT 18°, zu Federwild

foie gras urspr. frz. [foagra]: die Stopfleber gemästeter Gänse *(d'oca)* oder Enten *(d'anatra)*, seit kurzem a., vorerst in kl. Umfang, in Italien (Friaul, Lomellina u. a.), produziert, ohne Zweifel eine kulinarische Köstlichkeit, aber ebenso zweifellos das hypertrophe Organ eines zwangsüberernährten Vogels – so muß sich jeder selbst für den Feinschmecker oder für den Tierfreund in sich entscheiden

folade Bohrmuschel, der Steindattel, ↑ *dattero di mare*, verwandtes Meeresschaltier, wird wie diese zubereitet, aber etwas zäheres Fleisch

folaga Bleßhuhn, Wasservogel, im Winter in der Nähe von Seen und Gewässern, Fleisch hat gern leichten Fischgeschmack

foliota Schüppling, Pilzfamilie mit versch. eßbaren Arten, ↑ *chiodino, pioparello*
– **grinzosa** Runzelschüppling, vorzüglicher Speisepilz, mild, aber madenanfällig, gute Zeit Juli–Okt.

folpetto Venedig: Moschuskrake, ↑ *moscardino*

fondant, fondente schmelzend, im Munde zergehend; Fondant, eingek., zart-weiche Zuckermasse

fondo Fond, Auszug, Extrakt; Wein: Bodensatz

fonduta, fondüa geschlagene, sämige Mischung aus frischer Vollmilch, reifem (↑ *Fontina-*)Käse, Butter und Eigelb (deshalb nicht mit der Schweizer Fondue zu verwechseln), wird mit gerösteten Brotwürfeln, a. (köstlich) weißen Trüffelscheiben serviert (Piemont)
– **al cioccolato** Nachtisch aus geschmolzener Schokolade, in die Fruchtstücke, Biskuits oder sonst trockenes Gebäck getaucht werden
– **di vegetali** mit Öl, Speck oder Butter ged. Gemüse (Paprikaschoten, Tomaten, Zwiebeln usw.)

fongadina Schmorgericht aus Kalbslunge oder Lamm-, Ziegenninnereien, *picagia*, meist mit weicher Polenta serviert (Venetien)

Fontal halbharter Schnittkäse aus meist teilweise entrahmter, pasteurisierter Kuh-Vollmilch, delikat mild, Fettgeh. 45 %, Tafelkäse, aber a. in Salaten, zu Kartoffeln, Gemüse, geschmolzen auf Toast, Hamburgers usw. (Norditalien)

Fontanelle Weißwein aus der Provinz Ascoli Piceno in den Marken, trocken, aromatisch und leicht rauchig, TR bis 2 Jahre, TT 8–10°, zu Vorspeisen und Fisch

fonte (Heil-)Quelle, Tafelwasser; ↑ a. versch. Markennamen

Fontenova, Acqua stilles Tafelwasser mit oder ohne Kohlensäurezusatz, sehr schwacher Mineralgehalt (Citerno Taro bei Parma in der Emilia-Romagna)

fontina halbharter Schnittkäse DO aus Rohmilch von der Kuh, mild süßlich und nussig würzig, Fettgeh. mind. 45 %, zum Kochen (↑ *fonduta, polenta*) oder – bes. im Sommer – als Tafelkäse, am besten mit Herkunftsbezeichnung *Consorzio produtti fontina* (Aostatal, aber oft imitiert)

Forastera Rebsorte von den Inseln Capri und Ischia, daraus guter Weißwein, trocken, frisch fruchtig und leicht prickelnd, TR bis 2 Jahre, TT 8–10°, zu Meeresfrüchten, Krustentieren und Fisch (Kampanien)

foratini Röhrchennudeln

forbici Schere

forchetta Gabel

Forelle *trota* [tróta] f

formagella, formagetta kl. Weichkäse aus Ziegen- und Kuhmilch, fett oder mager, mild und buttrig aromatisch, muß frisch verzehrt werden, a. in Öl eingelegt erhältlich (ligurischer Apennin, Tessin)

formaggiera Käsedose, -glocke, -schachtel

formaggina hausgemachter Käse aus geronnener Milch in kl. Förmchen, delikat säuerlicher Geschmack, wird frisch gegessen, oft mit Öl, Pfeffer, Zwiebeln (Lombardei)

formaggino kl. frischer, a. gewürzter Tafelkäse aus Ziegen- und/oder Kuhmilch, oft (mit Kräutern) in Öl eingelegt (Lombardei, Tessin)

formaggio Käse
- **alla crema, di pura panna** Rahm-, Sahnekäse
- **bianco** Weiß-, Frischkäse
- **caprino** Ziegenkäse
- **coi bachi** Käse mit Larven der Käsefliege, charakteristisch pikanter Geschmack (Apenninen, Sardinien, Toskana)

– **conciato** in Öl, Branntwein usw. eingelegter Käse
– **da spalmare** Schmelz-, Streichkäse
– **da taglio** Schnittkäse
– **dell'amore** pikanter Käse, ↑ *bagoss*
– **di latte acido** Sauermilchkäse
– **dolce** milder Käse
– **doppia panna** Doppelrahmkäse
– **duro, a pasta dura** Hartkäse
– **fermentato** Edelpilz-, Blauschimmelkäse
– **fondente, fuso** Schmelzkäse
– **grattugiato** geriebener Käse
– **molle, a pasta molla** Weichkäse
– **parmigiano** Parmesankäse, ↑ *parmigiano*
– **pecorino** Schafkäse, ↑ *pecorino*
– **semiduro** Schnittkäse
– **semigrasso** Halbfettkäse
– **tipico** Käse von staatlich kontrollierter und garantierter Qualität; ↑ a. *D.O.*

formentone reg.: Mais, ↑ *granturco*

formina kl. Backform, ↑ *stampino*

fornace Backofen

fornaio Bäcker, Brotverkäufer

fornello Kochherd, Kochstelle, kl. Ofen

forno (Back-)Ofen, Backrohr, Bratröhre
  al – gebacken, überbacken

fortaia Venedig: Eierkuchen, Omelett

forte stark; pikant, scharf; schwer

forti, bussoldi pikant süße, knusprige Kringel mit weißem Pfeffer, lange haltbar

forticcio säuerlich; stichig

fracosta Nacken, Kotelettstück, Schopfbraten, Rippli vom Schwein; Mittelitalien: Rippenstück vom Rind, ↑ *entrecôte*

fragaglia, fregaglia versch. kl. Fischchen, die mit dem Tagesfang im Netz bleiben, werden meist fritiert

fragola Erdbeere, gute Zeit Apr.–Juli (Emilia-Romagna, Kampanien, Venetien, Piemont, Basilikata u. a.)
– **dei boschi, di bosco, selvatica** wilde Walderdbeere, kl. und besonders aromatisch

fragrante duftend, wohlriechend

fraina Tessin: Klöße aus Kartoffeln, Mehl und Eiern, a. mit Leber, Spinat

francese längliches, würziges Brot mit Öl und Malz, paßt zu Wurstwaren und Ragouts (urspr. Lombardei, heute überall); Kuttelsorte, ↑ *trippa*

francesina   ovales, a. rundes Brot in der Art des ↑ *francese*

Franciacorta   DOC-Weine aus der Provinz Brescia in der Lombardei: weiß, *bianco, Pinot*, angenehm trocken, weich, elegant und leicht säuerlich nussig, TR 1–4 Jahre, TT 8°, zu Vorspeisen, Austern, Muscheln, Süßwasserfischen und Eierspeisen; schäumend, *spumante*, sehr trocken, rassig herb und lebhaft duftig, TT 6°; rot, *rosso*, trocken, feinwürzig und geschmeidig leicht, TR 3–7 Jahre, TT 16–18°, zu Wurstwaren und kräftigem, geschmortem Fleisch

francolino (di monte)   Haselhuhn, Federwild, schmackhaft zartes, aber gern etwas trockenes Fleisch, wird wie der Fasan zubereitet (alpine Regionen Italiens)

Franconia   Blaufränkisch, Rebsorte und Rotwein aus dem Friaul, Südtirol, trocken aromatisch und erdig, TR bis 4 Jahre, TT 16°, zu dunklem Fleisch und Wild

frantoiana, zuppa   Suppe aus Landbrot, *Borlotti*-Bohnen, Olivenöl und versch. Kräutern (Arezzo, Toskana)

frantoio   Olivenpresse

frappe   Emilia: Karnevalsgebäck, ↑ *cenci*

frappé   urspr. frz.: geeist; Getränke: kalt gestellt, in (zerstoßenem) Eis gekühlt; gekühltes, mit Kaffee, Schokolade, Früchten, Likören usw. aromatisiertes Milchgetränk

Frascati   Weißwein DOC aus der Provinz Rom, herb *(secco)*, trocken *(asciutto)*, lieblich *(amabile)* oder süß *(dolce,* ↑ a. *Cannellino)*, a. schäumend *(spumante)*, geschmeidig mild und süffig, darf sich bei mind. 11,5° Alkohol *Superiore* nennen, wird aber leider oft verfälscht, TR bis 2 Jahre, TT 8–10°, zu allen Mahlzeiten, insbes. leichten Suppen, Vorspeisen, Krustentieren, Fisch und Geflügel

frat(t)au, pane   Brotfladen, ↑ *carta da musica*, mit Belag von Tomatenpüree, geriebenem (Schaf-)Käse und einem verlorenen Ei (Sardinien)

frattaglie   eßbare Innereien von vierbeinigen Schlachttieren; Geflügelklein, ↑ *rigaglia*

fravetta   Süditalien: kl. Zug- und Wandervogel, ↑ *beccafico*

Frecciarossa   Markenweine aus der Provinz Pavia

> *Weiße Weine:*
> **La Vigne Blanche**   trocken und harmonisch, TR 1–2 Jahre, TT 8°, zu Vorspeisen und Fisch
> **Sillery**   trocken, mild und leicht, TR 1–2 Jahre, TT 8°, zu Vorspeisen und Süßwasserfischen

Rote Weine:

Gran Cru trocken und körperreich, TR 4–8 Jahre, TT 18°, zu allen Mahlzeiten

St. Georges trocken, frisch und leicht, TR bis 5 Jahre, TT 16°, zu allen Mahlzeiten

freddo kalt, kühl

fregolotta hartes, trockenes Gebäck aus Weiß- und Maismehl, Mandeln und Zitronenschale, wird nicht mit dem Messer geschnitten, sondern abgebrochen, a. gern in Rotwein getaucht (Treviso, Venetien)

fregula Kraftbrühe mit Grießkügelchen und viel Käse (Sardinien)

Freisa Rebsorte aus dem Piemont, die angenehme, schlanke, trockene bis leicht süßliche, a. schäumende Rotweine mit zarter Frucht ergibt

– **d'Asti (Asti), di Chieri (Turin)** trocken *(secco)* oder lieblich *(amabile)*, a. prickelnd *(frizzante)* oder schäumend *(spumante)*, weich, frisch und harmonisch, dürfen sich nach 1 Jahr Lagerzeit *Superiore* nennen, TR 2–6 Jahre, TT je nach Trockenheit 14–16°, trocken zu weißem Fleisch und Geflügel, lieblich zu Früchten und nach der Mahlzeit

fresco frisch, kühl

friabile, pasta Mürbeteig

friarelli Abruzzen, Apulien, Kalabrien: Gemüsepaprika, ↑ *peperoncini dolci*

friarielli Neapel: Brokkoliröschen, ↑ *broccoletti*

friburgo Gruyère, Greyerzer, vollfetter Hartkäse aus frischer roher Kuhmilch (Freiburg, Schweiz)

fricandò zarte dicke, gespickte Scheibe, Nußstück aus der inneren Keule des Kalbs

fricassè Eintopf aus Hühner- oder Truthahnklein, frischen Erbsen, Zwiebeln usw. (Sizilien)

fricassea Frikassee, helles, weichged. Ragout (meist von Geflügel, Lamm, a. Kalb, Fisch, Gemüse) in weißer Rahmsauce

frico in Butter, Öl oder Schmalz knusprig gebr. Käse (Carnia, Friaul)

frienno a magnanno Neapel: gemischtes Gebackenes, ↑ *fritto misto*

friggere backen, braten; in Fett schwimmend ausbacken

frigorifero Kühlschrank

Frikassee *fricassea* [frikassèa] f

Frischkäse   *formaggio bianco* [formádscho biànko] m

frisella, frisedda   Biskuitkringel aus Weiß-, Voll-, a. Kernmehl und Hefe, ißt sich zu gemischten Salaten oder mit Tomaten, Öl, Oregano u. ä. als Imbiß (Apulien, Kampanien)

fritole   Krapfen mit Rosinen, Pinienkernen und kandierter Zedratzitrone, zum Karneval üblich (Venetien)

frittata   Eierkuchen aus leicht geschlagenen Eiern ohne Milch und Mehl, nur mit Salz, Pfeffer, evtl. Aromaten, Gemüsen u. ä. gewürzt und mit wenig Fett in der Pfanne beidseitig gebacken; oft als Omelett aus Teigwarenresten; ↑ a. *omelette*
– **in, con gli zoccoli**   Eierkuchen mit Schinken
– **verde**   Eierkuchen mit Kräutern

frittatina   kl. dünner Eierkuchen, auch, z. B. in Streifen geschnitten, als Bestandteil einer Speise

frittedda   Gemüseragout (Sizilien)

frittella   Krapfen, salzig mit Fisch, Blattgemüse, Wurst usw., oder süß mit Reis, Kastanien, Mandeln, Rosinen usw.

fritto   gebacken; (in Fett, Öl) Gebackenes
– **alla Garisenda**   Backgericht aus trockenem Brot, Schinken, (Gruyère-)Käse und weißen Trüffeln (Bologna)
– **misto**   gemischtes Ausgebackenes, trad. ital. Gericht aus vielerlei Fleisch, Gemüse, a. Pilzen, Fisch, Meeresfrüchten usw. in zahlreichen lokalen Varianten (*bolognese, fiorentino, napoletano, piemontese, romano* usw.)
– – **di mare**   in Öl gebackene kl. Meerfische, Muscheln, Krustentiere, Tintenfische

frittura   in heißem Fett oder Öl schwimmend ausgeb. Nahrungsmittel (Latium, Ligurien, Lombardei u. a.); Latium, Ligurien: a. gemischtes Gebackenes, ↑ *fritto misto*

Friuli – Venezia Giulia   Friaul–Julisch Venetien, hist. Landschaft zwischen Karnischen, Julischen Alpen und der Adria, deren Küche und Keller von den Nachbarn Österreich, Slowenien und Venetien beeinflußt sind, ↑ S. 34 ff.

frizon   geb. Paprikaschoten, Tomaten und Zwiebeln, meist von Polenta begleitet (Emilia-Romagna)

frizzante   Wein: prickelnd, leicht moussierend

frolla, pasta   Mürbeteig

frollare   mürbe machen, abhängen lassen

frollino   Mürbeteiggebäck mit Mandeln, trockenen oder kandierten Früchten, Konfitüre, Schokolade usw.

Fr.s *franco svizzero,* Schweizer Franken

Frucht *frutta* [frùtta] f, pl
-eis *gelato di frutta* [dschelàto di frùtta] m
-kuchen *torta di frutta* [tòrta di frùtta] f
-presse *spremifrutta* [sprèmifrutta] m
-saft *succo di frutta* [ßùkko di frùtta] m
  frischer – -saft *spremuta di frutta* [spremùta difrùtta] f
-salat *macedonia (di frutta)* [matschedònia (di frùtta)] f

fru fru Waffel, ↑ *wafer*

frugale genügsam, anspruchslos, bescheiden, einfach, frugal

Frühstück *prima colazione* [prima kolaziòne] f

frullare quirlen, rühren, schlagen

frullato gequirlt; Mixgetränk
  uovo – Rührei

frullatore Mixer

frullino Zwergschnepfe, dem ↑ *beccacino* ähnlich; Quirl; runder Holzrührer (für ↑ *zabaione* usw.)

frumento Weizen; ↑ a. *grano duro, grano tenero*

frutta Frucht, Früchte, Obst
– a bacca Beeren(obst)
– a buccia Schalenobst
– a granella, a semi Kernobst
– candita kandierte Frucht
– con nocciolo Steinobst
– cotta gekochtes Obst, Kompott
– da tavola Tafelobst
– di loti Kaki, ↑ *cachi*
– esotica exotische, importierte Frucht
– essicata Trocken-, Dörrfrucht
– sciroppata Früchte in Zuckersirup
– secca Trocken-, Dörrobst; Schalenobst

frutti della Martorana Marzipanfrüchte (Kloster Martorana, Palermo, Sizilien)

frutti di mare Meeresfrüchte

frutto della passione, granadilla, maracuja Passionsfrucht, Maracuja, exotische Frucht, geleeartiges Innere erfrischend süß und aromatisch, purpurrot besser als gelb; a. als Saft, Sirup und Likör erhältlich (Tropen, Subtropen u. a.)

fugazza Hefegebäck, meist zu Ostern gebacken (Venedig)

fumare rauchen

fumator|e, -i Raucher(abteil)
  non -i Nichtraucher(abteil)

fumetto konzentrierter, würziger Fond, Auszug, Extrakt; sehr feines Maismehl; Anislikör, meist in Kaffee getrunken

funghetto kl. Pilz; Aniskuchen
al – in Stücken mit Olivenöl gekocht

fungo, -ghi Pilz, Pilze (in Italien Vorsicht, Pilze immer sorgfältig prüfen und möglichst kontrollieren lassen)
– **coltivato** Zuchtpilz; Champignon, ↑ *prataiolo*
– **commestibile, mangereccio** eßbarer Pilz, Speisepilz
– **dell'olmo** Samtfußrübling, säuerlich, mild und fruchtig, gute Zeit Nov.–Febr.
– **del pane** Semmelpilz, jung schmackhaft säuerlich, pfifferlingähnlich, gute Zeit Aug.–Nov.
– **di ferola** Taubenblauer Seitling, ↑ *cardoncello*
– **porcino** Steinpilz, ↑ *porcino*
– **prataiolo** Feld-, a. Wiesenchampignon, geschätzter Speisepilz, selbst ungek. zart und mild, zum Einlegen und Trocknen geeignet, gute Zeit Mitte Juni–Okt.
– **sanguigno** Blutreizker, wohlschmeckend mild und leicht bitterlich, muß gebraten werden, gute Zeit Aug.–Okt.
– **secco** Trockenpilz, meist an Sonne und Wind getr. Steinpilz
– **trifolati** mit Knoblauch und Petersilie geschmorte Pilze, meist Champignons

fuoco Feuer, Feuerstelle; Hitze, Glut

furmentùn Buchweizenpolenta, ↑ *polenta taragno*

fusaglie Romagna: in Salzwasser gek. Wolfsbohnen, ↑ *lupini*

fusello Geflügelschenkel

fusilli hausgemachte, gedrehte Spindelnudeln aus Hartweizen und Wasser oder Eiern, lang oder kurz, meist zu trockenen Gerichten (Süditalien)

fusto Faß

Gabel *forchetta* [forkétta] f

Gabiano Rotwein DOC aus der Provinz Alessandria im Piemont, trocken bis leicht süßlich, kräftig und tanninhaltig, darf sich nach mind. 2 Jahren Lagerzeit *Riserva* nennen, TR 4–7 Jahre, TT 18°, zu weißem Fleisch

Gaggerone, Gaggiarone Markenname des Rotweins ↑ *Oltrepò Pavese Bonarda*

gaggi Wacholderdrossel, ↑ *cesena*

Gajum, Fonte leichtes stilles Tafelwasser, mit oder ohne Kohlensäurezusatz (Canzo in der Lombardei)

galano   Venedig: Karnevalskrapfen

galantina   kalte, in Haut gehüllte und gelierte Rollpastete aus entbeintem Geflügel, eingeschnittenem Fleisch usw. mit Farce aus Schinken, Zunge, Pistazien, Trüffeln usw.

Galatina   Rotwein aus der Provinz Lecce in Apulien, trocken, aromatisch und körperreich, TR 1 Jahr, TT 16°, zu Schaffleisch und Innereien

Galestro   Tafelwein aus der Toskana, ein weißer ↑ *Chianti*, trocken, feinfruchtig und alkoholarm, TR bis 2 Jahre, zu Fisch und leichten Speisen

galletta   flacher, runder oder viereckiger Biskuit, Zwieback, lange haltbar

galletti   Klöße, ↑ *cuculli*

galletto   junges Hähnchen von etwa 350 g Gewicht, sehr zartes Fleisch; Pfifferling, ↑ *cantarello*

Galliano   starker Kräuterlikör aus Gewürzen, aromatischen Früchten und Orangenblüten, TT 8 – 10°

gallina   Huhn, Henne, etwa 2 Jahre alt, meist zum Eierlegen gezüchtet
- **d'acqua, gallinella d'acqua**   Wasserralle, Wildhuhn, Fleisch nicht bes. geschätzt
- **faraona, di Numidia**   Perlhuhn, ↑ *faraona*
- **ovalola**   Legehenne
- **prataiola, otarda minore**   Zwergtrappe, Wildhuhn, heute a. in Italien rar und geschützt

gallinazza   Norditalien: Waldschnepfe, ↑ *beccaccia*

gallinella   Feldsalat, ↑ *valerianella;* Roter Knurrhahn, ↑ *capone gallinella*
- **d'acqua**   Wasserralle, ↑ *gallina d'acqua*

gallo   mehrere Jahre alter Hahn, wird deshalb nur selten in der Küche verwendet; ↑ *pollo*
- **cedrone, urogallo**   Auerhahn, größtes europäisches Federwild, heute noch in einzelnen alpinen Regionen Italiens zu finden, aber geschützt
- **d'India**   Truthahn, ↑ *tacchino*

Gamay   urspr. frz. [gamä]: Rebsorte, die erfrischend fruchtige, charmante Rotweine ergibt, in Italien haupts. im Aostatal, in Emilia-Romagna, Friaul–Julisch Venetien und den Marken angebaut, TR i. a. bis 4 Jahre, TT 16 – 18°
- **della Valle d'Aosta**   trocken und fruchtig mit leicht bitterem Abgang, TR 3 – 4 Jahre, TT 16 – 18°, zu Karbonaden (Aostatal)
- **del Friuli**   trocken und kernig, manchmal rauh, TR bis 4 Jahre, TT 16 – 18°, zu weißem Fleisch und Geflügel (Provinz Udine)

gamba (Unter-)Schenkel des Geflügels

Gambarella Weißwein DOC aus der Provinz Vicenza in Venetien, trocken, anregend herb und säurehaltig mit leichtem Bittermandelton, darf sich bei mind. 11,5° Alkohol *Superiore* nennen, TR bis 3 Jahre, TT 10°; a. schäumend, *spumante*, oder lieblich bis süß, ↑ *Recioto di Gambellara*

  capretto di – Ziegenfleisch mit Kopf, Füßen, Herz und Leber, Knoblauchzehen, frischer Salbei, Rosmarin und Zitronenschale (Vicenza, Venetien)

gamberetto, gamberello Garnele, kl. zehnfüßiger Schwimmkrebs

– grigio, gambero Granat, Sandgarnele

– rosa Sägegarnele, Rosa Krabbe, die beste Garnele

gambero Krebs, Garnele; ↑ a. *granchio, granseola, scampo*

– d'acqua dolce Süßwasserkrebs

– dalle zampe Galizier, Teich-, Sumpfkrebs, wird aus Kleinasien eingeführt

– di mare Hummer, ↑ *astice*

– di roccia Sägegarnele, ↑ *gamberetto rosa*

– fascina, sega, squilla Felsengarnele

– imperiale Furchengarnele, ↑ *gamberone mediterraneo*

– rosa, rosso Geißelgarnele, gutes, kräftiges Fleisch

– rosso mediterraneo Tiefseegarnele, „Gamba", festes gutes Fleisch

gamberone gr. Meereskrebs, Riesengarnele, aus Westpazifik bis Indonesien und Rotem Meer tiefgefroren in Italien eingeführt

– mediterraneo, mazzancolla, gambero imperiale Furchengarnele, ausgezeichnetes Fleisch, besser frisch als tiefgefroren, wird in Italien a. gezüchtet

gambetto, gambuccio Süd-, Mittelitalien: Nußschinken vom Schwein

Gans *oca* [óka] f

gar *ben cotto* [ben kótto]

Garganega nordital. Rebsorte, die trockene, leicht säuerliche und bitterliche Weißweine ergibt

– dei Colli Berici ↑ *Colli Berici Garganega*

– di Gambellara Weißwein DOC aus der Provinz Vicenza in Venetien, trocken, frisch und prickelnd, TR bis 1 Jahr, TT 10°, zu Vorspeisen, Krustentieren, Fisch, Gemüse in Suppen oder aus dem Ofen

garganelli kurze, dicke, abgeschrägte und gerillte Röhrennudeln aus Weizenmehl, Eiern, geriebenem Parmesan und Muskatnuß, werden meist zu Ragouts, Sughi oder in Fleischbrühe serviert (Emilia-Romagna)

garganello Krickente, ↑ *alzavola*

garmugia trad. Gemüsesuppe mit vielen lokalen Varianten, i. a. mit feinen Kalbfleischscheiben, Bauchspeck, dicken Bohnen, Erbsen, Artischockenherzen und Spargelspitzen (Lucca, Toskana)

Garnele *gamberetto* [gamberétto] m

garofano (Gewürz-)Nelke, ↑ *chiodo di garofano;* Bologna: Gebäck in der Art des ↑ *cremonese*

garofolato, (bue) mit Gewürznelken, Speck und Knoblauch gespickter Rinderschmorbraten (Rom)

Gartenkresse *crescione inglese* [kreschóne inglése] m

garusolo Venedig: Stachelschnecke, ↑ *murice*

gassa Nudel in Form einer Krawattenschleife (Ligurien)

gassosa Sodawasser, Sprudel; (Brause-)Limonade

Gast privat: *ospite* [óspite] m; Wirtshaus: *cliente* [kli|énte] m
-freundlichkeit *ospitalità* [ospitalità] f
-geber(in) *ospite* [óspite] m; *padrona* [padróna] f

gastardello, gastauriello Makrelenhecht, ↑ *costardella*

gastrica süß-saure Mischung von Zucker und Essig

Gastronom, Hotelier *albergatore* [albergatóre] m

gastronomo Feinschmecker, Kenner der guten Küche, der in der Geschichte und Zubereitung der Speisen Bescheid weiß

gatarosola Schleimfisch, ↑ *bavosa*

Gattinara Rotwein DOCG aus der Provinz Vercelli im Piemont, trocken, pikant herb, sanft, nobel und elegant, mind. 4 Jahre Lagerzeit vorgeschrieben, TR 4–15 Jahre, TT 18°, zu dunklem Fleisch und Wild

gatto, gatta Großfleckiger Katzenhai, ↑ *pesce gattopardo*

gattò Dialektabwandlung des frz. *gâteau*, trockenes, knuspriges Gebäck aus Mandeln, Zucker und Zitronenschale (Sardinien); Neapel, Kampanien: Kartoffelauflauf mit Käse und Wurstscheiben

gattuccio Katzenhai, wohlschmeckend, muß aber sehr frisch sein, wird meist enthäutet, ohne Kopf und Innereien angeboten, gute Zeit Jan., März–Mai, Sept.–Okt.

Gavi Weißwein DOC aus dem Piemont, ↑ *Cortese di Gavi*

gazzosa Sodawasser, Sprudel; (Brause-)Limonade

Gebäck *biscotti* [biskòtti] pl; fein: *paste* [pàste] pl

Gedeck *coperto* [kopèrto] m

Geflügel *pollame* [pollàme] m

Gehacktes *carne tritata* [kàrne tritàta] f

gelateria Eisdiele, in der in Italien bis 50 und mehr Sorten reines Speiseeis verschiedenster Aromen aus natürlichen Zutaten (Früchte, Milch, Schokolade usw. und Zucker) angeboten wird

gelatina, colla Gelatine, Geliermittel aus Knochen oder Pflanzen; Aspik, Gelee, Sülze damit

gelato gefroren; (Speise-)Eis, Gefrorenes
– **artigianale** von Hand hergestelltes Eis
– **da passeggio** Eis am Stiel
– **di crema** gestürzte Sahne-Eiscreme
   cono – Eistüte
   coppa di – Eisbecher

gelo reg. für Speiseeis, ↑ *gelato*

gelone, orecchione Austernpilz, Austernseitling, Speisepilz, zartfleischiger, aromatischer Geschmack, kann den Champignon ersetzen, zum Einlegen und Trocknen geeignet, nicht roh essen, nur Köpfe verwenden, wird heute meist gezüchtet, frische gute Zeit Sept.–Dez.

gelso Maulbeere, aromatisch süß, wie Brombeere verwendbar, gute Zeit Juni–Juli

gelsomino Jasmin, duftende Ölbaumblüte, als Würze für Fleisch- und Geflügelgerichte, v. a. jedoch zum Aromatisieren von Tee

gelu Sizilien: Speiseeis, ↑ *gelato*

genepí Gletscherbeifuß, Art des Beifuß, ↑ *artemisia*, aus den Alpen, getr. Blütenknospen, ganz oder gemahlen, stark würzig; daraus gleichn. Kräuterlikör, hellgelb, alkoholisch kräftig, oder grün, mild pflanzlich, TT 8 –10°

generoso ergiebig, fruchtbar, reichlich; Wein: edel, gehaltvoll

genießbar Speise: *commestibile* [kommestibile]; Getränk: *bevibile* [bewibile]

genovese genuesisch
   carne alla – Schmorbraten von Ochsenfleisch, Wurst und Speck mit geh. Zwiebeln, Möhren usw., dessen Sauce zuerst zu Teigwaren gereicht wird (Neapel)
   pasta – leichter Grundteig, ↑ *pasta genovese*
   salsa – feine Béchamelsauce mit Eigelb, Öl, Pistazien, Pinienkernen, Zitronensaft und feinen Kräutern, zu kaltem Fisch

gentile freundlich, höflich, liebenswürdig; fein, zart

genziana Enzian, Bergpflanze mit herbbitteren Wurzeln; Enzianbrand, erdig-rauchig bitter, magenstärkend, verdauungsfördernd, TT 6−8°

gepfeffert *pepato* [pepàto]

geräuchert *affumicato* [affumikàto]

geretto vordere *(anteriore)* oder hintere *(posteriore)* Hachse, Stelze vom Kalb; Mailand u.a., Tessin: a. Hachse, Hesse vom Rind

Gericht *pietanza* [pi|etànza] f

gerieben *grattugiato* [grattudschàto]

germano reale Stock-, Wildente, heute a. gezüchtet, ↑ *anatra selvatica*

germe (di grano) (Getreide-, Weizen-)Keim, Sprosse

Germiny, potage urspr. frz. [potāsch schärmini]: Cremesuppe mit Sauerampfer und Sauerrahm

germoglio Sprößling, Trieb

Geruch *odore* [odòre] m

gesalzen *salato* [ßalàto]

Geschäftsführer *gerente* [dscherénte]

Geschirr *stoviglie* [stowilje] pl
-spülmaschine *lavastoviglie* [lawastowilje] m

Geschmack *gusto* [gùsto] m
 ⚬**voll** *gustoso* [gùstoso]

geschmort *stufato* [stufàto]

Gesundheit! *alla salute!* [alla ßalùte] (in Italien nur zu besonderer Gelegenheit üblich)

Getränk *bevanda* [bewanda] f

gettone Einwurfmünze, Zahlpfennig

Gewicht *peso* [pèso] m

Gewürz *aromi* [aròmi] pl
-gurke *cetriolo sott'aceto* [tschetriòlo sotatschéto] m
-nelke *chiodo di garofano* [kiòdo di garòfano] m

gewürzt *condito* [kondito]

Gewürztraminer Reb- und Weinsorte, ↑ *Traminer Aromatico*

gettone (telefonico) Einwurfmünze, Zahlpfennig

Ghemme Rotwein DOC aus der Provinz Novara im Piemont, trocken, vollmundig würzig und angenehm bitterlich, mind. 4 Jahre Lagerzeit vorgeschrieben, TR 6−8 und mehr Jahre, TT 18°, zu dunklem Fleisch und Wild

ghiacciata, granatina Getränk aus Fruchtsirup und mehr oder weniger fein zerstoßenem Eis

ghiaccio Eis

ghiotto lecker, schmackhaft

ghiozzo Grundel, Familie von kl. karpfenartigen Fischen aus Meer und Flußmündungen
– **commune, nero** Schwarzgrundel, delikates Fleisch, läßt sich fritieren, grillieren, meist aber mit weißen Zwiebeln im Fischsud, ↑ *saor*, oder in Fischsuppen

gialletti, giallettini kl. Brötchen, rund und abgeplattet, aus Weiß- und Maismehl, Eiern, Butter, Zucker, Dörrfrüchten und Gewürzen (Emilia-Romagna)

giall|o gelb
– **dell'uovo** Eigelb
　farina -a Maismehl

giambone Norditalien: Schinken, ↑ *prosciutto*

giambonetto entbeinter, gef. Hühner-, Truthahnschenkel

gianchetto Ligurien: Weißfisch, ↑ *bianchetto*

gianchettu Sardinien: Sprotte, ↑ *papalina*

gianduia, gianduja weiche süße Paste mit Haselnüssen und Schokolade, mit Likör beträufelt, mit Rahm- und Schokoladencreme gef., mit Gelatine und Schokolade überzogen (Turin, Piemont)

gianduiotto, giandujotto Praline aus Schmelzschokolade mit Haselnußcreme, Vanille und Zucker (Turin, Piemont)

giardinetto Mischung von gleichen Nahrungsmitteln (rohem oder gek. Gemüse, Süßspeisen, Eis u. ä.), frisch und farbenfroh „wie aus dem Garten" serviert; Piemont: gemischtes Gemüse, als Beilage auf einem Teller serviert

giardiniera Gemüsesuppe ohne Bohnen; in Essig eingelegte Gemüsestücke (Blumenkohl, Gurken, Möhren, Sellerie, Zwiebeln usw.), werden gern zu ↑ *bollito* gereicht; verschiedenfarbige Eiskugeln

giardino Garten

gigot urspr. frz. [~~schi~~go]: Keule, Schlegel vom Schaf, meist mit Rücken; ↑ a. *cosciotto*

ginepro Wacholder, Nadelgehölz, Beere bittersüß harzig, als Würze zum Räuchern aber a. in Suppen, Saucen usw. verwendbar; daraus Wacholdergeist, Gin, TT 6–8°

Gioia del Colle roter Tafelwein aus der Provinz Bari in Apulien, trocken, kräftig und körperreich, TR bis zu 15 Jahre, TT 18°, zu Wild

giottini   trockene Mandelkekse, ↑ *cantucci*

Gipfel, Hörnchen   *cornetto* [kornétto] m

girarrosto   Bratenspieß, -wender

girasole   Sonnenblume, Kerne, *semi*, ganz oder gemahlen, für Brot, Gemüse-, Vollwertgerichte und Salate oder als nussige Würze; Sonnenblumenöl, *olio di girosole*, angenehm mild

girello   Mittelschwanzstück,   Schwanzrolle,   weißes Scherzel, Eckstück vom Rind
– **di spalla**   Schulterspitze, Meisel, Schulterfilet vom Rind

Girò di Cagliari   Rotwein DOC aus der gleichn. Rebsorte in den Provinzen Cagliari und Oristano auf Sardinien, trocken *(secco)* bis süß *(dolce naturale)*, aromatisch und alkoholreich, darf sich nach 2 Jahren Lagerzeit *Riserva* nennen, TR 3–6 Jahre, TT 8–10°; a. als trockener oder süßer Likörwein *(liquoroso dry, liquoroso dolce naturale)* ausgebaut; alle schwere Tisch- und gute Dessertweine

giudia, carciofi alla   Artischocken auf jüdische Art, ↑ *carciofi alla Giudea*

giuggiola, zizzola   Jujube, Brustbeere, angenehm bittersüße Frucht, kann (im Herbst) frisch gegessen, in Essig eingelegt oder als Konfitüre, Sirup eingemacht werden, wird a. getrocknet und kandiert (urspr. Zentralasien, heute a. Mittelmeerbecken)

giulebbe   Getränk   von   mit   Zucker   eingekochtem Fruchtsaft

giuliana   in feine Streifen geschnittene Zutaten, ↑ *julienne*

giunca   Piemont: Molkeprodukt, ↑ *ricotta*

giuncata   Schaf- oder Ziegenkäse, ↑ *raveggiole*

giunta   Beigabe, Zugabe; Norditalien: Zugabe beim Fleischeinkauf (Knochen, Knorpel, Mark usw.)

Glas   *bicchiere* [biki|ére] m
   Einmach⚲   *vaso per conserve* [wàso per konsérwe] m

glassa   Glasur, glänzender Überzug aus Fleischsaft *(a caldo, da cucina)* oder Zucker *(da pasticceria)*
   carne alla –   Fleisch mit Gemüse und Wein auf kl. Flamme geschmort; mit dem durchsichtigen, klaren Saft davon werden ↑ *maccheroni*, ↑ *timballi* und das Gericht selbst übergossen (Neapel)

glassare   glacieren, glasieren, überglänzen

Glattbutt   *rombo liscio* [rómbo lischo] m

gliomarieddri, ghiemmeriedde, gnumerieddi Roulaoden oder Spieße von in Wasser mit Zitronensaft und grobem Salz eingelegten Innereien und Därmen von Lamm oder Zicklein mit Speck, Salbei, Petersilie und Schafkäse

gnervitt Lombardei: Kalbshachsenknorpel, ↑ *nervetti*

gnocchetti gek. Klößchen, Nockerln aus ↑ *Gnocchi*-Teig mit versch. Gewürzen oder ↑ *Gorgonzola*-Käse in geschmolzener Butter oder warmer Sahne
– **sardi** sardische Klöße, Nockerln, ↑ *malloreddus*

gnocchi Klößchen, Nockerln aus Kartoffel-, Grieß-, Mais- oder anderem Mehl, mit Butter, Käse, a. Tomaten- und anderen Saucen gek.; a. kl. gewölbte, trockene Hohlnudeln für herzhafte Ragouts und dicke Saucen, Sughi
– **alla romana** mit Butter und geriebenem Parmesan im Ofen überbackene Grießklößchen
– **di susine** Zwetschgenknödel (Südtirol)

gnocco, -cchi Kloß, Knödel; ↑ a. *gnocchi*
– **di verdura** mit Gemüse (Spinat, Kartoffeln usw.) gef. Teigrolle, in Scheiben mit zerlassener Butter und Käse, Tomaten- oder Pilzsauce serviert
– **emiliano** Fladenbrot mit Grieben, Schinken usw., im Ofen braun geb. und warm gegessen (Modena, Emilia-Romagna)

gnücch Bleniotal, Tessin: Kartoffel; a. Auflauf daraus mit Vollfettkäse, Milch und Eiern

gô, goata Venetien: Grundel, ↑ *ghiozzo*

gobbo Gründling, ↑ *gobione*; Latium: Karde, ↑ *cardo*

gobione, gobbo Gründling, kl. Süßwasser-Karpfenfisch, mageres, aber schmackhaftes Fleisch, meist paniert und fritiert (v. a. Po-Becken)

goccia, goccio Schluck, Tropfen

goffa di riso Reisbombe, ↑ *bomba di riso*

Goldbrasse(n) *orata* [oràta] f

Golden Muskateller, Goldmuskateller Muskatellerwein, ↑ *Alto Adige Moscato Giallo*

gombo Okra, ↑ *bamia*

gomiti kurze, gebogene Röhrennudeln mit gerillter Oberfläche

gomma americana, da masticare Kaugummi

gonfidio Großer Schmierling, Gelbfuß, guter Speisepilz, süßlich mild, Huthaut muß sofort abgezogen werden, gute Zeit Juli–Okt.

gonfietti Grießwürfel, mit Zucker bestreut und heiß serviert (Lombardei)

gorgonzola der bekannteste Edelpilzkäse DO Italiens aus frischer Kuh-Vollmilch mit Grün- oder Blauschimmel, cremig weich und je nach Sorte mild, *dolce*, oder pikant, *piccante*, Fettgeh. mind. 48 %, als Dessertkäse, zum Kochen, für Füllungen, Saucen, Suppen (Lombardei); ↑ a. *stracchino gorgonzola*
- **al mascarpone, crema Zola** Mischung aus ↑ *gorgonzola* und cremigem ↑ *mascarpone* (a. mit zerdrückter Knoblauchzehe, grünem Pfeffer usw.)
- **bianco** Weißer Gorgonzola, ↑ *panerone*

gorzettoni gr. Röhrennudeln, für Fleischsaucen, Sughi, a. gefüllt und überbacken

grado Stufe, Grad
- **alcoolico** Alkoholgehalt, Angabe auf den Weinetiketts vorgeschrieben

Gragnano roter Tischwein aus der Umgebung von Sorrent in Kampanien, in Neapel beliebt, trocken und leicht süßlich, a. schäumend, *spumante*, bukettiert und tanninhaltig, TR 1–2 Jahre, TT 18° (trocken) oder 12° (lieblich), zu allen Mahlzeiten, insbes. Fleisch

gramigna (rigata) kurze dicke Röhrennudeln (Reggio Emilia)

gramolata ↑ *granita* aus Fruchtfleisch und sehr fein zerstoßenem Eis

grana Korn, Körnung; Gewebe, Fasern; Käse aus teilentrahmter Kuhmilch, dem Parmesan, ↑ *parmiggiano*, verwandt, feste Kruste, feinkörniger Teig, Dez.–März hergestellt *(in)vernengo*, Apr.–Juni *di teste* (am besten), Okt.
–Nov. *tardivo, terzole*, jahrelange Lagerzeit, gehört gerieben in Suppen, zu Teigwaren usw., kann in Scheiben aber a. ausgezeichnet den Gruyère ersetzen
- **padano, piacentino** halbfetter, feinkörniger Hartkäse DO aus teilentrahmter Kuhmilch, aromatisch würzig, Fettgeh. mind. 32 %, als Tafelkäse oder zum Reiben (Po-Ebene, Norditalien)
- **trentino, trentingrana** körniger Käse, ↑ *grana*, aus dem Trentino, ausgeprägter Geschmack

granadilla Passionsfrucht, ↑ *frutto della passione*

granata Granatapfel, ↑ *melagrana*

granatina Granatapfelsaft, -sirup; oft a. Fruchtsaft mit zerstoßenem Eis
- **di carne, di manzo** Frikadelle aus geh. (Rind-)Fleisch, paniert oder fritiert, meist mit Tomatensauce gereicht

granatine di riso gef., fritierte Reiskügelchen (Ligurien)

grancevola Seespinne, ↑ *granseola*

granchio, -chi   (Meeres-)Krebs; ↑ a. *favollo, granseola, granciporro*

– **comune, verde**   Strandkrabbe, schmackhaftes Fleisch, wird in Italien nach der Häutung gern weich und in Öl angebacken gegessen, gute Zeit März–Juni, Sept.–Nov.

– **poro**   Taschenkrebs, ↑ *granciporro*

granciporro, granchio porro   Taschenkrebs, der größte europäische Meereskrebs, schwerverdauliches und nicht sehr feines, aber kräftiges und aromatisches Fleisch, am besten weibliche Tiere gegen Frühlingsende, wie Languste, ↑ *aragosta*, zuzubereiten

granduca, alla   mit Spargelspitzen und schwarzen Trüffeln in Scheiben, meist mit Käsesauce überbacken

granelli   Hoden des Kalbs, oft Bestandteil des ↑ *fritto misto*

granita   erfrischende Kaltspeise aus zerstoßenem Eis mit Fruchtsirup oder anderen aromatischen Flüssigkeiten (Kaffee, Zitrone usw.)

grano   Korn, in der Küchensprache meist Weizen

– **dolce, di Santa Lucia**   süßer Getreidebrei, ↑ *cuccia*

– **duro**   Hartweizen, für Grieß und Teigwaren (Süditalien, a. Toskana u. a. oder importiert)

– **saraceno, fagopiro**   Buchweizen, Getreideart von kernigem, kräftigem, leicht säuerlichem Geschmack, in Italien fast ganz vom Mais, ↑ *granturco*, verdrängt und nur noch in wenigen Gegenden (Karnische Alpen, Veltlin) angebaut

– **tenero**   Saat-, Weichweizen, für Brotmehl

granone   ugs. für Mais, ↑ *granturco*

granseola, grancevola, maia   Seespinne, Teufelskrabbe, Meereskrebs, eines der empfindlichsten, aber feinsten Krustentiere von hummerähnlichem Fleisch, am besten weiblich und nicht zu groß, gute Zeit Mitte Dez.–Febr.

gransoporo   Venedig: Taschenkrebs, ↑ *granciporro*

granturco, frumentone, granone, mais, melica   Mais, Kukuruz, Getreidegras, wird als Kolben oder ausgekörnt mit Butter gek. oder gegrillt gegessen, als Mehl für ↑ *polenta*, Brot und Gebäck verwendet

granzo   Julisch Venetien: Seespinne, ↑ *granseola*

granzoporo   Venedig: Taschenkrebs, ↑ *granciporro*

grapa   Lombardei: Grappa, ↑ *grappa*

grape-fruit   urspr. engl. [greip frut]: Grapefruit, ↑ *pompelmo*

grappa, acquavite Branntwein aus dem Trester versch. Rebsorten (Arneis, Barolo, Dolcetto, Merlot, Moscato, Nebbiolo, Prosecco, Rebosco, Recioto, Vinaccia usw., im Tessin nur blauer Trauben), manchmal (weniger empfehlenswert) a. mit eingeweichten Kräutern, Gewürzen und Gemüsen aromatisiert, schmeckt frisch und fruchtig nach dem Aroma der Traube, im Alter weich und rund (Aostatal, Friaul, Piemont, Venetien u. a.)
– **con uvetta** in ↑ *grappa* eingelegte Rosinen, als Dessert
– **(alla) ruta** mit Weinraute aromatisierte, grüne ↑ *grappa*

grappolo Traube

grasso dick, fett; Fett
  mangiare di – Fleisch essen

grata, gratella Bratrost

Gräte(n) *lisca* [liska] f; *lische* [liske] pl

graticola Bratrost

gratinare gratinieren, überbacken

grattachecca Romagna: geeistes Fruchtgetränk, ↑ *ghiacciata*

grattaculo Hagebutte, Scheinfrucht der Heckenrose, sauer-süß erfrischend, als Gelee, Marmelade, Saft, a. in Suppen, Saucen usw. verwendbar

grattugia Reibeisen, Raffel

Graubrot *pane misto* [påne misto] m

Grauvernatsch Spielart der Vernatsch-Traube, ↑ *Alto Adige Schiave*

Grave del Friuli DOC-Weine aus den Provinzen Pordenone und Udine im Friaul, dürfen sich bei mind. 12° Alkohol *Superiore* nennen

  Weiße Weine:
  Chardonnay trocken, geschmeidig und rund, TR 3−5 Jahre, TT 8−10°, zu Meeresfrüchten und Fisch
  Pinot Bianco Weißburgunder, trocken, fein und süffig, TR 2−3 Jahre, TT 10°, zu Schaltieren und Fisch
  Pinot Grigio Ruländer, trocken, würzig und füllig, TR bis 2 Jahre, TT 10°, zu Schaltieren und Fisch
  Riesling Renano Rheinriesling, trocken und delikat fruchtig, TR 2−4 Jahre, TT 8−10°, zu Fisch und weißem Fleisch
  Sauvignon trocken, fein und frisch harmonisch, TR 2−4 Jahre, TT 8−10°, zu Fisch
  Tocai Friulano trocken, harmonisch und leicht bitterlich, TR 2−4 Jahre, TT 10°, zu Schal- und Krustentieren

Traminer Aromatico Gewürztraminer, trocken und feinwürzig, TR 2–5 Jahre, TT 10°, zu Vorspeisen und Fisch

Verduzzo Friulano trocken, als Perlwein, *frizzante*, a. lieblich *(amabile)* oder süß *(dolce)* erhältlich, füllig und leicht säurebetont, TR 3–4 Jahre, TT 10°, zu Fisch

Rosé Weine:

Rosato trocken, frisch und fruchtig, TR 2–4 Jahre, TT 12–14°

Rote Weine:

Cabernet trocken, weich und leicht grasig, TR 4–5 Jahre, TT 18°, zu weißem Fleisch, a. fetten Fischen

Cabernet Franc trocken und fein würzig, TR 4–6 Jahre, TT 18°, zu weißem Fleisch, a. fetten Fischen

Merlot trocken und aromatisch weich, TR 3–6 Jahre, TT 18°, zu dicken Gemüsesuppen, weißem und geschmortem Fleisch

Pinot Nero Blauburgunder, trocken und körperreich, TR 4–7 Jahre, TT 18°, zu dunklem und weißem Fleisch

Refosco trocken und pikant herb, TR 3–6 Jahre, TT 18°, zu weißem Fleisch, a. fetten Fischen

Gravina Weißwein DOC aus der Provinz Bari in Apulien, trocken *(asciutto, secco)* bis lieblich *(amabile)*, a. schäumend *(spumante)*, gefällig und harmonisch, TR 2–3 Jahre, TT 8–10°, zu Vorspeisen, leichten Suppen, Krustentieren und Fisch

greca, alla auf griechische Art: (Fisch, Gemüse) in Olivenöl und Zitronensaft aromatisch mariniert

Grechetto Rebsorte insbes. des Latium und Umbriens, die bukettreiche Weine ergibt

– **di Gradoli** Rotwein daraus (mit ↑ *Sangiovese*) aus der Provinz Viterbo im Latium, trocken und voll mit leichtem Rauchton, TR 2–4 Jahre, TT 18°, zu Schaf- oder Schweinefleisch

Greco Rebsorte, die würzige Weißweine ergibt

– **di Bianco** DOC aus der Provinz Reggio Calabria im südl. Kalabrien, süß bis (im Alter) trocken, duftig fruchtig, fein und füllig, TR bis 12 Jahre, TT als Aperitif 8°, als Dessertwein 12°

– **di Tufo** Spitzenwein DOC aus der Provinz Avellino östl. Neapel in Kampanien, trocken, delikat und elegant nussig, TR 3–5 Jahre, TT 8–10°, zu Vorspeisen, Meeresfrüchten und Fisch

gremolada, cremolata, gremolata duftende Würzmischung aus fein geh. Knoblauchzehe, Petersilie und geriebener Zitronen-, a. Orangenschale, meist Garnitur zum ↑ *ossobuco* oder sonst geschmortem Fleisch

gremolata Würzmischung, ↑ *gremolada*; körniges Fruchteis, ↑ *cremolato, gramolata*

gricciaiola Mittelitalien: kl. Zug-, Wandervogel, ↑ *beccafico*

gricia, pasta alla mit Schweinebacke oder Wurststükken angereicherte Teigwaren wie *bucatini, spaghetti* usw. (Rom, Latium)

Grieß *semolino* [ßemolino] m

griffone, griffo, grifolo Porling, Speisepilz, milder, gern etwas bitterlicher Geschmack, gute Zeit Juli–Okt.

griglia Bratrost, Grill

grigliata mista Mixed Grill, versch. Fleisch-, Speck-, Schinkenstücke, Würstchen usw. vom Bratrost

Grignolino blaue Rebsorte aus dem Piemont, ergibt charmante, spritzige und alkoholarme Rotweine
- **d'Asti** DOC, herb oder trocken, delikat würzig und säurebetont, TR 1–6 Jahre, TT 15–17°, zu Vorspeisen, Suppen, Eierspeisen, Gemüse und Gebackenem (Provinz Asti)
- **del Monferrato Casalese** DOC, trocken, fruchtig und leicht tanninhaltig, TR 1–6 Jahre, TT 16–18°, zu Wurstwaren, Vorspeisen, Frikassees, weißem Fleisch (Provinz Alessandria)

Grill *griglia* [grija] f
-gericht *piatto alla griglia* [piàtto alla grija] m

grillen, grillieren *fare ai ferri* [fàre ai fèrri]

Grillo, Riddu sizilianische Rebsorte, die feine, alkoholhaltige Weißweine ergibt und a. für den ↑ *Marsala* verwendet wird

grissino dünne, knusprige Stange aus Brotteig, oft mit Zusatz von Malz und Fetten, wird irgendwann am Tag, vor oder zu den Mahlzeiten gegessen

Gritna Reissorte, ↑ *riso superfino*

gritton Ligurien: Seespinne, ↑ *granseola*

griva Drossel, ↑ *tordo*

grive gewürzte Schweineleber, ↑ *flisse*

grongo Meeraal, fettes, derbes, aber schmackhaftes Fleisch, bes. für Fischsuppen geeignet, gute Zeit Sept.– Mai

groppa Hüfte, Schlußbraten vom Kalb

Groppello Rotwein DOC vom Gardasee in der Provinz Brescia, trocken, fein und von gutem Körper, TR bis 3 Jahre, TT 18°, zu Fleisch und Wild (Lombardei); ↑ a. *Bresciano, Riviera del Garda*

groppina Hüfte, Schlußbraten vom Kalb

grosso groß, dick, stark; grob

Gr'östl blättrig geschnittenes Rind- und/oder Kalb-, Schweinefleisch, mit fein gehackten Zwiebeln in Schmalz geröstet und mit Petersilie bestreut, zu Bratkartoffeln (Südtirol)

grotta, grotto Grotte, Weinkeller, Schenke

groviera ital. Name für den Gruyère-Käse, a. (fälschlich) für den Emmentaler

grugnetto, grugno Schweinerüssel, -schnauze

Grumello Rotwein DOC, ↑ *Valtellina Superiore*, aus der gleichn. Zone in der Provinz Sondrio des Veltlins

Grünkohl *cavolo d'inverno* [kàwolo dinwèrno] m

guaiava, guava Guave, Guyave, Karambole, tropische Frucht, süß-säuerliches Fleisch mit viel Kernen, roh wie Frischobst zu essen oder für Obstsalate, Kompotte, Gelees, Konfitüren, als Mus oder Saft

guanciale (geräucherte) Schweinebacke, -brustspitze

guastedde Brötchen mit Sesamsamen und warmer Füllung (in Schmalz und Grieben geröstete Milz, Ziegenquark, ↑ *Caciocavallo* usw.) (Palermo, Sizilien)

guava Guave, ↑ *guaiava*

guazzetto geschmortes Ragout von Stockfisch (Rom) oder Fröschen (Lombardei) mit ged. Tomaten

guazzo, in Toskana: mit oder ohne Alkohol in Zucker eingelegte Früchte

gubana Blätter- oder Brotteigstrudel mit kandierten und gedörrten Früchten, Schokolade, Nüssen, Sultaninen, Pinienkernen usw. und Marsala (Friaul)

gueffus Mandelteigkugeln, lange haltbar (Sardinien)

Guizza, Fonte stilles Tafelwasser mit wenig zugesetzter Kohlensäure, schwacher Mineralgehalt (Scorze in Venetien)

gulasch, goulash, gulyás uspr. ungarisch: Gulasch, Rindsragout mit Kartoffeln, Paprikaschoten und Zwiebeln

Gürkchen *cetriolini* [tschetriolini] pl

Gurke *cetriolo* [tschetriòlo] m
   eingelegte, saure – *cetriolo sott'aceto* [tschetriòlo ßotatschéto] m

gustare schmecken, kosten, probieren; genießen

gusto Geschmack; Duft, Wohlgeruch

gut *buono* [buòno]; Adverb: *bene* [bène]

guttiau mit Öl und Salz angemachtes Fladenbrot, ↑ *carta da musica* (Sardinien)

Gutturnio Rotwein DOC aus der Provinz Piacenza, ↑ *Colli Piacentini Gutturnio*

Hachse *garretto* [garrétto] m

Hack|braten *polpettone* [polpettóne] m
-fleisch *carne tritata* [kárne tritáta] f

Hafer *avena* [awéna] f
-flocken *fiocchi d'avena* [fiókki dawéna] pl
-schleim *mucillaggine d'avena* [mutschiládschine dawéna] f

Hähnchen *galletto* [galétto] m

Hai *pescecane* [peschekáne] m

halb *mezzo* [médso]
– **durch(gebraten)** *a punto* [apúnto]
  -trocken (Wein) *semisecco* [semißekko]

Hälfte *metà* [metá] f

halibut Heilbutt, ↑ *ippoglosso*

Hammel(fleisch) *castrato* [kastráto] m

Hand, Hände *mano* [máno] f; *mani* [máni] pl
-tuch *asciugamano* [aschugamáno] m

harissa sehr scharfe Würzpaste aus im Mörser zerstoßenen kl. roten Pfefferschoten, Cayennepfeffer, Knoblauch, Koriander und Olivenöl, mit Kümmel und getr. Pfefferminz- oder Eisenkrautblättern gemischt, für ↑ *cuscus*, Suppen und Fleisch (Nordafrika, Mittlerer Osten)

hart *duro* [dúro]; Brot: *raffermo* [raférmo]; Ei: *sodo* [sódo]

Hase *lepre* [lépre] f, m

Haselnuß *nocciola* [notschóla] f

Hauptgericht *piatto principale* [piátto printschipále] m

Haus(halt) *casa* [kása] f
-brot *pane casareccio* [páne kasarétscho] m
-herr, -herrin *padrone* [padróne] m, *padrona* [padróna] f; Gastgeber: *ospite* [óspite] m, f

Haut *pelle* [pélle] f

Haxe *garretto* [garrétto] m

Hecht *luccio* [lútscho] m

Heidelbeere *mirtillo* [mirtíllo] m

Heilbutt *ippoglosso* [ipoglóßo] m

heiß *caldo* [káldo]

Herd *fornello* [fornéllo] m

Hering *aringa* [aringa] f

Hesse *garretto* [garrétto] m

Himbeere *lampone* [lampóne] m

Hitze *calore* [kalóre] m

Hochrippe, Hohe Rippe *sottospalla* [sottospàlla] f

Holz *legno* [lénjo] m
-kohle *carbone di legna* [karbóne di lénja] m

Holzknechtkrapfn Krapfen aus Kartoffelteig, mit defti-gem, hausgemachtem Graukäse gefüllt (Südtirol)

Honig *miele* [mi|éle] m
-kuchen *panpepato* [panpepàto] m

Hörnchen *cornetto* [kornétto] m

hoummos Kichererbsenpüree, † *hummus*

Huhn *pollo* [póllo] m; Fleischteile: Brust *petto* [pétto] m; Flügel *alette* [alétte] pl; Oberschenkel *coscia* [kóscha] f; Unterschenkel *gamba* [gàmba] f; Zerlegung † *pollo*
   Suppen⌒ *pollo da lessare* [póllo da leßàre] m

Hühnchen *pollo novello* [póllo nowéllo] m; Fleischteile † *Huhn*, Zerlegung † *pollo*

Hülsenfrüchte *legumi* [legúmi] pl

Hummer *astice* [astitsche] m

hummus, houmis, hoummos, hummos Püree aus Ki-chererbsen, Sesampaste, Knoblauch, schwarzen Oliven und Zitronensaft, wird mit Petersilie und Paprikapulver bestreut, mit Brot oder zu rohem Gemüse als Vorspeise gegessen (Mittlerer Osten)

Hunger *appetito* [appetito] m; *fame* [fàme] f

idromele, viono di miele Art Met, alkoholisches Ge-tränk aus in Wasser fermentiertem Honig mit aromati-schen Zutaten, Most, Wein oder Likör

igname, fagiolo patata, patata cinese, yam Yams-wurzel, süße Knollenfrucht, „sweet potato", als Gemüse oder Mus

igroforo rosseggiante Purpur-Schneckling, guter Spei-sepilz, weiches, mehliges Fleisch, gute Zeit Sept.–Okt.

imbevibile untrinkbar

imbottigliato (Flaschen-)Abfüllung
– **al castello** Schloßabfüllung
– **alla cantina** Kellereiabfüllung
– **alla fattoria** Weingutabfüllung

– **all'origine, dal produttore**   Erzeuger-, Originalabfüllung

– **nella zona di produzione**   im Erzeugungsgebiet abgefüllt, nicht immer identisch mit Erzeugerabfüllung

imbottito   gefüllt, gestopft
panino – belegtes Brötchen

imbrogliata   Rührerei

imburrare   mit Butter bestreichen, eine Back-, Kuchenform u. ä. mit Butter ausstreichen

imbuto   Trichter; Spritzbeutel

immangiabile   ungenießbar, nicht zu essen

impanare   panieren

impanata, impanatigghia   Gericht in Brotteig

impastare   kneten, rühren

impasto-spuma   Meringe, ↑ *meringa*

impepata   Meeresfrüchte, insbes. Muscheln vom offenen Feuer, im eigenen Saft mit Pfeffer serviert (Neapel)

Imperatore, Acqua dell'   stilles Tafelwasser mit leichtem Kohlensäurezusatz (Bozen, Südtirol)

imperatrice   kalter Milchreis mit (kandierten) Früchten

inacetire   sauer, zu Essig werden, umschlagen

incapriata   Püree von dicken Bohnen und gek. Wilder Zichorie, ungemischt nebeneinander auf einer Platte serviert und mit Olivenöl übergossen (Apulien, Basilikata)

inca(s)ciata, 'ncaciata   überbackene Makkaroni mit Füllung aus Kalbfleisch, Salami, Gemüse in gebr. Auberginenscheiben (Sizilien)

incavolata   Suppe aus Maismehl, Bohnen und geh. Speck (Versilia, Toskana)

inchiostro   schwarzbraune Flüssigkeit der Tintenfische

incidere   einschneiden, einkerben

incluso   eingeschlossen, inbegriffen

incollata   Mayonnaise, ↑ *maionese*, mit Fleisch- oder Fischgelee

incrostare   überkrusten, überziehen

indigesto   unverdaulich

indivia, endivia   Endivie, zartbittere Salat- und Gemüsepflanze, gute Zeit i. a. Okt.–Mai; ↑ *cicorino*

– **belga, di Bruxelles**   Chicorée, ↑ *cicoria*

– **catalogna**   langblättrige Endivie, ↑ *catalogna*

– **riccia**   krause Endivie, Frisée, knackig zart und bitter, Blätter a. ged. als Gemüse, gute Zeit Sommer–Herbst

– **scarole** Breitblättrige Endivie, Eskariol, Winterendivie, kräftig und leicht bitter, gute Zeit Herbst–Frühling

indorare in Eigelb wälzen

infarinare mit Mehl bestreuen, in Mehl wälzen

infarinata, farinata breiige Suppe aus Maismehl, Bohnen, Kohl, Tomaten und Rosmarin, dazu fettes Schweinefleisch oder Würstchen (Lucca, Toskana)

Inferno Rotwein DOC, ↑ *Valtellina Superiore*, aus der gleichn. Zone in der Provinz Sondrio des Veltlins

inforchiato Süditalien: Milchlamm

infornatelle Rom: gedörrte Kastanien

infuso Aufguß, Tee

inglese, all' auf engl. Art: in Wasser, Dampf, a. Sud gegart; ↑ a. *crema inglese, zuppa inglese*

ingozzare hinunterschlucken; mästen, stopfen

ingrediente Zutat, Bestandteil

ingresso Eintritt, Zugang; Eintrittsgeld, -karte

Ingwer *zenzero* [dséndsero] m

inquinato verschmutzt, verunreinigt, verseucht

insaccato gefüllt, gestopft; Wurst, Wurstware

insalata Salat
– **belga** Chicorée, ↑ *cicoria*
– **campagnola, di campo** Feldsalat, ↑ *valerianella*
– **cappuccina** Kopfsalat, ↑ *lattuga cappuccia*
– **caprese** Salat aus ↑ *Mozzarella-* und Tomatenscheiben mit Origano und Basilikum
– **composta, mista** gemischter Salat
– **matta** Löwenzahn, ↑ *dente di leone*
– **nizzarda, salade niçoise** Nizzaer Salat aus frischen Tomaten, Gurken, Puffbohnen, Artischocken, grünen Paprikaschoten, kl. Zwiebeln, Basilikum, Knoblauch, harten Eiern, Sardellen, schwarzen Oliven an Olivenöl, heute oft a. mit Thunfisch usw., aber nie mit gek. Gemüsen, Kartoffeln oder Essig
– **russa** italienischer, russischer Salat
– **verde** Grüner Salat, ↑ *lattuga cappuccia*

insalatiera Salatschüssel

insaporire schmackhaft machen, würzen, abschmecken

inscatolare in Dosen füllen, konservieren

insipido fade, geschmacklos, schal

interiora Eingeweide von Tieren; ↑ a. *frattaglie, rigaglie*

intero ganz, vollständig

intestino Darm, Gedärme vom Kalb, Rind, Schaf, Ziege und Schwein; ↑ a. *trippa*

intingolo dicke Sauce, Tunke; Ragout

intrigoni Karnevalskrapfen, ↑ *cenci*

intruglia Suppe aus Maismehl und Bohnen (Versilia, Toskana u. a.)

invecchiato gealtert, gelagert; Wein: abgelagert

invernengo körniger Winterkäse, ↑ *grana*

invitare einladen, zu Gast bitten

involtino gef. Roulade aus (Kalb-)Fleisch, a. Fisch, Gemüse, meist über Holzfeuer gegrillt oder aus dem Ofen, manchmal (mit Tomaten-, Zitronen- usw. Scheiben) am Spieß

inzimino, (all') Zubereitungsart für Fische und Tintenfische, ↑ *zimino*

inzuppare einweichen, eintauchen, tränken

iog(h)urt Joghurt, Sauermilchprodukt

iota, iote Gemüsesuppe, ↑ *jota*

ipermercato Supermarkt mit versch. Läden

ippoglosso, halibut Heilbutt, größter und schwerster Plattfisch des Atlantiks, weißes fettes und schmackhaftes Fleisch, in Italien meist als tiefgefrorenes Filet angeboten, läßt sich grillen, pochieren, a. räuchern

irradiazione Konservierung von Lebensmitteln durch Bestrahlung

Ischia vulkanische Insel am Eingang zum Golf von Neapel mit üppiger Vegetation und weltberühmten, radioaktiven heißen Quellen, ↑ Campania, S. 26 ff.; von daher drei DOC-Weine:
- **Bianco** weiß, trocken, leicht herb, aber delikat, TR bis 2 Jahre, TT 8–10°, zu Gemüsegerichten, Auberginen usw.
- **Bianco Superiore** goldgelb, trocken, harmonisch fein und aromatisch, TR bis 2 Jahre, TT 10°, zu Fisch und Krustentieren
- **Rosso** rot, trocken, frisch und ausgeglichen, mittlerer Körper, gute Säure, TR 2–4 Jahre, TT 16–18°, zu weißem Fleisch, insbes. Geflügel und Kaninchen

Isonzo leichte, süffige DOC-Weine aus dem Isonzotal in der Provinz Gorizia, Görz, im Friaul

Weiße Weine:
Malvasia Istriana trocken, angenehm harmonisch und duftig, TR 3–4 Jahre, TT 8–10°, zu Fischsuppen und Fisch in Saucen

Pinot Bianco Weißburgunder, trocken, fein und geschmeidig, TR bis 2 Jahre, TT 10°, zu Schal- und Krustentieren

Pinot Grigio Ruländer, trocken, voll und sortentypisch elegant, TR 2–3 Jahre, TT 10–12°, zu Fisch vom Grill oder aus dem Ofen

Riesling Renano Rheinriesling, trocken, fruchtig fein, TR 2–3 Jahre, TT 10–11°, zu Fischsuppen, Schaltieren und Fisch

Sauvignon trocken, weich und leicht würzig, TR 2–3 Jahre, TT 10–12°, zu Fisch

Tocai trocken, voll und aromatisch, TR 2–3 Jahre, TT 10–12°, zu Meeresfrüchten, Pilzgerichten

Traminer (Aromatico) (Gewürz-)Traminer, trokken, würzig aromatisch und körperreich, TR 3–5 Jahre, TT 10–12°, zu Fisch, Gemüse- und Eierspeisen

Verduzzo Friulano trocken, fruchtig frisch und körperreich, TR 2–4 Jahre, TT 10°, zu Fisch und Pasteten

Rote Weine:

Cabernet gehaltvoll   trocken   und   ausgewogen, TR 3–5 Jahre, TT 16°, zu weißem Fleisch und (!) Aal

Merlot trocken, gefällig, angenehm füllig und würzig, TR 1–3 Jahre, TT 16–18°, zu Teigwaren, Risotto, Gemüse-, Pilzgerichten, weißem, gebr., geschmortem Fleisch und (!) Aal

issolon Glatte Venusmuschel, ↑ *fasolaro*

issopo Ysop, Isop, Würzkraut, junge Triebspitzen, besser frisch als getr., intensiv harzig-herb und minzig erfrischend, im Sommer in Salaten und als Würze verwendbar; als Tee schleimlösend

italico halbfester Schnittkäse aus Kuh-Vollmilch in der Art des ↑ *Bel Paese*, cremig mild, Fettgeh. 50 %, Tafelkäse (Lombardei)

IVA *imposta valore aggiunto*, Mehrwertsteuer

Jakobsmuschel *conchiglia del pellegrino* [konkilja del pellegrino] f

janculillo Neapel: Weißfisch, ↑ *bianchetto*

jelu i muluni kalte Süßspeise aus kandiertem Kürbis, Wassermelonensaft, Schokolade, Zimt und Zucker (Sizilien)

jeur Friaul: Hase, ↑ *lepre*

Johannisbeere *ribes* [ribes] m
  rote – *ribes rosso* [ribes rósso] m
  schwarze – *ribes nero* [ribes néro] m
  weiße – *ribes bianco* [ribes biànko] m

jota, iota, ota Bohnensuppe, im Friaul mit Maismehl, sauren Weißen Rüben, ↑*brovada*, und Milch, in Julisch Venetien mit Kartoffeln, Sauerkraut und ger. Bauchspeck

julienne, giuliana urspr. frz. [schüliänn]: in feine Streifen geschnittene Zutaten (Gemüse, Pilze, Zitrusschalen, a. Fleisch, Geflügel usw.)

jung *giovane* [dschówane]; Gemüse: *primizie* [primizi|e] pl; Wein: *novello* [nowéllo]

Kabeljau *merluzzo* [merlútso] m

Kaffee *caffè* [kaffé] m
-bohne *chicco di caffè* [kikko di kaffé] m
-büchse *scatola del caffè* [skátola del kaffé] f
-filter *filtro per il caffè* [filtro per il kaffé] m
-kanne *bricco del caffè* [briko del kaffé] m
-löffel *cucchiaino (da caffè)* [kukkiaino (da kaffé)] m
-maschine *caffettiera* [kaffeti|éra] f
-mühle *macinino da caffè* [matschinino da kaffé] m
-pulver *caffè in polvere* [kaffé in pólwere] m
-rahm *panna magra* [pánna mágra] f
-tasse *tazza da caffè* [tátsa da kaffé] f
– **mit Milch** *caffè latte* [kaffé látte] m
– **mit Sahne, Rahm** *caffè con panna* [kaffé kon pánna] m
  gebrannter, gerösteter – *caffè tostato* [kaffé tostáto] m
  gemahlener – *caffè macinato* [kaffé matschináto] m
  koffeinfreier – *(caffè) decaffeinato* [(kaffé) dekaffe|ináto] m
  Milch◌ *caffelatte* [kaffelátte] m
  schwarzer – *caffè nero* [kaffé néro] m
  ungemahlener – *caffè non macinato* [kaffé non matschináto] m
  ungerösteter – *caffè non tostato* [kaffé non tostáto] m

Kaisergranat *scampo* [skámpo] m

kaki Kaki, ↑ *cachi*

Kalb *vitello* [witéllo] m
  Fleischteile:
  Bauch, Querrippe, Wammerl *pancetta* [pantschétta] f
  Brust *punta di mezzo* [púnta di métso] f
  Dünnung *pancetta* [pantschétta] f
  Hachse, Bein *geretto* [dscherétto] m
  Hals, Nacken *collo* [kóllo] m
  Kamm, vorderes Kotelettstück *reale* [re|ále] m
  Keule, Schlegel, Stotzen *coscia* [kóscha] f
  Kotelett, Rippenstück, Karree *costolette* [kostolétte] pl

Nierenbraten, Karree   *nodini* [nodini] pl
Rücken, Sattel   *schiena* [ski|éna] f
Schulter, Bug, Blatt   *fiocco di punta* [fiókko di púnta] m; *spalla* [spàlla] f

Fleischstücke:
Braten   *arrosto di vitello* [aròsto di witéllo] m
Bries, Milch, Milke   *animella* [animélla] f
Brust   *punta di petto* [púnta di pétto] f
Filet   *filetto di vitello* [filétto di witéllo] m
Frikandeau   *fesa* [fésa] f
Frikassee   *fricassea di vitello* [frikaßéa di witéllo] f
Füße   *piedi di vitello* [pi|édi di witéllo] pl
Geschnetzeltes   *trinciata di vitello* [trintschàta di witéllo] f
Herz   *cuore di vitello* [kuòre di witéllo] m
Hüfte, Schlußbraten   *sottofiletto di vitello* [sottofilétto di witéllo] m
Karree   *reale di vitello* [re|àle di witéllo] m
Kopf   *testina di vitello* [testina di witéllo] f
Kotelett   *costeletta di vitello* [kostolétta di witéllo] f
Kugel, Nuß, Rose   *noce di vitello* [nótsche di witéllo] f
Leber   *fegato di vitello* [fégato di witéllo] m
Lende, Lungenbraten   *lombo di vitello* [lòmbo di witéllo] m
Lunge, Beuschel   *corata* [koràta] f
Nieren   *rognoni di vitello* [ronjòni di witéllo] pl
Nierenbraten   *lombata di vitello* [lombàta di witéllo] f
Nüßchen, Medaillon   *noce di vitello* [nótsche di witéllo] f
Ragout, Voressen   *spezzatino di vitello* [spetsatino di witéllo] m
Schnitzel, Plätzli   *scalloppine* [skallopine] pl
Steak   *lombatina di vitello* [lombatina di witéllo] f
Zunge   *lingua di vitello* [lingua di witéllo] f

Kalmar   *calamaro* [kalamàro] m

Kalori|e(n)   *caloria* [kaloria] f; *calorie* [kalori|e] pl
  ⊝**enarm**   *povero di calorie* [pòwero di kalori|e]

kalt   *freddo* [fréddo]

Kalterersee   Rotwein aus den Provinzen Bozen und Trient, ↑ *Caldaro*

Kamille(ntee)   *camomilla* [kamomilla] f

Kaminwurzen   trockene, ger., aromatische Wurst, wird in hauchdünne Scheiben geschnitten (Südtirol)

Kaninchen   *coniglio* [konìljo] m

Kanne   *bricco* [brìkko] m

Kaper   *cappero* [kàppero] m

Karaffe *caraffa* [karàffa] f

Karamelcreme *crema caramella* [kréma karamélla] f

Karde *cardo* [kàrdo] m

Karfiol *cavolfiore* [kawolfióre] m

kari Curry, ↑ *curry*

Karotte *carota* [karóta] f

Karpfen *carpa* [kàrpa] f

Karree *carré* [karē] m

Kartoffel *patata* [patàta] f

Käse *formaggio* [formàdscho] m
-kuchen mit echtem Käse: *torta di formaggio* [tòrta di formàdscho] f; mit Frischkäse, Quark: *torta di ricotta* [tòrta di rikòtta] f
-platte, -teller *formaggi vari* [formàdschi wàri] pl
  Frisch○ *formaggio fresco* [formàdscho frésko] m
  Hart○ *formaggio duro* [formàdscho dùro] m
  Schmelz-, Streich○ *formaggio fondente* [formàdscho fondénte] m
  Weich○ *formaggio molle* [formàdscho mólle]

kasher koscher, nach rituellem jüdischem Speisegesetz

Kasse *cassa* [kàssa] f

Kasserolle *casseruola* [kasseruòla] f

Kassiererin *cassiera* [kassi|éra] f

Kastanie *castagna* [kastànja] f

Kaufhaus *emporio* [empòrio] m

Kaviar *caviale* [kawiàle] m

Kefe *pisello novello* [piséllo nowéllo] m

kefir Kefir, cremige Sauermilch, durch Hefepilz gesäuert, erfrischend und gesund

Keks *biscotto* [biskòtto] m

Keller *cantina* [kantìna] f
-meister *cantiniere* [kantini|ére] m

Kellner *cameriere* [kameri|ére] m

Kerbel *cerfoglio* [tscherfòljo] m

Kernobst *frutti a semi* [frùtti a ßemi] pl

ketmia Okra, ↑ *bamia*

Keule *coscio* [kòscho] m

Kichererbse *cece* [tschétsche] m

Kinderbrei *pappa* [pàppa] f

Kipfe(r)l *cornetto* [kornétto] m

Kirsche   *ciliegia* [tschili|édscha] f
  Sauer⚬   *amarena* [amaréna] f

kiwano   Wassermelonensorte, mildsüß wässerig, guter Durstlöscher; ↑ a. *cocomero*

kiwi, kivi, actinidia   Kiwi, saftige Exotenfrucht ohne viel Eigengeschmack, aber angenehm süß-säuerlich, mit dem Löffel oder in Scheiben zu essen, a. als Kompott, für Obstsalate, Süßspeisen usw. (exotische Länder, Neuseeland, Kalifornien, aber a. Europa, u. a. Italien)

klar   *chiaro* [kiàro]
-e Suppe   *brodo* [bródo] m

Kleingeld   *moneta* [monéta] f

Kloß   *gnocco* [njòkko] m

Knoblauch   *aglio* [àjo] m
-presse   *schiaccia-aglio* [skiatschaàjo] m
-zehe   *spicchio d'aglio* [spikkio dàjo] m

Knochen   *osso* [òsso] m

Knödel   *canederli* [kanéderli] m

Knollensellerie   *sedano rapa* [sédano ràpa] m

Knurrhahn   *capone* [kapóne] m

knusprig   *croccante* [krokkànte]

Koch   *cuoco* [kuòko] m
-buch   *libro di cucina* [libro di kutschina] m
-topf   *pentola* [péntola] f

kochen   Speisen: *cuocere* [kuòtschere]; Flüssiges: *bollire* [bollire]; zubereiten: *cucinare* [kutschinàre]

Kohl(kopf)   *cavolo* [kàwolo] m
-rabi   *cavolo rapa* [kàwolo ràpa] m
-rübe   *cavolo navone* [kàwolo nawóne] m
  Blumen⚬   *cavolfiore* [kawolfióre] m
  Grün⚬   *cavolo d'inverno* [kàwolo dinwérno] m
  Kopf⚬   *cavolo cappuccio* [kàwolo kapútscho] m
  Rosen⚬   *cavolo di Bruxelles* [kàwolo di brüsäl] m
  Rot⚬   *cavolo rosso* [kàwolo rósso] m
  Weiß⚬   *cavolo bianco* [kàwolo biànko] m
  Wirsing⚬   *verza* [wérdsa] f

Kohlensäure   *acido carbonico* [àtschido karbóniko] m
⚬**haltig**   *gassoso* [gassóso]

Kokosnuß   *noce di cocco* [nòtsche di kókko] f

Kompott   *frutta cotta* [frútta kótta] f

Konditorei   *pasticceria* [pastitscheria] f

Konfekt   *confetto* [konfétto] m

Konserve   *conserva* [konsérwa] f

Kopf *testa* [tésta] f
-salat *lattuga (cappuccia)* [lattúga (kapútscha)] f

Koriander *coriandolo* [koriàndolo] m

Korken *tappo* [tàppo] m
-zieher *cavatappi* [kawatàppi] m

Korkgeschmack *sapore di tappo* [ßapóre di tàppo] m

Korn *grano* [gràno] m
-branntwein *acquavite* [aquawite] f

kosher, kasher koscher, nach rituellem jüdischem Speisegesetz

Kotelett *costoletta* [kostolétta] f

Krabbe Garnele: *gambero* [gàmbero] m; Meereskrebs: *granchio* [grànkio] m

Kraftbrühe *brodo ristretto* [bròdo ristrétto] m

Krake *polpo* [pólpo] m

krapfen, cra(p)fen, krafel, krafen Krapfen aus Hefeteig, mit Marmelade oder Creme gef. und überzuckert

Kraut *cavolo (bianco)* [kàwolo (biànko)] m
-stiel *bieta da coste* [bi|éta da kóste] f

Kräuter *erbe* [érbe] pl
-butter *burro alle erbe* [bùrro alle érbe] m
-tee *tisana* [tisàna] f

Krebs *gambero* [gàmbero] m; Taschenkrebs: *granchio* [grànkio] m

Kreditkarte *carta di credito* [kàrta di krédito] f

Kresse *crescione* [kreschóne] m

Kretzer Roséwein aus Südtirol, ↑ *Lagrein Rosato*

Krustentiere *crostacei* [krostatschéǀi] pl

Küche *cucina* [kutschina] f
-ngerät *utensili da cucina* [utensìli da kutschina] pl
-ngeschirr *stoviglie da cucina* [stowìlje da kutschina] pl
-nherd *cucina* [kutschina] f
-nkräuter *erbe (aromatiche)* [érbe (aromàtike)] pl
-nmesser *coltello (da cucina)* [koltéllo (da kutschina)] m

Kuchen *dolce* [dóltsche] m; *torta* [tórta] f
-teig *pasta da dolci* [pàsta da dóltschi] f

Kuh(fleisch) *vacca* [wàkka] f; ↑ a. *manzo;* Fleischteile und -stücke ↑ Rind

kühl *fresco* [frésko]
  ○**fach** *congelatore* [kondschelatóre] m
  ○**schrank** *frigo(rifero)* [frigo(rifero)] m

Kümmel *comino* [komino] m

kumquat Kumquat, ↑ *mandarino cinese*

Kürbis *zucca* [tsùkka] f
-kern *seme di zucca* [sème di tsùkka] pl

kuskus Kuskus, ↑ *cuscus*

Kutteln *trippa* [trìppa] pl

labro Lippfisch, ↑ *donzella*

laccett Mailand: Bries, Milch, Milke vom Kalb

lacerto Atlantische Makrele, ↑ *sgombro comune*

Lachs *salmone* [salmòne] m

laciada süßes Gebäck aus Schichten gezuckerter Eierkuchen mit Marmeladefüllung (Lombardei)

laciaditt süße Pfannkuchen mit im Teig gerollten Äpfeln, zum Karnevalsdonnerstag üblich (Mailand)

Lacrima Christi del Vesuvio DOC-Weine aus der Provinz Neapel, ↑ *Vesuvio*

Lacrima di Castrovillari roter Tafelwein aus der Provinz Cosenza in Kalabrien, lieblich oder trocken, frisch und voll, TR bis 4 Jahre, TT 16–18°, trocken zu allen Mahlzeiten, lieblich zum Nachtisch

Lacrima di Gallipoli, di Terra d'Otranto Roséwein aus der Provinz Lecce in Apulien, trocken, kräftig und würzig mit leicht bitterem Abgang, TR 2–4 Jahre, TT 16°, zu allen Mahlzeiten

Lacryma Christi del Vesuvio DOC-Weine aus der Provinz Neapel, ↑ *Vesuvio*

Laden *negozio* [negòtsio] m

laga(g)ne, laganelle breite Bandnudeln aus Hartweizen (Basilikata, Kalabrien) oder Weißmehl (Apulien) ohne Eier, in Gemüsesuppen oder mit Saucen, Sughi

lager urspr. deutsch: Lagerbier, untergäriges Bier

Lago di Caldaro Kalterersee in Südtirol inmitten eines Weinbaugebiets, von daher Rotwein aus den Provinzen Bozen und Trient, ↑ *Caldaro*

Lagrein Rebsorte aus Südtirol, ergibt duftig milde, süffige rosé und rote Weine, ↑ *Alto Adige Lagrein*

Lambrusco Rebsorte aus der Emilia-Romagna, ergibt trockene (meist besser) oder liebliche Rotweine, lebhaft, erfrischend und süffig, oft leicht moussierend, TR 1–2 Jahre, TT 14–16°, zu fetten, gek. Würsten und gesottenem Fleisch; DOC-Qualitäten: *di Sorbara, Grasparossa di Castelvetro, Salamino di Santa Croce* (Provinz Modena), *Reggiano* (Provinz Reggio Emilia)

Lamezia Rotwein DOC aus der Provinz Catanzaro in Kalabrien, trocken, sauber und angenehm kraftvoll, günstiges Qualität-Preis-Verhältnis, TR 2–4 Jahre, TT 17°, zu gek. oder grilliertem Fleisch

Lamm *agnello* [anjéllo] m

Fleischteile:
Bauch, Flanke, Brust *pancia* [pàntscha] f
Hals, Nacken *collo* [kóllo] m
Karree, Kotelettstück, Rücken *lombata* [lombàta] f
Keule, Schlegel, Gigot *coscia* [kòscha] f
Rücken *sella* [ßélla] f
Schulter *spalla* [spàlla] f

Fleischstücke:
Baron *barone* [baróne] m
Brust *petto d'agnello* [pétto danjéllo] m
Chop *chop* [tschopp] m
Karree *carré d'agnello* [karē danjéllo] m
Kotelett *costoletta d'agnello* [kostolétta danjéllo] f
Nierstück *mezza sella* [métsa ßélla] f
Ragout, Voressen *ragù d'agnello* [ragù danjéllo] m
Schlegel, Gigot *cosciotto* [koschòtto] m
Zunge *lingua d'agnello* [lingua danjéllo] f

lampascione, lampagione, lampasciuolo, cipollaccia, muscari kl. kräftige Zwiebel der Wilden Traubenhyazinthe, leicht bitterlich, kann frisch gegessen, gegrillt, gek. oder in Essig eingelegt werden, gute Zeit Sommer–Herbst (Apulien, Süditalien)

lampone Himbeere, gute Zeit Juni–Sept.

lampreda Neunauge, Bricke, dem Aal ähnlicher Fisch aus Fluß *(di fiume)* oder Meer *(di mare)*, von Feinschmeckern wegen seines fetten, aber zarten Fleisches mehr als jener geschätzt, in Italien eher selten

lampredotto mit Gemüse gek. Kalbskutteln, in Streifen geschnitten, oft mit Öl und Pfeffer zwischen zwei Brotscheiben (Toskana)

lampuga, corifena Goldmakrele, Meerfisch, festes, gutes Fleisch, wird i. a. grilliert und mit einer ↑ *salmoriglio*-Sauce serviert

lanache Nudel aus Hartweizengrieß in Form der ↑ *linguine* oder ↑ *tagliatelle* (Apulien)

lancette kl. kurze Nudeln, in Suppen oder mit Saucen, Sughi

Landwein *vino locale* [wino lokàle] m

lanfa, acqua Orangenblütenwasser

langosta, langusta Venetien: Languste, ↑ *aragosta*

Langustine   *scampo* [skåmpo] m

lanzardo   Blasenmakrele, ↑ *sgombro lanzardo*

lardare, lardellare   spicken, bardieren; mit Speck einfetten

lardello   Speck-, Schinkenstreifen zum Spicken

lardo   (Rücken-)Speck vom Schwein; Toskana: Schweineschmalz
– affumicato   geräucherter Speck

lardone   gepökelter, geräucherter Speck

laricino   Goldröhrling, guter Speisepilz, jung und fest milder Geschmack, vor der Zubereitung Huthaut abziehen, eignet sich a. für Suppen oder als Gemüse, gute Zeit Juli–Okt.

lasagne   breite, rechteckige Teigblätter aus Hartweizengrieß und Weißmehl, mit oder ohne Eier, i. a. mit Fleisch, Gemüse, Käse, a. Saucen in Form geschichtet und im Ofen überbacken

lasagnette   gewellte Bandnudeln aus Hartweizengrieß zu Saucen, Sughi (Toskana)

lasca, striscia   Nase, kl. Süßwasserfisch, gutes, aber grätiges Fleisch, läßt sich braten, grillieren, fritieren und panieren (Ligurien, Piemont, Nord- und Mittelitalien)

lat brüle   gebrannte Creme, mit Zucker karamelisierte Vanillecreme (Emilia-Romagna)

Latisana   DOC-Weine aus dem Süden der Provinz Udine in Friaul–Julisch Venetien:

Weiße Weine:
Pinot Bianco   Weißburgunder, trocken, mild und süffig, TR 2 Jahre, TT 10°, zu Meeresfrüchten und gek. Fisch
Pinot Grigio   Ruländer, trocken, delikat körperreich, TR 2 Jahre, TT 10°, zu Vorspeisen und Fisch
Tocai Friulano   trocken, gehaltvoll und ausgewogen, TR 2 Jahre, TT 10°, zu Fisch, Vor- und Eierspeisen
Verduzzo Friulano   trocken, delikat und leicht tanninhaltig, TR 2–3 Jahre, TT 10°, zu Fisch in Suppen oder aus der Pfanne

Rote Weine:
Cabernet   trocken, fein und leicht grasig, TR 2–4 Jahre, TT 18°, zu Fleisch und Wild
Merlot   trocken, mild und harmonisch, TR 2–4 Jahre, TT 16–18°, zu gegrilltem, gesottenem Fleisch und Käse
Refosco   trocken, bukettreich voll mit leicht herbem Abgang, TR 2–6 Jahre, TT 18°, zu Schmorbraten, weißem Fleisch und Hartkäse

Latium Landschaft und Region Mittelitaliens, ↑ *Lazio*

latta (Blech-)Büchse, Dose

lattaiola Creme aus im Ofen geb. verquirlter Milch mit Zucker, Eiweiß, a. Rum usw. (Romagna)

lattario delizioso, agarico delizioso, lattaiolo (Edel-)Reizker, Milchling, leicht bitterlicher Speisepilz, gut zum Braten, in Omeletts, als Salat oder zum Einlegen, nicht roh eßbar, gute Zeit Aug.–Okt.

lattaro ('e mare, verace) Meermuschel, der Steindattel, ↑ *dattero di mare*, ähnliches Schaltier, wird wie diese zubereitet, aber etwas zäheres Fleisch

latte Milch
- **acido** Sauermilch, gesäuerte Vollmilch
- **alla grotta** Eischneeballen, ↑ *sciumetta*; Meringe, ↑ *meringa*
- **alla portoghese, brûlé** Milch, ↑ *portoghese, latte alla*
- **battuto, latticello** Buttermilch, fettarm
- **cagliato, rappreso** Dickmilch, gereifte Sauermilch
- **coagulato** geronnene Milch
- **concentrato, condensato, evaporato** Kondensmilch
- **crudo** rohe, nicht pasteurisierte Milch
- **di capra** Ziegenmilch
- **di gallina** kräftigendes Getränk aus kochender Milch mit Eigelb, Zucker, Weinbrand oder Rum
- **di mandorle** Mandelmilch
- **di mucca** Kuhmilch
- **di pecora** Schafmilch
- **di pesce** Milch, Samenflüssigkeit der männlichen Fische, wird in Italien gern in Fischsud oder auf Müllerin-Art zubereitet und auf gerösteten Brotscheiben, in Beignets, Omeletts usw. serviert; ↑ a. *bottarga*
- **fresco** Frischmilch
- **in bottiglia** Flaschenmilch
- **in polvere** Pulvermilch
- **in scatola** Büchsen-, Dosenmilch
- **intero** Vollmilch
- **magro** Magermilch
- **omogeneizzato** homogenisierte Milch
- **parzialmente scremato** teilentrahmte Milch
- **pastorizzato** pasteurisierte Milch
- **scremato** entrahmte Milch, Magermilch
- **sterilizzato** sterilisierte Milch, bis 3 Monate haltbar
- **(procedimento) UHT, uperizzato** UHC-erhitzte Milch

lattemiele, latte e miele urspr. Getränk aus Honig und Milch, heute meist Name für Schlagsahne (insbes. Emilia, Lombardei)

latterino   Ährenfisch, Familie kl. zarter, durchsichtiger Schwarmfische aus dem Meer, manchmal a. Süßwasser, meist fritiert
– **sardaro**   Großer Ährenfisch

latteruolo   sämige Creme, ↑ *casadello*

latti   reg. für Bries, Milch, Milke vom Kalb, ↑ *animella*

latticello   Buttermilch, fettarm

latticin(i)o   Milch-, Molkereiprodukt; reg. Bries, Milch, Milke vom Kalb, ↑ *animella*

lattiera   Milchkanne

lattina   (Blech-)Büchse, Dose

lattone, lattonzolo   Spanferkel, a. Milchkalb

lattuga, -ghe   Lattich, Kopfsalat, gute Zeit Nov.–Mitte Apr. (Apulien, Kampanien, Latium, Venetien u. a.)
– **cappuccia, cappucina**   Grüner Salat, Kopf-, Häuptelsalat, meist roh als Salat, läßt sich a. als Schnellgemüse dünsten oder kochen
– **cappucciata**   Eisbergsalat, krause hellgelbe Blätter, Kopf in Vierteln oder Streifen in Marinade oder an Salatsauce anzumachen
– **da taglio, lattughino**   Schnittsalat
– **romano**   Römischer Salat, Bindesalat, Sommerendivie, lange, feste, gekräuselte Blätter, kräftiger, herber als der Grüne Salat, für Salat oder als Schnellgemüse verwendet
– **selvatica**   Wilder Lattich, ↑ *cicoria selvatica*

lattughe   Lombardei: Karnevalskrapfen, ↑ *cenci*

lattughella   Feldsalat, ↑ *valerianella*

lattughino   Schnittsalat, ↑ *lattuga da taglio*, Feldsalat, ↑ *valerianella*

Lauch   *porro* [pórro] m

lauro   Lorbeer, ↑ *alloro*

lauto   üppig, reichlich; großzügig

lauwarm   *tiepido* [ti|épido]

lavabo   Waschbecken, Waschraum, a. Toilette

lavadita   Fingerschale

lavanda   Lavendel, aromatische Staudenpflanze, junge Blatttriebe, nur frisch verwendbar, als Würze leicht bitterlich erfrischend, als Tee anregend, nervenstärkend

lavapiatti   ugs. Geschirrspülmaschine

lavare   waschen

lavarello, coregone   Renke, Felchen, Maräne; forellenähnlicher Lachsfisch aus Alpen-, Voralpenseen, a. Küstengewässern, gutes kräftiges Fleisch, läßt sich backen, braten, dünsten, räuchern

lavastoviglie   Geschirrspülmaschine

lavatrice   Waschmaschine
– **per piatti**   Geschirrspülmaschine

Lazio   Latium, hist. Landschaft Mittelitaliens um die Hauptstadt Rom von der tyrrhenischen Küste bis zu den Abruzzen, von gr. landwirtschaftlichem Reichtum, ↑ Roma – Lazio S. 56 ff.

Leatico   blaue Rebsorte, ↑ *Aleatico*

lebend   *vivente* [wiwènte]

Lebensmittel   *generi alimentari* [dschèneri alimentàri] pl
-geschäft, -laden   *negozio di generi alimentari* [negòzio di dschèneri alimentàri] m

Leber   *fegato* [fègato] m
-knödel   *canederli di fegato* [kanèderli di fègato] m

lecca-lecca   Lolli, Lutscher

leccia   Große Gabelmakrele, Meerfisch, festes, schmackhaftes Fleisch, läßt sich kochen, grillieren, schmoren, a. mit Zitronensaft, Öl, Salz und Pfeffer roh essen
– **bastarda**   Deckfisch, ↑ *fieto*
– **stella**   Gabelmakrele, Bläuel, etwas kleiner als die Große Gabelmakrele, ↑ *leccia*

lecco(rnia)   Leckerbissen

legare   binden, schnüren

leggero   leicht, leichtverdaulich
   tenersi –   Diät halten

legna, legno   (Brenn-)Holz

legume   Hülsenfrucht

legumi   Gemüse (in Italien beliebteste Zubereitungsart: in Olivenöl, Zitronensaft, Salz und frisch gemahlenem Pfeffer beißfest gekocht)
– **secchi**   Dörrgemüse

leicht(verdaulich)   *facilmente digeribile* [fatschilmènte didschèribile]

lemonbana   exotisch nach Zitrone und Banane schmekkende Frucht, läßt sich wie die Pampelmuse auslöffeln, für Obstsalate oder als Kuchendekoration verwenden

Lendenschnitte, -stück   *lombata* [lombàta] f

lente   reg.: Linse, ↑ *lenticchia*

lenticchia   Linse, Hülsenfrucht (in Italien am besten aus Castelluccio, Umbrien); a. Suppeneinlage aus Teig, Gräupchen

lepre   (Feld-)Hase, am besten jung *(leprotto)*, jedenfalls nicht älter als 1 Jahr *(dell'anno)*
– in salmí   Hasenpfeffer

lepudrida   Suppe aus Hülsenfrüchten mit Rind- und Schweinefleisch (Cagliari auf Sardinien)

lessare   kochen, sieden

lesso   gekocht, gesotten; Gesottenes, Sied-, Suppenfleisch

Lessona   Rotwein DOC aus der Provinz Vercelli im Piemont, trocken, würzig und angenehm tanninhaltig, TR 4–15 und mehr Jahre (hält sich a. in der geöffneten Flasche gut), TT 18–20°, zu Fleisch

Lettere   Rotwein aus der Provinz Neapel in Kampanien, trocken, gefällig, frisch und harmonisch, TR 2–3 Jahre, TT 14–16°, zu allen Mahlzeiten

Leverano   DOC-Weine aus der Provinz Lecce im Süden Apuliens: weiß, *bianco*, trocken, leicht und mild, TR 2–3 Jahre, TT 8–10°, zu Fisch und Wurstwaren; rosé, *rosato*, trocken, fruchtig aromatisch, TR 2–3 Jahre, TT 11–12°, zu Vorspeisen und Fisch; rot, *rosso*, trocken, vollmundig und leicht tanninhaltig, darf sich nach 2 Jahren Lagerzeit *Riserva* nennen, TR 3–5 Jahre, TT 17–18°, bes. zu Schaffleisch

Levissima   stilles Tafelwasser mit mäßig oder stark zugesetzter Kohlensäure, schwacher Mineralgehalt (Bormio, Provinz Sondrio im Veltlin)

levistico, sedano di montagna   Liebstöckel, Maggikraut, Gewürzpflanze, in Italien meist gezüchtet, zarte junge Blätter intensiv würzig mit einem Hauch von Zitrone; Triebe und Wurzeln a. als Gemüse; abgekochte Wurzeln verdauungsfördernd und katarrhlindernd

liberon   Venetien: Rauhe Venusmuschel, ↑ *tartufo di mare*

licci   Litschi, pflaumengroße saftige Tropenfrucht von süßem, delikatem Geschmack, roh oder in Obstsalaten genießbar, als Kompott oder a. zu süßen, salzigen Speisen usw.

licore   Toskana: Likör, Spirituose, ↑ *liquore*

licurdia   Suppe aus Zwiebeln oder anderen Gemüsen und Speck oder sonst Schweinefleisch über gerösteten Brotscheiben (Kalabrien)

lieblich   (Wein) *amabile* [amábile]

Lieferant   *fornitore* [fornitóre] m

lievito   Hefe, Germ; Sauerteig; Backpulver; Hörnchen; Kipfel aus Hefeteig

Liguria Ligurien, hist. Landschaft am Golf von Genua mit sonnigem, im Winter mildem Klima und deshalb trad. Fremdenverkehr in vielen Kurorten und Seebädern die Blumenriviera entlang, ↑ Liguria S. 37 ff.

ligustico Mutterwurz, Mutterkraut, Art Liebstöckel, ↑ *levistico*, aus den Bergen, in der Küche wenig verwendet, kann aber die Petersilie ersetzen

Likör *liquore* [likuȯre] m

lima Limette, ↑ *limetta*

limanda Kliesche, Limande, Scharbe, schollenartiger Plattfisch aus dem Nordostatlantik, wohlschmeckend, in Italien meist gefrorene Filets im Handel

limetta, lima, lime, limone bergamotto Limette, Limone, kleiner, grüner und saftiger als die Zitrone, feinsäuerlich erfrischend

limonata Limonade, Zitronenwasser
– **al selz** Brauselimonade

limoncina Zitronenkraut, ↑ *cedrina*

limone Zitrone, je kleiner die Frucht und je dünner die Schale, desto saftiger; gute Zeit Nov.–Dez. (Frühzitronen, *Primofiore*), Jan.–Juni *(Bianchetti, Limoni)*, Apr.–Sept. (Sommerzitronen, *Verdelli*) (Sizilien u. a.)
– **acido** Pomeranze, ↑ *arancia amara*
– **bergamotto** Limette, ↑ *limette*
– **di mare** Ligurien: Seescheide, ↑ *uovo di mare*

Lindenblüte *fiore di tiglio* [fiȯre di tiljo] m
-ntee *infuso di tiglio* [infuso di tiljo] m

lingua Zunge; a. der Seezunge, ↑ *sogliola*, ähnlicher Meerfisch
– **affumicata** geräucherte Zunge
– **di bue** Ochsenzunge; Leberreischling, Speisepilz, säuerlicher Geschmack, wird i. a. roh gegessen, gute Zeit Aug.–Okt.
– **di cane** Blutroter Röhrling, ↑ *porcinello rosso*
– **salmistrata** Pökelzunge

linguattola, cianchettone, pataraccia Hundszunge, Plattfisch aus dem Meer, je kleiner, desto feiner, wird paniert und in Olivenöl fritiert ganz gegessen; ↑ a. *sogliola*

lingue di gatto „Katzenzungen", feines Spritzgebäck aus Butterteig mit Eiweiß und Vanille

lingue di passero, passera flache Bandnudeln, für frische Tomaten oder Cremesaucen (Süditalien)

linguine breite Bandnudeln aus Hartweizengrieß, für Fisch-, Krustentier- und andere delikate Saucen, ↑ *pesto* usw.

Linsen   *lenticchie* [lent·ikki|e] pl

Lipari   fruchtbare Inseln vor der Nordostküste Siziliens; von daher zwei Malvasierweine, ↑ *Malvasia delle Lipari*

liquido   flüssig

liquirizia   Lakritze, Süßholz

liquore   Likör, süße Spirituose, in Italien oft noch im Haus hergestellt *(liquore al limone, liquore al mandarino)*; a. allg. Spirituose

lisca   Mittelgräte und übrige Gräten der Fische; Toskana: ein bißchen, ein wenig

liscio   glatt; Getränk: pur, ohne (Selters-, Soda-)Wasser; Kaffee: ohne Milch; allg. a.: ohne Alkohol

liscoso   grätig, voller Gräten

Lison Pramaggiore   DOC-Weine aus den Provinzen Pordedone, Treviso und Venezia in Venetien:

Weiße Weine:
Chardonnay   trocken, fein und geschmeidig, TR 2−4 Jahre, TT 10°
Pinot Bianco   Ruländer, trocken, elegant mit kräftiger Säure, TR 2−4 Jahre, TT 8°
Riesling Italico   Welschriesling, trocken, gefällig und leicht spritzig, TR 2−4 Jahre, TT 8°; ↑ a. *Tocai di Lison*
Rote Weine:
Cabernet (Franc, Sauvignon)   trocken, voll und würzig, darf sich nach 3 Jahren Lagerzeit *Riserva* nennen, TR 4−7 Jahre, TT 18°, zu Schmorbraten, Wild, Federwild, Lamm und würzigem Käse
Merlot   trocken, füllig fruchtig, darf sich nach 2 Jahren Lagerzeit *Riserva* nennen, TR 2−5 Jahre, TT 17°
Refosco dal Peduncolo Rosso   trocken, rund und voll, TR 3−6 Jahre, TT 18°

lista   Liste, Verzeichnis
– **dei cibi, delle vivande**   Speisekarte
– **dei vini**   Weinkarte
– **del giorno**   Tageskarte

litro   Liter; Literflasche
doppio –   Doppelliter
mezzo –   halber Liter

litschi   Litschi, ↑ *licci*

livornese, alla   (Fisch) mit geschälten Tomaten, Pfefferschötchen und Knoblauchzehen

Lizzarda   Tafelwasser, ↑ *Recoaro*

locanda   Gasthaus, Wirtshaus, ohne hohe Ansprüche, aber oft mit reichlichen, währschaften Portionen

Locorotondo Weißwein DOC aus der Provinz Bari in Apulien, trocken, delikat und elegant, a. schäumend, *spumante*, hergestellt, günstiges Preis-Wert-Verhältnis, TR bis 2 Jahre, TT 8–10°, zu Vorspeisen, Tintenfischen und Fisch

lodigiano Käsesorte aus Lodi in der Lombardei, ↑ *grana*

lodola Lerche, ↑ *allodola*

loffa Stäubling, ↑ *vescia*

Löffel *cucchiaio* [kukki|àio] m

lofio Seeteufel, ↑ *rana pescatrice*

lokum süßer Geleewürfel, in Puderzucker gewälzt (urspr. Balkan, Vorderasien)

Lombardia Lombardei, dicht besiedelte Region Norditaliens von den Hochalpen bis zur Po-Ebene mit entwickelter Industrie und Agrarwirtschaft, ↑ Lombardia S. 41 ff.

lombata Lendenstück, Lendenbraten von Schlachtvieh; Roastbeef, Beiried, Nierstück vom Rind; Nieren-, Sattelstück vom Kalb; Kotelett-, Nierenstück, Sattel vom Schaf

lombatina Mittelitalien: Kalbs-, a. Schweinekotelett

lombatine Nieren-, Sattelstück vom Kalb

lombo Rücken (Kotelett- und Nierstück, Karree) vom Schwein

longobardo Hummer, ↑ *astice*

longone, vongola gialla Teppichmuschel, feine Venusmuschel, möglichst frisch ged., a. roh sehr schmackhaft

lonza Lendenstück; Nieren-, Sattelstück vom Kalb; (entbeintes) Kotelett-, Nierstück vom Schwein; Latium: Schweinewurst, ↑ *capocollo*; Mittelitalien: Hals und mageres Rückenstück vom Schwein; Süditalien: Schweinerücken, ↑ *lombo*; Toskana: Schweinefleischreste, ↑ *lonze*

lonze Florenz, Toskana: nach dem Schlachten und nach der Zerteilung übriggebliebene Reste Schweinefleisch

Lora di Reccaro Tafelwasser, ↑ *Recoaro*

Lorbeer *alloro* [allòro] m

lota Quappe, ↑ *bottatrice*

loto Kaki, ↑ *cachi*

lovagante Ligurien: Hummer, ↑ *astice*

lovasso Ligurien: Wolfsbarsch, ↑ *spigola*

lovertis Lombardei: junge, zarte, im Frühling abgebrochene Hopfensprossen, in Suppen, fritiert oder (v. a. in Venedig) mit Risotto

Löwenzahn *dente di leone* [dènte di leòne] m

lucanica   Schweinewurst, ↑ *luganiga*

lucardo   Makrele, ↑ *sgombro comune*

luccio   Hecht, Raubfisch aus dem Süßwasser, festes, feines, mageres, aber grätiges und etwas trockenes Fleisch, aus Flüssen besser als aus Teichen, am besten aus der Lombardei, nicht zu groß, zweijährig und Sept.–Jan.; läßt sich blau kochen, pochieren, schmoren, a. tiefgekühlt erhältlich
 – **di mare, barracuda**   Pfeilhecht, Mittelmeer-Barrakuda, gutes Fleisch, aber wenig verbreitet
 – **sauro**   Makrelenhecht, ↑ *costardella*

lucioperca, sandra   Zander, Schill, Fogosch, gr. Süßwasserbarsch, heute, vor allem in Süditalien, a. gezüchtet, frisch (am besten Sept.–Febr.) besser als tiefgekühlt, fast grätenloses, festes, aromatisches Fleisch, läßt sich braten, pochieren, schmoren, a. für Fischsuppen

Lugana   Weißwein DOC vom Südufer des Gardasees in den Provinzen Brescia und Verona, Lombardei, trocken, bukettiert, saftig und elegant, a. schäumend, *spumante*, hergestellt, TR 1–4 Jahre, TT 8–10°, zu Vorspeisen und Süßwasserfischen

luganiga, lucanica, luganeca, luganega, luganga Kochsalami, dünne, längliche, halbfeste Wurst aus geh. magerem und fettem Fleisch vom Schwein, a. Rind mit Pfeffer und versch. anderen Gewürzen, v. a. Knoblauch und Wein, kann frisch, gek. oder gebr. gegessen werden
 – **trentina**   schwach gewürzte ↑ *luganiga* aus Schweine- und Rindfleisch

luganighetta   fingerdicke, meterlange weiche Wurst aus stark gewürztem Schweine- und Rindfleisch, kann gegrillt oder gek. werden (Tessin)

lumaca, -che (di terra)   Schnecke, mehrere eßbare Arten, v. a. die Weinbergschnecke, *lumaca di vigna*, wird als Nahrungsmittel in Italien heute gezüchtet oder aus dem Ausland (Polen, Tschechoslowakei usw.) importiert

lumaca di mare, chiocciola di mare   Meerschnecke, Meeresweichtier mit vielen eßbaren Arten

lumache   kurze, dicke Hohlnudeln in Schneckenform, zu Tomaten- und Käsesaucen, Sughi und Ragouts (Kampanien, Ligurien)

lumachella   kl. Schnecke aus dem Meer oder vom Land; kl. Nudeln in Form von Landschnecken, ↑ *lumache*

lumachine   Nudelsorte, ↑ *chiocciole*

lumia   Zitrusfrucht, Kreuzung von Zedratzitrone mit Zitrone, angenehm und erfrischend säuerlich, insbes. die daraus gewonnene Essenz

lungo lang, dünn; verdünnt

lupicante Toskana: Hummer, ↑ *astice*

lupino Lupine, Wolfsbohne, Körnerpflanze, in der Küche nur noch wenig verwendet, hingegen gek. ohne Haut als knackiges Häppchen zum Aperitif usw.

luppolo Hopfen

luserno Venedig: Roter Knurrhahn, ↑ *capone gallinella*

macafame dem ↑ *smacafam* ähnlicher Fladen (Vicenza, Venetien)

maccarello Makrele, ↑ *sgombro*

maccheroncelli, maccheroncini kl. ↑ *maccheroni* oder ähnliche Teigwaren aus Hartweizengrieß wie *bucatini, perciatelli* usw., zu Ragouts, Fleischsaucen, Sughi

maccheroni Makkaroni, kurze oder lange dicke Röhrennudeln aus Hartweizengrieß und Eiern, ↑ a. *mezzani, rigatoni, sedani, ziti*; Neapel: a. allg. Teigwaren aus Hartweizengrieß
– **alla chitarra** viereckige Spaghetti, die durch die ↑ *chitarra* gepreßt wurden, luftig fein (Abruzzen, Molise)

macchinetta ugs. Kaffeemaschine

macco, maccu (di fave) deftige, breiige Suppe aus getr. Saubohnen u. a. Gemüsen mit Tomaten, Zwiebeln, Wildem Fenchel, Kräutern usw., oft a. Nudeln (Süditalien)

macedonia Salat aus frischen Früchten mit Zucker, Zitronen- oder Orangensaft, manchmal a. Likören

macelleria Fleischerei, Metzgerei, Schlachterei

macerare aufweichen; Fleisch: mürbe machen

macinacaffè Kaffeemühle

macinapepe Pfeffermühle

macinato gemahlen, zerrieben; a. Mehl, Hackfleisch

macinino Kaffee-, Pfeffermühle

macis Muskatblüte, getr. Samenmantel der Muskatnuß, ↑ *noce muscata*, als „Blatt" oder gemahlen mild-feiner als diese, zwischen Zimt und Pfeffer

maddalena Butter-Eier-Teig, ↑ *pasta maddalena*

madia Backtrog, Holzbehälter

Madonna, Acqua della stilles Tafelwasser mit oder ohne Kohlensäurezusatz (Castellamare di Stabia bei Neapel in Kampanien)

madrilena, (consommé) alla   Gericht auf Madrider, spanische Art; kalte, a. warme Fleisch-, Geflügelkraftbrühe mit Tomatenmark

Magen   *stomaco* [stòmako] m
-bitter   *amaro (digestivo)* [amàro (didschestìwo)] m
-verstimmung   *indigestione* [indidschestióne] f

mager   *magro* [màgro]
   ○**milch**   *latte scremato* [làtte skremàto] m

maggengo   körniger Sommerkäse, ↑ *grana*

maggiorana   Majoran, Würzkraut, Blätter, Triebspitzen und zarte Stiele hocharomatisch minzig, frisch ausgeprägter als getr.; als Tee krampf-, schleimlösend

magnosa, cicala grande   Großer Bärenkrebs, Krustentier, selten, wird am Mittelmeer aber höher geschätzt als der Hummer, läßt sich wie dieser zubereiten

magret   urspr. frz. [magrä]: Brustfilet von Geflügel (i. a. Ente), meist in dünnen Scheiben rosa gebraten

magro   mager; fettfreies Kalb-, Schweinefleisch; Fastenspeise
   di –   fleischlos; dürftig

maia   Seespinne, ↑ *granseola*

maiale, porco, suino   (Haus-)Schwein, Schweinefleisch; Fleischteile und -stücke ↑ Schwein

maialino   4–8 Wochen altes Schwein, meist ganz am Spieß oder aus dem Ofen
   – di latte   Spanferkel, ↑ *porc(h)etto*

maionese   Mayonnaise, gehaltvolle kalte Emulsion aus Eigelb und Öl mit Essig oder Zitronensaft, Senf, Salz, Pfeffer, mit Aromaten vielfältig wandelbar

mais   Mais, ↑ *granturco*

maître d'hôtel   urspr. frz. [mätrö dotäl]: Dienstchef, Oberkellner in Hotel oder Restaurant
   burro alla –   Kräuterbutter mit Petersilie und Zitronensaft

Majoran   *maggiorana* [madschoràna] f

Makkaroni   *maccheroni* [makkeróni] pl

Makrele   *sgombro* [sgómbro] m

Makrone   *amaretto* [amarétto] m

Malaga   Dessertwein aus der gleichn. span. Provinz, füllig, trocken bis süß, meist zum Ende einer Mahlzeit getrunken, a. als Würze von Saucen und Süßspeisen

malbröd   Maissuppe mit trockenem Brot und geriebenem Käse (Tessin)

malfatti Knödel, Nockerln aus Weißmehl mit versch. Gemüse, ↑ *Ricotta* und/oder Käse, Eiern usw., mit zerlassener Butter und geriebenem Käse serviert (Lombardei)

malfattini, manfrigne kl. feine Suppennudeln (Romagna)

mallegato Wurst mit Schweineblut, Grieben, kandierter Zedratzitrone, Sultaninen, Pinienkernen und versch. Gewürzen (Toskana)

mallo fleischige grüne Schale von Nüssen, Mandeln usw.

malloreddus, aidos, ciciones, gnocchetti sardi kl. harte, mit Safran gewürzte Klöße, Nockerln aus Hartweizengrieß (urspr. Sardinien)

malmaritati den ↑ *maltagliati* ähnliche Nudelart, in Öl gekocht (Bologna, Emilia-Romagna)

maloreddus Klößchen, Nockerln, ↑ *malloreddus*

maltagliati breite Nudeln in Form kl. unregelmäßiger Vierecke aus Weizen- oder Vollkornmehl mit oder ohne Eier, zu Speck, Bohnen, Zwiebeln usw., (Gemüse-)Suppen, Ragouts, Gemüse-, Tomatensaucen

maltese Holländische Sauce, ↑ *olandese*, mit Saft und geriebener Schale von Blutorangen

malto Malz

Malvasia (bianca) Malvasier, Rebsorte, die trockene bis vollsüße, üppig aromatische Weißweine mit leicht bitterlichem Mandelgeschmack ergibt
- **Collio Goriziano** ↑ *Collio (goriziano)*
- **del'Alto Adige** Südtiroler Malvasier, ↑ *Alto Adige Malvasia*
- **delle Lipari** Dessertwein DOC von den Liparischen und Äolischen Inseln nördl. Sizilien, blumig süß und schmackhaft likörig, TR 4–8 Jahre, TT 8–10°
- **di Bosa** Spitzenwein DOC aus der Provinz Nuoro im Westen Sardiniens, trocken *(secco)* bis süß *(dolce)*, bei mind. 17,5° Alkohol *liquoroso dry* oder *liquoroso dolce naturale*, intensiv duftig und sherryartig gehaltvoll, TR bis 10 und mehr Jahre, TT 8–10°, trocken zu Fisch, süß zu Desserts
- **di Cagliari** DOC aus den Provinzen Cagliari und Oristano auf Sardinien, trocken bis süß, bei mind. 17,5° Alkohol *liquoroso dry* oder *liquoroso dolce naturale*, delikat mit leichtem Nachgeschmack von gerösteten Mandeln, darf sich nach 1–2 Jahren Lagerzeit *Riserva* nennen, TR 2–6 Jahre, TT 8–10°, zu Desserts und nach den Mahlzeiten
- **Istriana dell'Isonzo** ↑ *Isonzo Malvasia Istriana*

Malvasia (Rosso) di Casorzo d'Asti   roter Dessertwein DOC aus den Provinzen Alessandria und Asti im Piemont, süß, a. schäumend, *spumante*, aromatisch mit charakteristischem Duft, TR 4–5 Jahre, TT 10°
– **di Castelnuovo Don Bosco**   roter Dessertwein DOC aus der Provinz Asti im Piemont, lieblich bis süß, a. perlend, *frizzante*, oder schäumend, *spumante*, duftig aromatisch, TR 2–3 Jahre, TT 10–12°

Malvasier, Südtiroler   ↑ *Alto Adige Malvasia*

manate, triidd   Nudeln aus Mehl und Wasser in eigroßen Stücken, werden i. a. zu Lamm- oder Schweineragout gereicht (Basilikata)

mancia   Trinkgeld
– **inclusa**   Trinkgeld inbegriffen

mandarancio   Zitrusfrucht, Kreuzung von Mandarine und Apfelsine, Orange

mandarino   Mandarine, kl. süße Zwergapfelsine, gute Zeit Dez.–Febr. (Sizilien, Kalabrien, Apulien u. a.)
– **cinese, del Giappone, kumquat**   Kumquat, Zwergorange, Fruchtfleisch zart-bitter und säuerlich, Schale pikant süßlich, wird mit der Schale roh und ganz gegessen, a. in Alkohol eingelegt oder in Sirup gekocht

mandoline   Gemüsehobel

mandorla   Mandel, Mandelkern, gute Zeit frisch Sept.–Dez., sonst getrocknet erhältlich (Sizilien, Apulien, Kalabrien u. a.)
– **amara**   Bittermandel
– **salata**   Salzmandel
  dolce di –   Mandelkuchen
  pasta di –   Mandelteig, Marzipan

mandorlato, ammandorlato   süßes Gebäck aus geschälten, a. gerösteten Mandeln und Karamelzucker oder Honig

Mandrolisai   DOC-Weine aus den Provinzen Nuoro und Oristano auf Sardinien, dürfen sich nach mind. 2 Jahren Lagerzeit *Riserva, Superiore* nennen: rosé, *rosato*, trocken und füllig, TR 1–3 Jahre, TT 14–16°, zu Gemüsesuppen, Fisch und Eierspeisen; rot, *rosso*, trocken, körperreich mit leicht bitterem Abgang, TR 1–3 Jahre, TT 16°, zu Wurstwaren, Gerichten an Fleischsauce und weißem Fleisch

manego de cutelo   Ligurien: Messermuschel, ↑ *cannolicchio*

manfrigne   Suppennudeln, ↑ *malfattini*

manfrone   Meer-, Sackbrasse(n), ↑ *pagro mediterraneo*

mangiare   essen

mango   Mango, saftig süß-säuerliche tropische Steinfrucht, ohne Schale roh genießbar, a. (aus der Konserve) in Obstsalaten, als Marmelade usw.

Mangold   *bietola* [bi|étola] f

maniche   „Ärmel", kurze, breite Röhrennudeln, zu Öl- und Knoblauchsaucen

manicotti   gr. gefüllte Röhrennudeln; Süditalien: Eierkuchen

maniera (di), alla   auf, nach Art (von)

manioca   Maniok, stärkehaltige Wurzelknolle eines tropischen Wolfsmilchgewächses, frisch gek. eßbar, jedoch meist zu gekörntem Stärkemehl, ↑ *tapioca*, verarbeitet

manteca   mit Butter gefüllter (Büffel-)Käse

mantecare   zu Mus verarbeiten, kneten

mantecato   geschmeidiges Speiseeis, Eiscreme; ↑ a. *baccalà mantecato*

mantovana   trad. Hefekuchen mit Mandelsplittern (Toskana)
alla – mit grüner Sauce aus grobgeh. Gemüsen, Kräutern, Sardellen usw.

mantovano   rundes Brot aus hartem Teig, leichtverdaulich und zu kräftigen, üppigen Speisen gegessen

manzo   Ochse, Rind; Rindfleisch; Fleischteile und -stücke ↑ Rind
– brasato   Schmorbraten
arrosto di – Rindsbraten

maracuja   Passionsfrucht, ↑ *frutto della passione*

Maräne   *coregone* [korregóne] m

marasca, amarasca   Maraskakirsche, Sauerkirschensorte, wird meist für alkoholische Getränke (↑ *Maraschino*) und Feingebäck verwendet

Maraschino   Likör aus der Maraskakirsche, ↑ *marasca*, ihren Kernen, Vanille und anderen Gewürzen, delikat fruchtig und feurig, TT 8–10° (urspr. Dalmatien, heute a. Padua, Venedig)

marbré   Aspik, kalte Terrine aus versch. Schichten (Mailand)

Marche   Marken, Landschaft Mittelitaliens, fruchtbares Hügelland zwischen Apennin und Adria, ↑ Marche S. 46 ff.

marcio, marcito   faul, verdorben

Maremma (Vino Toscano)   Landweine aus der Provinz Grosseto in der Toskana: weiß, *bianco*, trocken mit leicht bitterem Nachgeschmack, TR 1–2 Jahre, TT 10°; rot,

M

rosso, trocken, vollmundig und tanninhaltig, TR bis 4 Jahre. TT 16–18°

marena Weichselkirsche, ↑ *amarena*; a. Maräne, ↑ *coregone*

margherita Toskana: Seespinne, ↑ *granseola*; ↑ a. *pasta margherita*

mariconda, mericonda trad. Suppe aus Brot, Milch, Eiern, körnigem Käse und kräftiger Fleischbrühe (Brescia, Mantua, Lombardei)

Marille *albicocca* [albikókka] f

marinara, alla „auf Seemannsart": (Teigwaren, a. Fisch) mit Tomatensauce und Mittelmeerkräutern (Basilikum, Knoblauch, Origano usw.), a. Oliven, Kapern, Anchovis; a. in Sud aus Weißwein und Kräutern

marinata Marinade, Beize

Marino Weißwein DOC aus der Provinz Rom, trocken *(secco)*, mild *(asciutto)* oder lieblich *(amabile)*, a. schäumend *(spumante)*, geschmeidig fruchtig mit leichtem Mandelton, darf sich bei mind. 11,5° Alkohol *Superiore* nennen, TR 2–3 Jahre, TT 8–10°, zu Vorspeisen, Fisch und Eiergerichten

mariola trad. Suppe aus Streifen Eierkuchen mit geriebenem Schafkäse, Basilikum und Petersilie in heißer (Hammel-)Fleischbrühe (Kalabrien)

maritata, pignatto grasso Gemüsesuppe des Südens mit je nach Region versch. Zutaten wie Eiern, Speck, Schweinefleisch usw.

maritozzo, quaresimale süßes Hefegebäck, wird in Hälften mit Schlagsahne gef. gegessen (Rom)

Mark(knochen) *(osso con) midollo* [(ósso kon) midóllo] m

marmitta gr. Kochtopf, Kochkessel

marmo Toskana: Trinkgeld

marmora Süditalien: Marmorbrasse(n), ↑ *mormora*

Maronenpilz, -röhrling *boleto fulvo* [bolèto fúlwo] m

marotta Sardinien: Seespinne, ↑ *granseola*

marquise Wassereis aus Früchten mit Schlagsahne oder Englischer Creme; a. gespritzte Weißwein-Schorle mit Zucker und Zitronenscheiben

marretto, cazz'mar, mugliulatelle Gericht aus den Eingeweiden von Lamm mit Schinken, Schafkäse, Knoblauch und Petersilie (Lukanien, Basilikata)

marro Eingeweide von Lamm oder Ziege im Netz in Form einer Roulade, eines Klopses u. ä., gegrillt oder aus dem Ofen (Süditalien)

marrone Edel-, Eßkastanie mit nur einer gewölbten Frucht in der stachligen Hülle (sonst ↑ *castagna*), gute Zeit Okt.–Nov. (Apenninen, a. Lombardei, Piemont, Aostatal u. a.)

marron glacé kandierte, in Zuckersirup eingemachte Kastanie

Marsala einer der bekanntesten Süßweine Italiens aus der Provinz Trapani auf Sizilien, alkoholverstärkt, trocken *(secco)*, halbtrocken *(semisecco)* bis süß *(dolce)*, goldgelb, *oro*, bernsteinfarben, *ambra*, oder rot, *rubino*, *ruby*, vollmundig weich und kraftvoll, in versch. Sorten im Handel: *Fine*, mind. 1 Jahr im Faß, fürs Kochen geeignet, *Superiore*, mind. 2 Jahre im Faß und alkoholreicher, zu Desserts, Kuchen und nach Tisch, *Superiore Riserva*, mind. 4 Jahre im Faß, *Vergine Soleras*, mind. 5 Jahre im Faß, *Vergine Stravecchio, Riserva*, Spitzenklasse, mind. 10 Jahre im Faß, trocken, zum Aperitif, ersten Gang einer Mahlzeit oder zu starkem Käse nach dem Essen, *Speciale* mit Eiern und Essenzen aromatisiert (Geschmackssache); TR 10–30 Jahre, TT je nach Süße 6–12°
– **Vergine** sehr trocken, nicht gespritet, sherryähnlich

Martina (Franca) Weißwein DOC aus den Provinz Bari, Brindisi und Taranto in Apulien, trocken, a. schäumend, *spumante*, delikat fein und neutral, günstiges Preis-Wert-Verhältnis, TR bis 2 Jahre, TT 8–10°, zu Meeresfrüchten, Fisch und Frischkäse

Martinsec, Martin secco Birnensorte mit kl. süßsäuerlichen Früchten, wird gern mit Gewürznelken in Rotwein eingelegt (Aostatal, Voralpen)

marubini, rosette runde Teigtaschen mit versch. Füllung, Hühner-, Rind-, Wurstfleisch usw. (Cremona, Lombardei)

maruzela Venetien: Meeresschnecke, ↑ *lumaca di mare*

maruzzaro Kampanien, Neapel: fahrender Nudelverkäufer, ↑ *chiocciole*

marzaiola Knäkente, kl. Schwimmente, bräunliches, sehr feines, leicht bitterliches Fleisch

marzapane, pasta reale Marzipan, Paste aus zerstoßenen Mandeln, Eiweiß und Zucker; Novara: Wurst aus Brot, Schweineblut, Speck und Gewürzen
– **quaresimale** trad. Backwerk „zur Fastenzeit" aus Mandelteig mit versch. aromatischen Zutaten (Minze, Schokolade usw.)

Marzemino, Barzemino, Berzemino spätreife blaue Rebsorte mit leichtem Pflaumengeschmack (Trentino, Venetien); Wein daraus ↑ *Trentino Marzemino*

M

marzolino   berühmter, aber heute seltener Käse aus reiner Schaf- oder Schaf- und Kuhmilch, im März hergestellt, mild pikant als Tafelkäse oder zum Reiben (Toskana)

marzotica   pikanter Quark, Topfen, der im Frühling hergestellt wird (Apulien)

marzuolo, dormiente   März-Ellerling, Märzschneckling, wohlschmeckender, haltbarer Speisepilz von mildem Geschmack, muß gewürzt werden, gute Zeit März—Mai

masaneta, mazaneta   Venedig: weibliche Strandkrabbe, ↑ *granchio comune*, die, im Frühling gefangen, voller Rogen, *corallo*, ist und die man in einer speziellen Sauce als Vorspeise oder zu Risotto, Teigwaren usw. genießt.

mascarpone, mascherpone   sahniger Doppelrahm-Frischkäse, streichfähig und geschmeidig mild, Fettgeh. 45—55 %, kann Schlagsahne ersetzen, wird nicht nur für Backwerk und süße Cremes verwendet, sondern a. als Füllung für Teigwaren usw. (urspr. Mailand); ↑ a. *gorgonzola al mascarpone*

> **crema al, di** — Süßspeise aus Mascarpone, ↑ *crema al mascarpone*

> **dolce al** — Mascarpone-Torte, ↑ *dolce al mascarpone*

mascé   zerquetschte Kartoffeln mit Butter, Salz und Pfeffer

maschio   männliches Tier

mascolinella, masculino   Sardelle, ↑ *acciuga*

Maß Bier   *boccale (da birra)* [bokkåle (da birra)] m

mastello   Bottich, Bütte

Masthuhn, -hühnchen   *pollo ingrassato* [póllo ingraßåto] m

Matino   DOC-Weine aus der Provinz Lecce in Apulien: rosé, *rosato*, herzhaft trocken, TR bis 2 Jahre, TT 14°; rot, *rosso*, trocken, sauber und harmonisch, TR 2—4 Jahre, TT 16—18°

matriciana   würzige Sauce, ↑ *amatriciana*

matriciana, alla   würzige Zubereitung von Teigwaren, ↑ *amatriciana, all'*

mattarello, matterello   Nudelholz

mattonella   hartes Speiseeis, ↑ *stracchino*

matur(at)o   reif; Wein: gelagert, alt

matüscia   ↑ *Polenta* mit Kräutern und (Sbrinz-)Käse (aus dem Holzofen) (Tessin)

mauro   eßbare Alge, ↑ *alga*

Mayonnaise *maionese* [maionése] f

mazza Tessin: Schlachttag, Schlachtplatte

mazzacorda Zubereitungsart der Innereien von Lamm oder Ziege, ↑ *alenoto*

mazzafegato süßliche Bratwurst aus Schweineleber mit Pinienkernen, Sultaninen und Zucker (Mittelitalien)

mazzancolla Furchengarnele, ↑ *gamberone mediterraneo*

mazzarelle d'agnello Lammgeschlinge in kl. Stücken, in Kohl- oder Mangoldblätter gewickelt (Teramo, Abruzzen)

mazzetto Bündel, Sträußchen
- **aromatico, guarnito** Bund gemischter aromatischer Kräuter (i. a. Basilikum, Lorbeer, Petersilie, Thymian usw.)

mechoui [mäschui] arabisches, i. a. von Männern bereitetes Festessen: über Holzfeuer am Spieß gebr. Hammel, a. Lamm, Mufflon, Gazelle oder gar Kamel (Nordafrika)

medaglione Medaillon, runde oder ovale Scheibe Fleisch, Geflügel, a. Fisch, Krustentierschwanz, dicke Scheibe Schinken, Zunge, Gänseleber usw.

Meer *mare* [máre] m
-aal *grongo* [gróngo] m
-äsche *cefalo* [tschéfalo] m
-barbe *mullo* [múllo] m
-fisch *pesce marino* [pésche marino] m
-esfrüchte *frutti di mare* [frútti di máre] pl
-rettich *barbaforte* [barbafórte] m

Mehl *farina* [farina] f
-schwitze *soffrito di farina* [ßofrito di farina] m
-speise *dolce* [dóltsche] m

meino Landbrot, ↑ *pan de mei*

mela Apfel; Sorten: *Annurca* Nov.–Juni, *Golden Delicious* Mitte Sept.–Juni, *Gravenstein* Juli–Okt., *Imperial* Okt.–Mai, *Jonathan* Sept.–März, *Renetta* Jan.–Juni, *Renetta Canadà* Ende Sept.–März, *Stark* Mitte Sept.–Mai, *Stayman* Okt.–Mai (Trentino-Südtirol), Emilia-Romagna, Venetien, Kampanien u. a.)
- **cotogna** Quitte, ↑ *cotogna*

melagrana, granata Granatapfel, das saftig-süßsaure, durstlöschende Fleisch kann ausgelöffelt oder für Süßspeisen, Eis usw. verwendet werden, a. als Saft oder Sirup; in Italien a. Kerne mit Zitronen und Likör als Dessert

melangolo Bitterorange, Pomeranze

melanzan|a Aubergine, Eierfrucht, eher geschmacksneutrales, jedoch mit versch. Zutaten vielseitig verwendbares Fruchtgemüse, in Italien oft als Ersatz für Fleisch oder Fisch, gute Zeit Mai–Mitte Nov. (Kampanien, Sizilien, Apulien, Kalabrien u. a.)
– **ripiene** gef. Aubergine
  polpa di -e Auberginenpüree mit Knoblauch und Basilikum, Brotaufstrich oder Beilage (Kalabrien)

melica, meliga Norditalien: Mais

melicotti knuspriges Gebäck aus Mais- und Weißmehl, Butter, Zucker und vielen Eiern (Piemont)

melissa, cedronella, erba cedrata Garten-, Zitronenmelisse, Gewürz- und Heilkraut, junge Triebe mit frischem Zitronengeschmack sollten frisch verwendet und nicht gekocht werden; wirkt als Tee beruhigend, krampflösend

Melissa DOC-Wein aus dem östl. Kalabrien: weiß, *bianco*, trocken und delikat, TR bis 3 Jahre, TT 8–10°; rot, *rosso*, trocken und gehaltvoll harmonisch, darf sich bei mind. 2 Jahren Lagerzeit *Superiore* nennen, günstiges Preis-Wert-Verhältnis, TR 2–5 Jahre, TT 16°

mel(l)one, popone Melone, Fruchtgemüse, kühl, aber nicht geeist als Vorspeise oder Nachtisch genießbar, a. in Obstsalaten usw., gute Zeit Juli–Okt. (Kampanien, Latium, Emilia-Romagna, Sizilien, Apulien u. a.)
– **cantalupo** Kantalup-, Zuckermelone, würzig aromatisch, erinnert an Ananas
– **d'acqua** Wassermelone, ↑ *cocomero*
– **retato, reticolato** Netzmelone, aromatisch und zuckersüß

melú, pesce morgano, potassolo Blauer Wittling, dorschartiger Meerfisch, leichtverderbliches, etwas fades, aber delikates, bekömmliches Fleisch, läßt sich fritieren und kochen; ↑ a. *merlano*

menola Laxierfisch aus dem Meer, mäßiges Fleisch, muß überdies ganz frisch sein, für Fischsuppen oder zum Fritieren geeignet, gute Zeit Frühling

mensa Tafel, (gedeckter) Tisch; Kantine

menta Minze, Münze, aromatische Würzstaude, zarte junge Triebe und Blätter frisch oder getr. apart kühlend, bes. in der römischen Küche beliebt; als Tee verdauungsfördernd, krampflösend, magenstärkend, gallenfreundlich
– **piperita** Pfefferminze
– **romana** Grüne Minze, wird in der Küche am meisten verwendet

mentuccia, nepetella, pulegio   Polei(minze), kl. Minzenart, apart kräuterig und minzig, würzt oft Pilze, Artischocken *(carciofi alla romana)* u. ä.

menu, menù   Speisekarte, Menü
– **a prezzo fisso**   Menü zum Festpreis, i. a. 3 Gänge
– **turistico**   Touristenmenü, meist in jedem Sinne wohlfeil

Meranese (di Collina)   Meraner Hügel, Burggräfler (aus dem Burggrafenamt), Rotwein DOC aus der Provinz Bozen in Südtirol, trocken, mild und gefällig mit leichtem Rauchgeschmack, TR 2−3 Jahre, TT 18°, zu Suppen und Geflügel

merca   Wurst aus gek. Meeräsche mit Queller, ↑ *salicornia* (Sardinien)

mercato   Markt; Marktware

merce   Ware, Gut

merenda   Imbiß, Zwischenmahlzeit; Vesper, Jause

merguez   scharfes, mit rotem Paprika gewürztes Würstchen aus Hammel- und/oder Rindfleisch, wird gebr. oder grilliert (Maghreb)

meringa, impasto-spuma, schiumetta   Meringe, Baiser, Busserl, zartes Schaumgebäck aus Eischnee und Zukker

merlano, molo   Wittling, Weißling, Merlan, dorschartiger Meerfisch, leichtverdauliches, etwas fades, aber aromatisches Fleisch, möglichst frisch zu genießen; im Mittelmeer eher selten, weshalb meist der Blaue Wittling, ↑ *melú*, unter diesem Namen angeboten wird; läßt sich filieren, fritieren, panieren

merlo   Amsel, Singvogel, wird in Italien (leider) immer noch gejagt und gegessen

Merlot   [merlo] urspr. frz. Rebsorte, die weiche, angenehm robuste, langlebige Rotweine mit wenig Gerbstoff ergibt; daraus versch. rote Tafelweine aus den Provinzen Bergamo, Bozen, Ferrara, Mailand, Pavia, Trient, Verona und dem Tessin, ↑ *Merlot del Ticino*, i. a. voll, mild und aromatisch, TR 3−6 Jahre, TT 16−18°, zu Fleisch, zu fetten oder eingesalzenen Fischen; DOC-Weine ↑ *Alto Adige*, *Aprilia*, *Aquileia*, *Colli Berici*, *Collio*, *Colli Orientali del Friuli*, *Grave del Friuli*, *Isonzo*, *Latisana*, *Montello*, *Piave*, *Pramaggiore*, *Trentino*
– **del Ticino**   Tessiner Merlot-Wein, am zuverlässigsten mit dem Gütezeichen *VITI (Vini Ticinesi)*, tannig und robust, bei guter Qualität süffig und vollmundig, TR 3−5 Jahre, TT 16−18°, zu allen Mahlzeiten, insbes. Tessiner Spezialitäten

merluzzo Dorsch, Kabeljau, gr. Nordatlantikfisch, Fleisch fest, zart und schmackhaft, in Italien frisch oder gefroren, a. ohne Kopf oder filetiert eingeführt, läßt sich braten, dünsten, grillieren, pochieren; unter diesem Namen wird in Italien a. der Seehecht, ↑ *nasello*, angeboten – **argentato** Seehecht, ↑ *nasello*

mescia Genua: Suppe aus *Borlotti*-Bohnen und geschnittenen Gemüsen

mescita Glasvoll; Ausschank, Schenke, Trinkstube

mesciua [meschůa] Suppe aus getr. Bohnen, Kichererbsen und Weizen mit Olivenöl und Pfeffer (La Spezia, Ligurien)

mescolanza Mischung, Gemisch; reg.: gemischte (fritierte) Fischchen; Toskana: gemischter Salat

mesoro Himmelsgucker, ↑ *pesce lucerna*

Messer *coltello* [koltéllo] m

messicano Roulade aus Schweine-, a. Kalbfleisch mit Salami, Hühnerleber, geriebenem Käse und Muskatnuß (Mailand u. a.)

mestare umrühren

mestecanza, mesticanza gemischter Salat, i. a. aus Endivien, Kresse, Radicchio, Raute und Kräutern

mestola Schaumkelle

mestolone Wilde Ente, ↑ *anatra selvatica*

metà Hälfte

Metzger(ei) *macellaio* [matschelláio] m; *macelleria* [matschelleria] f

mez(z)ès Vorspeisen (Mittlerer Orient)

mezzani Hartweizennudeln, ↑ *zite*

mezzelune Halbmondnudeln aus Weizenmehl und Eigelb

mezzo halb; überreif, angefault

mezzogiorno Mittag; Süden

mia, vongola molle Sand-, Klaffmuschel, Strandauster, schmackhafte Meermuschel, nach langer Wässerung roh eßbar

micca gr. rundes Brot, reich an Proteinen und Vitaminen (Mailand u. a.)

michetta, rosetta kl. rundes Brot in Rosenform, leichte, knusprige Kruste, weiche, elastische Krume (Lombardei)

midolla (Brot-)Krume

midollo (Knochen-)Mark

miele Honig

Miesmuschel *mitilo* [mitilo] m

migliaccio Fladen, salziger Kuchen urspr. aus Hirse-, heute meist Maismehl in versch. reg. Varianten, mit Schweineblut, Rosinen usw.; Kampanien: Polenta aus dem Ofen

miglio Hirse, Körner eines Getreidegrases, in Italien meist nur als Tierfutter angebaut

mignonette urspr. frz. [minjonätt]: grob zerstoßener oder gemahlener Pfeffer; Mischung aus schwarzem und weißem Pfeffer

milanese, alla auf Mailänder Art, meist gutbürgerliche Kost ↑ *busecca, casoeûla, milanese (costoletta alla), ossobuco, risotto*
  costoletta alla – Mailänder Schnitzel, ohne Mehl paniertes Kalbskotelett, schmeckt a. kalt gut

Milch *latte* [làtte] m
-flasche *bottiglia di latte* [bottìlja di làtte] f; Kleinkinder: *poppatoio* [poppatòio] m
-geschäft, -laden *latteria* [latterìa] f
-kaffee *caffel(l)atte* [kaffelàtte] m
-kännchen *lattiera* [latti|éra] f
-pulver *latte in polvere* [làtte in pòlwere] m
-reis *riso al latte* [riso al làtte] m
-schokolade *cioccolato al latte* [tschokkolàto al làtte] m
-speise *farina lattea* [farina làttéa] f
  Butter◡ *latticello* [lattitschéllo] m
  Dick◡ *latte rappreso* [làtte rapréso] m
  Mager◡ *latte scremato* [làtte skremàto] m
  Voll◡ *latte intero* [làtte intéro] m

Milch, Milke, Bries *animella* [animélla] f

millecosedde dicke Gemüsesuppe mit Teigwaren und Wirsing (Kalabrien)

millefanti Einlaufsuppe mit Brotkrumen, Eiern, Mehl und Parmesan, mit Muskat und Pfeffer gewürzt

millefoglie Millefeuille, Tausendblätterkuchen, Cremeschnitte aus dünnen Blätterteigschichten mit Creme- und/oder Schlagsahnefüllung; wird mit Messer und Gabel gegessen

millerighe Nudeln mit „tausend Riefen"

millesimo Wein, Schaumwein: Jahrgang

milza Milz von Kalb, Rind, Schaf, Schwein, muß frisch sein

Mineralwasser *acqua minerale* [àqua mineràle] f

– **mit Kohlensäure** *acqua minerale gassosa* [àqua mineràle gaßòsa] f
– **ohne Kohlensäure** *acqua minerale naturale* [àqua mineràle naturàle] f

minestra Suppe
– **(asciutta)** erster Gang einer Mahlzeit (Risotto, Teigwaren, Spaghetti u. ä.)
– **in brodo** Fleischbrühe mit Einlage(n)
– **maritata** Gemüsesuppe, ↑ *maritata*
– **strappata** trad. Suppe aus Bohnen, geschmolzenen Tomaten, Porree, Zwiebeln, Kartoffelstücken, Knoblauch, Petersilie und darüber verteilten Teigblättern (Toskana)
– **strascinata** Teigblätter, ↑ *strascinati*

minestrina leichte Suppe mit dünnen Einlagen, kleingeschnittenem Gemüse, kl. Teigwaren u. ä.

minestrone dicke Gemüsesuppe mit Nudeln, fettem (Schweine-)Fleisch, Speck, usw., kann warm, lauwarm, kalt oder, bes. gut, aufgewärmt gegessen werden
– **alla milanese** ↑ *minestrone* mit Reis statt Nudeln

minghiale (si scoglio) Mittelmeer-Gabeldorsch, delikates, aber empfindliches, nicht lange haltbares Fleisch

minnich hausgemachte ↑ *maccheroni* (Basilikata)

minni 'i virgini, cassatina Gebäck aus Mürbeteig, Frischkäse, Schokoladestückchen und kandiertem Kürbis (Sizilien)

minutina Wegerich, ↑ *erba stella*

minuto Minute; klein

Minze *menta* [mènta] f

mirabella Mirabelle, goldgelbe Wachspflaume, aromatisch süß, gute Zeit Juni–Sept. (die besten Mirabellen kommen a. in Italien aus Lothringen); Mirabellenbrand, ausgeprägtes Bukett, TT 6–8°

mirtillo (nero) Heidelbeere, Blau-, Bickbeere, saftig süßsauer, roh oder konserviert genießbar, gute Zeit Juli–Aug., heute a. gezüchtet
– **blu** Moorbeere, farblos und weniger schmackhaft als die Heidelbeere
– **gigante** gezüchtete, große Heidelbeere
– **rosso, uva di monte, vite d'orso, idea** Preisel-, Kronsbeere, herbsäuerlich, gute Zeit Juli–Aug.

mirto Myrte, Strauchpflanze mit duftenden, süßwürzigen Blättern und Beeren, bes. auf Sardinien heimisch; Myrtenlikör, fruchtig, TT 8–10°

miscela Mischung, Gemisch

Mischbrot *pane misto* [pàne misto] m

missoltitt an der Sonne und im Wind getr. Finten, ↑ *agone*, werden enthäutet mit Essig als Vorspeise oder zu Polenta gegessen, a. gegrillt oder ohne Fett in der Pfanne gebraten (Comer See, Toskana)

misticanza Mittelitalien: Salat aus rohem wildem Blattgemüse (Feldsalat, Fenchel, Kresse, Löwenzahn, Pimpinelle, Rapunzel, Rauke usw.)

misto gemischt; Gemisch
– **bosco** Fruchtspeise aus Erdbeeren, Heidelbeeren, Himbeeren, Johannisbeeren

misura Maß

mitilo, cozza, muscolo Miesmuschel, die „Auster für alle Tage", schmackhaftes, mineralhaltiges Fleisch, heute meist gezüchtet, gute Zeit Juni–Aug.; man ißt sie, indem man mit der einen leeren Schale das Fleisch aus der anderen herauslöst; nie roh essen – aufgepaßt: die Muschel muß roh geschlossen sein und sich erst beim Kochen öffnen

Mittagessen *pranzo* [pràndso] m

moca Mokka, ↑ *moka*

mocetta, motzetta Wurst aus der abgelagerten Keule urspr. des Steinbocks, heute, da dieser nicht mehr gejagt werden darf, von Ziege oder Gemse (Aostatal, Piemont)

modenese der ↑ *michetta* ähnliches Brot

moderato mäßig, maßvoll

Moeschbeanreaschtl Moosbeerenomelett (Südtirol)

Mohn *papavero* [papàwero] m

Möhre *carota* [karòta] f

Mohrenkopf *testa di moro* [tèsta di mòro] f

moka, moca Mokka, starker, aromatischer Kaffee aus Arabien; Kaffeehaus, in dem dieser ausgeschenkt wird, Mokkagebäck

moleca Venedig: der männliche Meereskrebs zur Zeit, da er seinen Panzer wechselt (Frühling, Herbst) und deshalb als bes. feiner „Butterkrebs" ganz genießbar ist

Molise abgeschiedene Landschaft im östl. Mittelitalien zwischen Apennin und Adria, bescheidene Land- und Weidewirtschaft, ↑ Abruzzo – Molise S. 18 ff.

moliterno fetter Käse aus Ziegenmilch, pikant und von ausgeprägtem Geschmack (Basilikata, Kalabrien)

Molkerei *latteria* [latteria] f

molla Brot, Spaghetti, Zucker usw.: Zange

molle   weich; locker; naß; kl. gedrehte Nudeln für Fleisch- und Tomatensaucen

molleca   Gemeine Krabbe, Gewöhnliche Strandkrabbe, kl. Meereskrebs, feines, angenehmes Fleisch

molletta   Zuckerzange

mollica   Krume, Inneres des Brots

mollusco, -chi   eßbares Weichtier (Schnecke, Muschel, Tintenfisch)

molo   Wittling, ↑ *merlano*

molva   Leng, dorschartiger Meerfisch, weißes, angenehmes Fleisch, am besten Frühling und Herbst, läßt sich braten, gesalzen und getr. a. als Klippfisch

Monaca   Rebsorte aus Sardinien, ↑ *Monica*

mondare   reinigen, säubern; Obst: schälen

mondeghili   Mailand: Klopse, Klößchen

mondina   Toskana: gegarte Kastanie

mondo   rein, sauber; Obst: geschält

Monferrato   Weinregion des Piemont, ↑ *Barbera del Monferrato, Grignolino del Monferrato Casalese*

Monfortino   Rotwein DOCG aus der Provinz Cuneo im Piemont, ein bes. edler ↑ *Barolo*, trocken und vollmundig, TR bis 20 Jahre, TT 18°, zu dunklem Fleisch, Schmorbraten und Wild

mongana   Mittelitalien: Milchkalb

Monica, Monaca, Pascale   Rebsorte aus Sardinien, die samtige, portweinähnliche Rotweine ergibt; daraus 2 DOC-Weine:
- **di Cagliari**   trocken bis süß, gehaltvoll und leicht säurehaltig, a. likörig trocken *(liquoroso dry, secco)* oder süß *(liquoroso)*, delikat und geschmeidig, darf sich nach 2 Jahren Lagerzeit *Riserva* nennen, TR 4–7 und mehr Jahre, TT 14–16°, Dessertweine
- **di Sardegna**   trocken, weich und ausdrucksvoll, darf sich nach mind. 1 Jahr Lagerzeit *Superiore* nennen, TR 3–5 und mehr Jahre, TT 16–18°, zu Suppen, Braten und Würsten

Monital   *Monopolio italiano*, Italienisches Staatsmonopol

Montalcino   einfache Weiß- und Rotweine, nicht zu verwechseln mit ↑ *Brunello di M., Moscadello di M.*

montare   Sahne: schlagen

montasio   Schnitt- und Hartkäse aus Rohmilch von der Kuh, jung, *fresco*, milder Tafelkäse, nach einigen Monaten, *mezzano*, oder alt, *piccante, vecchio*, aromatisch pikanter Reibkäse, Fettgeh. mind. 40 % (Alpengebiete des Friaul und Julisch Venetiens)

montblanc, montebianco Kastanienpüree mit Milch oder Sahne, Rum und Puderzucker, a. auf Sandteig- oder Meringeboden angerichtet (Lombardei, Piemont, Aostatal u. a.)

Monte Antico, (Castello di) rosé und rote Tafelweine aus der Provinz Grosseto in der Toskana, trocken und leicht aromatisch, TR 1−4 Jahre, TT 14−16°

montebianco Kastaniendessert, ↑ *montblanc*

Montecarlo DOC-Weine aus der Provinz Lucca in der Toskana: weiß, *bianco*, Spitzenwein, trocken, elegant und ausgewogen samtig, TR 1−3 Jahre, TT 8−10°, zu Meeresfrüchten und Fisch; rot, *rosso*, trocken und ausgeprägt weinig, TR 3−5 Jahre, TT 16°, zu dunklem und weißem Fleisch

Montecompatri Colonna Weißwein DOC aus der Provinz Rom, trocken, *(secco)* oder leicht lieblich *(amabile)*, weich und fein mild, TR bis 2 Jahre, TT 8−10°, zu allen Mahlzeiten

Montefalco Rotweine DOC aus der Provinz Perugia in Umbrien, trocken, harmonisch und tanninhaltig, TR bis 2, a. mehr Jahre, TT 18°, zu dunklem und weißem Fleisch
− **Sagrantino** trocken und harmonisch, TR 3−6 Jahre, TT 16−18°, zu Braten und Wild; aus teilgetr. Trauben a. als ↑ *Passito* erhältlich, lieblich und prickelnd fruchtig, TR bis 2 Jahre, TT 14−15°, zu feinem Gebäck

Montello (e Colli Asolani) DOC-Weine aus der Region Asolani in Venetien:
− **Cabernet** rubinrot, rustikal, trocken, mild und fruchtig mit leicht bitterem Abgang, darf sich nach 2 Jahren Lagerzeit *Superiore* nennen, TR 2−8 Jahre, TT 18°, zu dunklem Fleisch und Federwild
− **Merlot** granatrot, robust und gehaltvoll, TR 2−6 Jahre, TT 18°, zu dunklem, weißem Fleisch und gek. Würsten
− **Prosecco** stroh- bis goldgelb, trocken *(secco)*, lieblich prickelnd *(amabile frizzante)* oder schäumend *(spumante)*, fruchtig rund, darf sich nach 2 Jahren Lagerung *Superiore* nennen, TR 1−2 Jahre, TT 8°, zu Vorspeisen und Fisch

Montepulciano, Vino Nobile di roter Spitzenwein DOCG aus Prugnolo-Trauben der Provinz Siena in der Toskana, muß 2 Jahre im Holzfaß lagern, darf sich nach mind. 3 Jahren Lagerzeit *Riserva*, nach mind. 4 Jahren *Riserva speciale* nennen, ausgewogen trocken, elegant und rassig, leicht tanninhaltig, TR 4−15 und (viel) mehr

Jahre, TT 16−18°, zu Grillgerichten, gewürzten Speisen und Wild

Montepulciano d'Abruzzo   roter Spitzenwein DOC aus der gleichn. Rebsorte der Provinzen Chieti, l'Aquila, Pescara und Teramo in den Abruzzen, recht trocken, mild, körperreich und schwach gerbstoffhaltig, darf sich nach 2 Jahren Lagerzeit *Vecchio* nennen, TR 3−8 und mehr Jahre, TT 18°, zu Fleisch und Geflügel; ↑ a. *Cerasuolo d'Abruzzo*

Monterosso Val d'Aosta   Weißwein DOC aus der Provinz Piacenza, ↑ *Colli Piacentini Monterosso Val d'Arda*

Monte San Pietro   DOC-Weine aus der Emilia-Romagna, ↑ *Colli Bolognesi*

Montescudaio   DOC-Weine aus der Provinz Pisa in der Toskana: weiß, *bianco*, trocken, frisch und elegant, TR 1−3 Jahre, TT 8−10°, zu Fisch und Eierspeisen; a. lieblich bis süß als ↑ *Vin Santo*, TR bis 8 Jahre, TT 12°, zu Desserts; rot, *rosso*, trocken, ausgewogen fruchtig, TR 2−6 Jahre, TT 18°, zu Fleisch und Federwild

montevecchia, robiolini   kl. zylindrische Käse aus Kuh- und Ziegenmilch, werden frisch gegessen; ↑ a. *caprini, formaggino*

monte veronese   zylindrischer Käse aus vollfetter Kuhmilch, delikat, Fettgeh. 45 %, jung als Tafelkäse, älter als Reibkäse, gute Zeit Sommer

Montmorency   süßes oder salziges Gericht mit der gleichn. hellen, süßsäuerlich-herben Sauerkirsche

montone   Hammel(fleisch); Fleischteile und -stücke ↑ Lamm; ↑ a. *castrato*

mora (di rovo, macchia)   Brombeere, Sammelfrucht, wild oder gezüchtet auf dem Markt, gute Zeit Ende Sommer, Anfang Herbst
− **di gelso**   (weiße, schwarze) Maulbeere, aromatisch süß, wie Brombeere verwendbar, gute Zeit Juni−Juli

morchella   Morchel, ↑ *spugnola*

Morellino di Scansano   Rotwein DOC aus der Provinz Grosseto in der südl. Toskana, trocken, elegant und leicht tanninhaltig, darf sich nach mind. 2 Jahren Lagerzeit *Riserva* nennen, TR 3−5 und mehr Jahre, TT 18°, zu dunklem Fleisch und Wild

morettone, moriglione   Wildentenarten: Kolbenente, Tafelente, ↑ *anatra selvatica*

morlacco   magerer Käse aus teilweise entrahmter Kuhmilch mit grünblauer Schimmelschicht, leicht bitterlich (Vicenza, Venetien)

mormora, (pagello), marmora Marmorbrasse(n), einer der feinsten Mittelmeerfische, der Dorade, ↑ *orata*, ähnlich, delikates Fleisch, läßt sich braten, grillieren, pochieren, schmoren, filetieren, gute Zeit Sommer und Herbst

Mornay urspr. frz. [mornä]: Béchamelsauce mit geriebenem, geschmolzenem Käse, meist zum Überbacken

Moro Apfelsinen-, Orangensorte, ↑ *arancia*

morseddu Ragout aus Schweinefleisch, ↑*murseddu*

mortadella (bologna) dicke Wurst aus feingeh. Schweine-, a. anderem Fleisch (*S* reines Schwein, *EB* Rind und Pferd, *SB* Schwein und Rind, *SE* Schwein und Pferd) mit Speckwürfeln, Pfeffer und anderen Gewürzen, mild aromatisch (urspr. Bologna, Emilia-Romagna)
– **abruzzese, di Campotosto** kl. harte ↑ *Mortadella* aus Schweinefleisch mit einer Fettschicht in der Mitte (Abruzzen)
– **di fegato** halbfeste ↑ *Mortadella* aus Schweineleber sowie anderem Schweine-, Kalbfleisch und Fett, erhitztem Rotwein usw., nicht länger als 1 bis 2 Monate haltbar, kann warm oder kalt gegessen werden (Piemont, Tessin)
– **romana** rohe, platte ↑ *Mortadella*, würzig (Rom)

mortaio Mörser

mosa cremige Suppe aus Weizen-, Maismehl, Milch und Butter (Trentino, Venetien)

Moscadello, Moscatello di Montalcino weißer Muskatellerwein aus der Provinz Siena in der Toskana, lieblich und aromatisch frisch, a. perlend, *frizzante*, TR bis 3 Jahre, TT 8°, zu Nachspeisen, Eis und Früchten; aus teilgetr. Trauben a. likörsüß, *liquoroso*, TR 3−6 Jahre, TT 16°, als Dessertwein

moscardino, polpo muschiato, mughetto Moschus-, Warzenkrake, dem Tintenfisch, ↑ *polpo*, ähnlicher kl. Krake mit feinem Muskatgeschmack
– **bianco, polpo di Aldrovandi, sinisco** kleiner und etwas weniger fein als der ↑ *moscardino*

moscata Muskatnuß, ↑ *noce moscata*

Moscato, Moscatello Muskatellertraube, Rebsorte, die trockene bis vollsüße, aromatische weiße, a. rote Weine mit dem typischen Muskatton ergibt:
– **d'Asti** ↑ *Asti, Moscato d'*
– **dell'Alto Adige** aus der Provinz Bozen in Südtirol, ↑ *Alto Adige Moscato Giallo, Moscato Rosa*
– **dell'Oltrepò Pavese** aus der Provinz Pavia in der Lombardei, ↑ *Oltrepò Pavese Moscato*

- **del Trentino** aus der Provinz Trient, ↑ *Trentino, Moscato Giallo, Moscato Rosa*
- **di Noto, di Siracusa** Muskatellerweine DOC aus der Provinz Syrakus im Süden Siziliens, zart süß und geschmeidig, a. schäumend, *spumante*, oder likörig, *liquoroso*, TR 2–8 und mehr Jahre, TT 12°, zu Desserts und Kuchen
- **di Pantelleria** Italiens bester Muskatellerwein DOC von der gleichn., Sizilien vorgelagerten Vulkaninsel, füllig elegant und delikat duftig, a. in den Spielarten schäumend, *spumante naturale*, als Beerenauslese, *passito*, oder likörig, *liquoroso (extra)* erzeugt, TR 2–6 und mehr Jahre, TT 10–12°, alles Dessertweine; ↑ a. *Tanit*
- **di Sardegna Spumante** DOC von der Insel Sardinien, vollmundig süß und aromatisch, TR 1–2 Jahre, TT 6–8°, Dessertwein
- **di Sorso-Sennori** DOC aus der Provinz Sassari auf Sardinien, süß, fein und voll, a. likörig als *liquoroso dolce*, TR 4–8 Jahre, TT 10–12°, Dessertwein
- **di Trani** DOC aus der Provinz Bari, ↑ *Trani*
- **Giallo** Golden Muskateller, ↑ *Alto Adige Moscato Giallo, Trentino Moscato Giallo*
- **Rosa** Rosenmuskateller, ↑ *Alto Adige Moscato Rosa, Trentino Moscato Rosa*

mosciame, musciame Ligurien: Würstchen aus getr. Delphinfleisch, darf (dürfte) nicht mehr hergestellt werden, da der Fang von Delphinen heute in Italien verboten ist

mostacciolo Honiggebäck aus Mehl und Most mit vielen reg. Varianten und Zutaten, Dörrobst, Mandeln, Zimt, Anislikör usw., oft mit Schokolade überzogen (Süditalien); dicke, quergerillte Röhrennudel in kurzen Stükken

mostarda kandierte Früchte in süßem Sirup mit Senfgeschmack, pikant würzig; Süßspeise aus Traubenmost (Sizilien)
- **di Cremona** Kompott aus kandierten Früchten
- **veneta** Kompott aus zerstoßenen kandierten Früchten

mostardina Pfefferkraut, ↑ *peperella*

mostella Gabeldorsch, ↑ *musdea*

mostoso Lombardei: gekochtes, aber nicht zerkochtes Rindfleisch, das im Munde zergeht

motella Seequappe, kl. dorschartiger Meerfisch, zartes, aromatisches Fleisch, verträgt aber keinen Transport und kann nur frisch am Fangort verzehrt werden

mou urspr. frz. [mu]: weicher Karamelbonbon

moussaka eines der verbreitetsten Gerichte der mediterranen Küche, Lammragout mit gemischten Gemüsestücken (Auberginen, Tomaten, a. Zucchini, Artischocken usw.) in vielen reg. Varianten, a. mit Fisch statt Fleisch

mousse urspr. frz. [mūß]: sahnig-sanfte Schaumcreme, salzig oder süß, kalt oder warm

mousseline urspr. frz. [mußlin]: feine Schaummasse aus pürierten Zutaten, salzig oder süß

moutarde, salsa urspr. frz. [mutārd]: pikante Senfsauce mit Zwiebeln und Würzzutaten meist zu Fisch

mozzarella Knetkäse, ↑ *filata*, echt aus Milch von Wasserbüffelkühen *(di bufala)*, heute aber meist aus Kuh-Vollmilch (dann a. oft ↑ *fior di latte* genannt), zart süßsäuerlich und aromatisch milchig, Fettgeh. mind. 40 %, muß als Tafelkäse frisch verzehrt werden, a. als Belag von Teigwaren oder Pizza, auf Brotscheiben überbacken, in Salaten (mit Tomaten und Basilikum) usw. verwendbar (Kampanien, Latium u. a.)
– **affumicata** geräucherter ↑ *Mozzarella*-Käse, ausgeprägter Geschmack, oft als Zopf, *treccia*, angeboten
– **in carozza** „Mozzarella in der Kutsche", mit ↑ *Mozzarella*-Käse in Öl ausgeb. Brotscheiben, üppige Vorspeise

mozzella Döbel, ↑ *cavedano*

'mpanata Gericht im Brotteig

'mpepata Meeresfrüchte vom offenen Feuer, ↑ *impepata*

mucca (Milch-)Kuh, Kuhfleisch; Fleischteile und -stücke ↑ Rind

mucchio Stechrochen, dunkelrotes, mittelmäßiges, gern etwas zähes Fleisch

mucosa Schlammrochen, ↑ *razza bavosa*

muffa Schimmel(pilz)

muffione, mufflone Mufflon, Wildschaf, in Italien haupts. auf Sardinien heimisch

muggine Toskana: Meeräsche, ↑ *cefalo*

mughetto Moschuskrake, ↑ *moscardino*

mugnaia, alla auf Müllerin-Art: (Fisch) in Mehl gewendet, in Butter gebr.; dazu braune Butter, Zitronensaft und geh. Petersilie

Mühle *macina* [màtschina] f
   Kaffee○ *macinacaffè* [màtschinakaffē] m
   Pfeffer○ *macinapepe* [màtschinapépe] m

muletta dem ↑ *capocollo* ähnliche Schweinewurst (Molise)

Mülleimer *secchio delle immondizie* [ßǎkkio delle immondizi|e] m

Müller-Thurgau Riesling x Sylvaner, verbreitete, ertragreiche Rebenzüchtung, die bes. in Norditalien leichte, milde und duftige Weißweine ergibt (Eisacktal, Südtirol, a. Emilia-Romagna, Lombardei, Piemont, Venetien)

mullo Seebarbe, von alters her geschätzter Speisefisch aus dem Meer, feines weißes Fleisch, wenig Gräten

mummina Rochen, ↑ *razza*

Mundtuch *tovagliolo* [towaljòlo] m

murazzano fetter Tafelkäse DO aus Schafmilch, frisch und mild, Fettgeh. mind. 50 %

Mürbeteig *pasta frolla* [pǎsta fròlla] f

murena Muräne, gr. Meeraal, fettes, aber schmackhaftes, grätenloses Fleisch

murice Herkuleskeule, Mittelmeerschnecke aus der Familie der Stachelschnecken, nicht sehr zartes Fleisch, muß lange gekocht werden, gut kalt und gewürzt als Vorspeise

murseddu, morseddu Schweinekutteln und andere -innereien, mit Speck, Tomaten, vielen Pfefferschötchen, Kräutern und Rotwein auf schwachem Feuer langsam gek., sehr scharf, zu Polenta oder auf Pizzafladen, ↑ *pitta* (Kalabrien)

Mus *pappa* [pǎppa] f; Obst: *composta* [kompòsta] f

musao Meeräsche, ↑ *cefalo*

muscari Wildzwiebeln, ↑ *lampascione*

Muschel *conchiglia* [konkilja] f
-tiere *molluschi* [mollùski] pl

musciarola Julisch Venetien: Seespinne, ↑ *granseola*

muscolo Muskel; Hachse, Schlögel, Schenkel vom Kalb; Miesmuschel, ↑ *mitilo*
– **anteriore** vorderes Beinfleisch, Hachse, Hesse, Wade, Stotzen vom Rind
– **posteriore** hinteres Beinfleisch, Hachse, Hesse, Wade, Stotzen vom Rind

musdea, fico, mostella, pastenula Gabeldorsch, Meerfisch, läßt sich nicht gut transportieren, am Fangort aber angenehmes Fleisch, kann klein a. ganz fritiert werden

muset(t)o Kochwurst aus magerem Fleisch, Schwarte und Maul vom Schwein mit Koriander, Muskatnuß, Pfefferschötchen, Zimt und Weißwein (Friaul, Julisch Venetien)

Muskat|blüte *macis* [màtschis] f/m
-nuß *noce moscata* [nòtsche moskàta] f

Muskateller Rebsorte und Wein daraus, ↑ *Moscato*

muso Maul, Schnauze
– di bue Ochsenmaul(salat)

musoduro Venedig: Knurrhahn, ↑ *capone coccio, capone ubriaco*

mussare moussieren, schäumen

mussolo Archenmuschel, ↑ *arca di Noè*

mustarda Asti: Quittengelee, -paste, ↑ *cotogna*

mustazzuoli Feigen-Honig-Gebäck in versch. Formen: Herzen, Körbe, Fische, Vögel usw.

mustica ganz junge, frisch ausgeschlüpfte Sardellen, meist gesalzen in Öl eingelegt

nacchera Ligurien: Steckmuschel, ↑ *pinna*

Nachspeise, -tisch *dessert* [däßär] m

Nachtessen *cena* [tschèna] f

nage, à la urspr. frz. [alanàsch]: Krebs- und Schaltiere im eigenen Sud mit Würzzutaten, a. mit Butter oder Rahm

Nahrungsmittel *alimenti* [alimènti] pl

Napoleone, Fonte Tafelwasser mit Kohlensäurezusatz und leichtem Mineralgehalt (Insel Elba)

napoletana, alla mit Sauce aus frischen Tomaten, Basilikum und geriebenem Parmesan

nappare nappieren, mit Creme, Sauce, Gelee usw. überziehen

Nasco Rebsorte Sardiniens, die sherryartige Weißweine mit Nußaroma ergibt
– di Cagliari Weißwein DOC aus den Provinzen Cagliari und Oristano, trocken *(secco, dry)* oder süß *(dolce naturale)* mit angenehm bitterlichem Abgang, a. likörig *(liquoroso)*, darf sich nach 2 Jahren Lagerzeit *Riserva* nennen, TR 3–7 und mehr Jahre, TT 6–8°, zum Aperitif

nasello, merluzzo argentato Seehecht, Hechtdorsch, schellfischartiger Meerfisch, oft fälschlich als ↑ *merluzzo* angeboten, festes, aromatisch-feines Fleisch, in Italien meist tiefgefroren filetiert oder in Scheiben erhältlich, läßt sich braten, grillieren, fritieren

nastri di suora Karnevalskrapfen, ↑ *cenci*

nasturzio Brunnenkresse, ↑ *crescione d'acqua*

M
N

– **indiano, del Perù** Kapuzinerkresse, Zierpflanze, Blätter (nur frisch) als Salat, Knospen und junge Früchte lassen sich wie Kapern sauer einlegen

Navel Nabelapfelsine mit in der Spitze eingeschlossener Nebenfrucht, ohne Kerne und aromatisch, aber nicht sehr saftig, gute Zeit Nov.–März (Sizilien, Kalabrien u. a.)

'ncaciata überbackene Makkaroni, ↑ *incaciata*

'ndocca 'ndocca Suppe aus in Wasser, Essig, Lorbeerblättern marinierten Stücken Schweinefleisch mit Knoblauch, Rosmarin und Chilipulver, kalt oder warm (Abruzzen)

Nebbiolo Rebsorte Nordwestitaliens, die ausgezeichnete, saubere Rotweine ergibt, in der Jugend stark tanninhaltig, mit dem Alter zunehmend milder und vollmundiger; daraus u. a.:
– **d'Alba** DOC aus der Provinz Cuneo im Piemont, trocken oder süßlich *(abboccato)*, a. schäumend *(spumante)*, jung fruchtig und angenehm herb, im Alter gehaltvoll edel, TR 1–6 Jahre, TT 18°, zu gebr., gegrilltem, weißem Fleisch und Geflügel

neccio Toskana: kl. Pfannkuchen aus Kastanienmehl, wird meist zu Frischkäse gegessen

negozi|o, -i Geschäft, Laden
-i a catena Warenhauskette
– **all'ingrosso** Großhandlung
– **al minuto** Klein-, Detailhandlung
– **a presso unico** Einheitspreisladen

negro kl. Krapfen mit Füllung aus süßer, mit Vanille aromatisierter Schlagsahne und Schokoladenglasur; ↑ a. *africano*

Negroamaro Rebsorte Apuliens, die trockene, harmonisch samtige Rotweine ergibt

Negroni Aperitif aus ³/₁₀ rotem Vermouth *(Punt e Mès)*, ³/₁₀ Campari und ⁴/₁₀ Gin mit Orangenscheibe und Zitronenschale, über Eiswürfeln zu trinken

Nektarine *pesca noce* [pèska nòtsche] f

Nelke, (Gewürz-) *chiodi di garofano* [kiòdi di garòfano] pl

neonata Süditalien: Weißfische, ↑ *bianchetto*

nepetella Polei(minze), ↑ *mentuccia*

Nepi, Acqua di leichtes Tafelwasser mit natürlicher und zugesetzter Kohlensäure, schwacher Mineralgehalt

nepitella Katzenminze, wildwachsende Würzpflanze, stark duftend, bes. gut zu Pilzen, Kartoffeln, Erbsen usw. (insbes. Versilia, nördl. Toskana)

Nerello Siciliano roter Tafelwein aus der Provinz Trapani auf Sizilien, trocken, voll und geschmeidig, TR 2–3 Jahre, TT 16–18°

Neretto di Marengo roter Tafelwein aus der Provinz Asti im Piemont, trocken, jung rauh und herb, mit dem Alter ausgewogener, TR bis 6 Jahre, TT 16–18°

nero schwarz
- **di seppia** Tinte, schwarzbraune Drüsenflüssigkeit der Tintenfische, dient als Würze für versch. Gerichte (Risotto, Spaghetti usw.)

nervetti, gnervitt Lombardei: gek., gepreßte Kalbshachsenknorpel, gewürzt als lauwarme Vorspeise

nespola Mispel, Kernobst, Fleisch nach längerer Konservierung süß und zart, läßt sich zu aromatischen Gelees verarbeiten
- **del Giappone** Japanische Mispel, Wollmispel, Loquat, subtropische Frucht von zart süß-säuerlichem, aromatischem Geschmack, frisch, aber a. in Obstsalaten, Fruchtgelees, Desserts, als Konfitüre oder Sirup usw. genießbar

nettare „Nektar", Getränk aus 25–50 % Fruchtfleisch und -saft mit Zucker und Wasser

nettarina Nektarine, ↑ *pesca noce*

Newburg urspr. amerik. [nubörg]: in Sahne sautierte Würfel von Meereskrebstieren (Hummer, Scampi usw.), mit Sherry, Weinbrand u. ä. abgelöscht

nicchio Die Schale von Meeresmuscheln; muschelförmige Teigware

niçoise, salade urspr. frz. [ßalad nißoās]: Nizzaer Salat, ↑ *insalata nizzarda*

nidi d'angelo, d'oro kl. „Nester" aus sehr feinen Eiernudeln, für Suppen

nido „Nest", Nahrungsmittel (Kartoffeln, Gemüse, Teigwaren usw.) in knuspriger Hülle

Niere *rognone* [ronjóne] m
-nbraten *lombata* [lombàta] f

nigella Schwarzkümmel, Samen einer Würzpflanze, pfefferscharf, leichtes Zitronenaroma
- **dei campi** Feldkümmel, ↑ *cumino dei prati*

nizzarda Nizzaer Salat, ↑ *insalata nizzarda*

noccheredde der ↑ *gassa* ähnliche Nudeln (Kalabrien)

nocciola, nocchia, avellana Haselnuß, gute Zeit frisch Okt.–Dez. (Kampanien, Latium, Sizilien, Piemont u. a.); haselnußgroßes Stück; haselnußbraun erhitzte Butter

nocciolato   Haselnußschokolade

nocciolino americano   Erdnuß, ↑ *arachide*

nocciolini di Chivasso   kl. Makronen

nocciolo, nocciolino   Kern; Ligurien, Toskana: Kleiner Glatthai, ↑ *palombo*

noce   (Wal-)Nuß, gute Zeit frisch Sept.–Dez. (Kampanien); Nuß, Kugel, Vorschlag aus der hinteren Keule von Kalb oder Rind; Apulien: Herzmuschel, ↑ *cuore di mare*
– **del Brasile, brasiliana, del Parà**   Paranuß, mandelartiger, wohlschmeckender Kern, wird aber gern ranzig (Brasilien)
– **di acagiù**   Cashewnuß, ↑ *anacardio*
– **di burro**   Butterwürfel, etwa 20 g schwer
– **di cocco**   Kokosnuß, wird in Italien meist frisch als Frucht gegessen oder gerieben für Gebäck verwendet
– **gentile**   Nuß, deren Kern sich leicht herauslösen läßt
– **malescia**   Nuß (Kern läßt sich schwer herauslösen)
– **moscata**   Muskatnuß, Samenkern eines tropischen Baums, gewürzhaft süßbitter, sollte frisch gemahlen sein
– **pecàn**   Pecannuß, walnußartig, zum Knabbern oder für Fruchtsalate, Nußtorten usw.

nochette   der ↑ *gassa* ähnliche Nudeln (Abruzzen)

nociata   süßes Gebäck aus zerstoßenen Nüssen, Honig und Lorbeerblättern (Toskana)

Nocino   Likör aus unreifen, grünen Walnüssen mit Zimt und Nelken, TT 8–10°

nodi d'amore   Karnevalskrapfen, ↑ *cenci*

nodini   Nierenbraten, Sattelstück vom Kalb

nodino   Scheibe aus dem Karree des Kalbs mit Lendenstück und Filet am Knochen

nodola   Sardinien, Venetien: Brachsenmakrele, ↑ *pesce castagne*

noisette   urspr. frz. [nọasätt]: kl. Fleischscheibe vom Rücken, entbeintes Kotelett von Kalb, Lamm, Reh usw., oft mit Speck umwickelt

non troppo cotto   fast durchgebraten, medium

norcina, alla   Teigwaren mit zerkrümeltem Wurstfleisch in der Sauce

norcino   Rom, Latium: Wurstwarenhändler

Norma, alla   in Sauce aus ged. Auberginen und Tomaten (Sizilien)

normanna, normanda   weiße Fischrahmsauce mit Champignonfond

norvegese, alla aromatisches Speiseeis im Biskuitteig, mit Baisermasse überbacken, manchmal flambiert

Nosiola weiße Rebsorte aus dem Trentino, Südtirol, die charaktervoll trockene oder a. süße Weine ergibt; daraus Weißwein DOC, eine Rarität, markant trocken, fein und fruchtig mit leichtem Erdton, TR bis 1 Jahr, TT 10°, zum Aperitif, zu Vorspeisen, Krustentieren, Fisch, Reis- und Nudelgerichten

nostrale, nostrano einheimisch; Piemont: Käse aus Ziegen-, a. etwas Kuhmilch, eignet sich a. zum Reiben; Trentino: Käse aus Kuhmilch, Bestandteil vieler reg. Gerichte

Nostrano Wein aus im Tessin heimischen meist roten, aber a. weißen Rebsorten, heute praktisch durch den ↑ *Merlot* verdrängt und nur noch Sammelname für alle übrigen Rotweine des Kantons

nota Rechnung

nougat urspr. frz. [nuga]: Nougat, schnittfeste Masse aus gerösteten Haselnüssen und Mandeln mit Honig, karamelisiertem Zucker usw.

nougatine urspr. frz. [nugatīn]: mit Schokolade überzogener Krokant, a. Mandelgebäck

novellame junge Brut von Sardellen und Sardinen

novellaro reg.: junges Lamm

novellizia erstes Frühlingsgemüse, Frühobst

novello neu; jung; junger Rotwein, ↑ *vino novello*

Nudeln *pasta* [pàsta] f; *tagliatelle* [taljatélle] pl

nuovo neu

Nuraghe Maggiore, Majore weißer Tafelwein aus der Provinz Sassari auf Sizilien, trocken, leicht und fruchtig, TR bis 3 Jahre, TT 8–10°, zu Vorspeisen, Fisch und Gemüse

Nuragus di Cagliari Weißwein DOC aus den Provinzen Cagliari, Nuoro und Oristano auf Sardinien, trocken, lebhaft und leicht herb, TR bis 2 Jahre, TT 8–10°, zu Fisch, Suppen und Gemüse

nursina, alla mit schwarzen Trüffeln aus Norcia (Umbrien)

Nus Weindorf im Aostatal, ↑ *Valle d'Aosta Nus Pinot Grigio, Nus Rosso*

Nuß *noce* [nótsche] f
-knacker *schiaccianoci* [skiatschanótschi] m

nutrimento, nutrizione Nahrung, Ernährung

'nzogna, 'nzugna Süditalien: Schweineschmalz, ↑ *strutto*

Ober *cameriere* [kameri|ére] m

Obst *frutta* [frútta] f
-kuchen *crostata di frutta* [krostáta di frútta] m
-messer *coltello da frutta* [koltéllo da frútta] m
-saft *succo di frutta* [ßúkko di frútta] m
  frischgepreßter -saft *spremuta di frutta* [spremúta di frútta] f
  -salat *macedonia di frutta* [matschedónia di frútta] f

oca, -che Gans, Gänse

occa Ligurien: Meerrabe, † *corvina*

occhiata Oblada, barschartiger Meerbrachse, durchschnittliches Fleisch, muß ganz frisch sein, läßt sich fritieren, grillieren, a. für Fischsuppen

occhi di bufala kl. nußgroße † *Mozzarella*-Käse

occhio di bue Meerohr, † *aliotide*

occupato besetzt

ociada bastarda Venedig: Brachsenmakrele, † *pesce castagna*

Ochse(nfleisch) *manzo* [mándso] m; Fleischteile und -stücke † Rind
-nbraten *manzo arrosto* [mándso arósto] m
-nmaul(salat) *(insalata di) muso di bue* [(inßaláta di) múso di bú|e] f
-nschwanz *coda di bue* [kóda di bú|e] f

odore Geruch, ugs. a. Duft, Wohlgeruch; Küchen-, Suppenkräuter

Ofen *stufa* [stúfa] f; Backofen: *forno* [fórno]

offella kl. süßes Gebäck mit vielen reg. Varianten

okra Okra, † *bamia*

Öl *olio* [ólio] m
-sardinen *sardine sott'olio* [sardine sottólio] pl

olandese Holländische Sauce, schaumig gehaltvolle Emulsion aus geschlagenem Eigelb und zerlassener Butter, mit Zitronensaft gewürzt; Holländer Käse aus Kuhmilch mit roter Rinde in kugeliger *(Edam)* oder zylindrischer *(Gouda)* Form; Kaffee-Ersatz aus Zichorienwurzeln

Olevano Romano Rotwein DOC aus dem Latium, † *Cesanese di Olevano Romano*

Oliena † *Cannonau*-Wein aus Oliena auf Sardinien

oliera Ölständer, Menage

olio (comestibile) (Speise-)Öl
– bianco, di papavero Mohnöl
– da tavola Salat-, Speiseöl

- **(di semi) di arachide** Erdnußöl, fein aromatisch, zum Kochen, Fritieren und für Salate
- **(di semi) di colza** Rapsöl, ↑ *colza, olio di*
- **di fegato di merluzzo** Lebertran
- **(di semi) di girasole** Sonnenblumenöl, fein, leicht und mild, als Salat- und Kochöl vielseitig verwendbar
- **(di semi) di mais** Maisöl, zum Kochen, a. für Salate
- **di noce** Nußöl, sehr fein nussig, v. a. für Salate
- **di oliva, d'oliva** Olivenöl aus den Früchten des Ölbaums, eines der feinsten Speiseöle mit vielerlei Geschmacksnuancen, zart-mild bis kräftig, bitter bis süßlich; für 1 l Öl werden bis zu 2500 Oliven benötigt, es kann also nicht billig sein, ist aber jeden Pfennig, Groschen, Rappen wert (Toskana, Ligurien, Gardasee u. a.); *Kategorien:*
- **– miscelato** reines Olivenöl, Verschnitt aus naturreinem und raffiniertem Öl, schwaches Aroma
- **– raffinato, rettificato** raffiniertes, industriell hergestelltes Olivenöl, geschmack- und geruchlos
- **– vergine** kaltgepreßtes „Jungfernöl", naturrein aus der ersten Pressung, reiner, aromatischer Olivengeschmack, je nach Säuregehalt *olio extra vergine*, extra-kaltgepreßt, Säuregeh. bis 1 %, *olio sopraffino vergine*, fein-kaltgepreßt, Säuregeh. 1–1,5 %, *olio fino vergine (corrente)*, mittelfein-kaltgepreßt, Säuregeh. 1,5–3,3 %, *olio vergine (lampante)*, Jungfernöl, Säuregeh. mehr als 3,3 %
- **di semi (vari)** Öl aus versch. Kernen, Samen, meist aus Sonnenblumenkernen, ↑ *olio di girasole*
- **di sesamo** Sesamöl, zum Kochen und für Salate
- **(di semi) di soia** Sojaöl, zum Kochen und für Salate
- **di vinacciolo** Traubenkernöl, zum Fritieren
- **santo** Würzöl aus in Olivenöl eingelegten roten Pfefferschoten, a. Basilikumblättern (Abruzzen)
- **vegetale** Pflanzenöl
  sott' – in Öl eingelegt, angemacht

oliv|a Olive, kirschgroße Steinfrucht des Ölbaums, je nach Reife grün, braun oder schwarz, mit Stein (aromatischer), ohne Stein oder gef. im Handel, in Salzlake oder Öl eingelegt, mit Kräutern oder Gewürzen; in Italien mehr als 50 Sorten, aufgeteilt in Öl- oder Tafeloliven; herb-bitterlicher, nussiger Geschmack, sehr vielseitig verwendbar, frisch gebr., eingelegt zu Saucen, Gerichten usw. oder als Dekoration, zum Knabbern usw. (Toskana, Ligurien, Gardasee, Apulien u. a.)

  caviale, pasta di -e würzige Olivenpaste, Art ↑ *tapenade*

olla (Koch-)Topf, i. a. aus gebranntem Ton

Oltrepò Pavese   DOC-Weine vom rechten Po-Ufer im Süden der lombardischen Provinz Pavia (Anbaugebiet a. von Pinot-Trauben für ausgezeichnete, feinherbe Schaumweine, ↑ *Spumante*)

Weiße Weine:

Cortese   trocken, angenehm bukettig und weich, TR 2–4 Jahre, TT 10°, zu Vorspeisen und Fisch

Moscato   Muskatellerwein, angenehm süß, leicht perlend, a. schäumend, *spumante*, TR bis zu 3 Jahre, TT 8°, zu Desserts

Pinot   aus der Ruländer- und/oder Blauburgunder-Rebe, grüngelb, rosa oder rot, trocken, frisch mit gefälligem Muskatton, a. schäumend, *spumante*, TR 2–4 Jahre, TT 16°, zu Meeresfrüchten und gek. Fisch

Riesling   aus der Welsch- und/oder Rheinriesling-Rebe, trocken und charaktervoll rassig, a. schäumend, *spumante*, TR 1–4 Jahre, TT 8–10°, zu Vorspeisen, Gemüsesuppen und Süßwasserfischen

Rote Weine:

(Rosso)   der normale Oltrepò-Pavese-Wein, trocken, körperreich, süffig und leicht tanninhaltig, TR 2–6 Jahre, TT 18°, zu Teigwaren und Fleisch

Barbera   trocken, körperreich, mundig und angenehm säurehaltig, TR 3–6 Jahre, TT 18°, zu fetten Eintöpfen und geschmortem Fleisch

Bonarda   trocken, weich und elegant, TR 3–8 Jahre, TT 18°, zu Wurst- und Teigwaren, fetten Gerichten

omaro   Hummer, ↑ *astice*

omaso   Blättermagen der Wiederkäuer, Bestandteil der ↑ *trippa*

ombra   Venetien: Adlerfisch, ↑ *ombrina boccadero*; Venedig: *ombretta*, Gläschen Weißwein als Aperitif oder zur Erfrischung

ombrina   Schattenfisch, Bartumber, sehr geschätzter barschartiger Mittelmeerfisch, wird a. aus der Türkei und Südafrika eingeführt, delikates, wohlschmeckendes Fleisch, läßt sich kochen und grillieren

– **boccadoro, bocca d'oro, pesce boccadoro, ricciola**   Adlerfisch, barschartiger Umberfisch, wohlschmeckendes Fleisch, läßt sich kochen und grillieren, gute Zeit kalte Monate

omelette   urspr. frz. [omlätt]: Omelett, Eierkuchen ohne Mehlzusatz, salzig oder süß; ↑ a. *frittata*

– **verde**   Omelett mit Kräutern

omento   (Schweine-)Netz, ↑ *rete*

omero   Hummer, ↑ *astice*

omogeneizzato   homogenisiert

Onda   Reissorte, ↑ *riso superfino*

onda, all'   leicht flüssig

Orange   *arancia* [aràntscha] f
-nsaft   *succo d'arancia* [ßukko daràntscha] m
 frischgepreßter -nsaft   *spremuta d'arancia* [spremùta daràntscha] f
 Blut⚬   *arancia sanguigna* [aràntscha ßanginja] f

orata   Echte Dorade, Goldbrasse, sehr schmackhafter Meerfisch, am besten Juli–Apr., läßt sich braten, grillieren, pochieren, schmoren, filetieren

orcio   Tonkrug für Öl, Wasser, Wein u. ä.

ordinazione   Bestellung, Auftrag

orecchia, peziza aranciata   Orangenbecherling, a. roh genießbarer Speisepilz, aber mehr dekorativ als schmackhaft, gute Zeit Aug.–Okt.
– **d'asino**   Eselsohr, eßbarer Becherpilz, süßlicher Mandelgeschmack, gute Zeit Aug.–Nov.
– **di mare**   Meerohr, ↑ *aliotide*

orecchietta   Ohrenpilz, der „Schwarze Pilz" der Chinesen und Japaner, ohne viel Eigengeschmack, roh in Salaten, gek. in Scheiben genießbar, gute Zeit Okt.–Febr.

orecchiette, pestazzuole, pociacche, recchiatelle, stacchiodde   „Öhrchen", kl. runde, ohr- oder hutförmige Nudeln aus Hartweizengrieß (und Weizenmehl), meist für Tomaten- oder andere Saucen, Ragouts usw. (Apulien, Basilikata, u. a.)

orecchio   Ohr; in der ital. Küche wird dieser Körperteil von Kalb oder Schwein meist zusammen mit dem ganzen Kopf verwendet

orecchione   Austernpilz, ↑ *gelone*

organo   reg.: Knurrhahn, ↑ *capone gurno, capone lira*

Orianna, Acqua   stilles Tafelwasser, natürlich oder mit Kohlensäurezusatz, stark mineralhaltig (Pesaro bei Urbino in den Marken)

origano   Origano, Gewürzkraut, kurze Spitzentriebe und Blätter (getr. würziger als frisch), intensives, leicht bitterliches belebendes Aroma, als Pulver weniger kräftig

Orta Nova Rosso   Rot-, a. Roséwein DOC aus der Provinz Foggia in Apulien, trocken und voll, TR 3–5 Jahre, TT 18°, zu Fleisch

ortaggi   Gemüse

ortica   Brennessel, Wildgemüse, junge Schößlinge und Blättchen spinatähnlich würzig, als Grüngemüse oder in

Suppen, Mischsalaten usw. verwendbar, gute Zeit Apr.–Sept.

– di mare Algenart, ↑ *alga*

ortofrutticole, mercato Obst- und Gemüsemarkt

ortolano Gemüsehändler; Ortolan, Fettammer, feines Federwild, sollte aber aus tier- und umweltfreundlichen Gründen nicht mehr gefangen und gegessen werden

Ortrugo Weißwein DOC aus der Provinz Piacenza, ↑ *Colli Piacentini Ortrugo*

Orvieto weißer Spitzenwein DOC aus den Provinzen Terni und Viterbo zwischen Umbrien und Latium, trokken *(secco)* oder lieblich *(abboccato)*, geschmeidig rund und blumig mit leichtem Bittermandelton, darf sich bei Herkunft aus dem Kerngebiet *Classico* nennen, TR 2–4 Jahre, TT 8°, trocken zu Fisch und Eierspeisen, lieblich zu pikantem Käse und Fruchtdesserts

orzata Gerstensuppe mit Kartoffeln, Bohnen, Möhren, Lauch, Sellerie und Zwiebeln (Tessin)

orzo Gerste, das älteste Kulturgetreide
– mondato Graupen
– perlato Perlgraupen

oscuro dunkel

osei Lombardei, Venetien: (Zug-, Wander-)Vögel, ↑ *beccafico*

ospite Gastgeber; Hausherr, Hausfrau; Gast

oss da mort „Totengebein", dunkler oder heller Mandelbiskuit (Tessin)

ossibuchi Kalbshachsenscheiben mit Knochen und Mark; ↑ a. *ossobuco*
– di spalla vordere Hachse, Schlögel, Schenkel vom Kalb

osso Knochen
sull' – am, mit Knochen

ossobuco Hachse, Hesse, Schenkel vom Rind oder Kalb, in Italien meist in Scheiben mit Knochen und Mark geschnitten, am besten aus dem Hinterbein; a. das geschmorte Gericht daraus; a. Truthahnkeule; ↑ a. *ossibuchi*
– alla milanese ↑ *ossibuchi* mit Tomaten, geh. Zwiebeln, Möhren, Bleichsellerie, Knoblauchzehen, Majoran, Zitronenschale, trockenem Weißwein usw. und ↑ *gremolata*; darüber, ob zum *ossobuco milanese* besser *Risotto milanese* mit Safran oder *Risotto bianco* mit Parmesan paßt, scheiden sich selbst die Mailänder Gourmet-Geister

oste Gastwirt

osteria Wirtshaus, in dem einfache Gerichte serviert werden

ostrica Auster, die köstlichste Eßmuschel, von natürlichem Meergeschmack, wird vom Feinschmecker nicht geschlürft, sondern zerkaut, heute generell das ganze Jahr genießbar, am besten roh, möglichst ohne Zitronensaft und ungewürzt, aber auch überbrüht oder überbacken; im Sommer sind die kleineren vorzuziehen; meist aus Frankreich eingeführt, heute aber auch in Italien gezüchtet (Lagune Venedigs, Adriaküste Mittelitaliens u. a.)

– **giapponese, gigas** kl. jodhaltige, ausgezeichnete Auster japanischen Ursprungs
– **piatta** flache Auster, fein und mild, meersalz- und jodhaltig
– **portoghese** portugiesische Auster, nicht zu fettes, grünliches Fleisch von kräftigem Geschmack

ostricaro Süditalien: Verkäufer nicht nur von Austern, sondern a. von anderen Meeresfrüchten

Ostuni DOC-Weine aus der Provinz Brindisi in Apulien: weiß, *bianco*, trocken, zart und elegant, TR bis 2 Jahre, TT 8–10°; rot, *Ottavianello*, trocken, rund und harmonisch, TR 2–4 Jahre, TT 16°

ota Maismehlsuppe, ↑ *jota*

otarda minore Zwergtrappe, ↑ *gallina prataiola*

Ottavianello Rotwein DOC aus der Provinz Brindisi, ↑ *Ostuni Ottavianello*

ovino Schaf; Fleischteile und -stücke, ↑ Lamm

ovo ugs. Ei, ↑ *uovo*

ovolina, ovuli kl. ↑ *Mozzarella*-Käse

ovolo, cocco, uovolo Kaiserling, Kaiserschwamm, einer der delikatesten Speisepilze, von alters her geschätzt, läßt sich jung roh, später bei geöffnetem Hut a. gek. essen; Vorsicht vor Verwechslung mit dem giftigen Fliegenpilz; gute Zeit Juli–Sept.

O
P

pabassinas zartes Gebäck, ↑ *papassinos*

pacca Speckseite

padella (Brat-, Stiel-)Pfanne

padellaccia Gericht aus bitteren (dicken Bohnen) und süßen (Erbsen) Gemüsen

padellotto trad. Gericht aus Innereien vom Kalb oder Rind (Herz, Leber, Milz, Nieren, Pankreas usw.) mit Fleischbrühe und trockenem Weißwein (Rom)

padrona, padrone   Hausherr(in), Wirt(in)

paesana, alla   auf Bäuerin-Art: ländlich und natürlich (Suppen, Eierkuchen, Reis u. ä.); Gemüse in Scheiben zu geschmortem Fleisch

Pagadebit(o)   Weißwein aus der Provinz Forlì in der Emilia-Romagna, selten, aber ausgezeichnet, trocken, a. lieblich, *amabile*, frisch und delikat, darf sich nach 2 Jahren Lagerzeit *Riserva* nennen, TR 2–4 Jahre, TT 8°, zu allen Mahlzeiten

pagare   zahlen, bezahlen

pagello   Meerbrachse(n), Meerbrasse(n), Familie guter Speisefische, a. für Fischsuppen
– **bastardo**   Achselfleckbrasse, mittelmäßiges Fleisch, läßt sich braten oder grillieren
– **fragolino**   Rotbrasse, feines Fleisch, wird in Italien frisch oder gefroren angeboten, gute Zeit Aug.–Jan., läßt sich braten oder backen
– **mormora, marmora**   Marmorbrasse, ↑ *mormora*
– **occhialone**   Graubarsch, Seekarpfen, gern etwas trokkenes, aber angenehmes Fleisch, läßt sich braten

paglia   Stroh
– **e fieno**   „Stroh und Heu", weiße und (mit Spinatzusatz) grüne Bandnudeln *(fettucine, tagliatelle, tagliolini* usw.) aus Weizenmehl und Eiern, a. mit geh. Fleisch, Pilzen, Knoblauch und geriebenem Parmesan zubereitet

pagliata   Gedärm von Schlachtvieh, ↑ *paiata*

pagnotta   runder Laib Brot; Kommißbrot

pagnotella, pagnottina, pagnotto   Brötchen
– **imbottita**   belegtes Brötchen

pagro   (mediterraneo),   manfrone   Sackbrasse(n), barschartiger Meerfisch, festes, feines Fleisch

paiata, pagliata   Rom, Latium: Dünndarm von Kalb, Rind, Schaf oder Ziege, mit dem breiigen Inneren gekocht

paille   urspr. frz. [paij]: Strohkartoffeln, feingeschnittene, fritierte Kartoffelstäbchen

paiolo   Kessel, in dem Speisen, insbes. ↑ *Polenta*, gek. werden
– **elettrico, cuocipolenta, elettromescolatore**   Kessel, in dem Speisen, insbes. ↑ *Polenta*, vor dem Kochen elektrisch verrührt werden

pajata   Ragout aus dem Gedärm junger Milchkälber (Rom)

palamida   Pelamide, Falscher Bonito, Thunfisch-Art, frisch von ausgezeichnetem Geschmack, in Mehl fritierte Scheiben werden kalt oder warm gegessen

palassiola   Venetien: Weißfisch, ↑ *bianchetto*

palato   Gaumen; Geschmack

Palatschinken   von der k. k. österreichischen Küche überlieferte Mehlspeise, Art Pfannkuchen aus Tropfteig, um versch. Füllungen (Topfen, Nüsse, Schokolade usw.) zusammengerollt (Südtirol)

palemone   Garnelenart, ↑ *gambero*

palla, pallina, pallottolina   süße oder salzige Speise in Kugelform

palmito, cuore di palma   Palmherz, Palmenmark, meist in Dosen konserviert

palomba, palombaccio   Mittelitalien: Taube, ↑ *colomba*; Ringeltaube, ↑ *colombaccio*

palombo (comune, liscio)   Grauer, Südlicher Glatthai, gutes Fleisch, kommt oft ohne Kopf und Schwanz auf den Markt, läßt sich (in aromatischem Öl) scheibenweise kochen, braten, grillieren
– **(nocciola)**   Weißgefleckter, Nördlicher Glatthai, naher Verwandter des Grauen Glatthais, ↑ *palombo comune*

pampepato   Pfefferkuchen, ↑ *pan pepato*

pan   Brot, Fladen, Kuchen; ↑ a. *pane*
– **-bagnat, pan bagnato**   gr. rundes, waagerecht halbiertes, in Olivenöl „gebadetes Brot" mit Nizzaer Salat, ↑ *insalata nizzarda*, zwischen den Hälften, wird haupts. im Freien, bei Picknicks usw. gegessen (Nizza, Ligurien u. a.); ↑ a. *panzanella*
– **biscotto**   Zwieback
– **bolognese**   bunter Pfefferkuchen
– **carré, pane a cassetta**   weißes Kasten-, Toastbrot
– **de mei, meino, di miglio**   ländliches süßes Brot aus Mais-, Weiß-, a. Hirsemehl, in Mailand mit getr. oder gek. Holunderbeeren am St. Georgstag, dem 23. April üblich (Toskana, Tessin)
– **di ramerino**   ländliches süßes Brot, in dessen Teig mit Rosmarin gewürztes Öl, Butter, Rosinen und Zucker verarbeitet werden, zu Ostern üblich (Toskana); ↑ a. *pane di ramerino*
– **di Spagna**   süßer Kuchen aus leichtem, luftigem, manchmal mit Vanille, Zitronenschale oder einem Likör aromatisiertem Sandteig; wird a. mit Creme, Konfitüre usw. gefüllt und mit Creme oder Glasur überzogen
– **d'oro**   zarter Kuchen, ↑ *pandoro*
– **giallo**   süßer Kuchen mit Mandeln, Hasel- und Walnüssen, trockenen Feigen, kandiertem Zedrat und Orangenschalen, zur Weihnachtszeit üblich (Latium, Umbrien)

P

- **nociato, pannocciato** süßer Kuchen aus Brotteig, Schafkäse, Schmalz, Rosinen, Nüssen, Gewürzen und Rotwein (Todi, Umbrien)
- **pepato, pampepato** Pfefferkuchen mit trockenen und kandierten Früchten, Honig, Schokolade und Gewürzen, manchmal a. wirklich Pfeffer

panada, pandeda Emilia: Suppe aus altbackenem Brot

panáu in Milch oder Salzwasser gek. weiche ↑ *Polenta* (Tessin)

pancetta Bauch, (dünne) Brust, Querrippe vom Kalb; Bauch, durchzogener Bauch-, Magerspeck vom Schwein
- **arrotolata** Wurst aus leicht durchwachsenem, gepökeltem Bauchspeck, a. Schwarte vom Schwein mit Gewürzen, mild und zart

pancheuto [pankötu] Ligurien: Brotsuppe, ↑ *pancotto*

pancia Bauch, Nachbrust, Dünnung, Kügerl, Lempen vom Rind; Bauch, (dünne) Brust, Querrippe vom Kalb; Bauch, Brust, Dünnung vom Schaf

pancotto Suppe aus altbackenem, in Stücke zerbrochenem Brot, das in einer Brühe oder Wasser gekocht wurde, viele reg. Varianten

pandolce dem ↑ *Panettone* ähnlicher Kuchen, jedoch mit mehr getr. und kandierten Früchten und mit Anis oder Fenchel, Orangenblütenwasser und Marsala aromatisiert, zu Weihnachten üblich (Genua)

pandorato mit ↑ *Mozzarella*-Käse und Schinkenscheiben belegte, goldbraun geb. Weißbrotscheibe (Latium)

pandoro, pan d'oro trad. Kuchen aus Mehl, Hefe, viel Butter und Eiern in Puderzuckerschicht, goldgelb und zart, zu Weihnachten üblich (Verona)

pane Brot(laib); Fladen, Kuchen, ↑ a. *pan*
- **abbrustolito, tostato** Kastenbrot, ↑ *pan carré*
- **a ciambella** Brotkranz
- **agliato** mit Knoblauch geb. Brotschnitte
- **al latte** Brot aus Mehl, Milch, wenig Zucker und Butter, zum Frühstück oder Tee gegessen
- **andante** gewöhnliches Brot
- **asciutto, solo** bloßes, trockenes Brot
- **a treccia** Brotzopf
- **azzimo** ungesäuertes Brot, Matze
- **biscottato, biscotto** Zwieback
- **bollito** Brotbrei, Brotsuppe
- **carasan** hauchdünner Fladen, auf der heißen Herdplatte geb., dann gesalzen und mit etwas Öl beträufelt
- **casalingo** hausgebackenes Brot
- **casereccio** Bauernbrot

- **condito** Brot aus Mehl, Hefe, Wasser und Butter
- **con l'uva** ländlicher süßer Kuchen mit Korinthen und Malaga
- **dei morti** süßes Brötchen aus Hefeteig, Eiweiß, getr. Früchten, Zucker und Weißwein, zum Totentag am 2. November üblich (Mailand)
- **di lusso** feines Brot
- **di miglio** Kuchen aus Mais- und Kleiemehl
- **di Prato** Brot aus Weizenmehl ohne Salz (Toskana)
- **di ramerino, rosmarino** Rosmarinbrot, wird zu Ostern in Florenz (ganzer Laib) und in der Toskana (Brötchen) gebacken; ↑ a. *pan di ramerino*
- **di San Giovanni** Johannisbrot
- **fratau** belegter Brotfladen, ↑ *fratau, pane*
- **grattato, grattugiato** Semmelbrösel, geriebene altbackene Semmeln oder hartes Weißbrot
- **integrale** Schrot-, Vollkornbrot
- **marino** Schiffszwieback
- **misto** Misch-, Graubrot
- **nero** Schwarzbrot
- **raffermo, rifatto** altbackenes Brot
- **viennese** Brot mit lockerer Krume

panella Fladen aus Kichererbsmehl mit geh. Petersilie (Sizilien)

panera Lombardei: Sahne, Rahm, Obers

pan(n)erone, pannarone, gorgonzola bianco weißer, junger ↑ *Gorgonzola*-Käse ohne Schimmeladern, apart und leicht süß-bitterlich, Fettgeh. mind. 48 %, guter Tafelkäse (Lombardei)

panetteria Bäckerei

panettone gr. Hefekuchen mit viel Butter und Eiern, Korinthen, Sultaninen, Zitronat und kandierter Orangenschale, locker und leicht süßlich, darf in Mailand u. a. zwischen Weihnachten und Silvester in keiner Familie fehlen; wird als letzter Gang einer Mahlzeit zu einem Glas Asti Spumante oder Marsala gegessen

panforte Art Lebkuchen mit kandierten Früchten, Mandeln, Haselnüssen, Koriander, Nelken, Zimt, Orangeat und Zitronat, zu Weihnachten üblich (urspr. Siena)

pangratt(ato) geriebenes Brot, Semmelbrösel

paniccia Ligurien: Fladen aus Kichererbsmehl, ↑ *panissa*

panificio Bäckerei

panigacci, panigazi Lunigiana (Ligurien, Toskana): Fladen aus Mehl und Wasser in der irdenen Backform

panino Brötchen, Semmel, Wecken
- **gravido, ripieno** belegtes, gefülltes Brötchen

paniscia   dicke Suppe aus Reis mit Bohnen (Novara, Piemont)

panisciöö   weiche ↑ *Polenta* aus Kastanienmehl (Tessin)

panissa, paniccia, panizza   Fladen aus Kichererbs- und/oder Maismehl (Ligurien); Risotto mit Bohnen und Schweineschwarte (Vercelli, Piemont)

panna   Sahne, Rahm, Obers
– **acida, crema acida**   Sauerrahm
– **cotta**   gestürzte Creme aus gek. Sahne, Zucker und versch. Aromazutaten, meist Vanille; wird gewöhnlich von einer Erdbeersauce begleitet (Piemont, a. Ligurien)
– **montata**   Schlagsahne, Schlagrahm, Schlagobers

Panna, Acqua   stilles Tafelwasser mit wenig Kohlensäure und schwachem Mineralgehalt, sehr leicht und bekömmlich (Panna im Hügelland der Toskana bei Florenz)

pannarone   Weißer Gorgonzola, ↑ *panerone*

pannocchia   Maiskolben; Heuschreckenkrebs, ↑ *canocchia*

pansotti, pansooti   mit Blattgemüse, wilden Kräutern, ↑ *Ricotta* oder Käse, Ei, Knoblauch usw. gef. Teigdreiecke aus Mehl, Wasser und Wein in Nuß- oder Pilzsauce mit geriebenem Parmesan (Ligurien)

Pantelleria   süßer Muskatellerwein, *Moscato Passito*, von der gleichn., Sizilien vorgelagerten Vulkaninsel, füllig elegant und delikat, TR 2–8 und mehr Jahre, TT 12°, zu Desserts und Kuchen; ↑ a. *Moscato di Pantelleria*

pantrid maridàa   trad. Suppe aus Semmelbröseln und Fleischbrühe, zu Ostern üblich (Mailand)

panunta   Toskana: geröstete, gewürzte Scheibe Landbrot, ↑ *bruschetta*

panuntella   geröstete Brotscheibe, die das Fett des Schweinekoteletts aufnimmt (Rom)

panvinesco   Süßspeise aus feinem Grieß in aufgekochtem Wein (Apulien)

panzanella   Gericht aus altbackenem, mit Tomaten-, a. Selleriestücken, Zwiebelscheiben, Sardellenfilets usw. in Öl und Essig eingelegtem Brot, kalt oder warm gegessen (urspr. Toskana)

panzarotte, chinulille   mit Frischkäse, kandierten Früchten, Schokolade und Rum gef. Teigtaschen, in Öl oder Schmalz geb., zu Ostern und zum Karneval üblich (Kalabrien)

panzerotto   salzig oder süß gef. Teigtasche, früher in Schweineschmalz, heute meist in Öl ausgebacken (Apulien)

papaia Papaya, Baummelone, tropische Frucht, zart-süßliches, etwas fades Fleisch, roh gekühlt und ohne Kerne mit Zitronensaft als Vorspeise, unreif als knackiges Gemüse, Salat, reif für Obstsalate, Kompott, Marmelade; erfrischender Saft

papalina, sardellina Sprotte, kl. fetter Heringsfisch, wird in Italien meist frisch (paniert, fritiert) oder eingesalzen gegessen

paparele Venetien: Bandnudeln, ↑ *pappardelle*

paparot Suppe aus Mais- und Weißmehl mit Spinat (Friaul)

papassinos, pabassinas, papassinas zartes Gebäck aus Mehl, Eiern, Schmalz, getr. Früchten, Orangen und versch. Aromazutaten, zur Weihnachtszeit, zu Ostern und Allerheiligen üblich (Sardinien)

papavero Mohn, Ölpflanze, getr., geröstete Samen fein nussig, leicht bitter, vor Gebrauch gemahlen besonders aromatisch

Papierbeutel, -sack *sacchetto di carta* [ßakètto di kàrta] m

pappa Brei, Mus; dicke (Brot-)Suppe, ↑ *pancotto*; a. abschätzig Pampe
— **col pomodoro** würzige Tomatensuppe mit altbackenem Brot, Knoblauch, Basilikum und Olivenöl, kann warm oder kalt gegessen werden (Toskana)

pappardelle, parpadelle rechteckige, längliche Bandnudeln aus Hartweizengrieß, a. hausgemacht aus Mehl und Eiern, meist zu Hase, Wild, a. Steinpilzen in Sauce (urspr. Toskana)

paprica, paprika, pepe cornuto, matto, rosso Paprika(pulver); ↑ a. *peperoncino, peperone*
— **dolce, rosa** Gemüsepaprika, fruchtig süß
— **speciale** rote spitzige Paprikaschote, scharf und würzig

paradiso delikate, mürbe Torte mit leichtem Vanille- und Zitronengeschmack, schmeckt bes. gut aufgewärmt einen Tag nach dem Backen (Pavia, Lombardei)

parago Toskana: Meerbrachse, ↑ *pagello*

parasole Schirmling, ↑ *lepiota bruna*

pardulas, casadinas Mürbeteigkörbchen, mit Masse aus Frischkäse, Eiern, Safran, Zitrusfruchtschalen und Zucker gef., warm mit Honig übergossen serviert, zu Ostern üblich (Sardinien)

parfait urspr. frz. [parfä]: halbgefrorenes, zart-luftiges Schaumeis

parigina, alla   „auf Pariser Art“: da Paris eigtl. keine eigene Küche kennt, Phantasiebezeichnung für bes. feine, erlesene Zubereitung und Zutaten

Parmaschinken   *prosciutto di Parma* [proschútto di pàrma] m

Parmesan(käse)   *parmigiano (reggiano)* [parmidschàno redschàno] m

parmigiana   Auflauf, Gratin aus Auberginen, a. Zucchini mit Parmesan (Süditalien)
  alla – mit Parmesan und Butterflöckchen (überbacken)

parmigiano (reggiano)   Parmesan, halbfetter, körniger Hartkäse DO aus frischer roher, teilentrahmter Kuhmilch, wird von Apr.–Nov. hergestellt, würzig mild, Fettgeh. mind. 32 %, verfeinert gerieben, geraspelt viele ital. Spezialitäten, aber ebenso gut als Tafel- und Dessertkäse, zum Kochen, Überbacken, in Salaten usw. (Lombardei, Reggio Emilia); ↑ a. *grana*
  alla – ↑ *parmigiana, alla*

parpadelle   Nudelsorte, ↑ *pappardelle*

Parrina   DOC-Weine aus der Provinz Grosseto in der südl. Toskana: weiß, *bianco*, trocken, aber geschmeidig mit leichtem Bittermandelgeschmack, TR bis 2 Jahre, TT 8–10°, zu Meeresfrüchten und Fisch; rot, *rosso*, trokken, leicht tanninhaltig, mit dem Alter weicher, TR bis 10 Jahre, TT 18°, zu Fleisch und Wild

partenopeo   neapolitanisch

Pascale   Rebsorte aus Sardinien, ↑ *Monica*

pasqualina, torta   trad. Gemüsetorte aus Olivenölteig mit Mangold, Dickmilch oder Sahne, Quark und ganzen Eiern, urspr. zum Ostertag üblich, heute das ganze Jahr durch mit versch. anderen Zutaten (Frischkäse, Artischocken, Spinat usw.) und mit Parmesan bestreut überall erhältlich (urspr. Genua)

passapatate   Kartoffelpresse

passare   passieren, durchseihen

passata   Tomatenpüree, ↑ *pomodori passati*

passatelli   kurze dicke Nudeln aus geriebenem Brot, Eiern und Parmesan, a. Rindfleisch, in würziger Fleischbrühe gek. eine schmackhafte Speise (Romagna, Marken)

passato   Gemüsepüree; Obst: faul, verdorben

passaverdure   Passiermaschine für Gemüse

passera (pianuzza)   Flunder, platter, schollenartiger Meer-, a. Flußfisch, festes, fettes, nicht sehr feines Fleisch, gute Zeit Okt.–Dez.

Passerina weiße Rebsorte, die einfache, trockene, manchmal a. leicht süßliche Lokalweine ergibt, TR bis 1 Jahr, TT 8° (Latium); Name a. für Weinbeerensorte ↑ *Passola*; Adria-Region: kl. Zug-, Wandervogel, ↑ *beccafico*; Toskana: Brotsorte, ↑ *francesina*

passero Spatz, Sperling, sollte aus tier- und umweltfreundlichen Gründen nicht mehr gefangen und gegessen werden

passi Neapel: Sultaninen

Passito weißer oder roter Wein aus spätgelesenen, überreifen, geschrumpften Trauben, stark und süß, entspricht etwa der deutschen Beeren-, Trockenbeerenauslese; ↑ *Caluso Passito*, *Moscato di Pantelleria*, *Vin Santo*

Passola, Passerina, Passolina kernlose Weinbeerensorte, die zu Rosinen getrocknet wird

Passolato weißer Likörwein aus der Provinz Trapani auf Sizilien, vollmundig süß und alkoholreich, TR 2–3 Jahre, TT 8–10°, zu Desserts

Passolina Weinbeersorte, ↑ *Passola*

passulate Krokant aus Mandeln, Nüssen, Rosinen und Honig mit Gewürzen und Zitronenschale, in Kalabrien zu Ostern üblich

pasta Teig
- **bugnet, bignè, chou** Brandteig, delikat locker und leicht
- **biscotto, biscuit** Biskuitteig aus Mehl, Eiern und Zucker, luftig-leicht
- **brioche** Hefeteig mit zartem Butteraroma
- **cresciuta** Neapel: lockerer Hefeteig, oft mit Kürbisblüten, zerschnittenen Sardellen oder anderen Fischchen, Algen usw. gewürzt
- **da pane** Brotteig
- **di mandorle, marzapane, pasta reale** Mandelteig, Marzipan
- **frolla, brisée, à foncer** Mürbeteig, knusprig leicht
- **genovese** die frz. *génoise*: leichter Grundteig aus Mehl, Stärke, Zucker, Butter und vielen Eiern, Unterlage für Süßspeisen und Torten
- **lievitata** Hefe-, Germteig, elastisch und süßlich
- **maddalena, viennese** feiner, luftiger süßer Teig aus Mehl, Stärke, Eiern, Butter, Zucker und Zitronenschale oder Vanille
- **margherita** feiner süßer Teig, hergestellt aus Mehl, Stärke, Eiern, Butter und Puderzucker, für Torten u. ä.
- **matta** feiner Teig aus Mehl, Eiern, etwas Butter, Salz und Wasser

- **ordinaria, per pâté** Teig aus Mehl, Eiern, Butter oder Margarine, Salz und Wasser für Pasteten und Gerichte im Teigmantel
- **sablée** Sandteig, fein und leicht
- **sfoglia, sfogliata, feuilletée** Blätter-, Butterteig, locker und knusprig

pasta Nudel(n), Teigware(n), meist aus Hart-, Durumweizengrieß, eines der Hauptnahrungsmittel Italiens, nach einfachem Grundrezept in unzähligen Formen hergestellt und auf ebenso vielfältige Arten von schlicht bis raffiniert zubereitet, meist als Vorgericht
- **alimentare** Nudel, Teigware kl. dünnen Formats aus Hartweizengrieß und Wasser oder Eiern (↑ *lasagne, tagliatelle, spaghetti* usw.), ↑ a. *pasta all'uovo, pasta fesca, pasta secca*
- **all'uovo** mit Eiern hergestellte Teigwaren, ↑ *pasta fresca*
- **aromatizzata** mit versch. Zutaten (Kräutern, Gemüse, Pilzen, Gewürzen, Fleisch, Käse usw.) aromatisierte, gefärbte Teigwaren, gelb, grün oder rot
- **al sugo** Nudeln, Teigwaren mit Tomatensauce, ↑ *sugo*
- **asciutta** Nudelgericht, ↑ *pastasciutta*
- **bolognese** flache Eiernudeln
- **con le sarde** Makkaroni mit gesalzenen Sardinen, gebr. Sardellen, wildem Fenchel, Pinienkernen und Rosinen (Sizilien)
- **da brodo, da minestra** Nudeln als Suppeneinlage
- **e fagioli** dicke Suppe aus Trockenbohnen mit Schweinefleisch oder -schwarte, Zwiebeln, Möhren, Sellerie, Teigwaren wie ↑ *bigoli, maccheroni, tagliatelle* usw. und Würzkräutern (Friaul, Venetien)
- **fatta in casa** hausgemachte Nudeln
- **fredda** kalte Nudeln, schmecken ausgezeichnet
- **fresca (all'uovo)** hausgemachte (Eier-)Nudeln aus feinem Weizenmehl (und frischen Eiern)
- **ripiena** gefüllte Teigware
- **secca** industriell hergestellte Teigwaren aus reinem Hartweizengrieß, ↑ *gran duro*, mit 12,5 % Wasser
- **verde** grüne Nudeln, ↑ *pasta aromatizzata*

pasta Käseteig
- **filata** Knetkäse, ↑ *filata, a pasta*

pasta Paste, Brei; Kuchen(stück), Gebäck, Mehlspeise; Fruchtfleisch
- **d'acciughe** Sardellenpaste, Sardellenbutter als Brotaufstrich
- **rasa** Paste aus geriebenem Brot und Käse, Eiern und Muskatnuß, in Fleischbrühe gekocht (Emilia)
- **pastina** süßer Teig, ↑ *pastina*

pastasciutta in Wasser gek. Nudeln in einer würzigen Sauce

pasteca Ligurien: Wassermelone, ↑ *cocomero*

pastella Tropf-, Pfannkuchenteig

pastenula Gabeldorsch, ↑ *musdea*

Pastete *pasticcio* [pastitscho] m

pasticca, pastiglia kl. rundes Karamelplätzchen mit versch. Aromen und Farbstoffen

pasticceria Backwerk, Gebäck; Feinbäckerei, Konditorei

pasticciata ↑ *Polenta* mit Butterflocken und viel geriebenem Käse

pasticcino kl. Pastete; feines Gebäck, Teegebäck, Konfekt

pasticcio, -cci Pastete, Fleisch-, Geflügel-, Wild-, Fisch-, Krustentier- usw. Füllung im Teigmantel; a. Auflauf, Kuchen, Gebäck
- **alla romagnola** Nudelauflauf mit Hühnerleber und Pilzen
- **di caccia, cacciagione** Wildpastete
- **di maccheroni** Teigpastete mit Füllung aus Fleisch, Schinken, Kalbsbries, Pilzen und Käse
- **di magro** Fastenpastete aus Mürbeteig mit Reis-, Fisch- und Gemüsefüllung
- **di mele (alla bavarese)** Apfelstrudel
- **di San Giuseppe** Stockfischpastete mit Gemüse
- **di tortellini** Teigpastete mit Fleischsauce

pastiera Mürbeteigkuchen mit körnigem Käse und ↑ *Ricotta* (urspr. Neapel)

pastiglia Karamelplätzchen, ↑ *pasticca*

pastina kl. kurze Nudeln, meist in Fleischbrühe gekocht

pastinaca, carota bianca Pastinak, möhrenähnliche Wurzel, in Italien nur selten gegessen

pastissada Ragout aus Pferde-, Esel-, a. Rindfleisch (Venedig)

pasto Speise; Mahlzeit; Toskana: Lunge, ↑ *polmone*
- **a prezzo fisso** Mahlzeit zu festem Preis
  vino da – Tafel-, Tischwein

pastocch Auflauf aus Teigwaren, Kartoffeln und Käse (Tessin)

pastorizzato pasteurisiert

pastoso teigig, weich; Wein: samtig

patata Kartoffel, Erdapfel; ↑ a. *patate*
- **americana, dolce, batata** Batate, Süßkartoffel,

Wurzel der Knollenwinde, süßlicher, etwas fader Geschmack, läßt sich wie die Kartoffel mit oder ohne Schale backen, braten, kochen, rösten, fritieren
- **cinese** Yamswurzel, ↑ *igname*
- **novella, precoce** neue Kartoffel, Frühkartoffel, ↑ *patate primaticce*
- **tardiva** Spätkartoffel

patate Kartoffeln, Erdäpfel; ↑ a. *patata*
- **al forno** im Ofen geb. Kartoffeln
- **alla fornaia** Kartoffel- und Zwiebelscheiben, im Ofen gebacken
- **alla tiana** Kartoffeln und Tomaten, in Scheiben überbacken
- **allumette** Streichholzkartoffeln
- **arrostite, rosolate** Röst-, Bratkartoffeln
- **duchessa** Herzoginkartoffeln, Kroketten aus mit Butter, Eigelb pürierten, goldgelb geb. Kartoffeln
- **fritte** Pommes frites
- **gratinate** überbackene, gratinierte Kartoffeln
- **in camicia** Kartoffeln in der Schale, Pellkartoffeln
- **lessate, lesse** Salzkartoffeln
- **primaticce** Frühkartoffeln, gute Zeit Mai–Juni (Kampanien, Apulien, Sizilien u. a.)
- **sabbiate** panierte Kartoffeln
- **saltate** Schwenkkartoffeln

patatin|a kl. Kartoffel
-e fritte Kartoffelchips

pâté urspr. frz. [patē]: Pastete, Fleisch, Fisch, Gemüse usw. in Teighülle; a. Terrine, Pastete ohne Teigkruste; ↑ a. *pasticcia*

patella Napfschnecke, festes, etwas fades Fleisch, aber starker Meergeschmack, roh, grilliert oder als Füllung genießbar
- **reale** Meerohr, ↑ *aliotide*

paternostri kl. kurze, geriefte Suppennudeln

pattona Toskana: Fladen aus Kastanienmehl, ↑ *castagnaccio*

pattumiera Abfall-, Kehricht-, Mülleimer

patuvanu Schleimfisch, ↑ *bavosa*

pavese, (zuppa alla) trad. Fleischbrühe über in Butter goldbraun gebr. Brotscheiben und darüber aufgeschlagenen Eiern, mit weißem Pfeffer und geriebenem Parmesan gewürzt

pazientino trockener Keksstab, lange haltbar (Piemont)

pea kl. Meereskrebs, kann nur für Fumets, ↑ *fumetto*, oder Suppen aus Krustentieren verwendet werden

pearà kräftige Sauce aus Fleischbrühe, Mark, trockenem Brot und gemahlenem Pfeffer, zu ↑ *bollito misto* (Verona, Venetien)

pecàn, (noce) Pecannuß, ↑ *noce pecàn*

pechino Pekingente, ↑ *anatra-pechino*

pecora ausgewachsenes Schaf; sein Fleisch wird in Italien nicht sehr geschätzt; Fleischteile und -stücke ↑ Lamm; ↑ a. *agnello, castrato*

pecorino gebrannter, gepreßter Käse aus Vollmilch vom Schaf in vielen reg. Varianten, körnig und pikant, Fettgeh. i. a. mind. 40 %; ugs. Name a. für Butterpilz, ↑ *boleto giallo*, oder Körnchenröhrling, ↑ *boleto granulato*
- **romano** Hartkäse DO, aromatisch und pikant, Fettgeh. mind. 36 %, als Tafelkäse oder gerieben in ↑ *pesto, minestrone* usw. (Latium, Rom, Sardinien, Toskana)
- **sardo** ↑ *pecorino romano* aus Sardinien
- **senese** mild und leicht bitterlich, am besten im Frühling hergestellt (Siena, Toskana)
- **(canestrato) siciliano** Hartkäse DO, Okt.–Juni hergestellt, pikant, Fettgeh. mind. 40 %, frisch als Tafelkäse, älter (und seltener) zum Reiben (Sizilien)
- **toscano, cacio** halbweich, milder als die übrigen *pecorini*

pelapatate Kartoffelschäler

pelare schälen; Huhn, Geflügel: rupfen
- **a vivo** dicke weiße Schalenwand von Zitrusfrüchten abschälen

pelati enthäutete Tomaten (in Dosen)

pelle Haut; Fell

pellegrina Jakobsmuschel, ↑ *conchiglia del pellegrino*

Pellkartoffeln *patate lesse nella buccia* [patàte lésse nella bùtscha] pl

penne kl. diagonal geschnittene, gerippte Röhrennudeln aus Hartweizengrieß, industriell hergestellt, für versch. Saucen, Sughi

pentola Kochtopf mit einem oder zwei Henkeln, meist mit Deckel
- **a pressione** Dampfkochtopf

Pentro (d'Isernia) DOC-Weine aus der Provinz Isernia im Molise: weiß, *bianco*, trocken, frisch und delikat, TR 2–3 Jahre, TT 8–10°, zu Vorspeisen aus Würsten und/ oder Gemüsen; rosé, *rosato*, fruchtig trocken, TR 2–4 Jahre, TT 12–14°, zu Gemüsegerichten; rot, *rosso*, trokken, samtig harmonisch, TR 3–5 Jahre, TT 16–18°, zu weißem Fleisch und Saucengerichten

peoci   Venetien: Miesmuscheln, ↑ *mitilo*

pepaiola   Pfeffermühle

pepatelli, pepatille, biscotti di cruschello   trockene, lange haltbare Biskuits aus Kleie- oder Vollkornmehl, Honig, geh. Mandeln und viel Pfeffer, werden meist in süßen oder gek. Rotwein getunkt, in den Abruzzen zu Weihnachten üblich

pepato   gepfeffert

pepe   Pfeffer, scharfes Gewürz, sollte möglichst in ganzen Körnern gekauft und frisch, *fresco*, sowie grob gemahlen oder, besser noch, zerstoßen werden
- **bianco**   weißer Pfeffer aus der getr., reifen roten Frucht, mild und fein, nicht sehr geschmacksintensiv
- **cornuto, matto, rosso**   Paprika, ↑ *paprica*
- **della Giamaica**   Nelkenpfeffer, ↑ *pimento della Giamaica*
- **di Cayenna**   Chilipfeffer, ↑ *peperoncino*
- **macinato**   gemahlener Pfeffer
- **nero**   schwarzer Pfeffer aus getr., unreifen Früchten, brennend scharf und würzig
- **rosa**   rosa Pfeffer aus den Knospen der Pfefferfrucht, aromatisch mild
- **tritato**   zerstoßener Pfeffer
- **verde**   grüner Pfeffer aus unreifen, weichen Früchten, der mildeste Pfeffer, krautig aromatisch

peperella, mostardina, peverella   Pfefferkraut, Wilde Breitblattkresse, junge Blätter leicht pfeffrig, im Frühling als Würze zum Salat

peperonata   Gemüseragout aus ged. Paprikaschoten, reifen Tomaten, Knoblauchzehen und/oder Zwiebeln, ausgezeichnet warm oder kalt zu gek. Fleisch

peperoncino   Chili, Gewürzpaprika, kl. Pfefferschötchen, rot oder grün, aromatisch feurig und brennend scharf, frisch, an der Sonne getr. oder zerstoßen erhältlich, a. gemahlen als Chilipfeffer, *pepe di Cayenna*; die grüne längliche Form, etwas milder, wird haupts. in den Abruzzen und der Basilikata angebaut; Name a. für in Essig eingelegte Paprikaschote, ↑ *peperone*

peperone, capsico   Pfefferschote, (Gemüse-)Paprika, je nach Sorte fruchtig süß bis scharf, je reifer, desto aromatischer, roh wie gegart als Gemüse verwendbar, sollte immer frisch sein, gute Zeit Juni–Okt., Nov. (Kampanien, Latium, Sizilien, Apulien, Piemont)

pepolino   Wilder Thymian, ↑ *timo*

peposo   würziges Schmorgericht aus Kalbs- oder Schweinefüßen, Rindfleisch, Chilischoten, Sellerie, Möhren, Tomaten, Zwiebeln, Knoblauch und Rotwein (Viareggio, Versilia, Toskana)

pera Birne; Sorten: *Abate Fetel* Sept.–Febr., *Butirra Hardy* Ende Aug.–Nov., *Coscia* Juli–Aug., *Decana* Sept.–Jan., *Gentile* Mitte Juni–Juli, *Giffard* Mitte Juni–Mitte Aug., *Guyot* Juli–Aug., *Kaiser Alexander* Sept.–Febr., *Morettini* Ende Juni–Aug., *Passacrassana* Mitte Aug.–Mai, *William* Mitte Juli–Nov. (Emilia-Romagna, Venetien, Kampanien u. a.)

perca Flußbarsch, ↑ *pesce persico*

perciatelli gr. dicke Spaghetti, ↑ *bucatini*

Per'e Palummo roter Tafelwein von der Insel Ischia in Kampanien, trocken, elegant und leicht tanninhaltig, TR bis 10 Jahre, TT 18°, zu allen Mahlzeiten

pergola (Wein-)Laube

Perino reg. für Tomatensorte ↑ *San Marzano*

Perlhuhn *gallina faraona* [gallina faraòna] f

Perlzwiebel *aglio d'Oriente* [àljo dori|ènte] m

pernice, starna Rebhuhn, delikates Flugwild, saftig und doch fettarm, grau, *grigia, starna*, nicht ganz so fein wie das fettere rote, *rossa, vera*, gute Zeit Okt.–Nov.

persicata feste Paste aus Pfirsichfleisch und Zucker in versch. Formen

persico Flußbarsch, ↑ *pesce persico*

pesca, -che Pfirsich, Steinfrucht; *bianca*: weißes, feinaromatisches Fleisch, *gialla*: gelbes, festes, haltbares Fleisch, gute Zeit je nach Sorte Mai–Sept.; in Italien weitverbreitet, etwa 80 % der Pfirsiche auf europäischen Märkten stammen von daher (Emilia-Romagna, Kampanien, Venetien, Piemont u. a.)
– **noce, nettarina** Nektarine, glattschalige, aromatische Pfirsichfrucht

pescatora, alla Teigwaren oder Reis mit Meeresfrüchten in Tomatensauce, a. Basilikum und Knoblauch

pescatrice Seeteufel, ↑ *rana pescatrice*

pesce Fisch, Fische
– **abissale** Tiefseefisch
– **affumicato** ger. Fisch, Räucherfisch
– **angelo** Meerengel, ↑ *squadro*
– **azzurro** allg. Begriff für Fisch, der weit von der Meeresküste lebt (Hering, Makrele, Sardelle, Sardine, Schwertfisch, Thunfisch usw.), meist fettig und möglichst fangfrisch zu essen; Blaufisch, ↑ *pesce serra*
– **balestra, porco** Drückerfisch, Meerfisch, festes Fleisch, zarter Geschmack

P

- **bandiera** Bandfisch, ↑ *cepola*; Fuchshai, ↑ *pesce volpe*; Strumpfbandfisch, ↑ *pesce sciabola*
- **boccadoro** Umberfisch, ↑ *ombrina*
- **briaco** Toskana: Gestreifter Knurrhahn, ↑ *capone ubriaco*
- **cappone** Ligurien, Toskana: Drachenkopf, ↑ *scorfano*
- **castagna** Brachsenmakrele, Meerfisch, gutes Fleisch, läßt sich filetieren, kochen, braten, grillieren
- **cavallo** Makrele, ↑ *sgombro*
- **chitarra, tamburino, violino** Geigenrochen, guter Speisefisch aus dem Meer, a. in Scheiben oder für Fischsuppen
- **cornuto** Knurrhahn, ↑ *capone*
- **d'acqua dolce** Süßwasserfisch
- **donzella** Lippfisch, ↑ *donzella*
- **fiamma** Strumpfbandfisch, ↑ *pesce sciabola*
- **fico** Deckfisch, ↑ *fieto*
- **forca** Fisch aus der Familie der Knurrhähne, ↑ *capone*
- **gallo** Petersfisch, ↑ *san Pietro*
- **gatto** Zwergwels, ausgezeichneter Speisefisch; Großer Katzenhai, ↑ *pesce gattopardo*
- **gattopardo, gatta, gatto** Großer Katzenhai, guter Speisefisch
- **in bianco** gesottener Fisch
- **lucerna, cozzolo, mesoro, pesce prete, uranoscopo** Himmelsgucker, Meerpfaff, ausgezeichnetes Fleisch, läßt sich kochen, braten, für Fischsuppen
- **lucertola** Grauer Eidechsenfisch, frisch oder gefroren im Handel, mäßiges Fleisch, läßt sich frittieren, grillieren
- **lupo** Wolfsbarsch, ↑ *spigola*
- **morgano** Blauer Wittling, ↑ *melù*
- **pavone** Lippfisch, ↑ *tordo*
- **persico, perca, persica reale** Flußbarsch, Egli, feiner Süßwasserfisch, festes, aromatisches, leichtverdauliches, aber grätiges Fleisch, muß frisch sein (a. tiefgekühlt erhältlich), läßt sich filieren, braten, fritieren
- **– sole** Sonnenfisch, barschartiger Süßwasserfisch, aus Nordamerika in Italien eingeführt, gutes, leicht süßliches Fleisch
- **– trota, boccalone** Forellenbarsch, aus Nordamerika in Italien eingeführt
- **pilota** Pilot-, Lotsenfisch, wertvoller Speisefisch aus dem Meer, ausgezeichnetes Fleisch, läßt sich grillieren, im Ofen garen
- **porco** Süditalien: Drückerfisch, ↑ *pesce balestra*
- **prete** Himmelsgucker, ↑ *pesce lucerna*
- **ragno** Großes Petermännchen, ↑ *tracina*
- **rospo** Mittelitalien: Seeteufel, ↑ *rana pescatrice*

P

– **sciabola, bandiera, fiamma, spatola** Strumpfbandfisch aus dem Meer, ausgezeichnetes Fleisch, wird in Stücken gek. oder gebraten
– **serra, azzurro, ballerina** Blaubarsch, Blaufisch, geschätztes Fleisch, frisch oder tiefgefroren im Handel
– **spada** Schwertfisch, haiähnlicher Meerfisch, festes, aromatisches Fleisch, ausgezeichnet, v. a. im Frühling, frisch, läßt sich grillieren, braten, schmoren; a. in Konserven
– **spatola** Strumpfbandfisch, ↑ *pesce sciabola*
– **violino** Geigenrochen, ↑ *pesce chitarra*
– **volante** Fliegender Fisch aus dem Meer, angenehmes Fleisch, am besten fritiert oder paniert
– **volpe, bandiera** Fuchshai, Drescher, gutes, aber etwas zähes Fleisch, wird in den meisten Fällen in Scheiben angeboten

pescestocco Süditalien: Stockfisch, ↑ *stoccafisso*

pesciaiola, pesciera Fischkochtopf, Fischkessel

peso Gewicht

pestaiolo, pestello (Mörser-)Stößel, Stampfer

pestazzuole kl. Nudeln, ↑ *orecchiette*

pesto gestoßen, zerrieben; berühmte kalte Würzpaste aus im Mörser zerstoßenem Knoblauch, Pinien- und/oder Walnußkernen und frischen Basilikumblättern (von der blühenden Pflanze) mit Olivenöl und geriebenem (Parmesan-, a. Schaf-)Käse, die mit etwas Garflüssigkeit verdünnt wurde, gern zu ↑ *trenette* gereicht (Ligurien, nördl. Mittelmeerküste)
– **avvantaggiato** Teigwaren, ↑ *trenette, trofie*, mit kleingeschnittenen grünen Bohnen und Kartoffelscheiben in ↑ *pesto*

Petermännchen *trachina* [trakina] f

Petersfisch *san Pietro* [ßan pi|étro] m

Petersilie *prezzemolo* [predsemólo] m

petit beurre *urspr. frz.* [pöti bör]: Butterkeks

petit four *urspr. frz.* [pöti für]: Konfektgebäck

Petit Rouge [pöti rūsch] roter Tafelwein aus dem Aostatal, trocken, aromatisch und leicht herb, TR bis 3 Jahre, TT 16°, zu gebr., geschmortem Fleisch und Wild

pettine Jakobsmuschel, ↑ *conchiglia del pellegrino*; Kammuschel, ↑ *canestrello*

petto Brust (von Schlachtvieh und Geflügel); Schwein a. vorderer Bauch, Wammerl

peveraccio Echter Pfeffermilchling, eßbarer Speisepilz, aber zäh und wenig schmackhaft, gute Zeit Juli–Okt.

– **giallo** Milchbrätling, eßbarer Speisepilz, mild mit leicht bitterlichem Fischgeschmack, gute Zeit Mitte Juni–Sept.

peverada Pfeffersauce mit Brotbröseln, Leber, Safran und Gewürzen in vielen reg. Varianten

peverella Pfefferkraut, ↑ *peperella*

peziza Familie der Becherpilze, darunter viele eßbare Arten; ↑ a. *orecchia d'asino*
– **aranciata** Orangenbecherling, ↑ *orecchia*

pezzenta Wurst aus Fleischstücken des Schweins, die nach der Verarbeitung bei der Hausschlachtung übrigblieben, wird frisch gegessen oder in Öl konserviert (Basilikata)

pezzo Stück, Teil

Pfanne *padella* [padélla] f

Pfannkuchen *frittata* [fritàta] f

Pfeffer *pepe* [pépe] m
-gurke *cetriolo pepato* [tschetriólo pepàto] m
-kuchen *panforte* [panfórte] m
-minze *menta* [ménta] f
-minztee *infuso di menta* [infúso di ménta] m
-mühle *macinino del pepe* [matschinino del pépe] m
-schote *peperone* [peperóne] m
-streuer *spargipepe* [spardschipépe] m

Pfifferling *cantarello* [kantarello] m

Pfirsich *pesca* [péska] f

Pflaume *prugna* [prùnja] f

Pfund *libbra* [libbra] f

piacentino (siciliano) dem ↑ *canestrato* ähnlicher Käse aus Schafmilch mit Pfefferkörnern, a. Safran, wird meist gerieben; a. Hartkäse aus Kuhmilch, ↑ *grana padano*

piacere Gefallen, Vergnügen, Genuß
a – nach Belieben

piada, piadina, piè mürber, geschmeidiger Teigfladen, kann getoastet werden, zu Schinken, Käse usw. (Romagna)

pianta Pflanze; Strauch, Busch, Staude
– **aromatica** Gewürzpflanze
– **da, di serra** Pflanze aus dem Gewächshaus
– **leguminosa** Hülsenfrucht

piastra (Herd-)Platte

piattellini Sorte getr. Bohnen, weiß und länglich oval

piatto Teller; Tellervoll; Gang, Gericht, Speise
– **caldo** warmes Gericht

- **del giorno** Tagesgericht, Tagesteller
- **di carta** Pappteller
- **elefante** reichhaltige Platte mit vielen Fleisch- und Wurstwaren (Südtirol)
- **fondo** tiefer Teller, Suppenteller; Schale
- **forte** Hauptgericht
- **piano** flacher Teller
- **unico** Eintopfgericht

Piave Weinbauregion in Venetien; DOC-Weine *(Vini del Piave)* aus den Provinzen Treviso und Venedig:

Weiße Weine:
Pinot Bianco Weißburgunder, vollmundig, weich und harmonisch, TR 2–4 Jahre, TT 8–10°, zu leichten Vorspeisen und Fisch
Pinot Grigio Ruländer, trocken, geschmeidig und gefällig, TR 2–4 Jahre, TT 10°, zu Fisch und Eierspeisen
Tocai Italiano trocken, frisch, harmonisch und leicht würzig, TR 2–3 Jahre, TT 12°, zu Gemüsesuppen, grilliertem Fisch und Eierspeisen
Verduzzo trocken oder halbtrocken, pikant erfrischend und würzig, TR bis 2 Jahre, TT 10–12°, zum Aperitif, zu Vorspeisen, Krusten-, Schaltieren, gek. Fleisch, Salami, Schinken u. ä. und weißem Fleisch

Rote Weine:
Cabernet trocken, robust und kernig, TR 2–6 Jahre, TT 16–18°, zu Ragouts, Fleisch, Wild und Käse
Merlot trocken, körperreich und würzig mit leichtem Bittermandelton, darf sich nach 2 Jahren Lagerzeit *Vecchio* nennen, TR 4–6 und mehr Jahre, TT 18°, zu gebr. Fleisch, gek. Würsten und Kaninchen
Pinot Nero Blauburgunder, trocken oder leicht süßlich, herzhaft weinig, darf sich nach 2 Jahren Lagerzeit *Riserva* nennen, TR 4–6 Jahre, TT 18°, zu Fleisch
Raboso trocken, streng und leicht tanninhaltig, TR 3–7 Jahre, TT 18°, zu Schinken, Wurstwaren (mit Melone), Gemüsespeisen

picagge gr. weiße oder grüne Bandnudeln aus Weizenmehl, wenig Eiern und Wasser in der Art der ↑ *lasagne*, oft zu ↑ *pesto*, aber a. anderen Saucen, Pilzen usw. zubereitet (Ligurien)

piccante pikant, würzig, scharf

piccata, (frittura) kl. zarte, dünngeklopfte, kurzgebr. Kalbfleischschnitzel, urspr. mit Marsala, heute meist mit Zitronensaft zubereitet (Mailand)

piccellati süßes Gebäck mit Füllung aus Brotkrumen, Walnüssen, Mandeln, Honig, Gewürzen, Orangenschale und konzentriertem Most (Molise)

picchiettini hausgemachte Makkaroni, ↑ *maccheroni*

Picciol Rosso Rebsorte, ↑ *Picol Ross*

piccione (Haus-, Zucht-)Taube, ↑ a. *colomba*

piccolo klein; bescheiden; Pikkolo, Kellnerlehrling

pici, pinci handgerollte dicke Spaghetti, oft in quadratische Stücke geschnitten, zu Zwiebel-, Tomaten- usw. Saucen, Pilzen, Ragouts usw. (Siena, Toskana)

Picolit Rebsorte der Weinbauregion Friaul–Julisch Venetien, ergibt aus halbgetr. Trauben seltene, kostbarste Dessertweine
– **dei Colli Orientali del Friuli** DOC-Wein aus der gleichn. Rebsorte, ↑ *Colli Orientali del Friuli Picolit*

Picol Ross, Picciol Rosso Rebsorte, Spielart des ↑ *Lambrusco*, ergibt volle, aromatische Rotweine, TR bis 4 Jahre, TT 12°

piè Teigfladen, ↑ *piada*

piè d'asino Samtmuschel, Meeresweichtier, mäßiges, gern etwas zähes Fleisch, läßt sich roh mit Zitrone, besser aber gef. essen

piede, piedino Fuß (von Schlachttieren), in der Küche von Kalb, Schaf, Ziegenkitz oder Schwein

Piemonte Piemont, Landschaft Nordwestitaliens im von Alpen und Apennin umsäumten oberen Po-Becken mit Landwirtschaft, Weinbau und Industrie, ↑ Piemonte S. 49 ff.

piemontese, alla mit einfachem Risotto ohne Safran oder Tomaten, evtl. jedoch mit weißen Trüffeln; Gebäck: mit Haselnüssen

pieno voll

pietanza Gericht, Speise (nach der Suppe)

Pigato Rebsorte aus der Provinz Savone in Ligurien, ergibt feine, trockene bis milde Weißweine
– **d'Albenga** ausgezeichneter Tafelwein, trocken *(secco)*, vollmundig und samtig, TR 1 Jahr, TT 10°, zu Vorspeisen und Fisch; süß *(dolce)* oder likörig *(liquoroso)* aus halbgetr. Trauben, TR bis 4 Jahre, TT 10°, zu Desserts; a. mit Muskatellertrauben *(moscatello)*, aromatisch trocken und geschmeidig, TR 1–2 Jahre, TT 10°, zu Vorspeisen mit Pilzen und Gemüse

Piglio Rotwein DOC aus dem Latium, ↑ *Cesanese del P.*

pignatto grasso Gemüsesuppe, ↑ *maritata*

pignoccata süßes Gebäck in Form eines Pinienzapfens aus in Schmalz geb. Teig, in Honig und Orangenblütenwasser gebadet, mit Zimt bestreut (Sizilien)

Pignolo Rebsorte und roter Tafelwein aus der Provinz Udine im Friaul, trocken, elegant und leicht tanninhaltig, TR bis 8 Jahre, TT 18°, zu Fleisch

pignulata süßes zweifarbiges Gebäck, zur einen Hälfte mit Zucker glasiert, zur anderen mit Schokolade überzogen (Messina, Sizilien)

pilaf, (riso), pilaff, pilau, pilaw urspr. im Nahen Osten Bezeichnung für locker und körnig gek. Reis; in westl. Ländern gewürztes Reisgericht mit Fleisch, Geflügel, Fisch, a. Gemüsen

pilargiu Sardinien: Seespinne, ↑ *granseola*

pillottare begießen, übergießen

pillotto Stück Speck zum Einfetten von Grillfleisch

pilota, risotto alla geschälter Reis mit pikanten Würstchen, roher Salami u. ä., darüber viel geriebener Parmesan

Pilz *fungo* [fúngo] m

pimento Pfefferschote, würzig pikant oder süß, ganz, gemahlen oder als Paste erhältlich, ↑ *peperone*
– **della Giamaica, cinque, quat, pepe della Giamaica, quattro specie** Piment, Nelkenpfeffer, getr. Beeren des Pimentbaums, ganz oder gemahlen würzig pikant

pimpinella Pimpinelle, ↑ *salvastrella*

pinci Nudelart, ↑ *pici*

pinna, astara Steckmuschel, größtes europäisches Meeresweichtier, wird in Italien mit Olivenöl, Zitronensaft, Pfeffer und Petersilie oder (haupts. in Kalabrien) mit Öl, Knoblauch und etwas Tomaten angemacht

pinoccata Gebäck aus Pinienkernen und versch. Aromen, oft a. kandiertem Zedrat, in Perugia zu Weihnachten üblich

pinolo Pinienkern, wohlschmeckender, ölhaltiger Samen der Pinie, eignet sich als Garnitur für Gebäck und Süßspeisen, zur Verfeinerung von Fleisch-, Käsegerichten, Füllungen usw., geröstet zu Gemüse oder Obst

Pinot urspr. frz. [pino]: Rebsorte aus dem Burgund, die a. in Italien ausgezeichnete Weine ergibt
– **Bianco** Weißburgunder, hellgelb, trocken, mild mundig und körperreich, TR i. a. 1–3 Jahre, TT 8–10° (Nord-, vereinzelt a. Süditalien)
– **Grigio** Ruländer, gelb mit rötlichem Schimmer, trocken und gehaltvoll geschmeidig, TR i. a. 1–2 Jahre, TT 8–10° (Nordostitalien)
– **Nero** Blauburgunder, granatrot, trocken und würzig weich, TR i. a. bis 5 und mehr Jahre, TT 16–18° (Norditalien)

pinza, pinzetta metallene Greifzange (für Brot, Spaghetti, Zucker usw.); flacher runder Brotfladen aus Weizenmehl, süß oder salzig, wird gern warm zu einem kräftigen Rotwein gegessen (Emilia, Venetien u. a.); zarte, süße ↑ *Pizza* aus Mehl, Zucker und Eiern, a. altbackenem, in Mehl oder Wasser eingeweichtem Brot mit Pinienkernen usw. (Friaul, Julisch Venetien)

pinzimonio Würzsauce aus Olivenöl, frisch gemahlenem schwarzem Pfeffer und Salz, in die man rohes Gemüse (Artischocken, Fenchel, Stangensellerie usw.) dippt

piopparello, pioppino Stockschwamm, Schüppling, sehr guter Speisepilz, frisch oder getr., bes. jedoch als Würze verwendbar, gute Zeit Juni–Okt.

piorra gr. Krake, ↑ *polpo*

pipe Pfeife; kurze Hohlnudeln, ↑ *lumache*

pirofilo feuerfest

pisarei e fasö kl. Mehlklößchen mit Borlotti-Bohnen (Piacenza, Emilia-Romagna)

piscialletto Löwenzahn, ↑ *dente di leone*

pisellini (toscani) frische, zarte und süße Erbsen

pisello junge grüne Erbse, zart und süß, je kleiner, desto besser; gute Zeit frisch Apr.–Juni, a. tiefgekühlt gut (Emilia-Romagna, Venetien, Kampanien, Sizilien, Apulien u. a.)
– **dolce, mangiatutto** Zuckererbse, Zuckerschote, ↑ *taccola*

pissadella, pissaladière Zwiebelpizza mit Sardellenpüree und schwarzen Oliven, warm oder kalt (Ligurien)

pistacchio, -cchi Pistazienkern, grüne Mandel, angenehm mild und süßlich, rund besser als länglich, leicht geröstet und gesalzen a. zum Knabbern

pistum süßer Knödel aus geriebenem Brot, Eiern, Zucker, Rosinen, kandiertem Zedrat und Zimt, in zerlassener Butter, Fleisch- und Wurstbrühe gekocht (Friaul)

pitta Kalabrien: ↑ *Pizza* aus ungewürztem Hefeteig

pittafigh Norditalien: kl. Zug-, Wandervogel, ↑ *beccafico*

pizza Pizza, dünn ausgerollter Hefe- oder Brotteig, mit würzigen Zutaten bedeckt und (auf heißen Ziegelsteinen oder Steinfliesen) knusprig geb., salzig oder süß, in jedem Sinne Inbegriff der einfachen ital. Küche – im guten, wenn sie phantasievoll (original mit Tomaten, ↑ *Mozzarella*-Käse und Basilikumblättern, heute a. mit Fleisch, Fisch, Gemüsen, Pilzen, Oliven, Käse usw.) belegt ist, im schlechten, wenn, wie oft im Ausland, ein pappiger Teig lieblos mit dünnem Tomatenmus bestrichen wird (Mittel-, Süditalien); im weiteren Sinne a. Name für Pastete

– **al formaggio** Pizza mit Schaf- und/oder Hartkäse, Ei, Olivenöl

– **calabrese** Pizza mit Thunfisch und Sardellen

– **napoletana** die klassische ital. Pizza, echt mit Tomaten, ↑ *Mozzarella*-Käse, Basilikum, a. Sardellen und Origano

– **romana** Pizza mit Tomaten, ↑ *Mozzarella*-Käse und Sardellen

pizzacra Norditalien: Schnepfe, ↑ *beccaccia*

pizzaiol|o Pizzabäcker, Pizzaverkäufer
alla -a mit Tomatensauce und aromatischen Gewürzen (Origano, a. Knoblauchzehen, Paprikaschoten, Zwiebeln usw.)

pizzalandrea Ligurien: Zwiebelpizza, ↑ *pissadella*

pizzarda Norditalien: Waldschnepfe, ↑ *becaccia;* Bekassine, ↑ *beccaccino*

pizzella geb. Teig ohne oder mit Füllung von Wurst, ↑ *Provola*-Käse oder Gemüse (Neapel)

pizzeria Pizzeria, Pizzabäckerei

pizzetta kl. runde ↑ *Pizza*, a. vakuumverpackt oder tiefgekühlt erhältlich

pizzichino pikant, scharf; prickelnd

pizzoccheri gr. dunkle, hausgemachte Bandnudeln aus Weizen- und Buchweizenmehl; kräftiges Gericht daraus mit Kartoffeln, Wirsing und anderem Gemüse, mit Knoblauchbutter übergossen und mit Parmesan bestreut (Veltlin, Lombardei)

Pizzutello weiße und blaue Tafeltraube, fest und süß, wird gern in Weingeist eingelegt

Plastiktasche *borsa di plastica* [bórßa di plástika] f

platessa Flunder, platter, schollenartiger Meer-, a. Flußfisch, festes, fettes, nicht sehr feines Fleisch, läßt sich backen, braten, in Italien Filets frisch oder tiefgekühlt eingeführt

Platte *piatto* [piátto] m

Platz *posto* [pósto] m

Plätzli mit Knochen: *costoletta* [kostolétta] f; ohne Knochen: *scallopina* [skallopina] f

Plenten Südtirol: Maisbrei, ↑ *polenta*

pluteo (cervino) Rehbrauner Dachpilz, Speisepilz, milder, leicht mehlig-erdiger Geschmack, als Mischpilz verwendbar, gute Zeit Mai–Okt.

pociacche   kl. Nudeln, ↑ *orecchiette*

pola   Norditalien: Schnepfe, ↑ *beccaccia*

polenta   urspr. Getreide- oder Gemüsebrei, heute (ohne weitere Kennzeichnung) dicker Brei aus Maisgrieß oder grobem Maismehl, cremig weich oder kroß gebraten, geröstet, gebacken
– **di patate**   Polenta aus pürierten Kartoffeln und Mais- oder Buchweizenmehl, zu versch. Saucen, Käse, rohen Würsten usw. (Trentino, östl. Voralpen)
– **dolce**   Polenta aus Kastanienmehl
– **e osei**   kl. Singvögel (Amseln, Drosseln, Lerchen, Sperlinge usw.) am Spieß mit Speck und Salbei zu ↑ *Polenta*, eine Delikatesse, sollte aber aus tier- und umweltfreundlichen Gründen nicht mehr gegessen werden (Toskana, Venetien u. a.)
– **nera**   Polenta aus Buchweizenmehl
– **taragna, furmentùn**   zarte Polenta aus Buchweizenmehl mit Butter und Käse

polentina   weiche Mais- ↑ *Polenta* mit viel Wasser, Milch oder Sahne

polipo, polipetto   Krake, ↑ *polpo*

poliporo   Porling, Pilzfamilie mit versch. eßbaren Arten
– **confluente**   Semmelporling, jung eßbar, aber leicht bitterlich, gute Zeit Juli–Okt.
– **ombrellato, umbellato**   Eichhase, Büschelporling, jung weiches, saftiges Fleisch von mildem Geschmack, selten, sollte geschont werden, gute Zeit Aug.–Okt.

pollack   Pollack, Heller Seelachs, Steinköhler, mageres, feines, aber leicht verderbliches Fleisch, läßt sich braten

pollame   Geflügel; Fleischteile, Zerlegung ↑ *Huhn, pollo*

pollanca   Poularde, junges, vollfleischiges Masthuhn

pollastra, pollastro   junges Huhn, ↑ *pollo;* junges Geflügel

pollo   (junges) Hähnchen, Hühnchen
Zerlegung:
pollo a busto   bratfertiger Tierkörper
– **tradizionale**   Tierkörper mit Kopf, Hals und Füßen
alette   Flügel ohne Knochen, aber mit Haut
ali, pipistrello   Flügel mit Knochen und Haut
coscetta, coscia senza anca   Schenkel, Keule zwischen Hüft- und Fußgelenk
coscia con anca   Schenkel, Keule mit Rückenfleisch
coscia doppia, taglio posteriore   Rumpfstück mit beiden Schenkeln, Keulen
filetto di petto   Brustfilet
mezzo –   Hälfte, halber Tierkörper

quarto di – halbierte Hälfte des Tierkörpers ohne Kopf, Hals und Füße

Zubereitungsarten:
pollo alla diavolo scharfgebackenes, plattgedrücktes Huhn
– alla griglia Hühnchen vom Grill
– alla spiedo Hühnchen am Spieß

polmone Lunge, Beuschel

polpa (mageres, knochenloses) Fleisch; Fruchtfleisch, -mark
– di melanzane Auberginenpüree, ↑ *melanzane, polpa di*

polpessa Riesenkrake, gr. Tintenfisch, weniger fein als der gewöhnliche Krake, ↑ *polpo*

polpett Mailand: Roulade, ↑ *involtino*

polpetta Klops, Klößchen, Frikadelle, Bulette aus Fleisch, Fisch oder Gemüse
– di mare gef. Tintenfisch

polpettone Hackbraten, Hackfleischpastete (Modena, Emilia-Romagna, Tessin)

polpo Krake, achtarmiger Tintenfisch, kl. junges Tier, zart und schmackhaft, muß jedoch meist weichgeklopft, blanchiert und lange genug gek. werden, läßt sich a. grillen, in der eigenen Tinte zubereiten oder in Stücken für Salate
– di Aldrovandi kl. Krakenart, ↑ *moscardino bianco*
– muschiata Moschuskrake, ↑ *moscardino*

polposo fleischig, dick

polsonetto (Kupfer-)Topf mit langem Stiel

polvere Puder, Pulver

pom Tessin: Kartoffel

pomelo Grapefruit, gr. Zitrusfrucht, Kreuzung zwischen Pampelmuse und Orange, roh ausgelöffelt, in (Obst-)Salaten, als Saft usw. genießbar, gute Zeit Dez.–März; ↑ a. *pompelmo*

Pomino Spitzenweine DOC aus der Provinz Florenz in der Toskana: weiß, *bianco*, trocken, delikat mit leichtem Mandelaroma, TR bis 2 Jahre, TT 8–10°, zu Fisch, weißem Fleisch und Käse; rot, *rosso*, trocken, kräftig und geschmeidig, darf sich nach 3 Jahren Lagerzeit *Riserva* nennen, TR 3–7 Jahre, TT 18°, zu grilliertem, gebr., geschmortem Fleisch und Innereien; aus spät geernteten, halbgetr. Trauben, a. weiße oder rote Beerenauslese, ↑ *Vino Santo*, trocken *(secco)*, lieblich *(amabile)* oder süß *(dolce)*, TR bis 20 und mehr Jahre, TT 10°

pommarola Neapel: Tomate; pürierte Tomatensauce mit Karotten, Zwiebeln, Sellerie und Petersilie

pomo Apfel, ↑ *mela;* Frucht

pomodoro Tomate, Paradeiser, Fruchtgemüse, von venezianischen Händlern eingeführt, heute die nationale Gartenfrucht der Italiener, so vollreif und aromatisch wie kaum anderswo, gute Zeit Juni–Sept. (Kampanien, Emilia-Romagna, Apulien, Sizilien u. a.); ↑ a. *cuore di bue, fiaschetto*
– **lampadina, San Marzano** pflaumenförmige Tomate, bes. geschätzt

Konservierungsarten:
pomodori (doppio, triplo) concentrati Tomatenmark aus frischen, reifen, gesunden Früchten, aromatisch süß-säuerlich
– **in bottiglia** eingemachte, sterilisierte Tomatenstücke
– **passati** passierte, cremige Tomaten, frischer Geschmack, meist in Konserven, für Saucen
– **pelati** geschälte Tomaten, meist Mus in Konserven
– **polpa** in kl. Stücke geschnittene Tomaten
– **secchi** (an der Sonne) getrocknete Tomaten

pompelmo Pampelmuse, größte Zitrusfrucht, wird in Italien auf Sizilien, in Kalabrien, a. Ligurien angebaut, leicht säuerliches, würzig bitteres Fleisch; ↑ a. *pomelo*

popone Toskana: Melone, ↑ *melone*

porceddu Sardinien: Spanferkel, ↑ *porcetto*

porcellana Porzellan; Portulak, ↑ *portulaca*

porcello Ferkel, junges Schwein

porc(h)etto (di latte), maialino Spanferkel; a. das Gericht aus dem ganzen, mit grobgeh. Speck oder Schinken, Schweinefleisch, Salbei, Rosmarin, Knoblauch, Lorbeerblättern, Pfefferkörner usw. gef. Tier, über (Wacholder-)Holz gegrillt oder im Ofen gebraten

porcinello Name zweier Speisepilze aus der Gattung der Röhrenpilze:
– **grigio** Birkenpilz, Kapuzinerröhrling, angenehmer Geschmack, nur jung verwendbar, gute Zeit Juli–Okt.
– **rosso** Blutroter Röhrling, fruchtiger, angenehm säuerlicher Geschmack, gute Zeit Juni–Okt.

porcino Röhrling, Familie von Speisepilzen; ↑ a. *porcinello*
– **(comune), bulé, ceppatella** Steinpilz, der „Aristokrat der Pilze", butterzart nussig, kann in kl. Mengen roh gegessen werden, am besten gebr., a. eingelegt oder getr. ausgezeichnet, gute Zeit Juli–Okt.

- **dal gambo rosaceo** Rothütiger Steinpilz, Abart des Steinpilzes, ↑ *porcino*, mild würzig, gute Zeit Mai–Juli, aber selten
- **nero, bronzino** Weißer Bronzeröhrling, dem Steinpilz, ↑ *porcino*, ähnlich, angenehm mild-nussig, gute Zeit Juli–Sept.
- **reticolato** Sommer-Steinpilz, Abart des Steinpilzes, ↑ *porcino*, mild nussig, gute Zeit Mai–Juli

porco Schwein, ↑ *maiale*

porcospino „Stachelschwein“, Mandelkuchen mit Schokolade und Pinienkernen

porrata, porrea trad. Kuchen aus Olivenölteig mit Porreestücken, Schinkenwürfeln, geh. Schweine- und Kalb- oder Lammfleisch mit Muskatnuß, Safran, Rotwein und geriebenem Parmesan (urspr. Mönche von San Lorenzo in Florenz)

porro Porree, Lauch, Stengelgemüse, Stange und Blätter von mildsüßem, erdigem Zwiebelaroma, als (Würz-)Gemüse verwendbar, gute Zeit Jan.–Mai (Ligurien, Abruzzen, Venetien, Marken)

porta|cenere Aschenbecher
-frutta Fruchtschale, Obstteller
-sigari Zigarrenetui
-stecchini Zahnstocherbehälter
-uovo Eierbecher

Porto portugiesischer Portwein, rot, *rosso:* fruchtig, jung *(Ruby)* oder gelagert *(Tawny)*; weiß, *bianco:* trocken

Portoferraio roter Likörwein aus Elba, ↑ *Aleatico di Portoferraio*

portoghese, latte alla, latte in piedi gestürzte Creme aus Milch, Eigelb und Zucker (mit versch. Aromazutaten wie Karamel, Kaffee usw.)

portulaca, porcellana Portulak, Burzelkraut, Gemüse- und Gewürzkraut, Blätter und Triebe delikat erfrischend, leicht salzig, als Salat, (Spinat-)Gemüse oder Gewürz verwendbar, gute Zeit Sommer

Portwein *Porto* [pòrto] m

Porzellan *porcellana* [portschellàna] f

porzione Portion, Teil

posate Eßbesteck, Gedeck, Kuvert

posteria Lombardei: Lebensmittelgeschäft

potabile trinkbar

potacchio, potaggio geschmortes Huhn, Kaninchen oder Lamm

potassolo Blauer Wittling, ↑ *melú*

potiza süße Teigtasche mit Füllung aus geriebenem, geröstetem Brot, Milch, Pflaumen, getr. Feigen, Schokolade, Walnüssen, Sultaninen, Muskat, Zimt und geriebener Zitronenschale (Friaul)

poutina Ligurien: Weißfisch, ↑ *bianchetto*

poverazza Strahlige Venusmuschel, ↑ *vongola*

Pracastello, Fonte Tafelwasser mit mäßigem Kohlensäure- und Mineralgehalt (San Pellegrino, Thermalbad in den Bergamasker Alpen der Lombardei)

pralina Praline, Praliné, mit Schokolade überzogene Süßigkeit

Pramaggiore DOC-Weine aus Venetien, ↑ *Lison Pramaggiore*

pranzo Mittagessen (in Norditalien ab 12–13 Uhr, in Süditalien ab 14 Uhr), a. allg. Gastmahl, offizielles Essen

prataiolo, pratella, pratolino Champignon, Egerling, Gattung der Blätterpilze, darunter viele eßbare Arten wie Feldchampignon, Schafchampignon, Waldchampignon und Zuchtchampignon, ↑ *champignon*

preboggion Mischung aus je nach Jahreszeit versch. wilden Kräutern und Gemüsen (Borretsch, Gänsedistel, Löwenzahn, Mangold, Petersilie, Pimpinelle usw.), wird für Eierkuchen, Teigtaschen und Suppen gebraucht (Genua, Ligurien)

Preis *prezzo* [prédso] m

preparare vorbereiten, zurichten; den Tisch decken

presa Prise; Griff, Henkel; Topflappen

prescinsoeua [preschinßöa] Ligurien: Sauer-, Dickmilch, wird frisch mit Zucker gegessen, im ↑ *Pesto* verarbeitet oder für Torten verwendet

presnitz süßer Blätterteig mit Füllung aus geriebenem, geröstetem Brot, Walnüssen, Mandeln, Schokolade, Sultaninen, Zitronat, Rum mit Vanillearoma usw. (Trentino, Julisch Venetien)

pressato Käse aus Venetien, ↑ *asiago pressato*, a. *fontal*

prestino Lombardei: Bäckerei, Bäckerladen

prezzemolo Petersilie, Küchenkraut, Blätter, Stengel, süßlich-würzig und unaufdringlich feinbitter; glattblättrig, *comune, gigante d'Italia*, intensiver als krausblättrig, *riccio*

prezz|o Preis
– **conveniente** günstiger, vorteilhafter Preis
– **di copertina** Ladenpreis

- **di costo** Selbstkosten-, Ladenpreis
- **di favore** Vorzugspreis
- **di liquidazione** Ausverkaufspreis
- **elevato** hoher Preis
- **fisso** fester, fixer Preis
- **forfettario, a forfait** Pauschalpreis
- **per contanti** Preis bei Barzahlung
- **-i popolari** verbilligte Preise
- **ribassato, ridotto** ermäßigter, herabgesetzter Preis
- **ristrettissimo, ultimo** äußerster, letzter Preis
- **sottocosto, sotto prezzo** unter dem (Einkaufs-)Preis
  a metà– zum halben Preis

prima colazione Frühstück

Primitivo Rebsorte aus Apulien, die trockene, a. süße Rotweine mit aromatischem Bukett ergibt
- **di Manduria (normale)** Spitzenwein DOC aus den Provinzen Tarent und Brindisi, trocken *(secco)* oder süß *(dolce naturale)*, rund, voll und weich, TR 4–6 Jahre, TT 18°, zu dunklem Fleisch, Schmorbraten, Lamm, Wild und pikantem Käse; a. likörig, *liquoroso*, trocken *(secco)* oder süß *(dolce naturale)*, zu Desserts und Kuchen

primizia erstes Frühlingsgemüse, Frühobst (oft a. früh aus Treibhauskulturen angeboten)

primo erster, frühester
- **piatto** erster Gang
- **sale** junger, gerade ausgereifter Käse aus Schaf-, a. Kuhmilch, ohne Rinde mit weißem Teig, muß rasch gegessen werden (Sardinien, Sizilien)

primofiore, lemone Frühzitrone

probusti kl. Würste aus gemahlenem Kalb- und Schweinefleisch, leicht mit Knoblauch gewürzt und über Birken- und/oder Wacholderholz geräuchert, werden gek., grilliert und zu Sauerkraut gereicht (Rovereto, Trentino)

prodotto alimentare Lebens-, Nahrungsmittel

profiterole urspr. frz. [profitrol]: kl. Windbeutel aus Brandteig, salzig mit Cremes, Pürees usw., süß mit Cremes, Konfitüren, Schlagsahne oder Eis gef., oft an warmer Schokoladensauce

profumato parfümiert; wohlriechend, duftend; Wein: blumig, bukettreich

pronto bereit, fertig; gar (gek.)

prosciutto (gepökelter, luftgetr.) Schinken, in Italien normalerweise roh, *crudo;* der ital. Schinken gehört nicht in den Kühlschrank und sollte beim Verzehr nicht mit Pfeffer bestreut werden

P

- **affumicato** Räucherschinken
- **arrotolato** Rollschinken
- **con osso** Beinschinken
- **cotto** Kochschinken
- **crudo** gepökelter Rohschinken
- **di Parma** Parma-Schinken, einer der besten der Welt, aus der Keule ausgesuchter Schweine, mit reinem Meersalz eingerieben und mind. 10−12 Monate an der würzigen Luft getrocknet, unvergleichlich zart, leicht süßlich-nussig und mild, wird in hauchdünne Scheiben geschnitten (Provinz Parma, Emilia-Romagna)
- **di San Daniele** San-Daniele-Schinken, der andere Edelschinken Italiens, aus der frischen Schweinskeule, gepreßt, gepökelt und mind. 9 Monate an der Luft getrocknet, zart, mild und aromatisch (Gemeinde San Daniele, Provinz Udine im Friaul)
- **di spalla** Schulterschinken aus dem Vorderviertel des Schweins
- **grosso** Schinkenspeck
- **Toscano** Toskaner Schinken von freilebenden Schweinen, stark gepökelt und getrocknet, eigenwilliger Geschmack
- **Veneto** Schinken aus der Hinterkeule reinrassiger Schweine, gesalzen und mind. 10 Monate an der Luft und in durchlüfteten Räumen getrocknet (Venetien)

Prosecco, Serprina Rebsorte Venetiens und Friauls, die leichte, spritzige, trockene bis leicht süßliche Weißweine ergibt
- **di Conegliano-Valdobbiadene** DOC aus der Provinz Treviso, fruchtig und leicht bitterlich, wird still − trokken *(secco)* oder süß *(amabile, dolce)* −, leicht perlend, *frizzante,* oder schäumend, *spumante,* ausgebaut, am besten der *Cartizze Superiore,* voll mit angenehmem Mandelton, TR 1−4 Jahre, TT trocken 8−10°, süß 6−8°, trocken zu Vorspeisen und Fisch, süß zu Desserts

Prosit, Prost *alla salute* [alla ßalúte]

provare probieren, prüfen, versuchen

provatura Latium: ↑ *Mozzarella*-Käse

provola kl. Knetkäse, ↑ *filata*, aus Kuh- und/oder Büffelmilch, mild, frisch, reif oder ger. erhältlich (Mittel-, Süditalien)

provolone Knetkäse DO, ↑ *filata*, aus Kuh-Vollmilch, kurz gereift, *dolce,* cremig mild, wird mit dem Alter rezenter, *piccante,* Fettgeh. mind. 44 %, jung als Tafelkäse, nach etwa 6 Monaten zum Reiben (Kampanien u. a.)

prugna Pflaume, Zwetsch(g)e, ↑ *susina*
- **mirabella** Mirabelle, ↑ *mirabella*

– **Regina Claudia**   Reneklode, gelbgrüne Pflaume mit zartsüßem Fleisch und intensivem Aroma, gute Zeit Mitte Juli–Aug.

– **secca**   Back-, Dörrpflaume, Kurpflaume

prugnola   Schlehe, Schwarzdorn, wilde Steinfrucht, roh herb-säuerlich, aber eingelegt oder gek. würzig aromatisch

prugnolo   Maipilz, einer der begehrtesten Speisepilze, mehlig saftig, nicht roh eßbar, gut mit Tomaten gek. oder zu Teigwaren, a. zum Einlegen, Trocknen, Würzen geeignet, gute Zeit Apr.–Mai und Sept.

prunella   Pflaumenschnaps,   Zwetschgenwasser,   TT 8–10°

puddica   dicke ↑ *Pizza* mit Tomaten und Knoblauch in Öl, heiß serviert (Apulien)

puddighino(s)   Hühnchen mit Füllung aus Innereien, geriebenem Brot, Tomaten und Sahne (Sardinien)

Puderzucker   *zucchero a velo* [dsừkkero a wèlo] m

Puglia, Puglie   Apulien, fruchtbare Region Südostitaliens mit reicher Landwirtschaft, ↑ Puglia S. 53 ff.

puina   Toskana, Friaul, Venetien: (ger.) Frischkäse, ↑ *ricotta*

pulcinella   kl. Schwertfisch, ↑ *pesce spada*

pulegio   Polei(minze), ↑ *mentuccia*

pulenda   Toskana: Maisbrei, ↑ *polenta*

puma d'amur   Sizilien: Tomate, ↑ *pomodoro*

pummarola   Neapel: Tomate(nsauce), ↑ *pomodoro*

Pumpernickel   *pane di segale (di Westfalia)* [pàne di ßègale (di Westfàlia)] m

punch   urspr. engl. [pansch]: Punsch, heißes alkoholisches Getränk

punta   Spitze; Gabelzinke; Wein: Stich
– **di mezzo**   Kalbsbrust
– **di petto**   Brust(stück) von Kalb oder Rind

puntarelle   Rom, Latium: bittere Endivienart, ↑ *catalogna*

puntine   Bauch, Wammerl vom Schwein

purè, purea   Püree, Brei, Mus

purpetti   Klößchen aus in heißem Olivenöl goldbraun gebr. Hackfleisch, Eiern, geriebenem ↑ *Pecorino*-Käse, Semmelbröseln, Petersilie und Knoblauch mit Tomatensauce (Sizilien)

Pute, Puter   *tacchina* [takkina] f; *tacchino* [takkino] m

puttanesca, alla   nach Dirnenart: (Teigwaren) in Sauce mit Tomaten, Pfefferschötchen, Knoblauch, schwarzen Oliven, Kapern und Sardellen

Putzlappen   *strofinaccio* [strofinàtscho] m

quadretti, quadri, quadrucci   viereckige Eiernudeln, ↑ *tonarelli*

quaglia   Wachtel, Aristokrat des Federwilds, zart und aromatisch, heute öfter gezüchtet, *di allevamento*, (und dann weniger delikat als wild, *selvatica*), wird in Norditalien gern mit Trauben zubereitet

quaglietta   kl. Wachtel; Kalbsroulade am Spieß

qualità   Qualität, Beschaffenheit; Sorte

quantità   Menge, Quantität

quanto   wieviel; Menge, Quantum; wie lange

Quaresima   Fastenzeit vor Ostern

quaresimale   Hefegebäck, ↑ *maritozzo*

quarg, quark   Quark, Frischkäse, Fettgeh. bis 60 %

quartirolo   dem ↑ *taleggio* ähnlicher Käse aus Milch von Kühen, die sich im Herbst von frischgemähtem Gras ernährt haben

quarto   Viertel, Viertelliter

quattro spezie   „Vier Gewürze“, pulverisierte Mischung aus Gewürznelke, Muskatnuß, Pfeffer und Zimt; a. nur Piment, ↑ *pimento*

quenelle   urspr. frz. [könäll]: Kloß, ↑ *chenella*

Quetsche   [kwätsch] Zwetschgenwasser, TT je nach Alter 6−13°

quietanza   Quittung, Empfangsbestätigung

Quitte   *cotogna* [kotònja] f

Quittung   *ricevuta* [ritschewùta] f

rabarbaro   Rhabarber, säuerliche Gemüse- und Obstpflanze, Stengel lassen sich als Gemüse zu Fleisch, für Kompott, Kuchen, Marmelade, Eis usw., a. für Aperitifs und Liköre verwenden, gute Zeit Apr.–Sept.

rabaton   im Ofen gratinierte ↑ *gnocchi* (Piemont)

Raboso   Rebsorte aus Venetien, die trockene, a. liebliche, tanninhaltige Weine mit Sauerkirschen-Bukett ergibt: rosé, *rosato*, trocken, herb-frisch und fruchtig, TR bis 2 Jahre, TT 10−12°, zu Schinken, Würsten (mit Melone) und Gemüse; rot, *rosso*, trocken, voll und warm, TR 3−7

Jahre, TT 18°, zu dunklem Fleisch und Schmorgerichten; ↑ a. *Piave Raboso*

Rabosone Rotwein aus teilgetr. Trauben des ↑ *Raboso*, duftig süßlich, TR 5–7 Jahre, TT 10–12°, zu rustikalen Nach- und Süßspeisen (Piavetal, Venetien)

raccolta Ernte, (Wein-)Lese

raccomandazione Empfehlung, Ratschlag

radica Wurzel
– **gialla** Gelbe Rübe, ↑ *carota*
– **rossa** Rote Bete, ↑ *barbabietola*

radicchio (rosso) Radicchio, rotes, langblättriges Salatgemüse, leicht bitterlich, läßt sich als Salat anrichten, aber a. (Blätter wie Wurzeln) dünsten oder fritieren, gute Zeit Okt.–März (Apulien, Kampanien, Latium, Venetien); ↑ a. *cicoria*
– **arrosto** gesalzener, mit Öl beträufelter, auf dem Grill gerösteter ↑ *radicchio*, wird mit ein paar Tropfen Zitrone heiß als Beilage serviert
– **di Chioggia** Art des ↑ *radicchio*, rund und kugelig, für Salate
– **di Treviso** Art des ↑ *radicchio*, etwas milder als dieser, Wurzeln und Blätter als Salat oder Gemüse
– **di Verona** Art des ↑ *radicchio*, rund und kugelig, für Salate

Radieschen *ravanelli* [rawanélli] pl

rafano Rettich, Familie von Wurzelgemüsen, am bekanntesten der Gartenrettich, ↑ *ramolaccio*, und das Radieschen, ↑ *ravanello;* oft a. (fälschlich) Name für Meerrettich, ↑ *cren*
– **di Spagna, orientale, rusticano, tedesco** Meerrettich, ↑ *cren*

raffermo Brot: hart, trocken, altbacken

raffreddare (ab)kühlen

raffrescamento Toskana: Erfrischung

ragno Friturekelle; Stockfisch, ↑ *stoccafisso;* Wolfsbarsch, ↑ *spigola*

ragù, ragoût Ragout, Schmorgericht aus Fleisch-, Geflügel-, Fisch- und/oder Gemüsestücken in würziger brauner oder weißer Sauce
– **(alla) bolognese** dickflüssiges Schmorgericht aus geh. Rind- und/oder Schweinefleisch mit Speck, Möhren, Tomaten, Zwiebeln und trockenem Rotwein, versch. lokale Varianten

ragusano Hartkäse DO aus Kuh-Vollmilch, je nach Alter zartmild bis kräftig würzig, Fettgeh. mind. 44 %, jung

R

als Tafelkäse, nach 6 Monaten zum Reiben, a. gepfeffert, *pepato*, erhältlich (Ragusa, Sizilien)

Rahm   *panna* [pånna] f

ramaiolo   Koch-, Schöpflöffel

Ramandolo   zartsüßer *Verduzzo*-Wein, ↑ *Colli Orientali del Friuli Verduzzo*

rambasicci   Wirsingrouladen mit Hackfleisch, Knoblauch, Petersilie, Zwiebeln (Triest, Istrien, Südtirol)

rambutan   Rambutan, exotische Frucht, weiches Fleisch von säuerlich mildem, neutralem Geschmack

rame   Kupfer, Kupfergeschirr

ramerino   Rosmarin, ↑ *rosmarino*

ramino   Kupferkanne; reg. Schaumlöffel

Ramitello   Tafelweine aus der Provinz Campobasso im Molise: weiß, *bianco*, trocken, erdig-fruchtig, TR bis 1 Jahr, TT 8°, zu Meeresfrüchten und Fisch; rosé, *rosato*, trocken und leicht säuerlich, TR bis 2 Jahre, TT 10°, zu Vorspeisen; rot, *rosso*, harmonisch trocken, TR bis 4 Jahre, TT 16–18°, zu gebr. Fleisch; alle Weine gibt es a. leicht prickelnd, *frizzante*, dann TT 8–10°

rammollire   aufweichen, weich machen

ramolaccio, rafano   Gartenrettich, Wurzelgemüse, würzig scharf, gute Zeit Aug.–Juni

rana (comune, verde)   Frosch, in Italien heute meist aus dem Ausland (Jugoslawien, Mitteleuropa) eingeführt
– **pescatrice, boldro, lofio, rospo**   Seeteufel, Angler, gr. Meerfisch, schmackhaftes, kernig-festes Fleisch ohne Gräten, läßt sich braten, grillieren, für Fischsuppen, wird wegen seiner Häßlichkeit oft ohne Kopf, a. enthäutet oder nur der Schwanz *(coda di rospo)* angeboten

rance 'e tartanella   Kampanien: Seespinne, ↑ *granseola*

rancido   ranzig, abgestanden

Rande   *barbabietola* [barbabi|ėtola] f

rapa   Rübe

rape amare   Toskana: Rübensprossen, ↑ *cime di rapa*

raperonzolo, raponzolo   Rapunzel, kleinblättrige Art des Feldsalats, weiße fleischige Rübe, wohlschmeckendes Wintergemüse

rapini   Toskana: Rübensprossen, ↑ *cime di rapa*

Rapitala   ausgezeichneter ↑ *Bianco Alcamo*

raponzolo   Rapunzel, ↑ *raperonzolo*

rappreso   geronnen

rascatieddi   Kalabrien: Nudelart, ↑ *cavatiddi*

raschera   DO-Käse aus Kuh-, manchmal a. etwas Schaf- und/oder Ziegenmilch, darf sich *raschera d'alpeggio* nennen, wenn er in über 900 m Höhe hergestellt ist, delikat und leicht würzig, Fettgeh. mind. 32 % (Cuneo, Piemont)

ratafià   Likör aus gezuckertem Branntwein mit Fruchtsäften (Sauerkirschen, Aprikosen, Johannisbeeren, Pflaumen, Orangen, Zitronen, Nüssen usw.) (Piemont, Frankreich); Tessin: Likör aus grünen Nüssen

räuchern   *affumicare* [afumikáre]

Räucher|schinken   *prosciutto affumicato* [proschútto afumikáto] m
-speck   *bacon* [bēkn] m

ravagnan   Norditalien: Schnepfe, ↑ *beccaccia*

ravanello   Radieschen, Monatsrettich, knackig scharf, gute Zeit Dez.–Apr. (Latium, Emilia-Romagna, Kampanien, Lombardei u. a.)

raveggiolo, felciata   Tafelkäse aus Ziegen- und/oder Schaf-, manchmal a. Kuhmilch, zart, mild und buttrig (Toskana, Umbrien)

Ravello   einfache bis gute Weine aus der Provinz Salerno in Kampanien, ↑ *Episcopio, Gran Caruso*, zu Geflügel, dunklem und weißem Fleisch; rot halbsüß, *rosso semiliquoroso*, alkoholhaltiger als der *Ravello rosso*

ravigote, ravigetta   pikante Salatsauce mit Kapern, geh. Zwiebeln und Kräutern

raviole   süße ↑ *Ravioli* mit Füllung aus Konfitüre oder Marzipan aus dem Ofen, in der Emilia zum Sankt-Georgs-Tag üblich

ravioli   Ravioli, viereckige oder halbrunde Teigtaschen aus Weizenmehl, Eiern (und Öl) mit versch. Füllungen, urspr. Frischkäse, ↑ *ricotta*, und Kohlblättern, viele reg. Varianten (urspr. Ligurien)
– **alla trentina**   mit Braten- und Hühnerfleisch gef. ↑ *Ravioli*

ravioloni   gr. runde Teigtaschen, ↑ *ravioli*

ravuschella   Schleimfisch, ↑ *bavosa*

razione   Portion, Anteil, Ration

razza, mummina   Rochen, platter Meerfisch, zartrosa, mageres, ausgezeichnetes Fleisch (meist nur Flügel oder Schwanzstück), gute Zeit Winter, läßt sich pochieren, gratinieren, a. für Fischsuppen
– **chiodata**   Nagel-, Keulenrochen, der beste, feinste Rochen, Fleisch frisch und mariniert erhältlich

reale Kamm des Kalbs; Querrippe, Leiter-, Federstück, Zwerchried vom Rind

Rebe *vite* [wite] f

Rebhuhn *pernice* [pernitsche] f

reblochon urspr. frz. [röbloschō]: geschmeidig cremiger, milder Butterkäse aus Alpenkuhmilch, Fettgeh. 50 % (Aostatal, Piemont)

recchiatelle kl. Nudeln, ↑ *orecchiette*

Rechnung Waren: *fattura* [fattúra] f; Restaurant: *conto* [kónto] m

Recioto (Bianco) süßer, weicher Weißwein aus erlesenen, teilgetr. Trauben, TR 2–5 Jahre, TT 10° (Provinz Verona, Venetien)
- **della Valpolicella** roter Dessertwein DOC aus Venetien, ↑ *Valpolicella Recioto*
- **– Amarone** trocken ausgebauter roter ↑ *Recioto della Valpolicella*, ↑ *Amarone*
- **di Gambellara** weißer Auslesewein DOC aus teilgetr. Trauben, süßlich fruchtig, a. schäumend, *spumante*, TR bis 5 Jahre, TT 8°, zu Desserts
- **di Soave** weißer Auslesewein DOC aus teilgetr. Trauben, süßlich, körperreich und samtig, darf sich, wenn er aus der Kernzone des ↑ *Soave* kommt, *Classico* nennen, TR bis 5 Jahre, TT 8°, a. likörig, *liquoroso*, oder schäumend, *spumante*, zu Früchten und trockenem Gebäck

recipiente Behälter, Gefäß

Recoaro Thermalbad nördl. von Verona mit zwei Tafelwässern:
  Lizzarda still mit leicht zugesetzter Kohlensäure, schwach mineralhaltig
  Lora di – still mit zugesetzter Kohlensäure, schwach mineralhaltig

Redi Reissorte, ↑ *riso superfino*

redo Toskana: Kalb, Lamm

Refosco (dal Peduncolo Rosso) Rebsorte aus Friaul und Venetien, die trockene, angenehm bitterliche und runde, kräftige Rotweine ergibt
- **(Nostrano) di Aquileia** DOC aus der Provinz Udine, trocken, rund und füllig herb, TR 3–6 Jahre, TT 18°, zu dunklem Fleisch und Wild; ↑ a. *Aquileia*
- **dei Colli Orientali del Friuli** ↑ *Colli Orientali del Friuli Refosco*
- **delle Grave del Friuli** ↑ *Grave del Friuli Refosco*
- **di Latisana** ↑ *Latisana Refosco*

refrigerare kühlen; erfrischen

refugio   Herberge, ↑ *rifugio*

Regaleali   gute Tafelweine aus der Provinz Palermo auf Sizilien: weiß, *bianco*, trocken, delikat harmonisch, TR bis 3 Jahre, TT 10°, zu Vorspeisen, Krustentieren und Fisch; rosé, *rosato*, trocken und leicht tanninhaltig, TR 2–3 Jahre, TT 12°, zu Krustentieren und Fisch; rot, *rosso*, trocken, lebhaft und elegant würzig, TR 2–3 Jahre, TT 14–16°, zu Fleisch und Wild

regina, minestra della   Geflügelrahmsuppe

<u>◌</u>**Claudia**   Reneklode, ↑ *prugna Regina Claudia*

Reh   *capriolo* [kapriòlo] m

Fleischstücke:

Filet, Lendchen   *lombo di capriolo* [lòmbo di kapriòlo] m

Keule, Schlegel   *cosciotto di capriolo* [koschòtto di kapriòlo] m

Kotelett   *costoletta di capriolo* [kostolètta di kapriòlo] m

Medaillon   *medaglione di capriolo* [medaljòne di kapriòlo] m

Nüßchen   *noce di capriolo* [nòtsche di kapriòlo] f

Pfeffer   *capriolo in salmí* [kapriòlo in salmi] m

Rücken, Sattel   *sella di capriolo* [ßella di kapriòlo] f

Schnitzel   *scaloppina di capriolo* [skallopina di kapriòlo] f

Schulter, Blatt   *spalla di capriolo* [spàlla di kapriòlo] f

rein   *puro* [pùro]

Reis   *riso* [riso] m

Reizker   *agarico delicioso* [agàriko delitschòso] m

Reneklode   *(prugna) Regina Claudia* [(prùnja) redschina klaùdia] f

Renke   *coregone* [koregòne] m

Reno   Rebsorte Rheinriesling, ↑ *Riesling Renano*

resca di Sant'Antonio   fischförmiges Gebäck aus Weißmehl, Honig und Mandeln (Como, Lombardei)

resta   dem ↑ *panettone* ähnlicher Hefekuchen mit Rosinen und kandierten Früchten, locker und aromatisch süßlich (Como, Lombardei); Zopf aus Knoblauch und Zwiebeln; Toskana: Fischgräte

Restaurant   *ristorante* [ristorànte] m

resto   Rest; Kleingeld

rete, omento   netzähnliche, fette Eingeweidemembrane des Bauchfells vom Schwein (Schweinenetz), Kalb oder Schaf als Garhülle von Würsten, Fleisch, Gemüsen

Rettich   *rafano* [ràfano] m

Rezept   *ricetta* [ritschètta] f

Rhabarber   *rabarbaro* [rabàrbaro] m

Rheinriesling   weiße Rebsorte, ↑ *Riesling Renano, Adige Riesling Renano*

rhum, rum   Rum, Branntwein aus Zuckerrohr (Karibik)

ribasso (del prezzo)   Preisnachlaß, -senkung

ribes   Johannisbeere, Ribisel *(bianco:* weiß; *a grappoli, comune, rosso:* rot; *nero:* schwarz)
– **spinoso**   Stachelbeere, ↑ *uva spina*

Ribolla (Gialla)   uralte Rebsorte aus Friaul und Julisch Venetien, ↑ *Colli Orientali del Friuli Ribolla*

ribollita   trad. Suppe aus Bohnen und Schwarzkohl, mit geriebenem Parmesan bestreut und im Ofen überbacken, wird über Brotscheiben angerichtet

ricciarello   mürbes, süßes Gebäck aus Mandeln und Zucker in Form einer Raute (Siena, Toskana)

ricci di donna   Kalabrien: Spindelnudeln, ↑ *fusilli*

riccio   Röllchen; Kastanienschale; Igel
– **di mare**   Seeigel, runder Stachelhäuter aus dem Meer, dessen köstliches Fleisch roh oder gek. wie ein Ei aus der Schale gelöffelt oder gesaugt wird, sollte aus sauberen Gewässern kommen

ricciola   Bernstein-, Gelbschwanzmakrele, Mittelmeerfisch, festes, wohlschmeckendes Fleisch, läßt sich grillieren, im Ofen garen, gute Zeit Frühling bis Sommeranfang; Name a. des Adlerfischs, ↑ *ombrina boccadoro;* ugs. Krause Endivie, ↑ *indicia riccia*

ricciolo di burro   Butterröllchen

ricercato   ausgesucht, ausgewählt; geschätzt, begehrt

ricetta   Rezept

ricevuta   Quittung, Empfangsbestätigung

richiesto   begehrt, gefragt, gesucht

ricotta   Meiereiprodukt, Art Frischkäse aus Molke, der aus geronnener Schaf-, a. Kuhmilch abgelaufenen Flüssigkeit, der frische Milch zugesetzt wird, Fettgeh. 20–30 %, je nach Sorte mild, salzig oder herb, wird a. geräuchert (Mittel-, Süditalien); kann, obwohl nicht dasselbe, durch Speisequark, Topfen ersetzt werden
– **di vacca, vaccina**   ↑ *ricotta* aus Kuhmilchmolke (Norditalien)
– **salata al forno**   gesalzene ↑ *ricotta*, im Ofen gebacken
– **secca**   feste, harte ↑ *ricotta*, zum Reiben

– **stagionata** gereifte, trockene ↑ *ricotta*, für Saucen usw. (Sizilien)

ricotto aufgekocht

Riddu weiße Rebsorte, ↑ *Grillo*

riempire füllen, an-, auf-, aus-, nachfüllen; sich sättigen, vollstopfen

Riesling urspr. deutsche Rebsorte, die in Italien *Riesling Renano, Reno* heißt und rassig frische, elegant fruchtige Weißweine ergibt; der Welschriesling, ↑ *Riesling Italico*, aus dem trockene, vollmundige Weißweine erzeugt werden, ist mit ihm nicht verwandt (Norditalien, a. Emilia-Romagna)

– **del Garda** aus beiden Rebsorten, trocken, fein und leicht säuerlich, TR 1 Jahr, TT 8 – 10° (südwestl. Ufer des Gardasees, Lombardei)
– **dell Trentino** DOC aus beiden Rebsorten und ↑ *Riesling x Sylvaner*, ↑ aber a. *Trentino Riesling, Trentino Riesling Italico*
– **de Montcenis** aus ↑ *Riesling x Sylvaner*, trocken, voll und aromatisch mit leicht bitterem Abgang, TR bis 1 Jahr, TT 10° (Aostatal)
– **Italico** Welschriesling, ↑ *Riesling, Alto Adige, Colli Bolognesi, Collio, Lison Pramaggiore, Terlano, Trentino*
– **(dell') Oltrepò Pavese** aus beiden Rebsorten, ↑ *Oltrepò Pavese Riesling*
– **Renano** Rheinriesling, ↑ *Riesling, Alto Adige, Aquilea, Colli Orientali del Friuli, Grave del Friuli, Isonzo, Terlano, Trentino*

Riesling x Sylvaner Müller-Thurgau, Rebzüchtung, die trockene, mild-weiche und säurearme Weißweine ergibt, in Italien haupts. im Norden angebaut

rifriggere überbacken, aufkochen

rifugio, refugio Herberge in den Bergen Norditaliens, nur zu Fuß erreichbar; man sitzt dort an blankgescheuerten Tischen

rigaglia Hühnerklein, Innereien vom Huhn und anderem Geflügel (Hahnenkamm, Hahnenkoller, Hahnenhoden, Herz, Leber, Magen)

rigatino durchwachsener, luftgetr. Speck, sehr aromatisch

rigato gerillt, gerippt

rigatoni kurze, dicke gerippte Röhrennudeln aus Hartweizengrieß, zu Fleischsaucen, Ragouts, dicken Tomatensaucen (Rom, Latium, Kalabrien u. a.)

rigovernare aufräumen; Teller: abwaschen, spülen

Rind   *manzo* [mándso] m

Fleischteile:
Bauchlappen, Dünnung, Kügerl, Lempen   *pancia* [pántscha] f
Brust   *petto* [pètto] m
Fehlrippe, Kamm, hinteres Ausgelöstes, abgedeckter Rücken   *costate* [kostáte] pl
Hachse, Hesse   *muscolo* [múskolo] m
Hals, Nacken   *collo* [kóllo] m
Hochrippe, Rieddeckel, Hochrücken   *sottospalla* [sottospálla] f
Hüfte, Hüferschwanzel, -scherzel   *scamone* [skamóne] m
Kugel, Nuß, Zapfen   *noce* [nótsche] f
Querrippe, Leiter-, Federstück, Zwerchried   *reale* [re|ále] m
Roastbeef, Beiried, Nierstück   *lombata* [lombáta] f
Schulter, Bug, Laffe   *copertina* [kopertina] f
Schulterspitze, falsches Filet, Schulterfilet   *girello di spalla* [dschiréllo di spálla] m
Schwanzrolle, Weißes Scherzel, Eckstück   *girello* [dschiréllo] m
Schwanzstück, Ortsschwanzel, Stotzen   *sottofesa* [sottofésa] f

Fleischstücke:
Beef-, Filetsteak   *bistecca* [bistákka] f
Beinfleisch   *muscolo* [múskolo] m
Filet   *filetto* [filètto] m
Filet-, Lenden-, Lungenbraten   *filetto arrosto* [filètto arrósto] m
Hacksteak   *carne tritata* [kárne tritáta] f
Kotelett, Rippenstück   *costoletta* [kostolètta] f
Kutteln   *trippa* [tripa] pl
Lendenstück   *lombata* [lombáta] f
Markknochen   *osso con midollo* [ósso kon midóllo] m
Oberschale, Tafelstück, Kluft   *fesa* [fésa] f
Ochsenmaul   *muso di bue* [múso di bú|e] m
Ochsenschwanz, Schlepp   *coda di bue* [kóda di bú|e] f
Rippenstück   *costata* [kostáta] f
Rostbratenstück   *fesa* [fésa] f
Unterschale, Frikandeau, Unterspälte   *campanello* [kampanéllo] m

Rinde   *scorza* [skórdsa] f; Brot: *crosta* [krósta] f

rinfresco   Erfrischung

ripieno   gefüllt, farciert; Füllung

Rippenstück   *costata* [kostáta] f

ris   Tessin: Reis

riscaldare wärmen, aufwärmen

riscaldatore (ad immersione) Tauchsieder

riserva Reserve, Vorrat; (Phantasie-)Bezeichnung für besondere Qualität

Riserva Wein, dessen Lagerzeit gesetzlich vorgeschrieben ist (mind. 3 Jahre im Faß), hohe Qualitätsstufe

risi e bisi „Reis und Erbsen", ↑ *Risotto* mit zarten jungen Erbsen, geh. Schinken oder Bauchspeck, Zwiebeln und Petersilie, wird mit der Gabel gegessen (Venedig)

riso Reis

Bearbeitung:

riso brillato, levigato Weißreis, enthülst, geschält, geschliffen und poliert
– greggio ungeschälter Reis
– in paglia, risone Vollreis, Weißreis ohne Bruchkörner
– svestito geschälter Reis, enthülst und geschliffen
– vestito Natur-, Braunreis, enthülst, aber nicht geschält, kräftig würzig

Handelssorten:

riso comune, originario Haushaltsreis, für Suppen (*Balilla, Pierrot, Raffaello* usw.)
– d'acqua, degli Indiani, del Canada, selvatico Wildreis, Samen eines Wassergrases, feiner Nußgeschmack (Kanada, USA)
– fino Mittelkorn-, Standardreis (*Razza 77, Ringo, Rizzotto, Roma* usw.)
– indica Langkornreis, feines nussiges Aroma, als Beilage zu Fisch, Fleisch, Gemüse (*Basmati, Carolina, Patna* usw.)
– semifino Rundkornreis, für Risotti, Milchreis, Reispuddings (*Maratelli, Romeo, Rosa Marchetti, Vialone nano* usw.)
– superfino Spitzenreis, der feinste Reis (*Arborio/ Avorio, Baldo, Carnaroli, Redi, Strella, Volano* usw.)

risone Vollreis, ↑ *riso in paglia*

risotto Risotto, Reisgericht, bei dem der Reis – am besten ital. Rundkorn, ↑ *riso semifino, superfino* – in Öl angebraten wird und darin mit Gewürzen und anderen Zutaten ausquillt; er soll dann leicht und körnig, aber feucht und saftig sein; wird gern mit versch. Zutaten (Gemüse, Pilze, Fleisch, Geflügel, Fisch, Meeresfrüchte usw.) angerichtet
– alla pilota Reisgericht, ↑ *pilota, risotto alla*
– al salto in Butter goldbraun gebr. Risotto-Fladen
– (alla) bolognese Risotto mit Schinken und Speck

– **(alla) calabrese**   Risotto mit ↑ *Mozzarella*-Käse, geriebenem Käse und Eiern
– **(alla) certosina**   Risotto mit Flußkrebsen
– **genovese**   Risotto mit frischen Pilzen
– **mantovano**   Risotto mit Schweinewurst
– **(alla) milanese**   Risotto mit Kalbs- oder Rindermark, Safran, viel Butter, Weißwein und Parmesan, wird gern zu ↑ *ossobuco* serviert
– **napoletano**   Risotto mit Speck und Tomaten
– **nero**   Risotto mit Tintenfischen und Tintenfischtinte, schmeckt nach Meer
– **padovano**   Risotto mit Hühnerfleisch und -klein, Rindermark, Möhren, Stangensellerie, Pilzen und Gewürzen
– **piemontese**   Risotto mit gesottenem Rindfleisch, Speck, Schinken, Möhren, Stangensellerie (und weißen Trüffeln)
– **(alla) sarda**   Risotto mit Schweine- und Kalbfleisch, Speck, Safran, Tomaten, Rotwein und ↑ *Pecorino*-Käse
– **siciliano**   Risotto mit Artischocken, Sardellen und Zitrone
– **toscano**   Risotto mit Hackfleisch, Hühnerleber, Tomatenmark, Möhren, Sellerie und Rotwein
– **(alla) valtellinese**   Risotto mit Bohnen und Kohl
– **veneto**   Risotto mit Venusmuscheln

ristorante   Restaurant (der gehobenen Klasse)
  albergo – Hotel mit Gaststättenbetrieb

ristoro   Erquickung, Stärkung

ristretto   konzentriert, kräftig, stark
  prezzo – äußerster Preis

risulèn   haltbarer Biskuit aus Maismehl, Hefe und Zukker mit Schmalz oder Butter, Eigelb, Weißwein, Anislikör und geriebener Zitronenschale, in Mantua zum Karneval üblich

ritornelli (friulani)   Nudeln mit Käse-Schinken-Füllung (Friaul)

ritrovo   Treffpunkt; Lokal

rivendita   Laden, Verkaufsstelle

Riviera del Garda Bresciano   Rotweine DOC vom Gardasee, ↑ *Bresciano*

robiola   runder Frischkäse DO aus Kuhmilch, in Basilikum, Fenchel, Rosmarin, Thymian und Wacholderblüten gereift, cremig, feinwürzig und mild säuerlich, Fettgeh. mind. 45 %, wird frisch verzehrt, a. mit Kräutern in Öl eingelegt (Lombardei, Piemont)

robiolini   kl. Käse, ↑ *montevecchia*

rocambola, aglio d'India, romano Rockenbolle, Schlangenlauch, wildes Lauchgewächs, Art milder Knoblauch

rocchio Stück, dicke Scheibe
– **di carne** mageres Stück Fleisch ohne Knochen

Roché, Rouchet, Ruchè [roschē, ruschä] Rotwein aus der Provinz Asti im Piemont, trocken, voll und schwer, TR bis 6 Jahre, TT 18°, zu Geflügel, Kaninchen und Federwild

Rochen *razza* [rådsa] f

Roero Rotwein DOC aus der Provinz Cuneo im Piemont, trocken, harmonisch und voll, darf sich bei mind. 12° Alkohol *Superiore* nennen, TR 5−6 und mehr Jahre, TT 18°, zu Fleisch und Wild

Roggen *segale* [ßėgale] f

rognolata Nieren-, Sattelstück, Nierenbraten vom Kalb

rognonata Nierenbraten, in Mittelitalien a. Rücken von Schaf oder Ziege mit Nieren, in Norditalien a. Rippenstück vom (sehr jungen) Kalb mit einer Niere; Tessin: Nierstück vom Kalb

rognone Niere von Schlachttieren, i. a. Kalb oder Lamm, a. Rind, Schwein, Hähnchen, sollte nicht bräunlich, d. h. alt oder tiefgekühlt sein

roh *crudo* [krůdo]

Rohkost *vegetali crudi* [wedschetåli krůdi] pl

rollè, rollatina, rollato Rollbraten, Roulade aus einer gr. dünnen Scheibe Fleisch (i. a. Kalb oder Schwein) mit versch. Füllungen (Eierkuchen, ↑ *Mortadella* oder anderen Würsten, Spinat, Eiern usw.)

Roma Rom, Hauptstadt Italiens, der Region Latium und der gleichn. Provinz in der Campagna Romana, kulturelles und administratives Zentrum des Landes, ↑ Roma – Lazio S. 56 ff.; a. Reissorte, ↑ *riso fino*

romanesco Blumenkohlzüchtung, wie dieser zubereitbar, schmeckt aber weniger nach Kohl, gute Zeit Sept.–Dez.

romano Schafkäse, ↑ *pecorino romano*

rombo Plattfisch aus der Familie der Schollen
– **chiodato** Steinbutt, edler Meerfisch, weißes, festes, aber zartes und saftiges Fleisch, läßt sich kochen, braten, pochieren, dünsten, grillieren, füllen, überbacken, gute Zeit Mai–Juli
– **di rena, bastardo** Weitäugiger Butt, etwas weniger fein als der Steinbutt, ↑ *rombo chiodato*
– **liscio** Glattbutt, Kleist, nicht ganz so feiner, aber preisgünstiger und deshalb geschätzter Verwandter des

Steinbutts, ↑ *rombo chiodato*, läßt sich braten, dünsten, grillieren, fritieren

rosa   Rose; Keule, Schlegel, Stotzen vom Kalb
– **canina, delle siepi, di macchia**   Hagebutte, Scheinfrucht der Heckenrose, sauersüß erfrischend, als Gelee, Marmelade, Saft, a. in Suppen, Saucen usw. verwendbar, im Herbst nach dem ersten Frost am besten; als Tee herzstärkend, sehr erfrischend

rosada   Pudding aus Karamelcreme mit fein zerstoßenen Mandeln (Trient, Südtirol)

rosamarina   in Öl, Salz und scharfen Pfefferschötchen eingelegte Weißfischchen (Kalabrien)

Rosato, Rosatello   Rosé, Süßdruck, blaßroter Wein aus gleich nach der Lese gekelterten roten, a. roten und weißen Trauben, einfacher, aber natürlich frischer Durstlöscher, i. a. jung bei 10−14° (a. kühler) zu trinken, in Italien am besten aus Apulien
– **delle Marche**   Tafelrosé aus den Marken, delikat und harmonisch, TR 1 Jahr, TT 14°, zu Vorspeisen, leichten Gerichten und weißem Fleisch
– **del Salento**   Tafelrosé aus der Provinz Lecce in Apulien, delikat duftig und fruchtig, TR 1 Jahr, TT 14°, zu gebr. oder geschmorten Gerichten

rosbif(fe)   Roastbeef, Beiried, Lenden-, Rostbraten vom Rind

Rosciano   Rotwein aus Umbrien, trocken, frisch und leicht würzig, TR bis 5 Jahre, TT 14−16°, zu Teigwaren, Pizza und Fisch

Rosé, Rosatello di Bolgheri   Roséwein aus der Provinz Livorno in der Toskana, trocken, frisch und ausgeglichen, TR 1 Jahr, TT 12°, zu Vorspeisen, leichten Fischsuppen, geb. Gemüse

Rosenkohl   *cavolini di Bruxelles* [kȧwolini di Brüxȧl] m

Rosenmuskateller   Rebsorte und Wein daraus, ↑ *Alto Adige Moscato Rosa, Trentino Moscato Rosa*

rosetta   Kalbsnuß; Brot in Rosenform, ↑ *michetta*

rosette   runde Teigtaschen, ↑ *marubini*

Roséwein   *Rosato* [rosȧto] m

Rosine   *uvetta* [uwȧtta] f

rosmarino, ramarino   Rosmarin, Gewürzkraut, Nadeln und Zweige harzig und bitter würzig, frisch besser als getr., sollte immer mitgekocht werden, grünt das ganze Jahr; als Tee verdauungsfördernd und belebend

rosolare   braun braten, anbräunen, anschmoren

Rosolio Likör aus Rosenblättern, Rosenöl und Honig, TT 6−8°

rospo Seeteufel, ↑ *rana pescatrice*

rossello Frucht des Erdbeerbaums, ↑ *corbezzolo*

Rossese (di Dolceacqua) Rebsorte, die duftige, säurearme Rotweine ergibt; daraus ein DOC *(Rossese di Albenga)* aus der Provinz Imperia nördl. Ventimiglia in Ligurien: trocken, aromatisch mild und pikant fruchtig, darf sich bei mind. 12,5° Alkohol *Superiore* nennen, TR 4−6 und mehr Jahre, TT 18°, zu weißem Fleisch

rossetto kl. durchsichtiges Weißfischchen von den Meeresküsten, meist fritiert

rosso rot; Rotwein; ugs. Eidotter

Rosso Canosa Rotwein aus Apulien, ↑ *Canosa*

rosticceria Rostbraterei, wo Fleisch und Geflügel zum Mitnehmen gegrillt werden; Grillroom

rosticciata Schmorgericht, ↑ *rosticiada*

rosticiada, rosticciata, rostisciana, rustisciada Schmorgericht aus versch. Schweinefleisch und Zwiebeln, zu ↑ *Polenta* gegessen (Lombardei, Piemont)

rosticini Spießchen von Schaffleisch, über Holzkohlenfeuer gebraten (Abruzzen)

rostida Schweineragout, ↑ *rustida*

roston geschmortes Kalbsfilet, ↑ *sanato* (Alba, Piemont)

Rot|barbe *triglia minore* [trija minóre] f
-barsch *pesce degli scorpenidi* [pésche deji skorpenidi] m
-brasse *pagello fragolino* [padschéllo fragolino] m

Rote Bete *barbabietola* [barbabi|étola] f

rotella Teigrädchen mit gewelltem Rand

Rotkohl *cavolo rosso* [kávolo rósso] m

rotolo Rolle; Teigroulade; Rollbraten, Roulade
– **di pasta** mit ↑ *Ricotta*, Rüben oder Spinat, Ragout usw. gef. Eiernudelrolle in Form einer Wurst, wird in Scheiben geschnitten und mit flüssiger Butter übergossen (Emilia-Romagna)

Rotwein *(vino) rosso* [(wino) rósso] m

Rouchet Rotwein aus der Provinz Asti, ↑ *Roché*

Roulade *involtino* [inwoltino] m

roventino mit geriebenem Schafkäse gewürzte Blutwurst, in der Pfanne gekocht (Toskana)

rovo, mora di Brombeere, ↑ *mora di rovo*

royalp Tilsiter Käse aus der Schweiz

R

R.S.V.P. *si prega di rispondere*, um Antwort wird gebeten (urspr. frz.: *répondez s'il vous plaît*)

rubata der originale ↑ *grissino* aus Turin

Rübe *rapa* [ràpa] f
  Rote –, Rande *barbabietola* [barbabi|ètola] f
  Weiße – *navone* [nawòne] m

Rubino d'Abruzzo Rotwein DOC aus den Abruzzen, trocken und harmonisch, TR bis 4 Jahre, TT 18°, zu Fleischgerichten

Rubino dell'Umbria Rotwein aus Umbrien, trocken und elegant, TR bis 6 Jahre, TT 18°, zu Fleischgerichten

Rubino di Cantevenna Rotwein aus der Provinz Alessandria im Piemont, trocken, tanninhaltig, im Alter weich, TR bis 4 Jahre, TT 18°, zu Fleischgerichten

Ruchè Rotwein aus dem Piemont, ↑ *Roché*

ruchetta. rucola Rauke, alte Kulturpflanze, Art wilder Löwenzahn, wird in Treibhäusern und Gärten gezüchtet, zarte junge Blätter bitterlich pikant, für Frühlingssalate, a. als Würze für Saucen, Mayonnaisen, Frischkäse usw.

Rücken *schiena* [ski|èna] f; Kalb, Schaf, Hase, Reh: *sella* [ßella] f
-speck *lardo* [làrdo] m
-stück *schienale* [ski|enàle] m

rucola Rauke, ↑ *ruchetta*
– palustre, barbarea, erba barbarea Barbarakraut, junge Blätter im Frühling wie die Kresse, ↑ *crescione*, in Mischsalaten verwendbar

rügasch breite Nudeln, mit grünen und weißen Bohnen überbacken (Tessin)

Rühreier *uove strapazzate* [uòwe strapadsàte] pl

Ruländer Rebsorte und Wein daraus, ↑ *Pinot Grigio*

ruminante Wiederkäuer

ruongo Süditalien: Meeraal, ↑ *grongo*

ruota Rad; kl. dekoratives Teigrad aus Hartweizengrieß

russula Täubling, Gattung zum Teil eßbarer, mild schmeckender Blätterpilze
– maggiore Frauentäubling, ↑ *colombina maggiore*
– verde, verdone, colombina verde Grüntäubling, feiner, festfleischiger Speisepilz, gute Zeit Juni–Okt.

rustico ländlich, bäuerlich; einfaches Gericht

rustida, rostida Schmorragout aus Fleisch und Innereien vom Schwein mit Tomaten, wird mit ↑ *Polenta* gegessen (Lombardei, Piemont)

rustisciada Schmorgericht, ↑ *rosticiada*

rusumada Creme aus Eiern, Zucker und Rotwein (Mailand, Toskana, Tessin)

ruta Raute, Staudenpflanze, junge frische oder getr. Blätter schwach bitterlich, feingeh. als Würze für Salate, Saucen, Kräuterbutter, Fleischgerichte

rutilo Plötze, Rotauge, karpfenähnlicher Süßwasserfisch, in Italien wenig geschätzt

saba, sapa Sirup aus eingek. weißen Traubenmost, mit Wasser verdünnt ein erfrischender Durstlöscher (Emilia-Romagna)

sacripantina der ↑ *zuppa inglese* ähnliche kalte Süßspeise aus in Marsala getränkten Biskuitscheiben, dazwischen Schichten von Kaffee- und Schokoladencreme (Ligurien)

Safran *zafferano* [dsafferáno] m

Saft *succo* [súkko] m

saftig *succoso* [sukkóso]

sagne Kalabrien: Bandnudeln, ↑ *lasagna*

Sagrantino (di Montefalco) Rebsorte aus der Provinz Perugia in Umbrien, ↑ *Montefalco Sagrantino*

sagú, sago Sago, getrocknetes Palmenmark, gekörnte Stärke

Sahne *crema* [kréma] f, *panna* [pánna] f

Saibling *salmerino* [salmeríno] m

Saint-Honoré urspr. frz. [ßãtonorē]: Brandteigring auf Blätter- oder Mürbeteigboden mit Konditorcreme und glasierten Windbeutelchen

sala Saal, Halle
– di pranzo Eßzimmer, Speisesaal

salacca (gesalzene, geräucherte) Alse, ↑ *alosa*; Sardine, ↑ *sarda*

salama (da sugo), salamina traditionelle Kochwurst aus Schweinefleisch mit Gewürznelken, Zimt, Pfeffer und Rotwein, auch Marsala, Weinbrand, Rum, in der Schweineblase; ausgezeichnet warm zu Kartoffel- oder Kürbispüree, auch kalt mit Melone (Ferrara, Emilia-Romagna)

salame Salami, längliche, mehrere Monate luftgetr. Rohwurst aus Schweine- *(S auf Metallplombe)*, Rind- *(B)*, seltener Pferde- *(E)* Fleisch mit Speck und versch. aromatischen Gewürzen in vielen reg. Varianten

Sorten:

salame da sugo   Wurst aus feingeh. Schweinefleisch und -zunge, mit Gewürzen und Kräutern aromatisiert, mind. 6 Monate getr.; beim Kochen entsteht eine würzige Sauce; zu Melonen- oder Kartoffelpüree (Ferrara, Emilia-Romagna)

– (di) Fabriano   ger. Wurst, ↑ *sopressa Fabriano*

– (di) Felino   Salami aus reinem Schweinefleisch, schwach gewürzt (Parma, Emilia-Romagna)

– ferrarese   mit viel Knoblauch gewürzte Salami (Ferrara, Emilia-Romagna)

– gentile   weiche, fette, milde Salami (Emilia-Romagna)

– (di) Milano   Salami aus magerem, feingeh. Schweine- oder Schweine- und Rindfleisch mit kl. Fettaugen (Mailand und ganz Italien)

– Napoli   Salami aus grobgeh. Schweine- und Rindfleisch mit Speck, Pfefferschoten, Knoblauch, Pfeffer usw. (Kampanien)

– toscano   mit Fenchel und Knoblauch gewürzte Salami (Toskana)

– (di tipo) Varzi   Salami aus magerem, grobgeh. Schweinefleisch, Speck, Knoblauch, Pfeffer und Weißwein (Norditalien)

Arten:

salame cotto   Koch-, Schlackwurst, dem ↑ *cotechino* ähnlich, aber mit anderer Füllung, in der Fleischerei oft als Vorspeise oder zum ↑ *bollito misto* warm angeboten (Lombardei, Piemont)

– di patate   Mischung aus Salami, ↑ *salame,* Kartoffeln und Teigwaren mit zerquetschtem Knoblauch, zerstoßenem Pfeffer und Rotwein (Piemont)

– d'oca   Dauerwurst aus Gänsefleisch (Norditalien)

salamella   Kochwurst aus geh. magerem Schulterfleisch vom Schwein, nur mit Pfeffer und Salz gewürzt, deshalb nicht so fett und scharf wie die Salami (Mantua, Lombardei)

Salami   *salame* [ßalàme] m

salamino di cinghiale   Würstchen aus magerem Wildschweinfleisch, oft in Öl eingelegt, pikanter Wildgeschmack (Toskana)

salamm d'la duja   in Schmalz eingemachte Salami, ↑ *salame,* im Steinguttopf (Piemont)

salamoia   (Salz-)Lake, Beize

salare   salzen, pökeln

Salat   *insalata* [inßalàta] f

  gemischter –   *insalata mista* [inßalàta mista] f

salatino   kl. Keks aus Mehl, Zucker, a. Käse und versch. aromatische Zutaten (Fenchel, Kümmel, Mohn usw.)

salatura   das Einsalzen, Einpökeln von Fischen

Salbei   *salvia* [ßȧlwia] f

salciccia   ugs. Wurst, ↑ *salsiccia*

salcrauti   Sauerkraut, ↑ *crauti*

sale   Salz
- **comune, da cucina**   Kochsalz
- **da tavola**   Tafel-, Speisesalz
- **di sedano**   Salz mit pulverisiertem, in Essig eingelegtem Sellerie, als Würze
- **e tabacchi**   Verkauf von Salz und Tabakwaren
- **fino, scelto**   Feinsalz
- **marino**   Meersalz

Salice, Salentino   DOC-Weine aus den Provinzen Brindisi und Lecce in Apulien: rosé, *rosato*, trocken, elegant und ausgewogen, darf sich nach 1 Jahr Lagerzeit *Prodotto Invecchiato* nennen, TR bis 3 Jahre, TT 12°, zu Vorspeisen und Eiergerichten; rot, *rosso*, trocken, robust, aber geschmeidig und gehaltvoll, darf sich nach 2 Jahren Lagerzeit *Riserva* nennen, TR 5–12 und mehr Jahre, TT 18°, zu Vorspeisen, Suppen, Schweinebraten, Schaf, Wild und kräftigem Käse

salicornia   Queller, Glasschmalz, Salzpflanze von den Meeresküsten, deren eßbare Samen manchmal angeschwemmt werden, können als Salat, gek. als Gemüse oder in Essig eingelegt als Gewürz verwendet werden, gute Zeit Juli

saliera   Salzfaß, Salzstreuer

salignon   [ßalinjȯ]: ↑ *Ricotta* mit Salz, Pfeffer und Essig, wird im Aostatal mit gek. Kartoffeln gegessen

Salm   *salmone* [ßalmȯne] m

salmerino   Saibling, Rötel, Forellenart aus der Familie der Lachsfische
- **alpino**   Wandersaibling, der edelste Süßwasserfisch aus kalten, sauerstoffreichen Alpen- und Voralpenseen, festes, nussiges Fleisch, überaus wohlschmeckend, läßt sich pochieren und (in Butter) braten
- **di fontana**   Bachsaibling, in Teichen gezüchtet, etwas weniger delikat als der ↑ *salmerino alpino*

salmí   Salmi, Ragout von Wildbret, Federwild in würziger brauner Sauce; ↑ a. *civé*

salmistrare   (ein)pökeln

salmone   Lachs, Salm, Wanderfisch zwischen Fluß und Atlantik, fettes, aber schmackhaft zartes Fleisch, wird in

Italien, a. ger., aus England, Irland, Norwegen, Schottland u. a. eingeführt
– **affumicato, svedese** Räucherlachs

salmoriglio würzige Sauce aus geh. Knoblauch, Origano, Petersilie und Zitronensaft, zu grilliertem Fisch (Sizilien, Kalabrien)

salpa Gelbstriemen, ↑ *boga*

salsa, sausa Sauce, Soße; oft: Tomatensauce; ↑ a. *sugo*
– **abbruzzese** Sauce aus Kürbis-, Zucchiniblüten, Zwiebeln und Safran in Fleischbrühe mit Eigelb und geriebenem Schafkäse
– **aïoli** Knoblauchmayonnaise, ↑ *aïoli*
– **al formaggio** Käsesauce aus Gorgonzola, Parmesan und Schlagsahne mit Weinbrand und schwarzem Pfeffer, zu Teigwaren
– **amatriciana** scharfe Sauce aus Speck, Tomaten und viel Pfeffer
– **bastarda, al burro** Buttersauce, ↑ *bastarda, salsa*
– **bearnese** Béarner Sauce, ↑ *béarnaise*
– **besciamella** Béchamelsauce, ↑ *besciamella*
– **bianca** weiße Grundsauce aus Mehlschwitze und Kalbs- oder Geflügelfond
– **d'agresto** aromatische Sauce aus blanchierten Mandeln und Walnüssen, die man mit Butter, Zwiebeln, Knoblauch, Petersilie und Zitronensaft vermischt, zu Fleisch oder Wild
– **del povr'om** cremige „Sauce des armen Mannes" aus Ei, Kartoffelmehl, Milch, geriebenem Parmesan und Weißweinessig, zu in Butter ged. Gemüse (Piemont)
– **di frutta secca** Nußsauce aus gerösteten, geh. Haselnuß-, Pinien-, Walnußkernen, Pfefferschötchen, Butter, Basilikum, Rosinen, Zimt und Zitrone in Fleischbrühe und Weißwein (Sizilien)
– **di noci** Sauce aus geh. Walnüssen ohne Haut mit Brotbröseln, Milch, Sahne, Knoblauchzehe und Olivenöl, cremig und zart bitterlich (Ligurien)
– **di San Bernardo** süß-saure Sauce, ↑ *San Bernardo, salsa di*
– **dolce** mit Früchten aromatisierte Creme
– **finanziera** Madeirasauce mit Trüffelessenz, a. Hahnenkämmen und Kalbsrückenmark (Piemont)
– **peara** dicke Marksauce mit Semmelbröseln, Parmesan und viel schwarzem Pfeffer, meist zu gek. Fleisch
– **piccante** würzige Sauce, ↑ *salsa verde*
– **umbra** umbrische Sauce mit Knoblauchzehen, Rosmarin, Kapern, Sardellenfilets usw., zu Salaten
– **verde** Grüne Sauce aus Essig-Kapern, geh. Zwiebeln, Knoblauch, Sardellenfilets, a. grünen Parikaschoten

usw. mit Petersilie und Basilikum in Öl und Zitronensaft, zu gek. Fleisch, kaltem Fisch, Eiern, Gemüsen und Salaten; a. Mayonnaise mit pürierten Kräutern und Gemüsen, zu Fisch

salsefica Haferwurzel, ↑ *scorzobianca*

salsiccia, -cce Wurst; insbes. zur Spirale gerollte Bratwurst aus gewürztem, geh. Schweinefleisch; Rollpastete; ↑ a. *luganiga*
− **ai ferri** Bratwurst vom Grill
− **arrostita, da arrostire** Bratwurst
− **della Basilicata, lucana** Wurst aus durchgedrehtem Schweinefleisch mit schwarzem Pfeffer, roten Pfefferschoten und anderen Gewürzen
− **di cinghiale** Wildschweinwürstchen, ↑ *salamino di cinghiale*
− **di Francoforte** Frankfurter Würstchen: entweder echt aus reinem, ger. Schweinefleisch oder aber aus Rind- und Kalbfleisch in beigefarbenem Darm
− **di polle** Rollpastete aus Hühnchenfleisch
− **di Vienna** Wiener Würstchen, Wienerli
− **fresca** Brühwurst
− **siciliana** Wurst aus feingeh. magerem Schweinefleisch und Speck mit Fenchelsamen, Tomaten, Petersilie, Pfeffer und ↑ *caciocavallo*-Käse, läßt sich braten und grillen (Sizilien)

salsiciotto dicke Wurst; reg. Frankfurter Würstchen, ↑ *salsiccia di Francoforte*

salsiera Saucenschüssel, Sauciere

saltare rösten; sautieren, bei starker Hitze in wenig Öl oder Fett kurzbraten

saltimbocca dünnes, kurzgebr. Kalbsschnitzel mit Rohschinkenscheiben und Salbeiblättern in Bratenfond

salume, -i Wurst aus gesalzenen, getr. ganzen oder gemahlenen Fleischstücken; ↑ a. *cacciatore, cappello del prete, cotechino, mortadella, salame, salsiccia, sopressa, soppressata, zampone*

salvia Salbei, Küchen- und Heilkraut, zarte Blätter − je kleiner, desto intensiver − herb duftend, leicht bitterlich, müssen jung und frisch sein, ganz, geh. oder zerstoßen verwendbar, grünt das ganze Jahr; als Tee beruhigend, krampflösend, verdauungsfördernd

salvietta reg. Serviette, Mundtuch; Papierserviette

Salz *sale* [ßàle] m
-fäßchen, -streuer *saliera* [ßali|èra] f
-gebäck *salatini* [ßalatìni] pl
-hering *aringa salata* [aringa ßalàta] f

-kartoffeln　*patate lesse* [patàte lésse] pl

○**los**　*senza sale* [ßéntsa ßàle]

-mandel　*mandorla salata* [màndorla ßalàta] f

salzig, gesalzen　*salato* [ßalàto]

Sambuca　herbstrenger Likör aus Sternanis, Holunderblüten und Dillfenchel, weiß, *bianco*, mit einer Kaffeebohne *(mosca)* auf dem Grund des Glases, die zerkaut wird, oder dunkel, *nera*, mit Kaffee oder Schokolade aromatisiert, fördert die Verdauung, TT 8–10°

sambuco, -chi　Holunderbeere, Holler, Steinbeere des Holunderstrauchs oder -baums, im Geschmack herb und süß-säuerlich, als Gelee, Marmelade, Saft usw., aber a. in Suppen oder Saucen verwendbar; als Tee schweißtreibend, gegen Erkältungen

sampietro　Petersfisch, ↑ *San Pietro*

sanato　Piemont: bis 1 Jahr altes Kalb, das nicht entstillt und zusätzlich mit Eidottern ernährt wurde

San Benedetto　stilles Tafelwasser mit leicht zugesetzter Kohlensäure und schwachem Mineralgehalt, verdauungsfördernd (Scorze in Venetien)

San Bernardo　zylindrischer oder rechteckiger Käse aus Kuhmilch, dem holländischen Gouda ähnlich, delikater Geschmack; stilles Tafelwasser mit schwach oder mäßig zugesetzter Kohlensäure und schwachem Mineralgehalt (Garession in der Provinz Cuneo, Piemont)

– –, **salsa di**　süß-saure Sauce aus zerriebenem Weißbrot, gerösteten Mandeln, Sardellenfilets, bitterer Schokolade, Essig und Zucker (Sizilien)

sanceli　Blutwurst mit Nüssen und Rosinen (Sizilien)

San Colombano al Lambro　Rotwein DOC aus den Provinzen Mailand und Pavia in der Lombardei, trocken, leicht und mundig, TR 2–3 Jahre, TT 16°, günstiges Preis-Wert-Verhältnis, zu Teigwaren, Risotti, geschmortem weißem Fleisch

Sandalia Acqua　stilles Tafelwasser mit oder ohne Kohlensäurezusatz, stark mineralhaltig (Cagliari auf Sardinien)

Sandgebäck, -kuchen　*pan di Spagna* [pan di spànja] m

sandra　Zander, ↑ *lucioperca*

Sangemini, Acqua　stilles Tafelwasser mit leichtem Mineralgehalt, rein und leicht bekömmlich (Sangemini, Thermalbad in Umbrien)

Sangiovese　Rebsorte Mittelitaliens, die trockene, lebendige und leicht tanninhaltige Rotweine ergibt, heute im ganzen Land verbreitet

– **dei Colli Pesaresi** DOC aus der Provinz Pesaro in den Marken, trocken, lebhaft mit leicht bitterem Abgang, TR 2–3 Jahre, TT 18°, zu Suppen, weißem Fleisch und Geflügel

– **di Aprilia** ↑ *Aprilia Sangiovese*

– **di Romagna** DOC aus den Provinzen Forlì, Bologna und Ravenna in der Romagna, trocken, etwas herb, aber gehaltvoll und harmonisch, darf sich nach 2 Jahren Lagerzeit *Riserva*, bei mind. 12° Alkohol und Herkunft aus der Kernzone *Superiore* nennen, TR 3–5 Jahre, TT 18°, zu Suppen, Fleisch und Geflügel

sangue Blut
   al – Garstufe des Fleisches: (weitgehend) blutig
   molto al – Garstufe des Fleisches: stark blutig, innen roh

Sangue di Giuda Rotwein DOC aus dem ↑ *Oltrepò Pavese* in der Provinz Pavia, Lombardei, oft leicht süßlich und perlend, dabei rund und angenehm tanninhaltig, TR 2–5 Jahre, TT 16–18°, zu Teigwaren mit Fleischsauce, Ravioli und Wurstwaren

sanguigna, (arancia) Blutorange, ↑ *arancia*

sanguinaccio (Schweine-)Blutwurst, verschieden (mit Milch, Kakao, Mandeln, Zimt, Zucker usw.) gewürzt, aromatisiert und leicht gesüßt; ↑ a. *boudin*

sanguinello Blutorange, ↑ *arancia*

Sankt Magdalener Rotwein DOC aus Bozen, ↑ *Santa Maddalena*

San Marzano, botticino, fiaschetto, perino längliche, süßliche Tomatensorte, für Saucen

San Paolo, Fonte sprudelndes Tafelwasser mit natürlicher Kohlensäure und mittlerem Mineralgehalt, verdauungsfördernd (Umgebung von Rom)

San Pellegrino Italiens bekanntestes Tafelwasser, mäßiger Kohlensäure-, hoher Mineralgehalt, rein und heilkräftig (San Pellegrino, Thermalbad in den Bergamasker Alpen der Lombardei)

San Pietro, sampietro, pesce gallo Petersfisch, Heringskönig, abgeplatteter Meerfisch, festes, mageres, schmackhaftes Fleisch, Bestandteil vieler Fischsuppen, läßt sich braten, pochieren, grillieren, gute Zeit Apr.–Juli; Tafelwasser mit natürlicher Kohlensäure und mäßigem Mineralgehalt (Marino in der Umgebung von Rom)

San Severo DOC-Weine aus der Provinz Foggia in Apulien: (vor allem) weiß, *bianco*, trocken und würzig frisch, a. schäumend, *spumante*, TR 1–3 Jahre, TT 8–10°, zu Vorspeisen und Fisch; rosé, *rosato*, trocken und gehaltvoll, TR 1–3 Jahre, TT 14°, zu Vorspeisen und Fisch; rot, *rosso*, trocken, mundig und harmonisch, TR 1–3 Jahre, TT 18°, zu Gerichten mit Fleischsauce, Schaf-, Schweinebraten

Santa Barbara di Lurisia, Fonte   stilles, radioaktives Tafelwasser mit oder ohne Kohlensäure, leicht mineralhaltig (Lurisia im Piemont)

Santa Maddalena   Sankt Magdalener, roter Spitzenwein DOC aus der Provinz Bozen in Südtirol, trocken, samtig fein und füllig, darf sich, wenn er aus dem ältesten Anbaugebiet kommt, *Classico* nennen, TR 3–6 Jahre, TT 18°, zu dunklem, weißem Fleisch und Wild

Sant'Anna di Isola Capo Rizzuto   DOC-Weine von der gleichn. Insel und aus der Provinz Catanzaro in Kalabrien, trocken, sauber und leicht bitterlich: rosé, *rosato*, TR 2–3 Jahre, TT 12–14°, zu Vorspeisen, Vorgerichten; rot, *rosso*, TR 2–5 Jahre, TT 18°, zu Geflügel

Santa Rita, Acqua   stilles Tafelwasser mit oder ohne Kohlensäurezusatz, sehr schwacher Mineralgehalt (Nè bei Genua in Ligurien)

santarosa   süße Teigtasche, Art ↑ *sfogliatella*

santoreggia   Bohnenkraut, Kölle, Pfefferkraut, Würzpflanze, Stengel und Blätter aromatisch pfeffrig, frisch pikant, getr. kräftig, im Sommer *(erba cerea)* milder als im Winter *(erba acciuga)*

saor, (in)   (gebr. Sardinen, Seezungen u. ä.) in Weinessig und Olivenöl mit weißen Zwiebeln, a. Pinienkernen, Rosinen oder getr. Früchten süß-sauer mariniert (Venetien)

sapajean   [ßapaschā] Sabayon, ↑ *zabaione*, mit Rotwein und Zitrone statt Marsala (Mailand)

sapore   Geschmack, Bei-, Nachgeschmack; reg. Gewürz, Gewürzkräuter; Beigabe aus eingek. Traubenmost, ↑ *savor*

saporito   schmackhaft, wohlschmeckend; würzig; a. gut, stark gesalzen

saracca   (gesalzene, geräucherte) Alse, ↑ *alosa*

saraceno   Buchweizen, ↑ *grano saraceno*

sarago, sargo   Brassen, Familie guter Nutz- und Speisefische aus dem Mittelmeer, muß frisch sein, läßt sich blau kochen, backen, (filetiert) pochieren, grillieren
– **comune, del Salviani**   Zweibindenbrasse, gutes Fleisch
– **fasciato**   Bänderbrasse, mäßiges Fleisch, für Fischsuppen
– **maggiore, rigato, sparetto**   Geiß-, Weißbrasse, feines Fleisch, gute Zeit Frühling

– pizzuto   Spitzbrasse, mäßiges Fleisch, für Fischsuppen

sarda   die frische, nicht behandelte Sardine, kl. Herings-fisch, jung und fangfrisch März–Sept. fettes, aber delikates Fleisch, läßt sich grillieren und braten; ↑ a. *sardina*

sardagna   Norditalien: kl. Zug- und Wandervogel, ↑ *beccafico*

sardaro   Großer Ährenfisch, ↑ *latterino sardaro*

sarde a beccafico   gef. Sardinen, ↑ *beccafico, sarde a*

sarde in saor   marinierte Sardinen, ↑ *saor*

Sardegna   Sardinien, zweitgrößte Mittelmeerinsel Italiens, Bergland mit Steilküsten und fruchtbaren Küstenstrichen, trockene, heiße Sommer und niederschlagsreiche Winter, ↑ Sardegna S. 60 ff.

sardela   Venetien: Sardelle, ↑ *acciuga*, a. Sardine, ↑ *sarda, sardina*

sardella   Sardine, ↑ *sarda, sardina*

Sardelle   *acciuga* [atschúga] f

sardellina   Sprotte, ↑ *papalina*

sardenaira   Sardinien: Zwiebelpizza mit Sardellen, ↑ *pissadella*

sardina, sarda, sardella   Sardine, meist eingelegt und konserviert, frisch ↑ *sarda*

sardo   Schafkäse, ↑ *pecorino romano, sardo*

sardon   Venetien: Sardelle, ↑ *acciuga*

sardone   Venetien: Sardine, ↑ *sarda, sardina*

Sardus Pater   Rot-, a. Roséwein aus Sardinien, ↑ *Carignano* von der Winzergenossenschaft der Insel Sant'Antioco

sargo   Brasse(n), ↑ *sarago*

sartù   Reisauflauf mit je nach Rezept vielen versch. Zutaten (Schweineragout, Schinken, Speck, Hackfleisch vom Kalb, Würstchen, Hühnerklein, Erbsen, Tomaten, Zwiebeln, Knoblauch, Petersilie usw.), mit Brotbröseln, geriebenem Parmesan überkrustet (Neapel, Kampanien)

sarzenta   süßer Mürbeteigkuchen, ↑ *bonissima*

Sassella   Rotwein, ↑ *Valtellina Superiore* aus der gleichn. Zone in der Provinz Sondrio des Veltlins

Sassicaia   hervorragender, sortenreiner (Cabernet Sauvignon) Rotwein aus der Provinz Livorno, körperreich, satt elegant und tanninhaltig, TR 5–12 Jahre, TT 18°, zu dunklem Fleisch und Wild

Sassolino   Anislikör, TT 8–10°, (Sassuolo, Provinz Modena, Emilia-Romagna)

satt   *sazio* [sȧzio]

Sauce   *salsa* [sȧlsa] f; gehaltvolle, würzige Sauce mit Tomaten, Fleisch usw.: *sugo* [sůgo] m

sauer   *acido* [atschïdo]
○**ampfer**   *acetosa* [atschetȯsa] f
○**braten**   *arrosto in agro* [arȯsto in ȧgro] m
○**kohl**, ○**kraut**   *crauti* [krȧuti] pl
○**teig**   *lievito* [li|ȇwito] m

säuerlich   *agretto* [agrȇtto]; Wein: *asprigno* [aspriȵo]

sausa   Sauce, ↑ *salsa*

Sauvignon (blanc)   [ßowinȷȯ (blā)] frz. Rebsorte, die v. a. in Nord-, a. Mittelitalien bukettierte, saftige, elegant säuerliche Weißweine ergibt, TR i. a. bis 1 Jahr, als Auslese bis 15 Jahre, TT i. a. 8–10°
– **dei Colli Berici**   ↑ *Colli Berici Sauvignon*
– **dei Colli Orientali del Friuli**   ↑ *Colli Orientali del Friuli Sauvignon*
– **del Collio Goriziano**   ↑ *Collio Goriziano Sauvignon*
– **dell'Alto Adige**   ↑ *Alto Adige Sauvignon*
– **dell'Isonzo**   ↑ *Isonzo Sauvignon*
– **di Terlano**   aus der Provinz Bozen, Südtirol: trocken, nervig und zugleich weich, TR 1 Jahr, TT 8–10°, zu Fleischbrühen, Meeresfrüchten und Fisch

savoiardo, biscotto al cucchiaio   zartes Löffelbiskuit

savor(e), sapore   mit versch. Früchten eingek. Traubenmost, wird zu gesottenem Fleisch und ↑ *Polenta* gereicht, a. zu Süßspeisen, Kuchen usw. verwendet

savore   reg. Nußsauce
  pesce in –   marinierter Fisch; ↑ a. *saor*

savoret   Zuckerwerk aus Trauben und Honig (Po-Ebene)

Savuto   Rotwein DOC aus den Provinzen Cosenza und Catanzaro in Kalabrien, trocken und markant vollmundig, darf sich nach 2 Jahren Lagerzeit *Superiore* nennen, TR bis 4 Jahre, TT 18°, zu gebr., geschmortem Fleisch

sazio   satt

sbattuto   geschlagen, gequirlt

sbira   robuste Fleisch-, Kuttelsuppe mit Tomatenpüree, Knoblauch, Rosmarin und Weißwein, a. gewürzte Kutteln und Fleischstückchen auf Brotscheiben (Genua, Ligurien)

sbirraglia, riso, risotto alla   Reissuppe mit Huhn (Venetien)

sbollentare   abbrühen, auskochen

sbriciolona   Fenchelwurst, ↑ *finocchiona*

sbrofadej reg. kl. Spaghetti als Suppeneinlage

sbucciare schälen, enthülsen

scacciata mit frischem Schafkäse, Sardellen, Schmalz und Pfeffer gef. Brotfladen (Catania, Sizilien)

scadente minderwertig, schlecht; mittelmäßig, von geringer Qualität

scaldapasta elektrischer Röster für (große) Brotscheiben, Brioches, Teigwaren, kl. Kartoffeln usw.

scaldapiatti, scaldavivanda Teller-, Speisenwärmer

scaldare (er)wärmen

salmerita dem ↑ *capocollo* ähnliche Schweinewurst (Città di Castello, Umbrien)

scalogno Schalotte, kl. feine Schwester der Zwiebel, mild würzig

scaloppa, scaloppina dünne Scheibe Fleisch, Geflügel, Fisch zum Kurzbraten oder Grillen; Schnitzel, Plätzli
– **alla milanese** Mailänderschnitzel, paniertes Kalbsschnitzel mit Ei und Parmesan in der Panade
– **al marsala** kl. Kalbsschnitzel, mit ↑ *Marsala* abgelöscht

scammarita dem ↑ *capocollo* ähnliche Schweinewurst (Latium)

scammaro Würzpaste aus Kapern, Knoblauch, Oliven, Sardellenfilets und Öl, zu Teigwaren (Neapel)

scamone Hüfte, oberes Keulenstück, Schlußbraten vom Kalb; Hüfte, Hüferscherzel, -schwanzel, Huftdeckel vom Rind

scamorza Knetkäse, ↑ *filata*, aus Kuhmilch, der ↑ *mozzarella* ähnlich, muß frisch verzehrt werden, a. ger. erhältlich (Abruzzen)

scampo Kaisergranat, feiner, weniger der Languste als dem Hummer ähnlicher Tiefseekrebs, festes, angenehmes Fleisch, muß frisch sein, kommt in Italien öfter in der Adria als im Tyrrhenischen Meer vor

Scandiano Bianco Weißwein DOC aus Reggio, ↑ *Bianco di Scandiano*

scanello Hüfte, oberes Keulenstück, Schlußbraten vom Kalb

scanno Käse aus Schafmilch, jung ausgeprägter Geschmack, mit dem Alter, nach 4–6 Monaten, milder (Abruzzen)

scapece, a, alla (Fisch, Gemüse) mit Knoblauch und Kräutern süß-sauer in Essig eingelegt

scardola   Rotfeder, Süßwasserfisch, mäßiges, grätiges Fleisch, läßt sich fritieren, grillieren

scarola   Endivienart, ↑ *indivia scarola*

scarpazza, scarpazzit   Auflauf aus Spinat, Mangold, a. sonst gemischtem Gemüse (Mailand, Lombardei, Tessin)

scarpazzone   Gemüsekuchen mit oder ohne Mürbeteighülle

scarpena   Venetien: Drachenkopf, ↑ *scorfano*

scatola   Schachtel; Büchse, Dose

Schaf   *pecora* [pékora] f; Fleischteile und - stücke ↑ Lamm
-käse   *pecorino* [pekorino] m
-fleisch   *carne di pecora* [kárne di pékora] f

schälen   *sbucciare* [sbutscháre]

Schalotte   *scalogno* [skalónjo] m

Schaltiere   *conchiglie* [konkilje] f/pl

scharf   *piccante* [pikkánte]

Schaufenster   *vetrina* [wetrina] f

Schaum   *schiuma* [skiúma] f
-gebäck   *meringa* [meringa] f
-wein   *(vino) spumante* [(wino) spumánte] m

schenello   Keule, Schlegel, Stotzen vom Kalb

schiaccia-aglio   Knoblauchpresse

schiaccianoci   Nußknacker

schiacciapatate   Kartoffel-, Gemüse-, Fruchtpresse

schiacciata   Fladen aus Brotteig, salzig mit Gewürzen, süß mit Weintrauben usw. (Versilia, Toskana); ↑ a. *stiacciata*

schiacciato   zerdrückt, zerquetscht; Obst: angeschlagen

schiaffoni   den Makkaroni, ↑ *maccheroni*, ähnliche, handgemachte Teigwaren (Kampanien)

schianta   sehr pikante Art ↑ *Ricotta* (Apulien)

Schiava, Schiavone   Vernatsch, Rebsorte Südtirols, die leichte, frische, süffig weiche Rotweine ergibt; Weine daraus ↑ *Alto Adige Schiave*

schie   winzige Krabben, meist mit Knoblauch, Petersilie und Öl zubereitet

schiena   Kamm-, vorderes Kotelettstück, Karree vom Kalb; Tessin: Hochrippe, Rostbratenstück, Hohrücken vom Rind, a. Rücken, Karree vom Kalb

schienale   (Rücken-)Mark

Schinken   *prosciutto* [proschútto] m

Schioppettino seltene Rebsorte aus Nordostitalien, ergibt den
– **di Prepotto** aus der Provinz Udine, ausgezeichneter
roter Tafelwein, trocken, körperreich mit ausgeprägter
Säure, TR bis 5 Jahre, TT 18°, zu kräftigen Speisen aus
dunklem und weißem Fleisch

schiumare abschäumen

schiumetta Meringe, ↑ *meringa*

schizzoti sehr dünne Fladen aus mit Schweineschmalz
vermengtem Teig, salzig oder süß

Schlachterei *macelleria* [matschelleria] f

Schlagsahne, -rahm, -obers *panna montata* [pànna
montàta] f

Schlankheitskost *dieta dimagrante* [di|éta dimagrànte] f

Schleie *tinca* [tìnka] f

Schmalz *strutto* [strùtto] m

Schmelz|kartoffeln *patate fritte morbide* [patàte frite
mórbide] pl
-käse *formaggio fuso* [formàdscho fùso] m

Schmor|braten *stufato* [stufàto] m
⌀**en** *stufare* [stufàre]

Schnaps *acquavite* [aquawite] m

Schnecke *lumaca* [lumàka] f

Schnellkochtopf *pentola a pressione* [péntola a preßió-
ne] f

Schnittlauch *erba cipollina* [érba tschipollina] f

Schnitzel *scaloppina* [skaloppina] f

Schokolade *cioccolato* [tschokolàto] m
-ncreme *crema di cioccolato* [kréma di tschokolàto] f
-tafel *tavoletta di cioccolato* [tawolétta di tschokolàto] f
  dunkle – *cioccolato scuro* [tschokolàto skùro] m
  Milch⌀ *cioccolato al latte* [tschokolàto al làtte] m

Scholle *pesce passera* [pésche pàssera] m

Schonkost *dieta (leggera)* [di|éta (lädschéra)] f

Schorle *spriz* [spriz] m

Schulter(stück) *spalla* [spàlla] f

Schüssel flach: *piatto* [piàtto] m; tief: *scodella* [skodélla] f

Schüttelbrot hauchdünner knuspriger Fladen, mit Anis
und Fenchel gewürzt (Südtirol)

schütteln *agitare* [adschitàre]

schwach *leggero* [lädschéro]; dünn: *sottile* [sottile]

Schwanz   *coda* [kòda] f
-stück   *culatta* [kulàtta] f

Schwarte   *cotenna* [koténna] f
-nmagen   *sopressata* [sopreßàta] f

schwarz⌐   *nero* [néro]
⚬**brot**   *pane nero* [pàne néro] m
⚬**plententorte**   Buchweizenkuchen mit geh. Nüssen und Schicht(en) Preiselbeerkonfitüre (Südtirol)
⚬**wurzel**   *scorzonera* [skordsonéra] f

Schwein   *maiale* [maiàle] m

Fleischteile:
Backe   *guanciale* [guantschàle] m
Bauch, Wammerl   *pancetta* [pantschätta] f
Brust   *petto* [pàtto] m
Hachse, Eisbein, Stelze, Wädli   *stinco* [stìnko] m
Kamm, Nacken, Schopfbraten   *coppa* [kòppa] f
Keule, Hinterschinken, Schlegel   *coscia* [kòscha] f
Rücken   *lombo* [lòmbo] m
Rückenspeck   *lardo* [làrdo] m
Schinkenspeck, Kappe, Schlußbraten   *scannello* [skanéllo] m
Schulter, Blatt, Vorderschinken   *spalla* [spàlla] f

Fleischstücke:
Bauchspeck   *sugna* [ßùnja] f
Braten   *arrosto di maiale* [aròsto di maiàle] m
Kotelett   *costoletta di maiale* [kostolétta di maiàle] f
Leber   *fegato di maiale* [fégato di maiàle] m
Lende, Filet, Lummer   *filetto di maiale* [filétto di maiàle] m
Rippchen, Gnagi   *costine di maiale* [kostìne di maiàle] pl
Rücken   *carré di maiale* [karé di maiàle] m
Schinken   *prosciutto* [proschùtto] m
Schmalz   *strutto* [strùtto] m
Speck   *lardo* [làrdo] m

Schwertfisch   *pesce spada* [pésche spàda] m

schwerverdaulich   *pesante* [pesànte]

Sciacchetra, Cinqueterre   Dessertwein aus Ligurien, ↑ *Cinqueterre Sciacchetra*

sciacquabudella   ugs. dünne, fade Suppe; leichter, wäßriger Wein

sciacquadita   Fingerschale

sciacquare   spülen, abwaschen; ausschwenken

sciacquatura   Spülwasser, Spülicht; ugs. dünne, fade Suppe; leichter, wäßriger Wein

sciampagna   Champagner

sciampagnino   Sprudelwasser

sciarrano   Sägebarsch, Familie guter Speisefische aus dem Meer, (*comune, percia* Gewöhnlicher Sägebarsch, *sacchetto* Brauner Sägebarsch, *scrittura* Schriftbarsch), müssen sehr frisch sein, sonst für Fischsuppen

sciatt   „Kröte", massiger Pfannkuchen aus Buchweizenmehl mit ↑ *Grappa* (Veltlin)

scimud, casera, magro di latteria   Käse aus entrahmter Kuhmilch, pikant und leicht säuerlich (Veltlin)

sciolto   locker, lose; aufgelöst; geschmolzen, zerlassen

sciroppat|o, frutta -a   Kompott, Früchte in Zuckersirup

sciroppo   Sirup; Saft

sciumetta, latte alla grotta   Ligurien: gezuckerte Eischneeballen, mit Zimt überstreut in Englischer Creme, zum Karneval üblich; a. einfache Meringe, ↑*meringa*

scodella   Suppenteller; Schüssel, Terrine

scola|brodo   Sieb
– **pasta**   Nudelsieb
– **piatti**   Abtropfgestell

sconciglio   ugs. Stachelschnecke, ↑ *murice*

scorfano, scorpena   Drachenkopf, Skorpionsfisch, Familie von Meerfischen mit unförmigem Kopf, festes, mageres, aromatisches Fleisch, läßt sich (im Sud) kochen, braten, dünsten, pochieren, füllen, vorzüglich für Fischsuppen, gute Zeit Frühling und Herbst
– **nero, bruno, rascassa**   Brauner Drachenkopf, Kleine Meersau, selten und teuer, aber ausgezeichnet
– **rosso, maggiore**   Großer Roter Drachenkopf, festes Fleisch, aber von weniger ausgeprägtem Geschmack

scorpena   Ligurien: Drachenkopf, ↑ *scorfano*

scorza   Rinde, Obst: Schale

Scorza Amara, Scorzamara   Rotwein aus der Provinz Reggio in der Emilia-Romagna, körperreich und prikkelnd, *frizzante*, TR 2–4 Jahre, TT 16°, zu allen Mahlzeiten

scorzobianca, salsefica   Bocksbart, Gemüse- und Wurzelpflanze; ugs. a. die eßbare Wurzel der Haferwurzel, junge zarte Blätter a. als Gemüse genießbar

scorzone   schwarze Trüffel, angenehmer, aber nicht so ausgeprägter Geschmack wie jener der Echten Schwarzen Trüffel, ↑ *tartufo nero*, wird außer im Frühling das ganze Jahr gefunden

scorzonera Schwarzwurzel, Winterspargel, mild-würzig und spargelartig fein, die dicke, wohlschmeckende Pfahlwurzel kann wie Spargel als Gemüse zubereitet werden

scottadito Rom: Kotelett vom Milchlamm, a. Scheibe aus der Lammkeule

scottare abbrühen, auskochen

scottiglia, sottiglie, cacciucco di carne Schmorgericht aus vielem kleingeschnittenen Fleisch (Kalb, Schwein, Huhn, Taube, Kaninchen usw.) mit Würzgemüsen (Basilikum, Karotten, Knoblauch, Petersilie, Pfefferschötchen, Sellerie, Zwiebeln) in Rotwein (Maremmen an der Westküste)

scottona weibliches Jungrind

scripelle 'mbusse, 'nfusse, stracci feine, in geriebenem Käse gerollte Eierkuchen, mit heißer Hühnerbrühe übergossen (Teramo, Abruzzen)

scrofa Sau, weibliches Hausschwein; ↑ a. *maiale*, Schwein

sebadas, seadas, sevadas gr. runde ↑ *Ravioli*, in Öl geb., mit Erdbeerbaumhonig bestrichen (Sardinien)

seccetella 'e fango Neapel: Art Tintenfisch, ↑ *seppia*

secco trocken, getrocknet; Wein: herb, trocken

sedani kurze, leicht gebogene Röhrennudeln aus Hartweizengrieß, glatt oder gerippt, für Gemüsesaucen, Sughi

sedanina Staudensellerie, ↑ *sedano da coste*

sedanini kl. gerillte Röhrennudeln, für Tomaten und cremige Saucen

sedano Sellerie, Gemüse- und Gewürzpflanze, Stengel, Knollen (bes. püriert) eigenartig erdhaft aromatisch, Blätter als Würze verwendbar

– **da coste, da foglie, sedanida** Stauden-, Stangen-, Bleichsellerie, fleischig-saftige Stiele roh so gut wie gek. und in Konserven, dezenter Geschmack, gute Zeit frisch Mitte Dez.–Mai (Piemont, Latium, Apulien, Venetien)

– **rapa, di Verona** Knollensellerie, Wurzel roh wie gek. und aus der Konserve als Gemüse, Salat oder Würze verwendbar, kräftiger Geschmack, muß hart sein, gute Zeit Herbst

See|aal *grongo* [gróngo] m
-barsch *spigola* [spigola] f
-hecht *nasello* [nasèllo] m
-igel *riccio di mare* [ritscho di màre] m
-lachs *salmone di mare* [ßalmóne di màre] m

-teufel *rana pescatrice* [ràna peskatritsche] f
-zunge *sogliola* [ßòljola] f

segalata Mischung aus Roggen und Weizen

segale Roggen, etwas schwer verdauliches Getreide, als Korn *(chicco)*, Schrot *(crusca)* oder Mehl *(farina)* im Handel

seiràss Aostatal: Molkeprodukt, ↑ *ricotta*

sella Rücken, Sattel von Kalb, Schaf oder Reh
  mezza – Nierenbraten, Nierstück von Kalb oder Schaf

selvaggina Wild, Wildbret

sel(t)z Selters-, Sodawasser, kohlensäurehaltiges, manchmal schwach alkalisches Tafelwasser

seme Same; Obst: Kern

semel Semmel, Brötchen

semenze ugs. geröstete, gesalzene Kürbiskerne

semi|cotto halbgar, halbgekocht
-crudo halbroh
-freddo Halbgefrorenes, halbfest gefrorenes Speiseeis mit Sahne

Semmel *panino* [panino] m

semola Kleie, Auszugs-, Kernmehl

semolino Grieß, Grießbrei

senape Senf, Mostrich
– **di Digione** Dijonsenf, scharf, aber fein und fruchtig
– **di Meaux, all'antiqua** grobkörniger Senf, sehr aromatisch und ziemlich scharf

seneppia Mittelitalien: Bekassine, ↑ *beccaccino*

Senf *senape* [ßènape] m
-gurke *cetriolino in conserva* [tschetriolino in konsèrva] m

seppia Sepia, zehnarmiger Tintenfisch, festes, gern etwas zähes Fleisch, muß deshalb vor der Zubereitung gut weichgeklopft werden, a. tiefgekühlt erhältlich

seppietta, seppiola Sepiole, Tintenschnecke, kl. eßbares Meeresweichtier, kann wie die Sepia, ↑ *seppia*, behandelt werden

seras Aostatal: Molkereiprodukt, ↑ *ricotta*

serpentone „Schlange", mit Backobst, Nüssen und Rosinen gef. Kuchen in Schlangenform, zum Jahreswechsel üblich (Umbrien)

serpillo Wilder Thymian, ↑ a. *timo*

Serprina Rebsorte, ↑ *Prosecco*

serra Treib-, Gewächshaus

Servierbrett *vassoio* [wassóio] m

servieren *servire* [ßärwíre]

servizio Dienst; Bedienung, Service; Geschirr; Badezimmer und Toilette
– **compresso** Bedienung, Trinkgeld inbegriffen
– **in camera** Zimmerservice

sesamo Sesam, Nahrungs- und Würzpflanze, in Italien nur auf Sizilien angebaut, Samen fein nussig, werden v. a. für Brote und Gebäck verwendet; Sesamöl, delikat und diätetisch

setaccio, -cci Sieb

sete Durst; Apulien: Granatapfel, ↑ *melagrana*

sevadas Art Ravioli, ↑ *sebadas*

sfamare den Hunger stillen, sich sättigen

sfigghiata Sizilien: Weißfisch, ↑ *bianchetto*

sfilatino längliches, ungewürztes Brot aus Mehl und natürlicher Hefe, knusprig

sfilettare Fisch filetieren, von den Gräten lösen

sfincione, sfinciuni Pizzafladen mit Ragout aus geh. Schweinefleisch, Fenchelwurst oder Sprotten, Tomaten, Zwiebeln, Oliven, Kräutern, Gewürzen, Rotwein usw. (Sizilien)

sfoglia, sfogliata Blätterteig; (hauchdünn) ausgerollter Teig; Blätterteiggebäck

sfogliatella Blätter- oder Mürbeteigtasche mit Füllung aus Frischkäse, Konditor- oder Fruchtcreme, kandierten Früchten usw. (Kampanien, Apulien)

sfoglina Nudelköchin

sformatino kl. Auflauf, ↑ *sformato*, in der Form

sformato Auflauf, Pudding, i. a. aus Gemüsen, Pilzen oder Süßspeisen, meist von einer Sauce begleitet

Sforzato Rotwein DOC aus dem Veltlin, ↑ *Sfurzát*

sfrappole Emilia: Krapfen, ↑ *cenci*

sfrizzoli Latium: Grieben, ↑ *ciccioli*

sfurmatu Sizilien: Auflauf, ↑ *sformato*

Sfurzát, Sforzato Rotwein DOC aus dem Veltlin, ↑ *Valtellina Sfurzát*

sfuso Butter: zerlassen

sgnepa Norditalien: Bekassine, ↑ *beccaccino*

sgombro, maccarello, pesce cavallo Makrele, Hochseefisch *(comune, lacerto, macchiato* Atlantische, Europäische Makrele, *lanzardo* Blasen-, Mittelmeermakrele), halbfettes, schmackhaft würziges Fleisch, muß frisch sein, läßt sich grillieren, kochen, a. räuchern, in Öl einlegen, gute Zeit Nov.–März

sgonfiotto   Teigtasche, gefüllt oder nicht

sgranare   auskörnen; enthülsen

sgranocchiare   knabbern, knuspern

sgrassare   entfetten

sgusciare   schälen; enthülsen; aufknacken

shiitake   Zuchtpilz von delikatem, aromatisch würzigem Geschmack, urspr. aus China und Japan, heute a. in Europa gezüchtet, frisch oder getr. erhältlich, eignet sich getr. oder aus Dosen als Gemüse oder zum Würzen

Sicilia   Sizilien, die größte Insel Italiens und des Mittelmeers, gebirgig-vulkanisch mit wasserreichen, fruchtbaren und dicht besiedelten Küstenniederungen, ↑ Sicilia S. 63 ff.

sidro   Obstwein, (Apfel-)Most

Sieb   *setaccio* [ßetàtscho] m

sieden   *bollire* [bollire]

Siedfleisch   *bollito* [bollito] m

siera   Molke

siero di burro   Buttermilch

sifone   Siphon, Tafelwasser unter Kohlendioxyddruck

sigarett|a   Zigarette
– col filtro   Filterzigarette
 -e nazionali   einheimische Zigaretten

sigaretto   Zigarillo

sigaro   Zigarre

sigher   Weichkäse aus Kuh-, a. Schaf-, Ziegenmilch, mit Schnittlauch und Pfeffer gewürzt (Belluno, Venetien)

siliqua   Schote

silter   halbfetter Käse aus teilweise entrahmter Kuh-Vollmilch, ausgeprägtes Aroma, Fettgeh. 25–45 % (Valle Camonica, Lombardei)

siluro   Wels, Waller, gr. karpfenartiger Süßwasser-, a. Meerfisch, fettes, schmackhaftes Fleisch praktisch ohne Gräten, kommt in Italien meist eingesalzen, getr. oder ger. in den Handel

Silvaner   Rebsorte und Wein, ↑ *Sylvaner*

sinisco   Neapel: kl. Krake, ↑ *moscardino bianco*

siringa, pasta   Spritzkuchen

sivé   Wildpfeffer, ↑ *civé*

Sizzano   Rotwein DOC aus der Provinz Novara im Piemont, trocken, bukettreich und würzig, TR bis 10 Jahre, TT 18°, zu Schaf- und Ziegenbraten

slivovitz, slivovica, sliwowitza   Slibowitz, Branntwein aus Pflaumen mit ihren Kernen, fruchtig bitterlich, im Balkan weitverbreitet, a. in Friaul–Julisch Venetien erzeugt

smacafam   Fladen aus Buchweizenmehl und Milch, mit geh. Zwiebeln gef., mit Wurststücken belegt; zum Karneval a. süß ohne Zwiebeln, aber mit Eiern, geriebenem Brot, Käse und Rosinen (Trient)

smeazza   Gemüsekuchen mit Borretsch, Lauch, Mangold, Spinat und Käse (Tessin)

smeriglio   Heringshai, Meerfisch, wird in Deutschland oft „Kalbfisch", „Seestör" genannt, festes, kalbfleischähnliches Fleisch, läßt sich in Scheiben grillieren, schmoren, marinieren, a. räuchern

snack bar   urspr. engl. [ßnäk bā]: Imbißstube, heißt in Italien a. *tavola calda*

sniapa   Venetien: ↑ *Grappa*

snocciolare   aus-, entkernen

soave   mild, sanft, zart; lieblich, süß

Soave   einer der bekanntesten Weißweine DOC Italiens, aus der Provinz Verona in Venetien, trocken, leicht, erfrischend und durstlöschend, fein mit fruchtiger Säure, a. schäumend, *spumante*, darf sich bei mind. 11,5° Alkohol und nach 1 Jahr Lagerzeit *Superiore* nennen, bei Herkunft aus der urspr. Anbauzone *Classico*, TR 1–4 Jahre, TT 8–10°, als Aperitif, zu Fisch, Eierspeisen, gegrilltem, gesottenem und weißem Fleisch, Risotto usw.; ↑ a. *Recioto di Soave*

sobbollire, sbollentare   aufkochen

sobrio   genügsam, mäßig; anspruchslos, bescheiden, nüchtern

socca   Fladen aus Kichererbsmehl, wird mit frisch gemahlenem Pfeffer bestreut und heiß serviert (Genua, Ligurien)

sodo   fest, hart; Ei: hartgesotten

soffione   Löwenzahn, ↑ *dente di leone*

soffriggere   bei mäßiger Hitze in Öl oder Fett anbraten, anbräunen

soffritto   dicke, aromatische Mischung aus geh. und angerösteten Gemüsen (Karotten, Sellerie, Zwiebeln, a. Knoblauch usw.) und Petersilie, zu Schmorgerichten

– **di farina**   Mehlschwitze, Einmach aus Butter oder Fett und Mehl zum Binden von Saucen, Gemüsen usw.

sogliola   Seezunge, der feinste Plattfisch aus dem Meer, köstlich festes, saftiges Fleisch, läßt sich backen, braten, dünsten, pochieren, grillieren, gratinieren usw., a. gefroren erhältlich, beste Zeit April, Mai; ↑ a. *linguattola*
– **comune**   die gesuchteste Seezunge, bes. feines Fleisch
– **del porro**   Sandzunge, etwas weniger fein als die Seezunge, im Mittelmeer eher selten
– **senegalese**   die gewöhnlichste Seezunge, festes, aber etwas fades Fleisch (Afrika)

soia   Soja-, Mungobohne, Hülsenfrucht, Keime, *germogli*, gelb milder als schwarz, für Suppen, Eintöpfe, als Salat, Gemüse, Beilage usw. verwendbar; daraus a. gutes Speiseöl

Solopaca   DOC-Weine aus der Provinz Benevento in Kampanien: weiß, *bianco*, trocken, saftig und geschmeidig, TR 2−4 Jahre, TT 8−10°, zu Risotti mit Meeresfrüchten, gegrilltem Fleisch; rosé, *rosato*, trocken und herb, TR 2−4 Jahre, TT 10−12°, zu Vorspeisen; rot, *rosso*, trokken, rund und harmonisch mit angenehmem Tanningehalt, TR 5−10 und mehr Jahre, TT 18°, zu Vorspeise und Gemüsegerichten

sommelier   urspr. frz. [ßommöljē]: Weinkellner, in guten Restaurants a. für Einkauf und Lagerung der Weine verantwortlich

sopa coada   trad. Suppe aus Brotschichten mit Taubenfleisch, a. Kutteln, und Käse in Kraftbrühe (Treviso, Venetien); ↑ a. *suppa quatta*

sopprassata, sopressata   Preßkopf, Preßsack; Süditalien: Kochwurst aus Stücken von Kopf, Innereien und Schwarte des Schweins
– **calabrese**   Wurst aus 70 % magerem und 30 % fettem, grob zerkleinertem Schweinefleisch mit Pfeffer, evtl. gemahlenen Chilischoten und Rotwein, von zartem Raucharoma (Kalabrien)
– **della Basilicata**   gepreßte Wurst aus 80 % magerem Schweinefleisch und 20 % Speck mit Pfefferkörnern (Basilikata)
– **(di) Fabriano**   ger. Wurst aus magerem Schweinefleisch mit Speckwürfeln, Pfeffer und Knoblauch, pikanter Geschmack (Latium, Marken, Umbrien)
– **senese**   Wurst aus gek. Schweinekopf mit Gewürznelken, Koriander, Muskatnuß, schwarzem Pfeffer und Zimt (Toskana)
– **sop(p)ressa (veneta)**   Wurst aus etwa ⅔ magerem (Keule, Nacken, Schulter) und ⅓ fettem (Brustspitz, Speck) Schweinefleisch mit Salz, Pfeffer, a. Knoblauch-

S

zehen und etwas Wein, zart, mürb und aromatisch, ausgezeichnet als Aufschnitt, warm vom Grill oder zu ↑ *Polenta* (Venetien)
– **col fil** ↑ *sopressa* mit Schweinefilet

sopracapellini feine, lange Suppennudeln

sopressata Preßkopf, ↑ *soppressata*

sorbetto Sorbet, mit Früchten, Gemüsen, Pflanzen usw. aromatisiertes Wassereis, mit oder ohne Alkohol, oft erfrischender Zwischengang eines Mahls

sorbo Spierapfel, Scheinfrucht des Speierlings, einer Eberescheenart, kann für Konfitüren und Gelees verwendet werden
– **montano, farinaccio** Mehl-, Vogelbeere, Scheinfrucht einer Eberescheenart, Verwendung ↑ *sorbo*

sorello Bastardmakrele, ↑ *suro*

Sorgente Quell-, Heil-, Tafelwasser

Sorni meist eher einfache DOC-Weine aus der Provinz Trient: weiß, *bianco*, trocken, frisch und spritzig mit leichter Säure, TR bis 2 Jahre, TT 8–10°, zu Süßwasserfischen und Risotti; rot, *rosso*, trocken und mild, darf sich bei mind. 11° Alkohol *Scelto* nennen, TR 2–3 Jahre, TT 16°, zu Kalbfleisch, Geflügel, Gemüse

sorra Sizilien: Bauchfleisch, der beste, fetteste Teil des Thunfischs, ↑ *tonno*

sorso Schluck

sospiro Baiser, Schaumgebäck, Windbeutel

Soße salsa [sálsa] f; gehaltvolle, würzige Soße mit Tomaten, Fleisch usw.: *sugo* [súgo] m

soté, sauté sautiert, in wenig Öl oder Fett bei starker Hitze kurzgebraten

sottaceto (mit Gewürzen) in Essig eingelegte Gemüse und andere Nahrungsmittel

sottile dünn, fein; Wein: leicht

sotto|bicchiere Glasuntersatz, Bierdeckel
– **bosco** Fruchtspeise aus Erdbeeren, Heidelbeeren, Himbeeren, Johannisbeeren
– **bottiglia** Flaschenuntersatz
– **fesa** hinteres oberes Keulenstück, Schlußbraten, Huft vom Kalb; Schwanzstück, Ortsschwanzel, Tafelspitz, Unterspälte, Huftdeckel vom Rind; Tessin: Eckschwanzstück, Ortsschwanzel, Unterspälte vom Rind
– **filetto** oberes Keulenstück, Schlußbraten, Huft vom Kalb
– **lombo** oberes Keulenstück, Schlußbraten, Huft vom Kalb

- **noce** hinteres oberes Keulenstück, Schlußbraten, Huft vom Kalb
- **spalla** Kamm, Karree, Kotelettstück vom Kalb; Hochrippe, Rieddeckel, Hohrücken vom Rind

sott'olio   in Öl angemacht, eingemacht

sotto spirito   in Alkohol eingelegt

Soubise   urspr. frz. [ßubīs]: Püree oder Sauce aus ged. Zwiebeln

soufflé, sufflè   urspr. frz. [ßuflē]: Auflauf, Soufflé, mit steifem Eischnee aufgezogene Schaummasse, süß oder salzig mit versch. Geschmackszutaten

spaghetti   Spaghetti, die berühmtesten Teigwaren Italiens, lange dünne Nudeln, gehören zur meist industriell hergestellten ↑ *pasta secca* aus Hartweizengrieß, zu allen Arten von Saucen, Sughi oder als Beigabe (ganz Italien)
- **aglio e olio, ajo e ojo**   Spaghetti mit Knoblauch und Olivenöl
- **alla prematura**   grünliche Spaghetti aus unreifen (grünen), pürierten Tomaten in Sauce aus reifen Tomaten, Knoblauch, Basilikum, Petersilie und schwarzem Pfeffer
- **alla Sangiovanniello**   Spaghetti in Tomaten-Sardellen-Sauce mit Knoblauch, Pfefferschoten und Basilikum
- **alla Sangiovannina**   Spaghetti mit luftgetr. Kirschtomaten
- **alle vongole**   Spaghetti mit Venusmuscheln
- **al pomodoro, con la pommarola**   Spaghetti mit der klassischen Tomatensauce aus pürierten Tomaten, Zwiebeln und Basilikum oder Petersilie
- **cacio e pepe**   Spaghetti mit geriebenem ↑ *Pecorino*-Käse, Olivenöl und Pfeffer, kräftig würzig
- **integrali**   Spaghetti aus Vollkornmehl, für Saucen, Sughi mit Tomaten, Gemüse, Käse usw.

spaghettini   sehr dünne ↑ *Spaghetti*

spagnola, salsa   Spanische Sauce, braune Grundsauce aus Kalbsfond und Mehlschwitze mit Karotten, Zwiebeln und Tomatenmark

spagnolette   Norditalien: geröstete Erdnüsse in der Schale

spalla   Schulter, Blatt, Bug von Kalb, Schaf oder Schwein; Hals, Nacken, Kamm, Schulter vom Rind; Vorderschinken vom Schwein

spallina   obere Schulter, Blatt, Bug vom Kalb

spallotto   Schulter vom Schaf

spalmare   streichen, schmieren

Spanna Rotwein aus den Provinzen Novara und Vercelli im Piemont, aus der Rebsorte † *Nebbiolo*, die sich hier † *Spanna* nennt, trocken, körperreich mit angenehmer Säure, TR bis 10 und mehr Jahre, TT 18°, zu Braten und Wildragouts

spannocchia, spannocchio Kampanien: Heuschreckenkrebs, † *canocchia*

spanspezi Weihnachtskuchen mit Nüssen, Makronen, Weinbeeren und Anislikör (Tessin)

sparacoddu Sizilien: Brokkoliröschen, † *broccoletti*

Spargel *asparago* [aspàrago] m

spargizucchero Zuckerstreuer

sparnocchio Kampanien: Heuschreckenkrebs, † *canocchia; Toskana: Furchengarnele,* † *gambero mediterraneo*

spatola Spatel, Spachtel

spätzli kl. Nudelteigstücke, in siedendem Wasser gek., Beilage zu kräftigen Fleisch-, insbes. Wildgerichten (Tirol)

specialità Besonderheit, Eigenheit
– **della casa** Spezialität des Hauses
– **locale** Spezialität aus der Gegend

Speck *lardo* [làrdo] m

Speck, Südtiroler Speck aus dem Bauch, Hinter- oder Vorderschinken des Schweins, gepökelt, gewürzt und mit Wacholderbeeren über Holz geräuchert, herzhaft aromatisch

Speise *pietanza* [pi|etàntsa] f
-eis *gelato* [dschelàto] m
-karte *menù* [menù] m
-saal *sala da pranzo* [ßàla da pràndso] f
  Süß ⚬ *dolce* [dòltsche] m
  Vor ⚬ *antipasto* [antipàsto] m

spellare abhäuten

spelta Dinkel, † *farro*

spesa Ausgabe, Spesen; Einkauf, Besorgung

Spezereihandlung, -laden *negozio di generi coloniali* [negòtsio di dscheneri koloniàli] m

spezie Gewürze

spezzatino Ragout, Voressen, Schmorgericht aus Fleisch-, Geflügel-, Wild-, Fischstücken in würziger brauner oder weißer Sauce, a. mit Tomaten, Zwiebeln, Pilzen usw.

spiaccicare zerdrücken, zerquetschen

spianare ausrollen, auswalzen

spianatoia   Nudelbrett

spicchio   Scheibe, Schnitz; Knoblauch: Zehe; Kuchen, Torte: Stück

spiccioli, spicciolo   Kleingeld

spiedino   (Brat-)Spießchen; a. die daran gebr. Stücke Fleisch, Speck, Gemüse, Pilze usw.

spiedo   eiserner Brat-, Grillspieß

Spiegelei   *uovo al tegame* [uȯwo al tegȧme] m

Spieß   *spiedo* [spi|ėdo] m

spighitti   gef. Teigtaschen, ↑ *culurjones*

spigola, branzino, pesce lupo, ragno   Wolfs-, Seebarsch, sehr feiner, wohlschmeckender Meerfisch, in Italien a. in Süßwasser (z. B. Scutari-See), festes, aromatisches Fleisch, sollte nicht zu groß sein und abgeschuppt werden, je einfacher zubereitet, desto besser; wird da und dort (Apulien, Podelta) a. gezüchtet
– **puntata**   Gefleckter Seebarsch, wird in Italien meist aus Nordafrika eingeführt, steht in der Qualität dem Wolfsbarsch, ↑ *spigola*, kaum nach

spina   Fischgräte

spinac(c)i   Spinat, Blattgemüse, meist gegart, jung aber a. als Salat verwendbar, angenehm pikant; gute Zeit Dez.–Apr. (Latium, Toskana, Emilia-Romagna, Kampanien u. a.)
– **perenne, della Nuova Zelanda**   Neuseeländer Salat, ↑ *tetragonia*

spinacino   Mailand: Kalbsrollbraten mit Füllung aus geriebenem Brot, Wurstfleisch, Eiern und Käse

spinare   Fisch: entgräten, filetieren

spinarolo   Dornhai, Meerfisch, festes, schmackhaftes Fleisch, in deutschsprachigen Ländern als „Seeaal", ger. Bauchlappen als „Schillerlocken" im Handel, läßt sich grillieren, schmoren, marinieren und räuchern

Spinat   *spinaci* [spinȧtschi] pl

spirito   ugs. Alkohol

spizzicare   knabbern, knuspern

spongata, spongarda, spungata   Biskuitkuchen mit Mandeln, Nüssen, Muskatnuß, Koriander, Zimt und Honig, Konfitüre, Marzipan oder Creme, in der Emilia, Lombardei, in Ligurien u. a. zu Weihnachten üblich

sporta   Einkaufs-, Markttasche, Korb

spremiagrumi   Zitronen-, Zitrusfruchtpresse

spremuta   frischgepreßter Fruchtsaft

spritzer, spriz Schorle, Gespritzter aus Weißwein und Selters-, Sodawasser mit Zitronenscheibe

spugnola, spugnolo, morchella Morchel, köstlich duftende und schmeckende Edelpilzgattung, am besten getr., nicht roh essen
– **falsa** Lorchel, Speisepilz, gern etwas zäh, aber frischer, etwas bitterlicher Geschmack, roh giftig, muß deshalb gründlich abgebrüht oder getr. werden, gute Zeit Mitte Aug.–Mitte Nov.

spuma Schaum; Schaumcreme, ↑ *mousse*; alkoholfreies Sprudelwasser mit Frucht- u. a. Aroma

spumante schäumend, moussierend

Spumante ital. Schaumwein, Sekt, heute i. a. besser als sein Ruf, gleicht mehr und mehr seinem frz. Vorbild, wird aus gepflegten Grundweinen meist durch natürliche Gärung *(fermentazione naturale)*, a. eine zweite Gärung *(Methode charmat)* hergestellt, trocken *(brut)* oder lieblich *(secco, semisecco)*, leicht, beschwingt und rassig mit lebhaftem Perlen und feinem Schaum, TT 6–8° (Piemont, Trient und ganz Italien); ↑ a. *Asti, Moscato Spumante*

spumiglia Baiser, Schaumgebäck

spumone leichte, süße Creme aus ↑ *mascarpone*; Halbgefrorenes in einer Hülle aus Speiseeis

spuntino Imbiß, Zwischenmahlzeit

spunto Wein: Stich

s. q. *secondo quantità*, je nach Menge

squacquerone Weichkäse aus Kuhmilch, buttrig cremig und mild

squadro, pesce angelo squadrolino pellenera Meerengel, Engelhai, festes weißes Fleisch, ganz oder gehäutet auf dem Markt

squalo Meerfisch aus der Familie der Haie, ↑ *gattuccio, palombo, smeriglio, spinarolo*

squamare Fisch: schuppen

Squinzano DOC-Weine aus der Provinz Lecce in Apulien: rosé, *rosato*, trocken, duftig mild und fein, TR bis 4 Jahre, TT 16°, zu Vorspeisen und Suppen; rot, *rosso*, trocken, kräftig und geschmeidig, darf sich nach 2 Jahren Lagerzeit *Riserva* nennen, TR 3–8 Jahre, TT 18°, zu Kalbs- und Schweinebraten

squisito köstlich, vorzüglich; ausgesucht, erlesen

stacchiodde kl. Nudeln, ↑ *crecchiette*

stachys, carciofo del Giappone, tuberina Knollenziest, Stachys, zarte Knollenfrucht, Wurzeln als Gemüse oder Salat von feinem, an Artischocken, Schwarzwurzeln erinnerndem Geschmack

stagionatura Lagerung, Ablagerung

stagione Jahreszeit, Saison

stampino, formina kl. Backform aus Aluminium, Blech oder verzinntem Eisen

stampo (Back-)Form; Schablone

stantio abgestanden, ranzig

stappare entkorken

stark *forte* [fórte]

starna Rebhuhn, ↑ *pernice*

Steak *bistecca* [bistèkka] f

stecchi Fleischspießchen

stecchino dünnes, kurzgebr. Kalbsschnitzel mit Speckscheibe und Salbeiblatt (Lombardei, Tessin)

Stein|butt *rombo* [rómbo] m
-obst *drupe* [drúpe] pl
-pilz *porcino* [portschino] m

stelle, stellette, stelline „Sternchen", kl. kurze Teigwaren als Suppeneinlage

Stelze *garetto* [garètto] m

stemperare auflösen, verdünnen; anrühren

Steri Tafelweine aus der Gegend von Agrigento in Sizilien: weiß, *bianco*, trocken, sauber, mild und frisch, TR bis 3 Jahre, TT 8–10°, zu Vorspeisen, Fisch, Eiergerichten und Gemüse; rosé, *rosato*, trocken und duftig, TR bis 4 Jahre, TT 12–14°, zu Vorspeisen, Gemüsesuppen und weißem Fleisch; rot, *rosso*, insbes. als *Riserva Speciale* trocken, kompakt und edel, TR 4–6 Jahre, TT 18°, zu dunklem Fleisch, Geflügel, bes. geeignet auch zu Wildbret

stiacciata, schiacciata Hefefladen, salzig oder süß (Florenz, Toskana)

stilla Tropfen

stillato destilliert; a. Kraftbrühe

stinco Keule, Schlegel, Stotzen vom Kalb; Hachse, Eisbein, Stelze, Wädli vom Schwein

stoccafisso, ragno Stockfisch, ungesalzener, luftgetr. Magerfisch (Kabeljau usw.); ↑ a. *baccalà*

stocche, stocco, stoccu Genua, Neapel, Sizilien: Stockfisch, ↑ *stoccafisso*

stomaco Magen

storione Stör, gr. Meer- und Flußfisch, selten geworden, festes, schmackhaftes Fleisch, meist in Scheiben grilliert, a. ger. erhältlich, gute Zeit Sommer, wird heute in Italien a. gezüchtet und tiefgefroren; Lieferant des Kaviars

storno Star, sollte aus umwelt- und tierfreundlichen Gründen nicht mehr gefangen und gegessen werden

stortini Art Suppennudeln

Stotzen *garetto* [garètto] m

stracchino (crescenza) Gattung versch. weicher Frischkäse aus Kuh-Vollmilch, mild und fein säuerlich, Fettgeh. 50 %, Dessertkäse; hartes Speiseeis aus versch. aromatisierten Schichten, a. mit kandierten Früchten und Schokoladesauce (*gelato*, *mattonella*) (urspr. Neapel)
— **gorgonzola** gehaltvoller weißer Hartkäse nach Art des ↑ *Gorgonzola*, Fettgeh. 50 % (Lombardei, Piemont)
— **taleggio** milder Dessertkäse nach Art des ↑ *Taleggio* (Provinz Novara, Piemont u. a.)

stracci hausgemachte Nudeln, weiß, oder grün, nach Art der ↑ *lasagne* (Ligurien, Piemont); Süditalien: Eierkuchen, ↑ *scrippelle*

stracciatella Einlaufsuppe, Fleischbrühe mit geschlagenem Ei; Füllung aus feingeschnittener ↑ *Ricotta*, Schlagsahne und Salz, ↑ *burrata*

stracotto zerkocht; Rinderschmorbraten

straculo oberes Keulenstück, Schlußbraten, Huft vom Kalb

stralcio Auslese, Auswahl; Stück; Ausverkauf

strangolapreti, strozzapreti Teigschleifen, nach Art der ↑ *Gnocchi* aus versch. Mehl, aber meist ohne Eier, zu Ragouts und herzhaften Saucen, Sughi (Neapel, Kampanien, Abruzzen, Trient)

strangozzi breite Bandnudeln, ↑ *fettucine*, ohne Eier (Spoleto, Umbrien u. a.)

strapazzate, uova Rühreier

strascinare, strascicare Mittel-, Süditalien: gek. Gemüse gut mit Öl und Knoblauch, a. Pfefferschötchen vermengen, damit es sie auf- und ihre Würze annimmt

strascinati, minestra strascinata Teigblätter, gerillte ↑ *lasagne* aus Mehl, Schmalz und Wasser (Basilikata); kl. runde Nudeln, ↑ *orecchiette*

stravecchio sehr alt; Wein: lange gelagert

Stravecchio di Sicilia goldgelber Wein aus der Provinz Palermo, trocken, aber voll und samtig, TR bis 4 Jahre, TT als Aperitif 6°, zum Dessert 8−10°

Stravecchio Siciliano 20 bis 30 und mehr Jahre im Faß gelagerter ↑ *Villa Fontane*, trocken, fein und elegant, einem alten Sherry ähnlich, TT 12−14°, wie Sherry oder Portwein zu trinken

Strega „Hexe", bittersüßer Likör aus mehr als 70 Kräutern und Rinden, stark und würzig, TT 8−10° (Benevento nördl. Salerno, Kampanien)

Strella Reissorte, ↑ *riso superfino*

stric(c)hetti Nudeln in Form zweier zusammenhängender Schmetterlinge (Emilia)

stringozzi kurze Nudeln, ↑ *ciriole*

striscia Nase, ↑ *lasca*

strizzare auspressen

Strohhalm *paglia* [pàlja] f

stropparella Mittelitalien: kl. Zug- und Wandervogel, ↑ *beccafico*

strozzapreti Art Gnocchi, ↑ *strangolapreti*

strucchi Friaul: Blätterteiggebäck, Art der ↑ *gubana*

strucolo Kuchen mit Nüssen und Rum, lauwarm oder kalt serviert (Istrien, Julisch Venetien)

strudel Strudel, Mehlspeise aus ausgezogenem Teig (Norditalien)

struffoli trad. Weihnachtsgebäck, mit Honig, kandierten Orangenschalen, Kürbis, Zitronat in Würfeln überzogen (Neapel, Kampanien)

strutto Schweinefett, -schmalz

Stück *pezzo* [pètso] m

stufare dämpfen, dünsten

stufatino Rindfleischragout, ↑ *ragù*

stufato Schmorbraten

sturabottiglie Korkenzieher

sturare entkorken

stuzzicadenti Zahnstocher

stuzzichino Appetithappen

suacia (cianchetta) Lammzunge, platter Buttfisch aus dem Meer, feiner Verwandter der Seezunge, ↑ *sogliola*

subito plötzlich; gleich, sofort

subrics Cuneo, Piemont: kl. Kroketten aus geh. oder pürierten Zutaten (Fleisch, Fisch, Gemüse usw.)

suc Pudding aus Mehl und dem Saft blauer Trauben (Po-Ebene)

succhiare   saugen, lutschen

succiola   Toskana: gek. Kastanie

succo, -cchi   Fruchtsaft
– **e polpa, nettare**   Fruchtnektar, Getränk mit mind. 40 % Fruchtgehalt

succoso   saftig

succulento   saftig; lecker, schmackhaft

Südfrüchte   *agrumi* [agrúmi] pl

suf   in Milch gek. ↑ *Polenta*, mit Butter im Suppenteller angerichtet (Friaul–Julisch Venetien)

sufflè   ↑ *Soufflé*

suffrite   Suppe, a. Würze aus roten Pfefferschoten, meist mit Schweine-Innereien, trockenem, geröstetem Brot usw. (Neapel, Kampanien)

sughero   Kork, Korken

sughi   Mehrzahl von ↑ *sugo*; dem ↑ *suc* ähnlicher Pudding (Emilia)

sugna   Bauchfett, Flomen des Schweins
– **piccante**   Mischung aus frischem Schweineschmalz mit viel Pfefferschötchen, wird auf geröstetes Brot gestrichen oder würzt Gemüse (Basilikata, Süditalien)

sugo, -ghi   Gemüse-, Fruchtsaft, ↑ *succo*; geschmortes, dickflüssiges Püree aus Gemüsen, aromatischen Kräutern, Pilzen, Fleisch, Fisch oder Meeresfrüchten usw. in zahllosen reg. Varianten, oft zu Teigwaren gereicht
– **(alla) bolognese**   würziger, konzentrierter ↑ *Sugo* aus sehr reifen Tomaten mit anderen Gemüsen (Möhren, Stangensellerie, Zwiebeln usw.), magerem Rind-, a. Kalbfleisch, Basilikum und/oder anderen Kräutern, alles mehr oder weniger grob gehackt, und Bouillon
– **d'arrosto**   Jus, Bratensaft ohne Fett
– **di pomodoro**   dicke Sauce aus reifen, fleischigen Tomaten, ↑ *soffrito*, a. Hackfleisch, und Olivenöl
– **– sciuè-sciuè**   dicke, frische Tomatensauce mit Basilikum und schwarzem Pfeffer
– **d'umido**   Schmorfond

sugol   dem ↑ *suc* ähnlicher Pudding (Emilia)

sugoli   dem ↑ *savoret* ähnliches Zuckerwerk

sugoso   saftig, mit viel Sauce

suino   Schwein, ↑ *maiale*; Fleischteile und -stücke ↑ Schwein

sultanina   Sultanine, getr., kernlose Weinbeere

sûpa   Norditalien: Suppe, ↑ *zuppa*

superiore hochwertig, von bester Qualität

Superiore Wein: lange gelagert (länger a. als *Vecchio*), höherer Alkoholgehalt als die normale Klasse eines Weins
– **di Cartizze** ↑ *Prosecco* von einer besonderen Lage mit 11° Alkohol

suppa quatta trad. Suppe aus Huhn-, Lamm- und Rindfleisch mit Möhren, Knoblauch, Sellerie, Zwiebeln und Scheiben Schafkäse (Sardinien); ↑ a. *sopa coada*

Suppe *minestra* [minèstra] f; dicke Suppe: *zuppa* [dsùppa] f; Fleischbrühe: *brodo* [bródo] m

Suppen|fleisch *carne da brodo* [kàrne da bródo] m; gekocht: *lesso* [lèsso] m
-**grün** *odori* [odóri] pl
-**huhn** *pollo da lessare* [póllo da lessàre] m
-**löffel** *cucchiaio da minestra* [kukiàio da minèstra] m
-**schüssel** *zuppiera* [dsuppi|èra] f
-**teller** *piatto fondo* [piàtto fóndo] m
-**topf** *pentola* [pèntola] f
-**würfel** *dado per brodo* [dàdo per bródo] m

supplemento Beilage; Ergänzung; Nachgang
– **di prezzo** Preisaufschlag

supplí in heißem Öl ausgeb. Reiskrokette mit Hackfleisch, Tomaten, getr. Pilzen usw. und frischem ↑ *Mozzarella*- oder ↑ *Provola*-Käse (Rom, Mittelitalien u. a.)

suprême urspr. frz. [ßüpräm]: das feinste Stück eines Tieres (Geflügelbrüstchen, Fischfilet usw.)
  salsa – Geflügelsamtsauce mit Butter und Sahne

surecilli „Mäuse“, Nocken aus Mehl, Wasser und Ei, mit Bratensaft übergossen (Abruzzen)

surgelato gefroren, tiefgekühlt

suro, sorello Stöcker, Bastardmakrele, barschartiger Meerfisch, feines, nicht zu fettes Fleisch, läßt sich (enthäutet) pochieren, braten, grillieren, wird a. geräuchert oder zu Konserven verarbeitet, gute Zeit März–Okt.

surrogato Ersatzgut, Surrogat

susina, prugna Pflaume, Zwetsch(g)e, gute Zeit je nach Sorte Juni–Sept. (Emilia-Romagna, Kampanien u. a.)

suspirù überbackenes Marzipan

süß *dolce* [dòltsche]
○**igkeiten** *dolciumi* [doltschùmi] pl
○**most** *succo di mele* [ßukko di méle] m
○**speise** *dolce* [dòltsche] m
○**wasserfisch** *pesce di acqua dolce* [pèsche di àqua dòltsche] m

◌**wein**   *vino dolce* [wino dòltsche] m; Likörwein: *vino liquoroso* [wino likuoròso] m

sventrato   ausgenommen, ausgeweidet

svizzera   Mailand: geh., geschabtes Rindfleisch, Hamburger

svizzero   Schweizerkäse, Emmentaler

Sylvaner   mitteleuropäische Rebsorte, die trockene, kernige, süffige Weißweine mit markanter Säure ergibt, in Italien nur im Südtirol angebaut
– **dell'Alto Adige**   ↑ *Alto Adige Sylvaner*
– **di Terlano**   DOC aus Terlan in der Provinz Bozen, trocken, feinblumig und saftig, TR bis 2 Jahre, TT 10–12°, zu Fisch, Fröschen und Schnecken
– **Valle Isarco-Bressanone**   ↑ *Valle Isarco Sylvaner*

tabaccheria   Tabakwarengeschäft, Zigaretten- und Zigarrenladen, Tabaktrafik

Tablett   *vassoio* [wassòio] m

Taburno, (Aglianico del)   Rotwein DOC aus der Provinz Benevento in Kampanien, trocken, leicht tanninhaltig, wird mit dem Alter weich, darf sich nach mind. 3 Jahren Lagerzeit *Riserva* nennen, TR 4–10 Jahre, TT 18°, zu dunklem Fleisch, Schaf, Ziege und Wild

tacchina, tacchinella   Pute, Truthenne, ↑ a. *tacchino*

tacchino, dind(i)o, gallo d'India   Truthahn, Puter, am besten 6–8 Monate alt

taccola, pisello dolce, mangiatutto   Zuckererbse, -schote, Kefe mit zarter, hellgrüner, eßbarer Schote, nur frisch im Frühling und Anfang Sommer genießbar

tacconi, taccozze   „Flicken“, viereckige Teigblätter

Tacelenghe   roter Tafelwein aus Friaul, ↑ *Tazzelenghe*

Tafel   *tavola* [tàwola] f
-obst   *frutta da tavola* [frùtta da tàwola] pl
-spitz   *culatta* [kulàtta] f
-trauben   *uva da tavola* [ùwa da tàwola] f
-tuch   *tovaglia* [towàlja] f
-wein   *vino da tavola* [wino da tàwola] m

Tages|gericht   *piatto del giorno* [piàtto del dschòrno] m
-karte   *lista del giorno* [lista del dschòrno] f
-menü   *menù del giorno* [menù del dschòrno] m

tagliapasta   Teigrädchen

tagliare   schneiden, tranchieren; Wein: verschneiden

tagliarelli, tagliarini   Bandnudeln ↑ *tagliatelle, tagliolini*

tagliata Roastbeef, Lenden-, Nierstück des Rinds vom Grill oder aus der Pfanne in (Braten-)Sauce mit Öl oder Butter, Würzkräutern und gemahlenem Pfeffer

tagliatelle dünne Bandnudeln aus je nach Region versch. zusammengesetztem Teig

tagliatini dünne Bandnudeln, ↑ *tagliolini*

tagliere Fleisch-, Hackbrett aus Holz

taglierini sehr dünne Bandnudeln, ↑ *tagliolini*, für Butter-, Rahm-, Tomatensaucen; kl. Bandnudeln, ↑ *tajarin*

taglio Schnitt, Fleischstück; Wein: Verschnitt
- **posteriore** Rumpf von Geflügel mit beiden Schenkeln
- **scuro** Mittelstück von Keule, Schlegel, Stotzen des Kalbs

tagliolini, tagliatini, taglierini schmale, sehr feine Bandnudeln aus Weizenmehl und Eiern oder Kleiemehl und Wasser

tagliolungo Oberschale, Schlußbraten, Huft vom Kalb

tahina Creme aus zerstoßenen Sesamkernen mit Sesamöl, Knoblauch, Zitrone und Pfeffer

tajarin hausgemachte schmale Bandnudeln aus Weizen-, Maismehl und Eiern, zu Saucen oder einer Suppe mit frischen oder getr. weißen Bohnen (Piemont)

taleggio, quartirolo gepreßter, halbfester Schnittkäse DO aus Kuh-Vollmilch, aromatisch würzig, Fettgeh. mind. 48 %, Tafelkäse (Lombardei, a. Piemont, Venetien); ↑ a. *stracchino taleggio*

tallerie Trient: Bandnudeln, ↑ *corzetti*

tamarindo Tamarinde, Sauerdattel, deren säuerliches Fruchtmark als Würze frisch oder getr. für Saucen, Gebäck und erfrischende Getränke verwendet wird

tamburrino Geigenrochen, ↑ *pesce chitarra*

tamiso Venedig: Sieb

Tanit ↑ *Moscato di Pantelleria* aus teilgetr. Trauben (↑ *Passito*), voll und üppig, TR 2–6 Jahre, TT 10–12°, zu Gebäck aus dem Ofen und Fruchtkuchen

tannino Tannin, Gerbsäure

tanuta, cantarella, tenuta Streifenbrasse, Seekarausche, schmackhafter Meerfisch, gutes Fleisch, läßt sich grillieren, pochieren, schmoren, filetieren

tapenade urspr. frz. [tapnād]: würzig-pikante Paste aus gewässerten Anchovis, schwarzen Oliven und Kapern an Olivenöl, Zitronensaft und Aromaten, a. scharfem Senf, auf Brot zum Aperitif, als Vorspeise oder Beilage

tapioca Stärkemehl aus den Wurzeln der tropischen Maniokpflanze, macht Suppen geschmeidig; a. cremige Suppe damit

tappo Pfropfen, Stöpsel; Korken; Verschluß, Zapfen
– a corona Kronenverschluß

tapulone Schmorgericht aus urspr. Esel-, Mauleseloder Maultierfleisch, heute meist aus gemischtem Fleisch (Esel, Pferd und/oder Rind) mit Speck, Knoblauch, Lorbeer, Gewürznelken, Fenchelsamen und Rotwein (Novara, Piemont)

taragna gewürzte ↑ *Polenta*

tarallo, taralluccio durchgeb. Kranz aus Hartweizenmehl und Hefe, salzig mit Schmalzstücken und schwarzem Pfeffer, süß mit Zucker, warm oder kalt zu Wein, als Vorspeise oder Dessert (Apulien, Kampanien, Mittel-, Süditalien)

tarantello gepreßter, eingesalzener Thunfischbauch, ↑ *tonno*

tarantula Sizilien: Seespinne, ↑ *granseola*

tarassaco Löwenzahn, ↑ *dente di leone*

taratufolo Kampanien: Venusmuschel, ↑ *tartufo di mare*

Tarocco Orangensorte, ↑ *arancia*

tartara, bistecca alla rohes Hacksteak, mageres, geschabtes oder feingeh. Rind-, a. Fischfleisch, zum Rohessen (mit rohem Ei, feingeh. Zwiebeln, Kapern usw.) gewürzt, muß frisch sein; ↑ a. *ascé*

tartara, salsa Würzmayonnaise mit hartgek. Eigelb, geh. Zwiebeln und Schnittlauch, a. feingeh. Gürkchen, Kapern und Kräutern

tartarà Flan, sämiger Auflauf aus Sahne, Milch, geh. Kräutern (Rosmarin, Lorbeer, Salbei), Zwiebeln, Knoblauch und geriebenem Parmesan in Scheiben (Langhe, Piemont)

tartaruga (marina) (Suppen-)Schildkröte, vom Aussterben bedroht, sollte deshalb nicht mehr gefangen und gegessen werden, es sei denn, sie sei gezüchtet

tartelletta Tortelett, rundes oder ovales Törtchen aus Blätter-, Mürbe- oder Sandteig

tartufo Trüffel, der edelste, kostbarste Speisepilz, von subtilem, überfeinertem, irgendwie morbidem Duft und Geschmack, benötigt für die Zubereitung Feuchtigkeit und Wärme, aber nicht Hitze; a. Kugel aus geschmolzener Schokolade mit Butter oder Sahne, nicht lange haltbar; Halbgefrorenes mit Kakao oder Schokolade

– **bianco, biancone, di Alba, piemontese**   Weiße Trüffel, haupts. aus der Gegend von Alba im Piemont, aber a. sonst in Nord-, Mittelitalien, auf Sardinien und im jugoslawischen Istrien, gute Zeit Okt.–Nov.; ↑ *truffalu giallu*

– **di mare, cappa verrucosa, venere tartufe**   Rauhe Venusmuschel, eines der besten eßbaren Meeresweichtiere, empfindlich, aber feiner Geschmack, sollte vor Verzehr immer geschlossen sein, ab Mai nicht mehr frisch erhältlich, am besten roh (und ohne Zitrone), aber a. gekocht genießbar

– **nero, del Périgord, di Norcia**   Schwarze Trüffel, haupts. aus Frankreich, aber a. in der Toskana und in Umbrien gefunden; ↑ a. *scorzone*

tasca   Tasche; Spritzbeutel

Taschenkrebs   *granciporro* [grantschipórro] m

tassa   Suppe aus Brot, Pfefferschötchen, Kräutern und Glühwein, wird in Tassen serviert (Molise)

tasto   Bauch, Wammerl vom Kalb

tatin, (torta)   urspr. frz. [tatã]: gestürzter Mürbeteigkuchen mit karamelisierten Äpfeln

Taube   *piccione* [pitschóne] m

Täubling   *russula* [rússula] f

Tauchsieder   *riscaldatore a immersione* [riskaldatóre a immersióne] m

Taurasi   roter Spitzenwein DOC aus der Provinz Avellino in Kampanien, kräftig und körperreich, jung etwas herb, mit dem Alter aber vollmundig und aromatisch, darf sich nach 4 Jahren Lagerzeit *Riserva* nennen, TR 4–12 Jahre, TT 17–18°, zu dunklem Fleisch, Schaf, Ziege und Wild

taverna   Schenke, Taverne, Wirtshaus; Restaurant im ländlichen Stil

tavola, tavolo   Tisch

– **calda**   warme Küche; Imbißstube, Stehbüfett, Snack-Bar; Gasthaus, in dem man an einem langen Tresen sitzt und preiswert essen kann

– **fredda**   kalte Küche

– **libera**   freier Tisch

– **nell'angelo**   Ecktisch

– **occupata**   besetzter Tisch

– **riservata**   reservierter Tisch

tazza, tazzina   Tasse, Schale

Tazzelenghe, Tacelenghe   roter Tafelwein aus der Provinz Udine im Friaul, trocken und tanninhaltig mit leich-

tem Erdgeschmack, wird mit dem Alter milder, TR bis
6 Jahre, TT 18°, zu dunklem Fleisch und Wild

tè, the Tee
– ghiacciato Eistee

Tee *tè* [tä] m
-beutel *tè in bustina* [tä in bustina] m
-gebäck *biscotti da tè* [biskòtti da tä] pl
-kanne *teiera* [teièra] f
-löffel *cucchiaino da tè* [kukkiaino da tä] m
– mit Milch *tè al latte* [tä al làtte] m
– mit Zitrone *tè al limone* [tä al limòne] m
-sieb *colino per il tè* [kolino per il tä] m
-tasse *tazza da tè* [tàdsa da tä] f
   Gesundheits○ *infuso* [infùso] m
   Kräuter○ *tisana* [tisàna] f
   Schwarz○ *tè nero* [tä nèro] m
   Tasse – *una tazza di tè* [ùna tàdsa di tä] f

tegamaccio Fischsuppe aus Süßwasserfischen (Aal,
Flußbarsch, Hecht, Schleie usw., aber nicht Karpfen) mit
Tomaten, Mangold, Sellerie, Knoblauch, Petersilie, Lor-
beer und Weißwein (Umbrien)

tegame (Brat-)Pfanne, Tiegel
   al – gebraten, geschmort
   salsicce al – Bratwürste
   uova al – Spiegeleier

tegola, tegolina Mandelziegel, -plätzchen (Aostatal)

tegoline Venetien: grüne Bohnen, ↑ *fagiolini*

teiera Teekanne

Teig *pasta* [pàsta] f
-masse *impasto* [impàsto] m
-waren *paste* [pàste] pl
   Back○ *pastella* [pastélla] f
   Blätter○ *pasta sfoglia* [pàsta sfòlja] f
   Hefe○ *pasta lievitata* [pàsta li|ewitàta] f
   Mürbe○ *pasta frolla* [pàsta fròlla] f
   Sand○ *pasta sablée* [pàsta ßablè] f

Teller *piatto* [piàtto] m
   flacher (Eß-) – *piatto piano* [piàtto piàno] m
   tiefer (Suppen-) – *piatto fondo* [piàtto fòndo] m

tellina, calcinello Dreiecksmuschel, eßbare Meeresmu-
schel, sehr feines Fleisch, wie Austern roh, aber a. gek. zu
genießen; manchmal a. Name für Kreuzmuster-Teppichmuschel, ↑ *vongola*

temolo Äsche, Lachsfisch aus Fließgewässern, mageres,
zart aromatisches, leichtverdauliches Fleisch, muß frisch
sein, läßt sich (behutsam) braten, dämpfen, kochen

Temosci Weißwein aus Ligurien, ↑ *Albarola di Pignone*

tempaiolo, (maialano) Toskana: Spanferkel, ↑ *porcetto*

tempestine „Hagelkörnchen", kl. Teigperlen, für Brühen und Suppen

tempia Fleisch vom Kopf (Wange usw.) des Schweins

tenero weich, zart, mürbe

tenerume (Kalbsbrust-)Knorpel

tenuta (viticola) Land-, Weingut; Streifenbrasse, ↑ *tanuta*

Teppichmuschel *vongola verace* [wòngola weràtsche] f

Teran roter Tafelwein aus Julisch Venetien, ↑ *Terrano*

Terlano Terlaner, Weißwein DOC, aus der Provinz Bozen in Südtirol, trocken, frisch, spritzig und angenehm säuerlich, TR bis 2 Jahre, TT 8–10°, zu Vorspeisen, Fisch und Spargeln; ↑ a. *Sauvignon di Terlano, Sylvaner di Terlano*

Termeno (Aromatico) reg. für Rebsorte und Wein Gewürztraminer, ↑ *Traminer Aromatico*

Teroldego Rotalino (Rubino) Rebsorte aus der Provinz Trient im Südtirol, die kräftige, robuste Weine mit wenig Säure ergibt; DOC-Weine daraus: rosé, *rosato*, mild und leicht herb, TR 2–4 Jahre, TT 12–14°, zu Teigwaren, Reis und Wurstwaren; rot, *rosso*, trocken, fruchtig voll mit leichtem Bittermandelton, darf sich nach 2 Jahren Lagerzeit *Superiore* nennen, TR 2–5 Jahre, TT 16°, zu Polenta, Schmorbraten, Wild und würzigem Käse

terraglia Steingut, irdenes Geschirr; Töpferwaren

Terrano, Teran roter Tafelwein aus der Provinz Görz in Julisch Venetien, trocken, bukettreich, harmonisch und bekömmlich, TR bis 4 Jahre, TT 18°, zu geschmortem Fleisch und pikantem Käse

Terre Alte weißer Tafelwein von den ↑ *Colli Orientali del Friuli*, blumig, sanft und elegant, TR bis 4 Jahre, TT 10°, zu Fisch, Gemüse und Eierspeisen

terrina Terrine, feuerfeste Porzellan- oder Steingutform; Pastete darin ohne Teighülle aus durchgedrehtem, gewürztem Fleisch, Geflügel, Fisch, heute a. Gemüse usw.

testa Kopf; in der Küchensprache meist Kalbs- oder Schweinekopf, ganz oder in Stücken
– **di moro** Edamer Käse; Mohrenkopf, süßer Krapfen, mit Vanillecreme oder Schlagsahne gef., mit Schokolade überzogen
– **dura** reg.: Knurrhahn, ↑ *capone*

testaroli Teigrauten mit Basilikum, Knoblauch, Öl und Schafkäse oder Parmesan (Ligurien)

testicoli Hoden, Geschlechtsdrüse von männlichem Schlachtvieh (Kalb, Stier, Lamm, Schafbock)

testina Kopf von Kalb, Lamm oder Ziege, letztere meist in zwei Hälften geteilt

tetragonia, spinacio perenne, della Nuova Zelanda Neuseeländer Spinat, Sommerspinat, zarte, fleischige Blätter werden wie der gewöhnliche Spinat, ↑ *spinacio*, zubereitet

tettina, mammella, poppa Kuheuter, früher bes. in Ligurien und dem Piemont als gek. Vorspeise geschätzt

teuer *caro* [kåro]

the Tee, ↑ *tè*

Thunfisch *tonno* [tónno] m

tiagallo Ligurien: Meeraal, ↑ *grongo*

ticinese, alla auf Tessiner Art, einfache, aber natürliche und phantasievolle Küche

Ticino Tessin, südlichster Kanton der Schweiz an der Südflanke der Alpen, faszinierende Verbindung von alpiner mit mediterraner Natur und Kultur, anmutige Landschaften, mildes Klima und deshalb reger Fremdenverkehr, ↑ Ticino S. 67 ff.

tiedda Reisauflauf mit Tomaten-, Kartoffel-, Zwiebel- und Zucchinischeiben, Miesmuscheln, Brotbröseln, Knoblauchzehe, geh. Petersilie und Schafkäse

Tiefkühl‖fach *freezer* [frisär] m
-truhe, -schrank *congelatore* [kondschelatóre] m

tiella Süditalien: Backform, Pfanne für den Ofen; Apulien: Kartoffeln, Zwiebeln, Pilze mit Knoblauch und Petersilie aus der Backform; Latium: Brotteigfladen mit Füllung aus Wurst, Tomaten, Ei und frischem Käse oder Meeresfrüchten, Tomaten, Knoblauch, Oliven und Kapern

tiepido lau(warm)

Tifernum angenehme Landweine aus der Provinz Campobasso in Molise: rosé, *rosato*, trocken und blumig zart, TR bis 3 Jahre, TT 12–14°, zu Vorgerichten und Wurstwaren; rot, *rosso*, elegant, blumig voll und leicht herb, TR 3–4 Jahre, TT 18°, zu gebr. Fleisch und Geflügel

tiglio Linde(nblüte), Blütenstände süßlich duftig, können getr. in Pulverform a. als Geschmackszutat für Saucen verwendet werden; als Tee beruhigend, hustenstillend und lindernd

Tignanello   roter Marken-, Spitzenwein aus der Provinz Florenz in der Toskana, urspr. ein Lagen-Chianti, trocken, ausgewogen samtig und voll, TR 4–6 und mehr Jahre, TT 18°, zu dunklem Fleisch und Wild

tignosa   Wulstling, ↑ *amanita*

timballo, dariola   Backform für Pasteten; Becher-, Füllpastete aus Teigwaren, Reis, Ragouts usw. mit oder ohne Teighülle in dieser Form
- **di crespelle**   hauchdünne Eierkuchen, mit Schichten von Ragouts und Käse im Ofen überbacken (Rom)
- **di tortellini**   Nudelpastete mit Füllung von ↑ *sugo bolognese*, schwarzen Trüffeln und geriebenem Parmesan im Mürbeteig (Bologna, Emilia-Romagna)

timo   (Garten-)Thymian, Gewürz-, Küchenkraut, Heilpflanze, ätherisch-ölige Zweigchen (ganz) oder Blätter (geh.) würzig-nelkig, a. getr. noch sehr intensiv, als Gewürz für Fleisch, Gemüse usw.; als Tee balsamisch entspannend, hustenlösend; Name für Bries, Milch, Milke von Kalb oder Lamm, ↑ *animella*

tinca   Schleie, karpfenartiger Süßwasserfisch, heute a. gezüchtet, fettes, aber schmackhaftes, leicht süßliches Fleisch, läßt sich blau kochen, braten, fritieren

tinello   Bottich; Wohnstube, Eßzimmer; Rom: ländliches Gasthaus, Weinkeller

Tintenfisch   *seppia* [ßắppia] f

tirami su, tiramisù, crema di mascarpone   „Zieh' mich hoch", süße Nachspeise aus aufgeschlagener Creme, ↑ *Mascarpone* oder Sahnequark und mit Kaffee getränkten Löffelbiskuits, mit bitterem Kakaopulver bestreut und kalt serviert (urspr. Venedig)

tirasfoglia   Nudel-, Pastamaschine

Tirolo   Tirol, ↑ *Alto Adige*

tisana   Aufguß, Tee aus Heilkräutern und -pflanzen

Tisch   *tavola* [tàvola] f
-tuch   *tovaglia* [tovàlja] f
-wein   *vino da pasto* [wino da pàsto]

Tocai (Italico)   Rebsorte aus Nordostitalien, die nichts mit dem ungarischen oder elsässischen Tokaier zu tun hat und fruchtige, weiche Weißweine mit leicht bitterem Abgang ergibt; DOC-Weine daraus ↑ *Colli Berici, Colli Euganei, Collio, Colli Orientali del Friuli, Grave del Friuli, Isonzo, Latisana, Piave*
- **di Aquileia, Friulano**   aus der Provinz Udine, trocken, elegant mild und fruchtig, TR 2–3 Jahre, TT 10°, zu Fisch, Eier-, Gemüsegerichten, Kalbfleisch und Geflügel

- **di Lison** aus der Provinz Venedig, trocken und würzig fruchtig, TR 2–3 Jahre, TT 10°, zu Fisch und Fischsuppen
- **di San Martino della Battaglia** vom südl. Ufer des Gardasees in der Provinz Brescia, trocken, frisch und leicht bitterlich, TR bis 2 Jahre, TT 10°, zu Vorspeisen, Fisch und Eiergerichten

tocco Stück, Happen; Genua: Sauce, ↑ *sugo*

tofeja Kochtopf aus gebranntem Ton; Eintopf darin aus Schweinefleisch und Bohnen (Canavese, Piemont)

Toilette *gabinetti* [gabinètti] pl

toma, tometta versch. Sorten Hartkäse aus entrahmter, teilentrahmter oder Voll-Milch von Kuh, Schaf oder Ziege, Juli–Sept. hergestellt, Fettgeh. mind. 18 %, jung als mild salziger Tafelkäse, gereift würzig zum Reiben (Alpen-, Voralpenregionen der Lombardei und des Piemont, Apennin, Sizilien)

Tomate *pomodoro* [pomodòro] m
-nmark *concentrato di pomodore* [kontschentràto di pomodòro] f
-nsaft *succo di pomodoro* [ßùkko di pomodòro] m
-nsauce *salsa di pomodoro* [sàlsa di pomodòro] f

tomaxelle Ligurien: Kalbsrouladen

tombarello, biso Unechter Bonito, Fregattenmakrele, kl. Thunfisch, mäßiges, etwas schweres, öliges Fleisch

tometta Hartkäse, ↑ *toma*

tomino kl. Weichkäse von milchsäuerlichem Geschmack, frisch, *fresco*, oder gereift, *stagionato*, oft in Öl oder grüner Sauce eingelegt

ton(n)arelli, quadretti, quadri, quadrucci viereckig geschnittene Eiernudeln, Fleckerln, für herzhafte Saucen, Sughi (Latium)

tondone Pfannkuchen

tonica, (acqua) Tonic Water, gesüßtes, chininhaltiges Erfrischungsgetränk

tonnarelli viereckige Eiernudeln, ↑ *tonarelli*

tonnato, vitello Kalbfleisch in Thunfischsauce, ↑ *vitello tonnato*

tonnetto/liscio, tonnina, alletterato Falscher Bonito, Gefleckter Thun, kl. schmackhafter Thunfisch, läßt sich kurzbraten, marinieren, gute Zeit Mai–Juli
- **striato, bonita, bonito, palamida, tonno bonita** Echter Bonito, Gestreifter Thun, kl. schmackhafter Thunfisch, dem ↑ *tonnetto liscio* ähnlich

tonnina Ligurien: Würstchen aus Thunfleisch

tonno (rosso) Großer, Roter Thunfisch aus dem Meer, fettes, wohlschmeckendes Fleisch, kann wie Kalbfleisch zubereitet werden, läßt sich (in Scheiben) grillieren, fritieren, schmoren, gute Zeit Mai–Juli, a. ger. oder als Ölkonserve im Handel

– **alalunga** Germon, Weißer Thunfisch, etwas kleiner als der Rote Thunfisch, liefert fettes, vitaminreiches Fleisch

– **al naturale** nicht in Öl, sondern in Salzlake eingemachter Thunfisch

– **bonita** Echter Bonito, ↑ *tonnetto striato*

– **tonnina** Falscher Bonito, ↑ *tonnetto liscio*

Topf *pentola* [péntola] f

Topfennocken mit Frischkäse und Schnittlauch gef. Grießknödel (Südtirol)

topinambur, carciofo di Giudea, castagna di terra Topinambur, Erdartischocke, stärkehaltige Wurzelknolle, die „Kartoffel der Diabetiker", festes Fleisch von etwas fadem, aber angenehm nussigem, gek. leicht süßlichem Geschmack, läßt sich roh als Salat oder Gemüse verwenden sowie, geschält oder ungeschält, wie die Kartoffel zubereiten

Torbato (di Alghero) weißer Spitzenwein aus der gleichn. Rebsorte auf Sardinien: voll und fruchtig, trokken *(secco)* TR bis 2 Jahre, TT 8–10°, zum Aperitif, zu Meeresfrüchten und Fisch, halbsüß *(extra)* TR bis 3 Jahre, TT 10°, zum Aperitif und zu Desserts, (sehr) süß *(passito)*, aus halbgetr. Beeren, TR bis 4 Jahre, TT 8–10°, zu Desserts

torchio Weinpresse, Kelter, Torkel

torciglioni kurze, gedrehte Nudeln, zu Saucen, Sughi

torciolo Rom: Pankreas, Bauchspeicheldrüse des Kalbs

Torcolato (di Breganze) weißer Tafelwein aus der Provinz Vicenza in Venetien, süß aus leicht getr. Trauben, voll und aromatisch, TR bis 5 und mehr Jahre, TT 12–14°, zu pikantem Käse und Desserts

torcolo gr. Teigkranz aus Eiercreme, Milch, Butter mit gerösteten Anissamen, Pinienkernen, Rosinen, Zedrat und kandierten Orangenschalen (Perugia, Umbrien)

tordelli halbmondförmige ↑ *Ravioli* aus Mehl, Eiern und Wasser mit reicher Füllung (Kalbfleisch, Hirn, Eier, ↑ *Ricotta*, Schafkäse, Kräuter, Gewürze usw.), werden zu einem Ragout aus Kalbfleisch, Tomaten, Zwiebeln, vielen Aromazutaten und Butter serviert (Toskana)

tordo, griva Drossel, Singvogel, sollte aus tier- und umweltfreundlichen Gründen nicht mehr gefangen und gegessen werden; Lippfisch, barschartiger Meerfisch, grobes, süßliches, nicht bes. schmackhaftes Fleisch, meist in Fischsuppen

Torgiano   DOCG-Wein aus der Provinz Perugia in Umbrien: weiß, *bianco (Torre di Giano)*, trocken, fruchtig und angenehm säuerlich, TR 2–3 Jahre, TT 8–10°, zu Schaltieren und Fisch; rot, *rosso (Rubesco)*, trocken, duftig füllig und ausgeglichen, TR 5–10 und mehr Jahre, TT 18°, zu gebr. Fleisch

torlo   Eidotter, -gelb

toro   Stier; Fleischteile und -stücke ↑ Rind

torre   Turm
- ♀ **Alemanna**   roter Tafelwein aus der Provinz Foggia in Apulien, trocken und harmonisch, TR 4–8 Jahre, TT 18°, zu Braten, Schaf oder Ziege
- ♀ **Ercolana**   roter Tafelwein aus der Provinz Frosinone im Latium, trocken, mild und elegant, TR bis 10 und mehr Jahre, TT 18°, zu Geflügel und Wild
- ♀ **in Pietra**   roter Tafelwein von längs der Via Aurelia im Norden Roms, angenehm trocken, TR 2–3 Jahre, TT 18°, zu gebr. Fleisch und Lamm
- ♀ **Marina**   Tafelweine aus der Gegend um Marsala auf Sizilien: weiß, *bianco*, trocken und aromatisch, TR bis 1 Jahr, TT 8–10°; rot, *rosso*, trocken und harmonisch, TR 2–3 Jahre, TT 16°
- ♀ **Quarto**   roter Markenwein aus der Provinz Foggia in Apulien, trocken, markant und körperreich, TR bis 10 und mehr Jahre, TT 18°, zu Braten und Wild
- ♀ **Saracena**   roter Tafelwein aus der Provinz Tarent in Apulien, trocken und mild, TR bis 5 und mehr Jahre, TT 18°, zu Geflügel und Wild

torrefare   rösten, (Kaffee) brennen

torrefazione   Kaffeerösterei; Kaffeebar

Torette (di Saint Pierre)   Rotwein DOC aus dem Aostatal, trocken, körperreich und samtig, darf sich nach mind. 8 Monaten Lagerzeit *Superiore, Supérieur* nennen, TR 4–7 und mehr Jahre, TT 17–18°, zu Schmor- und Saucengerichten, Kaninchen

torricella   Hornschnecke, eßbares Meeresweichtier, nicht bes. feines, aber angenehmes Fleisch, kann mit Öl und Zitronensaft roh oder (mit Thymian, Lorbeer, Pfefferkörnern usw.) gek. werden

Torricella   weißer Malvasier-Wein aus dem Chianti in der Provinz Florenz, Toskana, trocken, bukettreich und mild, TR bis 10 Jahre, TT 8–10°

torroncino   Rahmeis mit ↑ *torrone*-Stücken

torrone harter, süßer Konfektriegel aus gerösteten Mandeln, Haselnüssen, Pistazien u. ä. mit Honig, Eiweiß und Zucker, a. mit Feigen, Schokolade usw.

torta Torte; salzige oder süße Pastete; Kuchen
- **casalinga** Eischneetorte
- **di fregolotti** hartes trockenes Gebäck, der ↑ *fregolatta* ähnlich (Trient)
- **di ricotta** Torte mit ↑ *Ricotta*-Füllung und Zuckerguß, luftig und zart, dem Käse-, Quarkkuchen ähnlich
- **di verdura** Mürbeteigkuchen mit geh. Schweinefleisch, Mangold, Zwiebeln, ↑ *Ricotta*, geh. Kräutern und Gewürzen
- **Giolitti** Eistorte aus Biskuitboden mit Sahnefüllung und Krokant in Eismantel (Rom)
- **glassata** Fondantkuchen
- **pasqualina, di Pasqua** Gemüsetorte, ↑ *pasqualina*

tortelli recht- oder viereckige Teigtaschen aus Weizenmehl und Eiern mit Füllung aus Fleisch, Geflügel, a. Kürbis, ↑ *Mascarpone*, ↑ *Ricotta*, Kastanien, Kräutern usw. (Mantua, Lombardei u. a.)

tortellino Schweinewurst, ↑ *cappello del prete*

tortellini kl. Teigringe mit versch. Füllungen, meist Fleisch, a. Spinat, ↑ *Ricotta* usw. (urspr. Bologna, Modena, heute a. anderswo)
- **alla panna** fleischgefüllte ↑ *Tortellini* in süßer, ungeschlagener Sahne mit Muskat, Pfeffer und geriebenem Parmesan
- **di erbette** ↑ *Tortellini* mit Füllung aus Gemüsen (Mangold, Spinat usw.) und (Wiesen-)Kräutern
- **emiliani** mit Hühner-, Schweinefleisch, ↑ *Mortadella*, Parmaschinken, Parmesan, weißem Pfeffer, Muskat usw. gef. ↑ *Tortellini* in Fleischsauce (Emilia-Romagna)

tortelloni eckige oder halbrunde Teigtaschen mit Füllung aus Fleisch, Wurst, Geflügel, Parmesan, a. Kürbis, ↑ *Ricotta* usw. (Bologna, Emilia-Romagna u. a.)

tortellotti gr. Teigtaschen, Teigringe mit Füllung aus Fleisch, Meeresfrüchten, a. Spinat und sonst Gemüse, ↑ *Ricotta* usw. (Emilia)

tortiera Kuchen-, Tortenform

tortiglioni kurze, gedrehte und gerippte Röhrennudeln aus Hartweizengrieß, zu dicken Gemüsesuppen, Ragouts und Fleischsaucen, Sughi

tortino kl. Törtchen, Eierkuchen, Auflauf

Toscana Toskana, mittelital. Landschaft vom Apennin zur Küste des Tyrrhenischen Meers und ihr vorgelagerten Inseln, dazwischen liebliches Hügelland mit sanften Kuppen, Feldern, Weinhängen, Olivenbäumen und Zypressen, dicht besiedelt und intensiv kultiviert, ↑ Toscana S. 70 ff.

toscanelli   weiße Königsbohnen, bes. gut mit Olivenöl übergossen (Toskana); ↑ *fagiolo bianco*

toscanello   reg.: Schafkäse, ↑ *pecorino toscano*

tosella di Primiero   gepreßter Frischkäse aus Vollmilch, wird in Scheiben geschnitten und in Butter geb.; im Trident warm auf ↑ *Polenta* serviert

tostapane   Brotröster, Toaster

tostare   rösten

totanessa   Toskana: Pfeilkalmar, ↑ *totano*

totano   Pfeilkammer, zehnarmiger Tintenfisch, etwas zäheres und weniger schmackhaftes Fleisch als der Kalmar, ↑ *calamaro*, a. tiefgekühlt im Handel; Ligurien, Toskana, Sardinien: Name a. für den Kalmar, ↑ *calamaro*

tournedos   urspr. frz. [turnödō]: kl. dicke Lendenschnitte aus dem Kopf oder der Spitze des Rindsfilets
– **alla sarda**   Lendenschnitte mit hühnerfleischgef. Gurken, Tomaten und Safranreiskroketten
– **Cenerentola**   in klarer Butter gebr. Lendenschnitte mit Zwiebelsauce und schwarzen Trüffeln auf Artischockenböden
– **Enrico IV**   Lendenschnitte vom Grill mit Béarner Sauce, Artischockenböden und Pommes frites
– **Rossini**   Lendenschnitte auf in Butter geröstetem Weißbrot mit Gänseleber- und Trüffelscheiben, mit Brat- und Madeirasauce überzogen

tovaglia   Tischtuch

tovagliolo   Mundtuch, Serviette
– **di carta**   Papierserviette

tozzetto   trockener, lange haltbarer Biskuit (Latium)

tracina   Drachenfisch, Familie barschartiger Meerfische mit giftiger Rückenflosse
– **, pesce ragno**   Großes Petermännchen, festes, trockenes, jedoch aromatisches Fleisch, aber giftige Stacheln, läßt sich (frisch) pochieren, braten, grillieren, gratinieren, für Fischsuppen, a. ger. im Handel
– **dragone**   Geflecktes Petermännchen

tramezzino   Sandwich, versch. belegt

Traminer Aromatico   Gewürztraminer, Rebsorte, die in Südtirol kräftige, volle und aromatisch blumige Weißweine ergibt, ↑ *Alto Adige, Aquileia, Collio, Grave del Friuli, Isonzo, Trentino, Valle Isarco*

trancia, -ce   Scheibe, Schnitte, insbes. von gr. Fischen

Trani   einfacher roter „Kneipwein" aus der Provinz Bari in Apulien, kräftig und voll, TR bis 6 Jahre, TT 18°

Moscato di –   Weißwein DOC, süß *(dolce naturale)* oder likörig *(liquoroso)*, weich und samtig mit Muskatellergeschmack, TR 2–4 Jahre, TT 8–10°

trastullini   Toskana: geröstete, gesalzene Kürbiskerne

trattoria   Gaststätte, Wirtshaus, Familienbetrieb mit regionaler, lokaler Küche; heute a. gehobene Restaurants

Traube   *grappolo (d'uva)* [gràppolo (dùwa)] m

travasare   umfüllen, umgießen

Trebbianino Val Trebbia   Weißwein DOC aus der Provinz Piacenza, ↑ *Colli Piacentini Trebbianino Val Trebbia*

Trebbiano   ital. Rebsorte, die fruchtig-frische Weißweine mit kräftiger Säure ergibt; daraus neben vielen Tafelweinen 2 DOC-Weine:

– **d'Abruzzo**   aus versch. Provinzen der Abruzzen (am besten *Peligno Bianco*), trocken, frisch und harmonisch, TR bis 2 Jahre, TT 8–10°, zu Vorspeisen, Fisch und Gemüse

– **di Romagna**   aus den Provinzen Bologna, Forlì und Ravenna, Emilia-Romagna, trocken und frisch mit leichter Säure, a. lieblich *(amabile)*, süß *(dolce)* oder schäumend *(spumante)*, TR 3–5 Jahre, TT 8–10°, zu Vorspeisen, Gemüsesuppen, Fisch und Eierspeisen

treccia   Zopf(brot); zu einem Zopf geflochtener, ger. Käse aus Kuh- oder Büffelmilch, saftig-aromatische Variante der ↑ *Mozzarella*

trenette   lange flache ↑ *Spaghetti* mit gewelltem Rand, zu ↑ *Pesto*, Butterrahm- oder würzigen Saucen, Sughi (Ligurien)

Trentino   Trient, Region Nordostitaliens zwischen Zentralalpen und Gardasee, reizvolle Kulturlandschaft mit Weide-, Wiesenwirtschaft, Obst-, Weinbau, Nationalparks und viel Fremdenverkehr im Sommer (Alpinismus, Sommerfrischen, Kuren) und Winter (Wintersport), ↑ Trentino – Val d'Adige S. 74 ff.; von daher Sortenweine DOC:

Weiße Weine:

Bianco   trocken, voll und harmonisch, TR 2–4 Jahre, TT 10°, zu Fisch, Gemüsekuchen und weißem Fleisch

Chardonnay   trocken, elegant und rassig, TR bis 3 Jahre, TT 10°, zu leichten Vorspeisen, Suppen und Fisch

Moscato Giallo   Gelber Muskateller, duftig süß mit Muskatton, TR 3–5 Jahre, TT 12°, zu Früchten und Gebäck, als Likörwein, *liquoroso*, a. nach dem Mahl

Müller-Thurgau Riesling x Silvaner, trocken und aromatisch frisch, TR 2–4 Jahre, TT 8°, zu Vorspeisen und Fisch

Nosiola trocken, fein frisch und fruchtig mit delikatem Mandelgeschmack, TR 2–4 Jahre, TT 8°, zu Gemüsesuppen und gek. Fisch

Pinot Bianco Weißburgunder, trocken und geschmeidig, leicht herb, a. schäumend, *spumante*, TR 2–4 Jahre, TT 8°, zu Kraftbrühen, Gemüsevorspeisen und gek. Fisch

Pinot Grigio Ruländer, trocken, harmonisch und voll, a. schäumend, *spumante*, TR 2–4 Jahre, TT 10°, zu Krustentieren und Fisch

Riesling Italico Welschriesling, trocken und delikat fruchtig, TR 2–4 Jahre, TT 8–10°, zu Meeresfrüchten, Tintenfisch und Fisch; † aber a. *Riesling del Trentino*

Riesling Renano Rheinriesling, trocken, fruchtig und leicht säuerlich, TR 2–4 Jahre, TT 8–10°, zu Krustentieren, Fisch und Gemüsesuppen; † aber a. *Riesling del Trentino*

Traminer Aromatico Gewürztraminer, trocken, würzig füllig und aromatisch, TR 3–4 Jahre, TT 10°, zum Aperitif, zu Vorspeisen und Fisch aus dem Ofen

Vin Santo Trockenbeeren-Auslese aus Nosiola- und Pinot-Bianco-Reben, süß, geschmeidig und rassig, TR 6–20 Jahre, TT 6–8°, als Dessert- und Likörwein

Rote Weine:

Cabernet sehr trocken, kräftig würzig, leicht tanninhaltig und mit Erdgeschmack, darf sich nach 2 Jahren Lagerzeit *Riserva* nennen, TR 3–8 Jahre, TT 18°, zu gebr. Fleisch, edlem Geflügel und Wild

Cabernet Franc trocken, voll und harmonisch, darf sich nach 2 Jahren Lagerzeit *Riserva* nennen, TR 4–8 Jahre, TT 18°, zu Braten, edlem Geflügel und Wild

Cabernet Sauvignon trocken, fruchtig elegant und ausgewogen, darf sich nach 2 Jahren Lagerzeit *Riserva* nennen, TR 4–8 Jahre, TT 18°, zu Wurstwaren, weißem Fleisch und edlem Geflügel

Lagrein Rosato Lagrein Kretzer, hellrot, trocken und anregend fruchtig, TR 2–4 Jahre, TT 12°, zu Vorspeisen und weißem Fleisch

Lagrein Rubino Lagrein Dunkel, trocken und mild samtig, TR 3–6 Jahre, TT 16–18°, zu warmen Vorspeisen, weißem Fleisch und Geflügel

Marzemino trocken, a. halbtrocken bis lieblich, jung charmant, später mild und samtig mit delikatem Mandelton, darf sich nach 2 Jahren Lagerzeit *Riserva* nennen, TR 2–5 Jahre, TT 18°, zu Vorspeisen, Pilzen und weißem Fleisch

Merlot trocken, elegant würzig und weich, darf sich nach 2 Jahren Lagerzeit *Riserva* nennen, TR 3−6 Jahre, TT 18°, zu Wurstwaren, Grill- und Schmorfleisch, Hartkäse

Moscato Rosa Rosenmuskateller, hellrot, angenehm süß und füllig, a. likörig, *liquoroso*, TR 3−6 Jahre, TT 12−14°, zu Früchten, als Likörwein a. zu Desserts

Pinot Nero Blauburgunder, trocken mild und angenehm mit leichtem Mandelgeschmack, a. (meist) schäumend, *spumante*, darf sich nach 2 Jahren Lagerzeit *Riserva* nennen, TR 3−5 Jahre, TT 18°, zu Vorgerichten mit Fleischsauce, weißem Fleisch und Geflügel

Rosso trocken, voll und harmonisch, TR 4−8 Jahre, TT 18°, zu Schmorbraten, Innereien und überbackenem Gemüse

tria Apulien, Sizilien: hausgemachte Hartweizennudeln in versch. Formen

Trichter *imbuto* [imbúto] m

tricoloma equestre Grünling, ↑ *agarico equestre*

trifola Piemont: Trüffel, ↑ *tartufo*

trifolare feinblättrig schneiden; fein aufgeschnittene Pilze, Gemüse, Nieren in Öl, Knoblauch und Petersilie andünsten

triglia Meerbarbe, Familie barschartiger, geschätzter Speisefische
- **di fango** Rote Meerbarbe, etwas weniger fein als die Streifenbarbe, ↑ *triglia di scoglio*, aber ebenfalls ausgezeichnet
- **di scoglio** Streifenbarbe, die feinste Meerbarbe, delikates weißes Fleisch, wenig Gräten, gute Zeit Sept., läßt sich braten, filetieren, für Fischsuppen

triidd Nudelsorte, ↑ *manate*

trinciapollo Geflügelschere

trinciare zerschneiden, tranchieren, zerlegen

trink|en *bere* [bére]
-bar *potabile* [potábile]
○**geld** *mancia* [mántscha] f
- **inbegriffen** *servizio compreso* [ßärwizio kompréso] m
  ○**halm** *cannuccia* [kannútscha] f
  ○**wasser** *acqua potabile* [áqua potábile] f

trionfo di gola mit Likör getränkter Sandkuchen, mit Pistazienkonfitüre bestrichen (Sizilien)

trippa, trippe Kutteln, Kaldaunen, die gereinigten, vorgek. und in Streifen geschnittenen Vormägen der Wiederkäuer, in Italien oft mit Tomatenmark, Thymian, Knoblauch und grünen Oliven oder mit Gemüsen (Karotten,

Sellerie, Zwiebeln, Knoblauch usw.) zubereitet, a. auf frz. Art und auf viele reg. Arten

trippato gek., mit Butter und Parmesankäse goldgelb überb. Karden, *cardo* (Toskana)

trippette Gedärm und Innereien aus dem Bauch des Stockfischs, mit Karotten, Sellerie, Zwiebeln, Knoblauch und Basilikum in Öl gekocht (Genua, Neapel)

trippino der gereinigte, gebrühte Magen des Schweins (Lombardei)

Tristo di Montesecco guter weißer Tafelwein aus der Provinz Pesaro in den Marken, trocken und fruchtig, TR bis 1 Jahr, TT 8–10°, zu Gemüsegerichten

trita|carne, tritatutto Fleischwolf, Fleischhackmaschine
– **ghiaccio** Eiszerkleiner

tritare zerkleinern, zerhacken, haschieren

troccoli Bandnudeln aus Grießmehl und Eiern (Apulien)

trocken (a. Wein) *secco* [ßåkko]

trofie kl. Klöße aus (mit Kartoffeln gemischtem) Weizenmahl und Kleie, gern mit Basilikumsauce, ↑ *Pesto* oder anderen Saucen, Sughi zubereitet (Ligurien)

trombetta da morto, corno dell'abbondanza Herbst-, Totentrompete, Füllhorn, sehr guter Speisepilz aus der Familie der Pfifferlinge, a. getr. und gemahlen als Aromazutat und Würze verwendbar, nicht roh essen, gute Zeit Sept.–Nov.

troppo zuviel

trota Forelle, lachsartiger Süßwasserfisch, heute meist gezüchtet, feines, nussiges Fleisch, je frischer, desto besser, läßt sich blau kochen, braten, dünsten, a. kalt pochieren
– **arcobaleno, iridea** Regenbogenforelle, 1880 aus den USA eingeführter Zuchtfisch, eher etwas fade, frisch, tiefgefroren und ger. *(affumicata)* im Handel
– **bollita** blau gek. Forelle mit ausgelassenem Butter
– **di lago** Seeforelle aus tiefen (Alpen-)Seen
– **di torrente** Zuchtforelle aus fließendem Wasser
– **fario** Bach-, Flußforelle aus klaren, schnellfließenden Gewässern
– **marina, salmonata** Meer-, rotfleischige Lachsforelle

truffalu giallu gelbe, sehr einfache Trüffel aus Kalabrien

trulli kl. radförmige, gerillte Nudeln, für Saucen, Sughi

Trüsche *bottatrice* [bottatritsche] f

Truthahn,-henne   *tacchino* [takkino] m, *tacchina* [takkina] f

tuberina   Knollenziest, ↑ *stachys*

tuma   Schafkäse (Sizilien)

tuorlo   Eigelb, Dotter

turacciolo   Korken, Pfropfen, Stöpsel

turbante   Becher-, Füllpaste ohne Kruste, ↑ *timballo*

Turteln   viereckige, mit Spinat, Käse, Knoblauch usw. gef., in Fett ausgeb. Teigtaschen aus Roggenmehl (Südtirol)

turtidduzza   Lamm-Innereien mit Knoblauch, Petersilie, Öl und einem Spritzer Rotwein (Sizilien)

turtlò   gr. Teigtasche, ↑ *tortelloni*, mit Füllung aus Eiern, geschälten Tomaten, ↑ *Ricotta*, geh. Petersilie, Muskatnuß und geriebenem Parmesankäse (Bologna, Emilia-Romagna)

tussilagine   Huflattich, ↑ *farfara*

Tüte   *sacchetto* [ßakkètto] m

tuttifrutti   Süßspeise aus versch. frischen, konservierten oder kandierten Früchten; Fruchtcreme; Fruchteis

ubriacato, ubriaco   betrunken; Speisen: in Weinsauce

übriagon   Ligurien: Gestreifter Knurrhahn, ↑ *capone ubriaco*

uccelletti di mare   Spießchen von Tintenfischen, Kalmaren und anderen Meeresfrüchten mit dicker Sauce aus geriebenem Brot, Petersilie und Öl

uccelletto, all'   in würziger Mischung von Öl, Knoblauch, Salbei und Tomatenpüree gek. Bohnen (Toskana)

uccellini, uccelletti   kl. Zug- und Wandervögel, sollten aus tier- und umweltfreundlichen Gründen nicht mehr gefangen und gegessen werden

uccelli scappati   versch. Fleischstücke (Kalb, Kalbsleber, Schwein, Innereien usw.) in Würfeln mit Speck und Salbei am Spießchen gebraten (Emilia-Romagna, Lombardei, Tessin)

U.H.T., (procedimento)   Vollmilch: ultrahocherhitzt, uperisiert

Umbria   Umbrien, weiträumige Region Mittelitaliens zwischen Apennin, Toskana, Marken und Latium, fruchtbares Landwirtschaftsgebiet mit vielen alten Städten, ↑ Umbria S. 77 ff.

umbrici   Nudeln in der Art der ↑ *manate* (Umbrien)

umido   feucht, naß; Schmorbraten, -fleisch; Ragout, Voressen; a. Tomatensauce
in – geschmort

Unicum   Markenname eines süß-bitteren, aromatischen Magenlikörs aus 40 Kräutern und exotischen Pflanzen, TT 8–10° (Florenz, a. Österreich)

unreif   *immaturo* [immatúro]

Unter|satz   *sottobicchiere* [sottobiki|ére] m
-tasse   *sottocoppa* [sottokóppa] m

unto   fett; Fett, Fettsauce

uova alla neve   leichte Süßspeise aus gezuckerten Ei-schneeballen inmitten einer Vanille- oder Englischen Creme, oft mit Karamel überzogen

uova di pesce   Fischeier, Rogen, ↑ *bottarga, caviale*

uovo, -a   Ei(er)
– **alla coque**   weiches (Dreiminuten-)Ei
– **all'ostrica**   frisches Eigelb, mit etwas Salz, viel Pfeffer und Zitronensaft gewürzt, wird meist in großem Löffel serviert
– **al piatto, all'occhio, al tegamino, al tegame**   Setz-, Spiegelei
– **bazzotto**   wachsweiches (Fünfminuten-)Ei
– **con pancetta**   Ei mit Speck
– **di mare**   Große Meerscheide, eßbare Meeresfrucht, wird wie der Seeigel, ↑ *riccio*, roh ohne Beilagen oder auf Butterbrot gegessen, ausgeprägter Jodgeschmack, sollte aus sauberen Gewässern kommen
– **di storione**   Kaviar, ↑ *caviale*
– **in camicia, affogato**   pochiertes, verlorenes Ei
– **in cocotte**   Ei im Förmchen, Töpfchen
– **marcio**   faules Ei
– **sbattuto**   geschlagenes Ei
– **sodo, duro**   hartgekochtes Ei
– **strapazzato**   Rührei

uranoscopo   Himmelsgucker, ↑ *pesce lucerna*

urogallo   Auerhahn, ↑ *gallo cedrone*

uva   Traube, Weinbeere
– **bianca**   weiße Traube
– **da tavola**   Tafeltraube, gute Zeit je nach Sorte Mitte Juli–Nov. (Apulien, Sizilien, Abruzzen u. a.)
– **di Corinto**   Korinthe, kl. getr., kernlose Weinbeere, kräftig herbsüßlich (Mittlerer Osten)
– **di Malaga, di Smirne**   gr. getr. Weinbeere, würzig süß (Spanien, Türkei)
– **di monte**   Preiselbeere, ↑ *mirtillo rosso*

– **liatica** blaue Rebsorte, ↑ *Aleatico*
– **moscata** Muskatellertraube
– **nera** blaue Traube
– **passa, secca, uvetta** Rosine, an der Sonne oder künstlich getr. Weinbeere
– **spina** Stachelbeere, in Italien selten
– **sultanina** Sultanina, ↑ *sultanina*

uvetta Rosine, ↑ *uva passa, sultanina*
– **rossa** Berberitze, ↑ *crespino*

vacca Kuh(fleisch), Fleischteile und -stücke ↑ Rind

vaccinara, alla Rom: mit zweitklassigem Rindfleisch

Valcalepio DOC-Weine vom Iseo-See südöstl. Bergamo in der Lombardei: weiß, *bianco*, trocken und herzhaft frisch, TR 1–2 Jahre, TT 8–10°, zu Fisch, Gemüsesuppen und Eierspeisen; rot *rosso*, trocken, manchmal etwas hart, aber vollmundig, TT 18°, zu dunklem Fleisch und Innereien

Valdadige Etschtaler, DOC-, aber bestenfalls eher einfache Tafelweine aus dem Etschtal in den Provinzen Bozen, Trient im Südtirol und Verona in Venetien: weiß, *bianco*, trocken *(secco)* oder lieblich *(amabile)*, TR bis 2 Jahre, TT 10°, trocken zu Fisch, Meeresfrüchten, lieblich zu Fruchtspeisen; rot, *rosso*, trocken bis lieblich, TR 2–3 Jahre, TT 16°, zu Vorspeisen, Teigwaren, gegrilltem weißem Fleisch

Val d'Arbia DOC-Weine aus der Provinz Siena in der Toskana: weiß *bianco*, trocken, frisch und delikat fruchtig, TR 2–3 Jahre, TT 8–10°, zu Fisch; *Vin Santo* aus teilgetr. Trauben, trocken *(secco)*, halbtrocken *(semisecco)* oder süß *(dolce)*, intensiv zart-bitter, TR bis 5 Jahre, TT 8°, zu Desserts

valerianella, dolcetta, gallinella, insalata campagnola, lattughino, lattughella, soncino Feld-. Acker-, Vogerl-, Nüßlisalat, feiner, winterfester Wildsalat, pikant würzig und leicht herb, rundblättrig am besten, nicht lange haltbar

Valgella Rotwein DOC, ↑ *Valtellina Superiore*, aus der gleichn. Zone in der Provinz Sondrio des Veltlins

valigini Kalbsrouladen, in Tomatenbrühe geschmort (Reggio, Emilia-Romagna)

Valle d'Aosta Aostatal, ↑ *Aosta, Valle d'*; ausgezeichnete DOC-Weine aus hochgelegenen Anbaugebieten; ↑ a. *Blanc de Morgex et de La Salle, Chambave, Donnas, Enfer d'Arvier, Gamay della Valle d'Aosta, Torrette*

Weiße Weine:

Bianco trocken, anregend und leicht säurebetont, TR 1–3 Jahre, TT 8–10°, zu Vorspeisen und Fisch

Müller-Thurgau Riesling x Sylvaner, trocken und fruchtig aromatisch; TR 1–3 Jahre, TT 10°, zu Vorspeisen und Fisch

Nus Pinot Grigio Ruländer, trocken, gefällig und harmonisch, TR 3–5 Jahre, TT 10–12°, zu Meerfrüchten und Fisch

Rote Weine:

Arnad-Montjovet trocken, herb mit leichtem Mandelton, TR 4–8 Jahre, TT 16–18°, zu Vorspeisen und weißem Fisch

Nus Rosso trocken, weich und würzig, TR 3–6 Jahre, TT 17–18°, zu Wurstwaren und weißem Fleisch

Pinot Negro Blauburgunder, trocken, kräftig, saftig und leicht tanninhaltig, TR 3–5 Jahre, TT 16–18°, zu warmen Vorspeisen, weißem Fleisch und Geflügel

Rosso trocken und fein herb, a. als Rosé, *Rosato*, hergestellt, TR 2–4 Jahre, TT 16–18°, zu Schmorbraten und Gemüse

Valle Isarco Eisacktaler, weiße DOC-Weine aus dem nördlichsten Rebgebiet Italiens, nördl. Bozen im Südtirol, können sich bei Herkunft aus den begrenzten Gebieten Brixen und Vahrn zusätzlich *Bressanone, Brixer* nennen

Müller-Thurgau Riesling x Silvaner, trocken, anmutig aromatisch und süffig, TR 2–4 Jahre, TT 10–12°, zu Fisch, Eierkuchen und Frischkäse

Pinot Grigio Ruländer, trocken, körperreich, rund und frisch, TR 2–3 Jahre, TT 10–12°, zu Krustentieren und grilliertem Fisch

Sylvaner trocken, jung frisch, später weich und duftig mild, TR bis 2 Jahre, TT 10°, zu Suppen, Fisch, Eiern und Speck

Traminer Aromatico Gewürztraminer, trocken, fein und würzig, TR bis 3 Jahre, TT 10°, zu Käse, Soufflés und Aufläufen

Veltliner trocken, leicht und fruchtig frisch, TR 2–3 Jahre, TT 8–10°, zu Vorspeisen, Schal- und Krustentieren

Val Nure Weißwein DOC aus der Provinz Piacenza, ↑ *Colli Piacenti Val Nure*

Valpolicella Rotweine DOC von den Ausläufern der Alpen nördl. Verona in Venetien, können sich bei Herkunft aus der Kernzone (beste Qualität) *Classico*, bei Herkunft aus dem gleichn. Tal *Valpantena* nennen

Valpolicella trocken, a. lieblich, gehaltvoll, geschmeidig und leicht bitterlich, TR jung und frisch bis 1 Jahr,

TT 11–13°, älter *(Superiore)* 2–6 Jahre, TT 16–18°, zu Nudelgerichten, Braten, Grillfleisch, edlem Geflügel und Käse

Recioto della Valpolicella aus überreifen, teilgetr. Trauben, halbtrocken bis lieblich und süß, alkoholreich, wuchtig und geschmeidig, a. (nicht empfehlenswert) schäumend, *spumante*, oder likörig, *liquoroso*, TR 2–10 Jahre, TT 18°, zu Desserts und Kuchen

Recioto della Valpolicella Amarone ↑ *Amarone*

Valtellina Veltliner, Rotwein DOC aus der Provinz Sondrio in der Lombardei, trocken, leicht und recht tanninhaltig, TR 3–6 Jahre, TT 18°, zu Fleisch und Geflügel

– **Sforzato, Sfurzát** aus spätreifen Trauben, trocken, kräftig und alkoholreich, TR 6–14 Jahre, TT 18°, zu Teigwaren, Wild und reifem Käse

– **Superiore** trocken, kernig und geschmeidig zugleich, tanninhaltig, kann sich je nach Herkunft noch *Grumella, Inferno, Sassella, Valgella* und nach 4 Jahren Lagerzeit *Riserva* nennen, TR 3–8 und mehr Jahre, TT 18°, zu Fleisch, Geflügel und Käse

vaniglia Vanille, getr. Schote eines tropischen Lianengewächses, aus der meist das Mark ausgekratzt wird, süßlicher, eigenartig aromatischer Geschmack, als Gewürz – nicht nur süß – vielseitig verwendbar

vapore, (a) (im) Dampf (erhitzt, gedünstet)

Varzi Wurstsorte, ↑ *salami di Varzi*

vasellame Geschirr

vaso Gefäß, Topf; Glas; Büchse, Dose

vassoio Tablett, Servierbrett

vecchio alt, abgelagert

Vecchio Samperi DOC-Klasse des ↑ *Marsala*, altert im Faß, kraftvoll trocken, TT nach dem Essen oder zu Gebäck 10°, zu pikantem Käse 14–16°

vecciato, pane Brot aus Weizen- und Wickenmehl

Velletri DOC-Weine von südl. Rom: weiß, *bianco*, trocken *(secco)* oder lieblich *(amabile)*, geschmeidig und süffig, TR bis 2 Jahre, TT 8–10°, zu Vorspeisen, Fisch und Gemüse; rot, *rosso*, trocken, frisch und fruchtig, TR 3–4 Jahre, TT 18°, zu gebr. oder gegrilltem Fleisch und Geflügel

vellutata, salsa (bianca) weiße Samtsauce aus Fleisch-, meist Kalbs-, Geflügel-, oder Fischfond mit Mehlschwitze

Veltliner Wein aus der Provinz Sondrio, ↑ *Valtellina*

vendemmia Weinlese, Traubenernte

vendita Verkauf

(pronto) per la – verkaufsfertig

Venegazzú (della Casa) Landweine aus der Provinz Treviso in Venetien: weiß, *bianco*, trocken und leicht bitterlich, a. schäumend, *spumante*, TR bis 2 Jahre, TT 8°, zu Vorspeisen und Fisch, rot, *rosso*, ein Spitzenwein, trocken, bukettiert, weich und edel, TR bis 10 Jahre, TT 18°, zu Fleisch und Wild

venere Kreuzmuster-Teppichmuschel, ↑ *vongola verace*
– chione Glatte Venusmuschel, ↑ *fasolaro*
– tartufo Rauhe Venusmuschel, ↑ *tartufo di mare*

Veneto Venetien, hist. Landschaft im Nordosten der oberital. Tiefebene zwischen Alpen, Gardasee und Adria mit Landwirtschaft, Kunstgewerbe, Industrie und Touristenverkehr Sommer wie Winter, ↑ Veneto S. 81 ff.

veneziana rundes Hefegebäck, mit Kristallzucker und Mandelsplittern bestreut
alla – mit Zwiebeln gekocht

ventaglio Jakobsmuschel, ↑ *conchiglia del pellegrino*

ventresca das weiße, in Öl eingemachte Bauchfleisch des Thunfischs, ↑ *tonno*; Toskana: Bauchspeck des Schweins

ventricina weiche Rollwurst aus fettem und magerem Schweinefleisch mit Pfefferschötchen, Fenchelsamen und Schalen von Zitrusfrüchten (Chieti, Abruzzen)

ventriglio Muskelmagen des Huhns

verbena, erba buona Eisenkraut, Küchen- und Heilpflanze, getr. Blätter erfrischend, a. als Spinatgemüse verwendbar; als Tee oder Likör krampflösend, verdauungsfördernd
– odorosa Zitronenkraut, ↑ *cedrina*

verde grün; unreif
salsa – „grüne Sauce", ↑ *salsa verde*

Verdello weiße Rebsorte aus dem westl. Mittel- und Süditalien; a. Zitronensorte
– Siciliano weißer Tafelwein aus der gleichn. Rebsorte in Ostsizilien, trocken, leicht und angenehm säuerlich, TR 2–3 Jahre, TT 8°, zu Meeresfrüchten

verdesca Blauhai, im Frühling vor Italiens Küsten, zähes, schwerverdauliches Fleisch

Verdicchio Rebsorte aus den Marken, die süffige, frische und leicht tanninhaltige Weißweine ergibt
– dei Castelli di Jesi DOC aus der Provinz Ancona, trocken, fein und fruchtig frisch, darf sich bei Herkunft aus der zentralen Anbauzone *Classico* nennen, TR bis 3 Jahre, TT 10°, zu Fisch und Reisgerichten

- **di Matelica** DOC aus den Provinzen Ancona und Macerata, trocken und anregend, a. schäumend, *spumante*, TR bis 2 Jahre, TT 10°, zu Fisch
- **di Montanello** guter Tafelwein aus der Provinz Macerata, trocken und ausgeglichen, TR bis 2 Jahre, TT 10°, zu Fisch
- **Pian della Mura** aus der Provinz Macerata, trocken und harmonisch, a. (besser) schäumend, *spumante brut nature*, TR bis 2 Jahre, TT 8–10°, zu Vorspeisen und Fisch

Verdiso (di Conegliano) Rebsorte Nordostitaliens und Weißwein aus der Provinz Treviso in Venetien, sehr trokken, leicht metallisch und elegant, TR bis 2 Jahre, TT 8°, zu Vorspeisen, Meeresfrüchten und Fisch

verdone Grüntäubling, ↑ *russula verde*

verdünnen *annacquare* [annaquàre]

verdura Gemüse(gericht)

Verduzzo Rebsorte aus Nordostitalien, die trockene bis (seltener) liebliche, fruchtige, leicht säuerliche Weißweine mit Nußaroma ergibt
- **Friulano** DOC-Wein, robust, körperreich, aber frisch; ↑ a. *Colli Orientali del Friuli, Grave del Friuli, Isonzo, Latisana, Piave Verduzzo*

verkaufen *vendere* [vèndere]

Verkäufer(in) *commesso* [kommèsso] m, *commessa* [kommèssa] f

Vermentino Rebsorte aus Ligurien und Sardinien, die körperreiche, elegante und leicht bitterliche Weißweine ergibt
- **di Gallura** Spitzenwein DOC aus den Provinzen Sassari und Nuoro auf Sardinien, trocken oder halbtrokken, kräftig und weich mit leichtem Mandelton, darf sich bei mind. 14° Alkohol *Superiore* nennen, TR 3–6 Jahre, TT 8–10°, zu Fisch, Schal- und Krustentieren
- **Ligure** Tafelwein von der Riviera Liguriens, trocken, elegant und leicht spritzig mit bitterlichem Abgang, TR 1 Jahr, TT 8–10°, zu Meeresfrüchten und Pesto

vermicelli „Würmchen", Fadennudeln aus Hartweizengrieß; oft a. (z. B. in Neapel) Name für ↑ *Spaghetti*
- **verde** Fadennudeln, ↑ *vermicelli*, in grüner Marinade

vermicelloni Fadennudeln, etwas größer als die ↑ *vermicelli*

Vermouth, Vermut Wermut, mit Extrakten der Wermutpflanze sowie vieler Kräuter, Gewürze und Wurzeln (Aloe, Angelika, Bitterorangen, Bohnenkraut, Chinarinde, Enzian, Gewürznelken, Kardamom, Koriander,

Majoran, Oregano, Salbei, Sandelholz, Thymian, Vanille, Zimt usw.) angereicherter Weißwein, zum ersten Mal in Turin hergestellt, weiß, rosé oder rot, trocken oder süß, als anregender Aperitif oder Durstlöscher gut gekühlt pur oder mit Eis, mit Soda oder in Cocktails genießbar

Vernaccia   weiße oder blaue Rebsorte aus dem westl. Mittelitalien, die körperreiche Weine ergibt

– **di Oristano**   Weißwein DOC aus den Provinzen Oristano und Cagliari auf Südsardinien, trocken und sherryartig, schmeckt nach Mandeln und Macchia, darf sich nach 2 Jahren Lagerzeit *Superiore*, nach 4 Jahren *Riserva* nennen, a. likörig, *liquoroso*, trocken *(secco, dry)* oder süß *(dolce)*, TR 4–6 und mehr Jahre, TT als Aperitif, zu Vorspeisen, Fischrogen und ger. Fisch 6°, zu Fischsuppen und fettem Fisch 8–10°

– **di San Gimignano**   weißer Spitzenwein DOC aus der Provinz Siena in der Toskana, trocken, gefällig frisch und elegant mit leicht bitterlichem Abgang, a. schäumend, *spumante*, darf sich nach 1 Jahr Lagerzeit *Riserva* nennen, bei erhöhtem Alkohol *Liquoroso*, TR bis 4 Jahre, TT 8–10°, zu Wurstwaren, Schinken, weißem Fleisch

– **di Serrapetrona (Spumante)**   Rotwein DOC aus der Provinz Macerata in den Marken, natürlich schäumend, trocken *(secco)*, lieblich *(amabile)* oder süß *(dolce)*, angenehm spritzig und voll mit leicht bitterem Abgang, TR 1 Jahr, TT je nach Geschmacksgrad 8–12°, zu Schmorfleisch, Braten, abgelagertem Käse, Fruchtkuchen und Gebäck

Vernatsch   Rotwein aus der Provinz Bozen, ↑ *Alto Adige Schiave*

veronica   Bachbunge, Sumpfpflanze, saftige Stengel und fleischige Blätter leicht bitterlich pikant, jung im Frühling für Mischsalat

verza   Wirsingkohl, ↑ *cavolo verza*

verzada, verzata   ged. Wirsingkohl, meist zu gek. Würsten und Schweineschwarte (Lombardei)

verziere   Lombardei: Gemüse-, Obstmarkt

verzotto   Wirsingkohlroulade

vescia, loffa   (Birnen-)Stäubling, Speisepilz, unangenehmer Geruch, aber jung und ohne Haut durchaus eßbar, gute Zeit Aug.–Nov.

vescica   Schweineblase

vescovo   Violetter Stechrochen, Stachelrochen aus dem Meer, wegen seines etwas zähen, dunkelroten Fleisches nicht sehr begehrt

Vespolina, Vespolino roter Tafelwein aus der gleichn. Rebsorte in der Provinz Novara im Piemont, trocken, kräftig und tanninhaltig, TR 2–3 Jahre, TT 16°, zu Teigwaren und Fleisch

Vesuvio DOC-Weine von den Hängen des Vesuvs in der Provinz Neapel, Kampanien, dürfen sich bei mind. 12° Alkohol und Erzeugung nach bestimmten Vorschriften a. *Lacryma Christi* nennen: weiß, *bianco*, trocken, herb und leicht säuerlich, a. schäumend, *spumante*, oder likörig, *liquoroso*, TR bis 2 Jahre, TT 8–10°, zu Meeresfrüchten und Fisch; rosé, *rosato*, trocken und gefällig, TR bis 1 Jahr, TT 8°, zu Gemüsegerichten; rot, *rosso*, trocken und kräftig, TR bis 3 Jahre, TT 16–18°, zu Braten, Grillfleisch und Geflügel

vetro Glas

vezzena Käse aus teilweise entrahmter Kuhmilch, nach 4–6 Monaten delikater Geschmack, wird nach 1 Jahr ausgeprägter, kann dann gerieben werden (Vezzena an der Grenze zwischen Venetien und Trentino)

viel *molto* [mólto]

viennese Wiener Schnitzel, gr. dünne Scheibe Kalbfleisch, gewürzt, paniert und in Schmalz knusprig gebr., anschließend mit Zitronenscheibe und geh. Petersilie garniert

vietato verboten, untersagt

vigna Weinberg, Weingarten

vignarola geschmortes Frühgemüse (Puffbohnen, Erbsen) als Vorspeise

vigneto Weinberg, Weingelände

vilio Toskana: wohlfeil, spottbillig

Villa Fontana (seltene) Auslese des ↑ *Cerasuolo*, trokken, saftig und samtig TR 10 und (viel) mehr Jahre, TT 16°

vinacce Weintrester, Treber

Vinarius 1981 gegründete Vereinigung von Weinerzeugern zur Förderung und Erhaltung der Qualität der Weine Italiens

vincisgrassi üppiger Auflauf aus überbackenen hausgemachten ↑ *Lasagne* mit Innereien, Hühnerklein, Fleischbrühe, geriebenem Parmesan und Weißwein (Macerata, Marken)

Vin dei Molini rosé Spitzenwein aus dem Trentino nördl. von Trient, trocken, bukettreich und angenehm säuerlich, TR bis 1 Jahr, TT 14°

Vin du Conseil (Petite Arvine) ausgezeichneter weißer Tafelwein aus der Gegend von Aosta, trocken bis lieblich, vollmundig und fruchtig, TR 1 Jahr, TT 10°, zu Forellen

Vini del Piave Piave-Weine, ↑ *Piave*

vino Wein
- **bianco** Weißwein
- **caldo, brûlè** Glühwein
- **chiaretto** heller Rotwein, Schillerwein
- **chinato** Chinawein
- **classico** Weinprädikat, ↑ *classico*
- **cotto** „gekochter Wein"; Apulien: süßer Most aus frisch gekelterten Trauben; Umbrien: Wein aus zum Teil eingek. Most von blauen Trauben mit Weingeist oder neutralem Branntwein; ↑ a. *saba*
- **da arrosto** „Bratenwein", roter Tafelwein
- **da banco** einfacher Wein, meist nicht abgefüllt und in der Karaffe
- **da mescita** Schankwein
- **da pasto, da tavola** Tafel-, Tischwein
- **da pesce** „Fischwein", weißer Tafelwein
- **della casa** einfacher Wein aus der Gegend, stets trokken und herb, aber meist rein und gut
- **di Madera** Madeira, span. Dessertwein
- **di mele** Apfelwein
- **di miele** Honigwein, ↑ *idromele*
- **di polso** feuriger Wein
- **di Porto** Portwein, ↑ *porto*
- **dolce** Süßwein
- **drogato** Gewürzwein
- **fine, pregiato** erstklassiger, edler Wein
- **frizzante** prickelnder Wein, Perlwein
- **leggero** leichter Wein
- **nero** dunkelroter, schwerer Wein
- ○ **Nobile di Montepulciano** Rotwein DOC aus Siena, ↑ *Montepulciano, Vino Nobile di*
- **nostrano** „hiesiger", lokaler Wein; ↑ a. *Nostrano*
- **novello, nuovo** Italiens Antwort auf den frz. *Beaujolais nouveau*: „Neuer Wein", der nach der Lese, kurz nach schneller Gärung abgefüllt, vor der nächsten herauskommt, also nie älter als 1 Jahr ist, geschmeidig frisch und fruchtig, inerhalb von etwa 6 Monaten bei 8–12° zu trinken (Piemont, Toskana, Venetien u. a.)
- **passito, di paglia** süßer Likör-, Strohwein
- **puro, schietto** ungemischter, reiner Wein
- **rosato, rosatello** Rosé, Süßdruck, blaßroter Wein aus gleich nach der Lese gekelterten blauen Trauben (a. blaue und weiße gemischt), einfacher, aber natürlich frischer Durstlöscher, TT 6–10°
- **rosso** Rotwein

○ **Ruspo, Toscano** hellroter Wein aus Carmignano westl. Florenz, trocken, lebhaft feinfruchtig und süffig, TR bis 1 Jahr, TT 8–10°
- **secco** trockener, durchgegorener Wein
- **sincero, d'uva** naturreiner, unverfälschter Wein
- **sofisticato** gepanschter, verfälschter Wein
- **spumante** Schaumwein, ↑ *spumante*
- **tagliato** verschnittener Wein
- **tipico** Landwein, zwischen ↑ *vino da tavola* und ↑ *DOC*
- **vecchio** alter, abgelagerter, reifer Wein
  lista dei -i Weinkarte
  mezzo – Treber-, Tresterwein
  spirito di – Weingeist

Vin Santo, Vinsanto goldgelber, a. rötlicher Dessertwein aus sorgfältig gelesenen, (auf Strohmatten) getr. Trauben, manchmal edelsüß, oft aber sherryähnlich trocken, alkoholreich, aromatisch und ausgewogen, TR 10 und mehr Jahre, TT 14° (Toskana, Umbrien u. a.)

violette candite kandierte Veilchen(blüten)

virtù deftige Suppe aus getr. und frischen Bohnen, Erbsen, Kichererbsen und Linsen, Fleischstücken, Speck, Möhren, Knoblauchzehen, Sellerie, Zwiebeln, Majoran, Minze, Petersilie und Nudeln (Abruzzen)

visciola Sauer-, Weichselkirsche, dunkle Kirschensorte von weichem Fleisch und erfrischend säuerlichem Geschmack

vissano pikanter Schafkäse (Marken, Umbrien)

vite Weinrebe, Weinstock
- **d'orso, idea** Preiselbeere, ↑ *mirtillo rosso*

vitello Kalb(fleisch); Fleischteile und -stücke ↑ Kalb
- **della Coscia, Fassone** eine der besten Rinderrassen Italiens für erstklassiges Kalbfleisch (Albaner Berge, Umgebung von Rom)
- **di latte** Milchkalb
- **in umido** (in Tomatensauce) geschmortes Kalbfleisch
- **tonnato** dünne Scheiben Kalbfleisch (Nuß, Schenkel, Hinterstück) aus einer Marinade mit Karotten, Sellerie, Zwiebeln, Lorbeer, Gewürznelken, Essig, Weißwein usw. in einer sämigen Sauce aus passiertem Thunfisch mit Sardellen, Öl, Zitronensaft und Kapern (urspr. Lombardei)

vitellone Jungochse, Mastkalb

VITI *Vini Ticinesi*, staatliches Qualitätszeichen *(di qualità, Controllo ufficiale)* für Tessiner Weine

viticoltura Weinbau

vitto Kost, Nahrung, Verpflegung
– **e alloggio** Kost und Logis
 a tutto – mit Vollpension

vivanda Speise

vivente lebend, lebendig

viveri Lebens-, Nahrungsmittel

Volano Reissorte, ↑ *riso superfino*

volante Fliegender Fisch, sein von vielen geschätztes Fleisch wird manchmal als Makrele, ↑ *sgombro*, angeboten

vol-au-vent urspr. frz. [wolowã]: leichte, delikate Blätterteigpastete, hoch und rund, i. a. mit warmem Ragout gefüllt

Voll|kornbrot *pane integrale* [pàne integràle] m
-milch *latte intero* [làtte intéro] m

vongola Venusmuschel, Familie eßbarer, ausgezeichneter Mollusken aus dem Meer
– **, cappa gallina, poverazza** Strahlige Venusmuschel, die im Mittelmeer verbreitetste Venusmuschel, frisch nach dem Fang roh oder, besser, gek. wohlschmeckend, in Italien gern als würzige Zutat zu Teigwaren und Suppen zubereitet
– **chione** Braune, Glatte Venusmuschel, ↑ *fasolaro*
– **gialla** Teppichmuschel, ↑ *longone*
– **molle** Sandmuschel, ↑ *mia*
– **verace, cornuta, nera, cappa incrocchiata, venere** Kreuzmuster-Teppichmuschel, die feinste Venusmuschel, möglichst frisch ged., aber a. roh sehr schmackhaft

Vor|essen *ragù* [ragú] m
-rat *provvista* [prowìsta] f
-speise *antipasto* [antipàsto] m

vorzüglich *eccellente* [etschellénte]

vruoccole Kampanien: Brokkoli, ↑ *broccolo*

Waage *bilancia* [bilàntscha] f

Wacholder *ginepro* [dschinépro] m

Wachtel *quaglia* [guàlja] f

wafer leichte, knusprige Waffel, meist mit Lage von Vanillecreme, Schokolade, Nüssen usw., wird oft zu einer Tasse Schokolade oder zu Speiseeis gereicht

Wahl, (nach) *(a) scelta* [(a) schélta] f

Walnuß *noce* [nótsche] f

Warenhaus *grande magazzino* [gránde magadsino] m

warm *caldo* [káldo]

○**halteplatte** *scaldavivande* [skaldawiwánde] m

Wärme *calore* [kalóre] m

Wasser *acqua* [áqua] f

-glas *bicchiere da acqua* [bikki|ére da áqua] m

-krug *brocca dell'acqua* [brókka delláqua] f

  frisches – *acqua fresca* [áqua fráska] f

  heißes – *acqua (molto) calda* [áqua (mólto) cálda] f

  kaltes – *acqua fredda* [áqua frädda] f

  kühles – *acqua fresca* [áqua fráska] f

  Mineral○ *acqua minerale* [áqua mineràle] f

  Trink○ *acqua potabile* [áqua potábile] f

  warmes – *acqua calda* [áqua kálda] f

weich *molle* [mólle]; Brot usw.: *morbido* [mórbido]; Teig usw.: *soffice* [sóffitsche]

Wein *vino* [wino] m

-brand *brandy* [brándi] m

-essig *aceto di vino* [atschéto di wino] m, *enoteca* [enotéka] f

-handlung *negozio di vini* [negódsio di wini] m

-karte *lista dei vini* [lista de|i wini] f

-keller *cantina di vini* [kantina di wini] f

-kellner *sommelier* [ßomöljё] m

-kühler *secchiello per tenere in fresco il vino* [ßäki|éllo per ténere in fräsko il wino] m

-traube *uva* [úwa] f

  Flaschen○ *vino in bottiglia* [wino in botílja] m

    leichter – *vino leggero* [wino lädschéro] m

    lieblicher – *vino amabile* [wino amábile] m

    offener – *vino sciolto* [wino schólto] m

    trockener – *vino secco* [wino ßäkko] m

  Rosé○ *vino rosato* [wino rosáto] m

  Rot○ *vino rosso* [wino rsso] m

  Weiß○ *vino bianco* [wino biánko] m

weiß *bianco* [biánko]

○**bier, Weizenbier** *birra bianca* [birra biánka] f

○**brot** *pane bianco* [páne biánko] m

○**kohl**, ○**kraut**, ○**kabis** *cavolo bianco* [káwolo biánko] m

○**wein** *vino bianco* [wino biánko] m

Weißburgunder Rebsorte und Wein daraus, ↑ *Pinot Bianco*

Weiße Bohnen *fagioli bianchi* [fádscholi biánki] pl

– Rüben *rape* [rápe] pl

Weizen *frumento* [fruménto] m

Welschriesling Rebsorte, ↑ *Riesling Italico*

wenig *poco* [póko]
  noch ein – *un altro po'* [unáltro pó]

Wiener Schnitzel *viennese* [wi|ennése] m; a. *cotoletta alla milanese* [kotolétta alla milanése] f

Wild(bret) *cacciagione* [katschadschóne] f
-pfeffer *civé* [ßiwé] m
-reis *riso d'acqua* [riso dáqua] m
-schwein *cinghiale* [tschingiále] m
  Feder○ *selvaggina a piuma* [ßelwadschina a piúma] f
  Haar○ *selvaggina da pelo* [ßelwadschina da pélo] f

Windbeutel *bignè* [binjé] m

Wirsing(kohl), Wirz *verza* [wérdsa] f

Wirt(in) *oste* [óste] m, *ostessa* [ostéssa] f; Gastgeber(in): *padrone* [padróne] m, *padrona* [padróna] f

Wohl, zum *alla salute* [álla ßalúte]

Wolfsbarsch *spigola* [spigola] f

Würfelzucker *zucchero in zollette* [dsúkkero in dsollåtte] m

Wurst *salume* [ßalúme] m
-waren *salumi* [ßalúmi] pl

würstel Frankfurter Würstchen, Brühwürstchen aus Schweinefleisch

würzen *condire* [kondire]

würzig *saporito* [ßaporito]

Würzmittel *condimento* [kondiménto] m

yam Yamswurzel, † *igname*

yog(h)urt Joghurt, Sauermilchprodukt, meist aus Kuhmilch, erfrischend säuerlich-aromatisch

zabaione, zabaglione dickliche, aber leichte Schaumcreme aus mit trockenem Marsala, a. Madeira, Portwein, Muskateller, Weißwein u. ä., selbst mit Rum, Weinbrand oder Kirsch kräftig verrührtem Eigelb und Zucker, muß warm aus dem Kochtopf serviert werden
– **secco** herber, † *zabaione* mit Eigelb, Salz, schwarzem Pfeffer und trockenem Weißwein, als Gemüsesauce verwendbar

zafferano Safran, getr. Blütennarben einer Krokusart, das teuerste Gewürz, ganz oder (aromatischer) gemahlen zartbitter würzig (in Italien am besten aus l'Aquila, Abruzzen)
– **delle Indie** Kurkuma, † *curcuma*

zafferanone Wilder Safran, † *cartamo*

zaffo   Zapfen, Spund, Stöpsel

Zagarolo   Weißwein DOC aus der Provinz Rom, trokken *(secco)* oder süß *(dolce)*, weich und harmonisch, darf sich bei mind. 12,5° Alkohol *Superiore* nennen, TR 2–3 Jahre, TT 8–10°, zu Vorspeisen, Fisch und Gemüse

zäh   *tenace* [tenàtsche]; Fleisch: *duro* [dùro]

zahlen   *papare* [pagàre]
– , bitte!   *il conto, per favore!* [il kónto, per fawòre]

Zahnstocher   *stuzzicadenti* [stutsikadènti] pl

zalet(i)   Venetien: kl. Brötchen mit Trockenfrüchten und Gewürzen, ↑ *gialetti*

zampa di vaca   Ligurien: Archenmuschel, ↑ *arca di Noè*

zampetti, zampi   Füße, Pfoten von Schaf, Kalb oder (meist) Schwein

zampino   Tessin: Schweinsfuß

zampone   gepökelter, mit gewürztem Schweinehack gef. Schweinsfuß, wird (wenn vorgek.) aufgewärmt oder langsam gegart, in dicken Scheiben zu Kartoffelpüree und/oder gek. Gemüse (Modena, Emilia-Romagna u. a., Tessin)

Zander   *lucioperca* [lutschopèrka] f/m

Zapfen   *tappo* [tàppo] m
-geschmack   *sapore di tappo* [sapóre di tàppo] m

zart   *tenero* [tènero]

Zelten   kl. flacher Lebkuchen aus Brotteig mit Datteln, getr. Feigen, Sultaninen, Pinienkernen und Weinbrand oder Rum, mit Mandeln und kandierten Früchten verziert (Südtirol)

zenzero   Ingwer, Knollenwurzel einer tropischen Staude, süßlich pikant, frisch fruchtiger (aber weniger haltbar) als geh., gemahlen oder in Sirup; Toskana: scharfes rotes Pfefferschötchen, ↑ *peperoncino*
– **giallo**   Kurkuma, ↑ *curcuma*

zeppola   süßer, fetter Kringel aus Mehl, Zucker und je nach Region weiteren aromatischen Zutaten (Süditalien)

Zibibbo   Rebsorte Alexandria-Muskateller, ergibt körperreiche Weißweine mit Muskatton; Dessertwein daraus, trocken und herzhaft aromatisch, TR 4–5 Jahre, TT 10°, zu Fruchtkuchen und trockenem Gebäck (Insel Pantelleria südwestl. von Sizilien)

Ziege   *capra* [kàpra] f
-nkäse   *formaggio caprino* [formàdscho kaprino] m

Zigarette   *sigaretta* [ßigarètta] f

Zigarillo   *sigaretto* [ßigarètto] m

Z

Zigarre *sigaro* [ßígaro] m
-nabschneider *tagliasigari* [taljaßígari] m

zimino, all'inzimino Tinten-, Klipp- und andere Fische, in einer Brühe mit Mangold, Spinat u. ä. geschmort (Ligurien, Toskana)

Zimt *cannella* [kanélla] f

zingara, (alla) auf Zigeunerart: Garnitur oder Sauce aus Paprika und Tomaten, dazu Champignons, Pökelzunge- und Schinkenstreifen

zinzino Stückchen; Schluck

zippulas Sardinien: süßer Kringel, † *zeppola*

zite, ziti, zitone, mezzani gr. dicke Nudeln aus Hartweizengrieß, passen zu Ragouts, Sughi und zum Überbakken (urspr. Kampanien)

Zitrone *limone* [limóne] m
-npresse *spremilimoni* [spremilimóni] m
-saft *succo di limone* [ßúkko di limóne] m
　frischgepreßter -saft *spremuta di limone* [spremúta di limóne] f; kann a. Zitronenlimonade heißen

zizzola Jujube, † *giuggiola*

Zubereitung *preparazione* [preparatsióne] m; Kochen: *cottura* [kottúra] f

zucca, -cche Kürbis, Plutzen, Fruchtgemüse, gute Zeit Okt.–März
– **comune, gigante** Speise-, Riesenkürbis
– **gialla** gr. Gelber Kürbis
– **lagenaria** Flaschenkürbis, Kalebasse
– **moscata** Bisam-, Moschuskürbis, kl. Speisekürbis
　fiori di – Kürbis-, a. Zucchiniblüten, werden in Italien (im Teig) geb. oder als Zutat verwendet
　semi di – Kürbiskerne

zuccherato gezuckert, süß

zuccheriera Zuckererbse

zuccherino zuckersüß; Stück Zucker; Bonbon, Zuckerplätzchen

zucchero Zucker
– **a velo** Puderzucker, staubfein
– **bruciato** gebrannter Zucker
– **candito** Kandiszucker, Zuckerkand
– **cristallino, cristallizzato** Kristallzucker, feinkörnig
– **d'amido, d'uva** Traubenzucker, Glykose
– **depurato, raffinato** raffinierter Zucker
– **d'orzo** Malz-, Karamelbonbon
– **granulato, in granella, in grani** Hagelzucker, grobkörnig

- **in zolle, zollette, a quadretti** Würfelzucker
- **pilato, pilé** Bruchzucker, große, unregelmäßige Stücke
- **semolato** Grieß-, Streuzucker, fein gemahlen
- **vanigliato** Vanillezucker, weißer Zucker mit verriebener Vanille

zucchino, zucchine Zucchini, gurkenähnliches Kürbisgewächs, milder, neutraler, leicht nussiger Geschmack, vielseitiges Gemüse, kann gek., gebr., überbacken oder paniert als (Misch-)Gemüse, gedünstet als Beilage, (mit Hackfleisch, Käse usw.) gef. und geschmort als Hauptgericht sowie in Scheiben als (Misch-)Salat usw. zubereitet werden, gute Zeit Nov.–Dez. (Latium, Sizilien, Apulien, Piemont u. a.)
   fiori di – Zucchiniblüten, werden in Italien (im Teig) gebacken oder als Zutat verwendet

zuccotto halbgefrorenes Biskuit mit Füllung aus Konditorcreme und Schlagsahne, Mandeln, Nüssen, bitterer Schokolade usw. (Toskana)

Zucker *zucchero* [dsúkkero] m
-erbse, -schote *pisello dolce* [piséllo dòltsche] m
-waren, -werk *dolciumi* [doltschúmi] pl
   Puder⌂ *zucchero a velo* [dsúkkero a vélo] m
   Würfel⌂ *zucchero in zollette* [dsúkkero in dsollétte] m

Zündholz *fiammifero* [fiammifero] m

Zunge *lingua* [lingua] f

zuppa Suppe, oft a. Süßspeise
- **di due colori** Süßspeise aus Lagen von mit Kräuterlikör und/oder Rum getränkten Biskuitscheiben, schaumigen Cremes, dunkler Schokolade und kandierten Früchten unter Sahnehaube
- **di pesce** Fischsuppe
- **gallurese** Sardinien: Hirtenmahlzeit aus Fladenbrot mit Tomatensauce und jungem Käse in kräftiger Fleischbrühe, mit Petersilie und Zimt im Ofen überbakken
- **inglese** Süßspeise aus im Ofen überbackenen Schichten Vanillecreme, mit Rum getränkten Biskuitstreifen, kandierten Fruchtwürfeln unter Baiser- oder Sahnehaube, kühl serviert
- **(alla) pavese** Käsesuppe, ↑ *pavese*
- **romana** Biskuittorte mit Schichten aus Obst (Aprikosen, Birnen, kandierten Früchten usw.), bitterer Schokolade, Vanillecreme, Schlagsahne usw.

zuppiera Suppenschüssel

zusätzlich *supplementare* [supplementàre]

zuviel *troppo* [tróppo]

Z

zuz   Käse aus entrahmter Kuhmilch, wird frisch und aus der Salzlake angeboten

Zwetsch(g)e   *prugna* [prúnja] f

Zwieback   *biscotto* [biskótto] m

Zwiebel   *cipolla* [tschipólla] f
-suppe   *zuppa di cipolle* [dsúppa di tschipólle] f

Zwischenrippenstück   *entrecôte* [ātrökōt] f

PARLIAMO ITALIANO
SPRECHEN WIR
ITALIENISCH
Sprachschatz
und Redewendungen

ALLGEMEINES

Abend	sera [ßéra] f
abends	di sera [di ßéra]
Abschied	addio [addio] m
Ansichtskarte	cartolina illustrata [kartolina illu-stráta] f
Apotheke	farmacia [farmatschia] f
Aufenthalt	soggiorno [ßodschórno] m
Bank(haus)	banca [bánka] f
beanstanden	criticare [kritikáre]
Behörden	autorità [autoritá] f
beschweren	reclamare [reklamáre]
bezahlen	pagare [pagáre]
billig	a buon mercato [a buón merkáto]
bitte	prego [prégo]
bitte sehr – keine Ursache!	prego – non c'é di che! [prégo – non tschediké]
Brief	lettera [léttera] f
-kasten	bucalettere [bukaléttere] f
-marke	francobollo [frankobóllo] m
-träger	postino [postino] m
Dank, vielen	grazie mille [grázi|e mille]
danke (sehr)	grazie (tante) [grázi|e (tánte)]
Eilboten, durch	per espresso [per esprésso]
Eilbrief	espresso [esprésso]
eingeschrieben	raccomandata [rakkomandáta]

Einladung	invito [inwito] m
einverstanden	d'accordo [dakkórdo]
empfehlen	consigliare [konßiljàre]
Feuerwehr	pompieri [pompi|éri] pl
Fremdenverkehrsbüro	ente turistico [énte turistiko] m
Geld	soldi [ßóldi] pl
-wechsel	cambio [kàmbio] m
gern	volentieri [wolenti|éri]
gut	buono [buòno]; Adverb: *bene* [béne]
heute	oggi [ódschi]
ja	sì [ßi]
Klein-, Wechselgeld	spiccioli [spitscholi] pl
Konsulat	consolato [konsolàto] m
kosten	costare [kostàre]
Luftpost, per	per via aerea [per wia a|érea]
Mehrwertsteuer	imposta valore aggiunto (IVA) [impósta valóre adschúnto (IWA)]
Mittag	mezzogiorno [mädsodschórno] m
mittags	a mezzogiorno [a mädsodschorno]
Morgen	mattino [mattino] m
morgen	domani [domàni]
Nachmittag	pomeriggio [pomeridscho] m
Nacht	notte [nótte] f
nein	no [no]
Paket	pacchetto [pakétto] m
Parkhaus	parcheggio a più piani [parkédscho a più piàni] m
Parkplatz	posteggio [postédscho] m
bewachter –	posteggio custodito [postédscho kustodito] m
Polizei	polizia [polizia]
-wache	posto di polizia [pósto di polizia] m
Polizist	poliziotto [poliziótto] m
Post	posta [pósta] f
-amt	ufficio postale [ufitscho postàle] f
-karte	cartolina postale [kartolina postàle] f
-leitzahl	codice postale [kóditsche postàle] m

–, Briefe	posta [pósta] f
Preis	prezzo [prédso] m
Rechnung	conto [kónto] m
Reisebüro	agenzia di viaggi [adschentsia di wiàdschi] f
Schalter	sportello [sportéllo] m
Scheck	assegno [aßénjo] m
– einlösen	cambiare un assegno [kambiàre un aßénjo]
schlecht	cattivo, -a [kattiwo, -a]
später	più tardi [più tàrdi]
Stadtplan	piantina della città [piantina della tschittà] f
Tankstelle	distributore di benzina [distributóre di bendsina] m
Telefon	telefono [teléfono] m
-kabine, zelle	cabina telefonica [cabina telefónika] f
-nummer	numero telefonico [número telefóniko] m
öffentliches –	telefono publico [teléfono públiko] m
teuer	caro, -a [kàro, a]
Unterschrift	firma [firma] f
Versicherung	assicurazione [aßikuratsióne] f
Vormittag	mattino [matino] m
Vorwahl	prefisso [prefißo] m
vorzüglich	eccellente [etschellénte]
Wechselstube	ufficio cambiavalute [ufitscho kambiawalúte] m
Zahlung	pagamento [pagaménto] m
Zoll	dogana [dogàna] f

Redewendungen

Können Sie mir helfen?	Può aiutarmi? [può aiutàrmi]
Ich habe nichts verstanden	Non ho capito niente [non o kapito ni|énte]
Ich spreche nicht (gut) Italienisch	Non parlo (bene) l'italiano [non pàrlo (béne) litaliàno]

Wie heißt das/dies auf Italienisch?	Come si dice questo/quello in italiano? [kòme ßiditsche quèsto/quéllo in italiàno]
Sprechen Sie Deutsch?	parla tedesco? [pàrla tedésko]
Spricht hier jemand Deutsch?	C'è qualcuno che parla tedesco? [tschè qualkúno ke pàrla tedésco]
Darf ich Sie etwas fragen?	Posso chiederle qualcosa? [pòßo ki|éderle qualkósa]
Wie bitte?	Come? [kóme]
Ah, ich verstehe	Ah, capisco [a, kapísko]
Vielen Dank für Ihre Hilfe/Bemühungen	Grazie mille per il Suo aiuto/impegno [gràzi|e mille per il súo aiúto/impénjo]
Guten Morgen!	Buongiorno [buondschórno]
Guten Morgen, die Herrschaften!	Buongiorno Signore e Signori [buondschórno sinjòre e sinjóri]
Guten Tag!	Buongiorno [buondschórno]
Guten Abend!	Buenasera [buóna ßèra]
Gute Nacht!	Buonanotte [buóna nòtte]
Hallo! Tschüs!	Ciao! [tschào]
Ich heiße, mein Name ist ...	Mi chiamo, il mio nome è ... [mi kiàmo, il mio nóme e]
Sehr erfreut!	Piacere! [piatschére]
Wie geht es?	Come va? [kóme wa]
Wie geht es Ihnen/Dir?	Come sta/stai [kóme sta/stai]
Mir geht es ausgezeichnet	Sto molto bene [sto mólto béne]
Mir geht es nicht (sehr) gut	No sto (molto) bene [non sto (mólto) béne]
Vielen Dank für Ihre Einladung/den netten Abend/Ihren Besuch	Grazie mille del Suo invito/della bella serata/della Vostra visita [gràzi|e mille del ßúo inwito/della bélla seràta/della wòstra wisita]
Wir kommen sehr gern	Veniamo molto volentieri [weniàmo mólto wolenti|éri]
Bitte besuchen Sie uns!	Venga a farci visita [wènga a fàrtschi wisita]
Auf Wiedersehen	Arrivederci [arriwedértschi]
Verzeihung, entschuldigen Sie!	Scusate, Vi prego di scusare [skusàte, wi prégo di skusàre]

Bitte sehr, gern geschehen, keine Ursache!	prego, non c'è di che! [prégo, non tsche di ke]
Vielen Dank!	Grazie mille! [gràzi|e mille]
Ich bin (sehr) froh	Sono (molto) contento, -a [ßóno (mólto) konténto, -a]
Es tut mir (wirklich) leid	Mi dispiace (veramente) [mi dispiàtsche (weraménte)]
Wieviel Uhr ist es?	Che ore sono? [ke óre ßóno]
Wann, um wieviel Uhr?	Quando, a che ora? [quàndo, a ke óra]
Ich brauche ...	Ho bisogno ... [o bisónjo]
Ich möchte, hätte gern ...	Vorrei ... [worré|i]
Ich suche ...	Cerco ... [tschérko]
Ich wünsche ...	Desidero [desidero]
Ich habe ... verloren	Ho perso [o pàrso]
Wo ist der, das/die nächste ...	Dov'è il prossimo/la prossima ...? [dowé il próßimo/la próßima]
Wo ist ...?	Dov'è ...? [dowé]
Wo finde/bekomme ich?	Dove trovo/ricevo ...? [dówe tròwo/ritschéwo]
Zeigen Sie mir ...!	Mi faccia vedere ...! [mi fàtscha wedére]
Was kostet das?	Quanto costa? [quànto kósta]
Das ist (zu) teuer	E (troppo) caro [é (tróppo) kàro]
Kann ich mit Kreditkarte/Scheck zahlen?	Posso pagare con carte di credito/un assegno? [póßo pagàre kon kàrte di krèdito/un aßénjo]
Besten Dank für ...!	Grazie mille per ...! [gràzi|e mille per]
Ich bin Ihnen (sehr) dankbar	Le sono (molto) grato [le sóno (mólto) gràto]
Ich muß mich beschweren	Devo fare una reclamazione [dèwo fàre una reklamatsióne]
Wo kann ich Geld wechseln?	Dove posso cambiare soldi? [dòwe póßo kambiàre ßóldi]
Ich möchte diesen (Reise-)Scheck einlösen	Vorrei cambiare questo assegno (turistico) [worré|i kambiàre questo aßénjo (turistiko)]
Haben sie Briefmarken/Ansichtskarten?	Avete francobolli/cartoline postali?) [awéte frankobólli/kartoline postàli]

Wo ist das nächste Postamt?	Dove si trova l'ufficio postale più vicino? [dówe ßi tròwa luffitscho postàle più witschino]
Was kostet eine Postkarte/ein Brief nach ...?	Quanto costa una cartolina/una lettera per ... [quànto kòsta una kartolìna/una léttera per]
Wo kann ich telefonieren?	Dove posso telefonare? [dówe pòßo telefonàre]
Verbinden Sie mich bitte mit ...	Per piacere mi colleghi con ... [per piatschére mi kollégi kon]
Wo ist die nächste Telefonzelle?	Dove si trova la cabina telefonica più vicina? [dówe ßi tròwa la kabina telefònika più witschina]
Wo ist die nächste Tankstelle?	Dove si trova il distributore di benzina più vicino? [dówe ßi tròwa il distributóre di bendsina più witschino]
Den Tank füllen, bitte!	Mi faccia il pieno, per favore! [mi fàtscha il pi|éno per fawóre]

■ UNTERKUNFT ■

Camping(platz)	campeggio [kampédscho] m
Ferienwohnung	appartamento di vacanze [apartaménto di wakàndse] m
Herberge, Gasthof	locanda [lokànda] f
Hotel	albergo [albérgo] m
Jugendherberge	ostello della gioventù [ostéllo della dschowentù] m
Motel	motel [motèl] m
Pension	pensione [penßióne] f
Privatzimmer	camera privata [kàmera priwàta] f
Unterkunft	alloggio [alódscho] m
Wohnwagen	roulotte [rulót] f
Zelt	tenda [ténda] f

Abreise	partenza [parténdsa] f
Ankunft	arrivo [arriwo] m
Anzahlung	acconto [akkónto] m
Aufenthalt	soggiorno [ßodschórno] m
Ausflug	gita [dschita] f

Bad	bagno [bánjo] m
besetzt, belegt	occupato [okkupáto]
Bett	letto [låtto] m
-decke	coperta [kopérta] f
-flasche	scaldaletto [skaldalåtto] m
-wäsche	biancheria da letto [biankeria da låtto] f
bügeln	stirare [stiråre]
Dusche	doccia [dótscha] f
Empfang	reception [reßäpßión] f
-schef	direttore [direttóre]
Frühstücksraum	sala per la colazione [såla per la koladsióne] f
Garage	garage [garàsch]
Gepäck, Koffer	bagaglio [bagåljo] m
Handtuch	asciugamano [aschúgamáno]
Hausdiener	domestico [doméstiko] m
Heimreise, Heimfahrt	viaggio di ritorno [wiàdscho di ritórno]
Heizung	riscaldamento [riskaldaménto] m
Kleiderbügel	ometto [ométto]
Klimaanlage	impianto d'aria condizionata [impiànto dària konditsionáta] m
Kopfkissen	cuscino [kuschino] m
Liegematratze	materasso [materàßo] m
Liegestuhl	sedia a sdraio [ßediasdràio] f
Miete	noleggio [nolédscho] m
mieten	noleggiare [noledschåre]
Mieter	locatario [lokatário] m
parken	posteggiare [postedschåre]
Parkplatz (bewachter)	posteggio (custodito) [postédscho (kustodito)] m
Prospekt	prospetto [prospétto] m
reinigen	pulire [pulire]
Reiseleiter	guida turistica [guida turistika] f
Rückreise	viaggio di ritorno [wiàdscho di ritórno] m
Schlüssel	chiave [kiàwe] f
Haus-	chiave di casa [kiàwe di kåsa] f
Zimmer-	chiave della camera [kiàwe della kámera] f

Sonnenschirm	ombrellone [ombrellóne] m
Speisesaal	sala da pranzo [sála da prándso] f
Stadtplan	pianta della città [piànta della tschittá] f
Steckdose	presa della corrente [préßa della korrénte] f
Swimmingpool	piscina [pischina] f
übernachten	pernottare [pernottáre]
Verkehrsbüro	ufficio del turismo [ufitscho del turismo] m
Waschbecken	lavandino [lawandino] m
Wäsche	biancheria [biankeria] f
wecken	svegliare [sweljáre]
Wolldecke	coperta di lana [kopérta di lána] f
Zimmer	camera [kámera] f
– mit zwei Betten	a due letti [a dú|e lάtti] f
– mit Doppelbett	matrimoniale [matrimoniále] f
Zimmermädchen	cameriera [kameri|éra] f

Redewendungen

Gibt es hier ein/ eine …?	C'è qui un/una …? [tsche qui un/ úna]
Können Sie mir ein (gutes) Hotel empfehlen?	Può consigliarmi un (buon) albergo? [puó konßiljármi un (buón) albérgo?]
Ich habe bei Ihnen ein Zimmer bestellt	Ho riservato una camera da voi [o riserwáto una kámera da wói]
Haben Sie ein Einzelzimmer/Zimmer mit zwei Betten/Zimmer mit Doppelbett frei?	Avete una camera singola/una camera a due letti/una camera matrimoniale libera? [awéte una kámera ßingola/una kámera a dú|e lάtti/una kámera matrimoniále libera]
Wieviel kostet das Zimmer …	Quanto costa la camera [quánto kósta la kámera]
je Tag/Woche?	al giorno/alla settimana? [al dschórno/alla ßättimána]
mit Frühstück?	con colazione? [kon kolatsióne]
mit Halbpension	con mezza pensione? [kon mάdsa penßióne]
mit Vollpension?	con pensione completa? [kon penßióne kompléta]

Ist alles/die Bedienung inbegriffen?	È tutto compreso/è compresso il servizio? [e tùtto komprèso/e kompréso il ßärwizio]
Das ist zu teuer	È troppo caro [e tróppo káro]
Kann ich das Zimmer sehen?	Potrei vedere la camera? [potrè|i wedére la kámera]
Haben Sie etwas	Avete qualcosa di [awéte qualkósa di]
Besseres?	migliore? [miljóre]
Größeres?	più grande? [più gránde]
Billigeres?	meno caro? [méno káro]
Ruhigeres?	più tranquillo? [più tranquillo]
Gut, ich nehme/wir nehmen das Zimmer	Bene, prendo/prendiamo la stanza [béne, préndo/prendiámo la stánza]
Welche Zimmernummer habe ich?	Qual è il numero della mia stanza? [qualè il número délla mia stánza]
Den Schlüssel, bitte	La chiave, per favore [la kiáwe, per fawóre]
Wo kann ich meinen Wagen parken?	Dove posso posteggiare la mia auto? [dówe póßo postedscháre la mia áuto]
Sind die Betten gemacht?	Sono pronti i letti? [ßóno prónti i látti]
Herein!	Avanti! [awánti]
Einen Augenblick bitte!	Un momento, prego! [un moménto, prégo]
Ich möchte noch ein Kissen/eine Decke/Kleiderbügel	Vorrei ancora un cuscino(una coperta/un ometto [worrè|i ankóra un kuschino/úna kopérta/un ométto]
Können Sie mir . . . bügeln/reinigen/waschen?	Potrebbe stirarmi/pulire/lavare . . .? [potrébbe stirármi/pulire/lawáre]
Es ist (zu) kalt/warm im Zimmer	Fa (troppo) freddo/caldo in camera [fa (tróppo) fráddo/káldo in kámera]
Das Zimmer/Waschbecken/W. C.	La camera/il lavandino/il gabinetto [la kámera/il lawandino/il gabinétto]
ist nicht sauber funktioniert nicht ist kaputt	non é pulito, -a [non e pulito, -a] non funziona [non funtsióna] è rotto, -a [e rótto, -a]
Ich möchte telefonieren	Vorrei telefonare [worrè|i telefonáre]
Bestellen Sie mir bitte ein Taxi	Mi chiami un taxi, per favore [mi kiámi un táxi, per fawóre]

Wecken Sie mich bitte (morgen) um ... Uhr	Per piacere mi svegli (domani) alle ore ... [per piatschére mi swélji (dománi) álle óre]
Machen Sie bitte meine Rechnung bis ... fertig	Per piacere mi prepari il conto per ... [per piatschére mi prepári il kónto per]
Kann ich bitte meine Rechnung haben?	Potrei aver il mio conto? [potré i awér il mio kónto]
Wo ist der Camping-platz?	Dove si trova il campeggio? [dówe ßi trówa il kampédscho]
Haben Sie noch Platz für einen Wohnwa-gen/ein Zelt?	Avete ancora posto per una rou-lotte/una tenda? [awéte ankóra pósto per úna rulót/úna ténda]
Was kostet eine Über-nachtung?	Quanto costa un pernottamento? [quánto kósta un pernottaménto]
Wo sind die Toiletten/Waschräume?	Dove si trovano i gabinetti/bagni? [dówe ßi trówano i gabinétti/bànji]
Wo ist der Strom-anschluß?	Dov'è la presa elettrica? [dowé la préßa elåttrika]

◼ RESTAURANT ◼

Bar	bar [bar] m
Bierlokal	birreria [birreria] f
Café	caffè [kaffé] m
Eisdiele	gelateria [dschelateria] f
Gasthaus	osteria [osteria] f
Grillrestaurant	rosticceria [rostitscheria] f
Hotelbar	bar dell'albergo [bar delalbérgo] m
Imbißstube	tavola calda [tàwola kálda] f
Konditorei	pasticceria [pastitscheria] f
Nachtlokal	locale notturno [lokále nottúrno] m
Raststätte	motel [motél] m
Restaurant	ristorante [ristorànte] m
Selbstbedienungs-gaststätte	self-service [ßelfßérwiß]
Speiselokal	ristorante [ristorànte] m
Wirtshaus, rustikale Gaststätte	osteria [osteria] f; locanda [lokánda] f

Abendessen	cena [tschéna] f
Bedienung	servizio [ßärwitsio] m
Besteck	posate [posáte] pl
Bestellung	ordinazione [ordinadsióne] m
Diät	dieta [di|éta] f
-menü	menu dietetico [menú di|etétiko] m
Eierbecher	portauova [porta|uówa] m
Eis	zum Essen: gelato [dschelàto] m; zum Kühlen: *ghiaccio* [giàtscho] m
essen	mangiare [mandschàre]
Essig- und Ölständer	ampolliera [ampolli|éra] f
Gabel	forchetta [forkétta] f
Garderobe	guardaroba [guardaróba] f
-nständer	attaccapanni [atakkapànni] m
Gericht, Speise	piatto [piàtto] m
Getränkekarte	lista delle bevande [lista délle be-wànde] f
Glas	bicchiere [bikki|ére] m
Schnaps ○	– da liquore [– da likuóre] m
Wasser ○	– per l'acqua [– per làkua] m
Wein ○	– da vino [da vino] m
Kellner, Ober	cameriere [kameri|ére] m
Kellnerin	cameriera [kameri|éra] f
Kleiderständer	attaccapanni [atakkapànni] m
Koch, Küchenchef	cuoco [kuóko] m
Köchin	cuoca [kuóka] f
Löffel	cucchiaio [kukkiàio] m
Kaffee ○	cucchiaino da caffè [kukkiaino da kaffé] m
Tee ○	cucchiaino da tè [kukkiaino da té] m
Mahlzeit, Essen	pasto [pàsto] m
Menü	menu [menú] m
Messer	coltello [koltéllo] m
Mittagessen	pranzo [pràndso] m
Nachtessen	cena [tschéna] f
Nachtisch	dessert [däßär] m
Oberkellner	capocameriere [kapokameri|ére] m
Pfefferstreuer	pepaiola [pepaiòla] f
probieren, kosten	assaggiare [aßadschàre]

Senf	senape [sénape] m
Serviette	tovagliolo [towaljòlo] m
Speisekarte	carta del menu [kàrta del menù] f
Strohhalm	pagliuzza [paljùdsa] f
Tagesgericht	piatto del giorno [piàtto del dschòrno] m
Tageskarte	menu del giorno [menù del dschòrno] m
Tasse	tazza [tàdsa] f
Teller	piatto [piàtto] m
-gericht	piatto [piàtto] m
Suppen○	– piatto da minestra [piàtto da minèstra] m
kleiner –	piattino [piattino] m
Tischtuch	tovaglia [towàlja] f
Toilette, W. C.	gabinetto [gabinètto] m
trinken	bere [bére]
Trinkgeld	mancia [màntscha] f
vegetarische Kost	cibo vegetariano [tschibo wedschetariàno] m
Verzehr	consumazione [konsumatsióne] m
Waschraum	bagno [bànjo] m
Wein	vino [wino] m
-flasche	bottiglia di vino [bottilja di wino] f
-glas	bicchiere di vino [bikki|ére di wino] m
offener –	vino sfuso [wino sfúso] m
Weinkellner, Kellermeister	sommelier [ßomöljé]; *capo cantiniere* [kàpo kantini|ére] m
Zahnstocher	stuzzicadenti [stuzzikadénti] pl
Zuckerdose	zuccheriera [dsukkeri|éra] f

Redewendungen

Gibt es hier in der Nähe ein gutes/preiswertes Restaurant?	C'è qui nelle vicinanze un buon ristorante/un ristorante a buon mercato? [tschè qui nelle witschinàntse un buòn ristorànte/un ristorànte a buòn merkàto]
Können Sie mir ein gutes einfaches Restaurant empfehlen?	Mi può consigliare un buon e semplice ristorante? [mi può konßiljàre un buòn e sémplitsche ristorànte]

Reservieren Sie mir bitte für ... Uhr einen Tisch für ... Personen	Mi riservi per piacere un tavolo per ... persone per ... [mi risèrvi per piatschère un tàwolo per ... persóne ...]
Haben Sie einen Tisch für ... Personen?	Avete un tavolo per ... persone? [awète un tàwolo per ... persóne]
Platz nehmen	prendere posto [prèndere pòsto]
Ist dieser Tisch (noch) frei?	È (ancora) libero questo tavolo? [e (ankóra) libero quèsto tàwolo]
Herr Ober, bedienen Sie hier?	Cameriere, è Lei che prende le ordinazioni qui? [kameri|ére, e lè|i ke prènde le ordinadsióni qui]
Wir haben Hunger/Durst	Abbiamo fame/sete [abbiàmo fàme/sète]
Wir möchten etwas essen	Vorremmo qualcosa da mangiare [worèmmo qualkósa da mandschàre]
Wir möchten (bloß) etwas trinken	Vorremmo (soltanto) bere qualcosa [worèmmo (soltànto) bère qualkósa]
Wir haben nicht viel Zeit	Non abbiamo molto tempo [non abbiàmo mólto tèmpo]
Wir möchten nur eine Kleinigkeit	Vorremmo solo una piccolezza [worèmmo sólo una pikkolèdsa]
Ich möchte etwas Leichtes	Vorrei qualcosa di leggero [worrè|i qualkósa di lädschéro]
Haben Sie auch vegetarische Kost/Diätkost/diabetische Kost?	Avete anche cibo vegetariano/cibo dietetico/cibo per diebetici? [awète ànke tschibo wedschetariàno/tschibo di|etétiko/tschibo per diabétitschi]
Was können Sie mir empfehlen?	Cosa mi consiglia? [kósa mi konßilja]
Ich möchte ...	Vorrei ... [worrè|i]
Ich esse (besonders) gern	Mi piace (particolarmente) mangiare ... [mi piàtsche (partikolarménte) mandschàre]
Ich esse/möchte lieber ...	Preferisco ... [preferisko]
Ich mag ... nicht	Non mi piace ... [non mi piàtsche]
Die Speisekarte/Getränkekarte/Weinkarte bitte	Il menu, la carta delle bevande/la carta dei vini, prego [il menú/la kàrta délle bewànde/la kàrta dei wini, prégo]

Was kostet das Menü?	Quanto costa il menu? [quànto kòsta il menú]
Wir nehmen das Menü	Prendiamo il menu [prendiàmo il menú]
Wir essen lieber nach der Karte	Preferiamo consultare la carta [preferiàmo konßultàre la kàrta]
Bringen Sie mir/uns bitte	Mi porti/ci porti ... per piacere [mi pòrti/tschi pòrti ... per piatschére]
Können wir ... haben?	Possiamo avere ... [poßiàmo awère]
Guten Appetit!	Buon appetito! [buón appetito]
Auf Ihr/Dein Wohl!	Alla Sua/tua salute! [alla súa/túa ßalúte] (in Italien nicht üblich)
Es fehlt ...	Manca ... [mànka]
Das ist nicht gut/ frisch/genug gekocht	Non è buono/fresco/abbastanza cotto [non e buóno/frésko/abastànza kótto]
Das ist zu fett/ trocken/versalzen	È troppo grasso/asciutto/salato [e tròppo gráßo/aschútto/ßaláto]
Es hat gut/nicht besonders geschmeckt	Mi ha gustato/non mi ha gustato troppo [mi a gustàto/non mi a gustàto tròppo]
Herr Ober, die Rechnung bitte!	Cameriere, il conto per piacere [kameri|ère, il kónto per piatschére]
Ich glaube, die Rechnung stimmt nicht	Credo che il conto non sia giusto [krédo ke il kónto non sia dschústo]
Ich zahle alles zusammen	Pago tutto insieme [pàgo tútto insi|éme]
Jeder zahlt für sich	Ognuno paga per sè [onjúno pàga per se]
Nehmen Sie Kreditkarten/Schecks/ Euroschecks?	Accettate carte di credito/assegni/ eurochèques? [atschettàte kàrte di krédito/aßénji/e|uroschǎk]
Ist das Trinkgeld inbegriffen?	È compreso il servizio? [e kompréßo il ßärwitsio]

ESSEN

Abendessen	cena [tschéna] f
zu Abend essen	cenare [tschenàre]
essen	mangiare [mandschàre]
Frühstück	colazione [kolatsióne] f

Gabel	forchetta [forkétta] f
Gedeck	coperto [kopérto] m
Löffel	cucchiaio [kukkiàio] m
Mahlzeit, Essen	pasto [pàsto] m
Messer	coltello [koltéllo] m
Mittagessen	pranzo [pràndso] m
zu Mittag essen	pranzare [prandsàre]
Teller	piatto [piàtto] m
flacher –	piatto piano [piàtto piàno] m
tiefer –	piatto fondo [piàtto fóndo] m
Tischtuch	tovaglia [towàlja] f
Verpflegung	vitto [wíto] m

Auflauf	sformato [sformàto] m
Aufschnitt	affettato [affetàto]
-platte	piatto d'affettato [piàtto daffe-tàto] m
-platte (Braten)	piatto d'arrosto misto [piàtto darósto misto] m
Beilage	contorno [kontórno] m
Braten	arrosto [arósto] m
Brot	pane [pàne] m
Brötchen, Semmel	panino [panino] m
Brotkorb	cesto del pane [tschésto del pàne] m
Brotscheibe	fetta di pane [fétta di pàne] f
Butter	burro [búrro] m
-dose	burriera [burri|éra] f
-messer	coltello del burro [koltéllo del búrro] m
Ei, Eier	uovo [uówo] m; uova [uówa] pl
Eier|becher	portauovo [porta|uówo] m
-speisen	pietanza d'uova [pi|etàndsa duówa] f
Eis	gelato [dschelàto] m
-becher	coppa di gelato [kópa di dsche-làto] f
-creme	gelato alla crema [dschelàto àlla kréma] m
-kaffee	café glacé [kafé glaßé] m
-tüte	cono [kóno] m
Eßbesteck	posate [posàte] pl

Essig- und Ölständer	ampolliera [ampolli|éra] f
faul (Früchte usw.)	marcio [mártscho]
Feinschmecker	buongustaio [buongustàio] m
fett	grasso [gráßo]
Fisch	pesce [pésche] m
-besteck	posate da pesce [posàte da pésche] pl
-suppe	zuppa di pesce [dsúppa di pésche] f
Fleisch	carne [kárne] f
Hammel	montone [montóne] m, castrato [kastráto] m
Hase	lepre [lépre] m
Kalb	vitello [witéllo] m
Kaninchen	coniglio [koníljo] m
Kuh	vacca [wákka] f
Lamm	agnello [anjéllo] m
Ochse	bue [bú|e] m
Rind	manzo [mándso] m
Schwein	maiale [maiàle] m
Ziege	capra [kápra] f
Garstufen:	
stark blutig, innen roh	molto al sangue [mólto al ßángu|e]
noch weitgehend blutig, saftig	al sangue [al ßángu|e]
halb durch(gebr.), medium, innen rosa	a punto [a púnto]
ganz durch(gebr.), trocken	ben cotta [ben kótta]
Frucht	frutta [frútta] f
-kuchen	torta di frutta [tórta di frútta] f
-salat	macedonia [matschedónia] f
Gang, Gericht	portata [portáta] f
Garnelen, Krabben	gamberi [gámberi] pl
Gebäck	pasticceria [pastitscheria] f
gebacken	cotto al formo [kótto al fórno]
gebraten	arrostito [arostito]
gedämpft, gedünstet	cotto a vapore [kótto a wapóre]
Geflügel	pollame [polláme] m
Ente	anatra [ànatra] f
Fasan	fagiano [fadschàno] m
Gans	oca [óka]
Hähnchen	galetto [galétto] m

Hühnchen	pollastro [pollástro] m
Huhn	pollo [póllo] m
Perlhuhn	faraona [faraóna] f
Pute, Truthenne	tacchina [takkina] f
Rebhuhn	pernice [pernitsche] f
Taube	piccione [pitschóne] m
Truthahn	tacchino [takkino] m
Wachtel	quaglia [quálja] f
gekocht	cotto, -a [kotto, -a]
Gemüse	verdura [werdúra] f
geschmort	stufato, -a [stufáto, -a]
gesund	sano, -a [ßáno, -a]
Getreideflocken	fiocchi di grano [fiókki di gráno] pl
gewürzt	condito, -a [kondito, -a]
hart	duro [dúro]
hausgemacht	alla casalinga [àlla kasalinga]
heiß	(molto) caldo [(mólto) káldo]
Honig	miele [mi∣éle] m
Hörnchen	cornetto [kornétto] m
Imbiß	spuntino [spuntino] m
Joghurt	yoghurt [iógurt] m
kalt	freddo [fréddo]
Kartoffeln	patate [patáte] pl
Käse	formaggio [formádscho] m
-gebäck	biscotti al formaggio [biskótti al formádscho] m
-kuchen	torta di ricotta [tórta di rikótta] f
-messer	coltello da formaggio [koltéllo da formádscho] m
-platte	piatto di formaggi vari [piàtto di formádschi wàri] m
Schaf ○	pecorino [pekorino] m
Ziegen ○	formaggio caprino [formádscho kaprino] m
Kekse	biscotti [biskótti] pl
Kraftbrühe	brodo [bródo] m
Kuchen	dolce [dóltsche] m
Obst ○	torta di frutta [tórta di frútta] m
mager	magro [mágro]
Marmelade	marmellata [marmelláta] f
Meeresfrüchte	frutti di mare [frútti di màre] pl
Menü	menu [menú] m

Menage, Gewürzständer	portaspezie [portaspétsi|e] m
Miesmuscheln	cozze [kódse] pl
Milch (kalte, warme)	latte (freddo, caldo) [látte (fráddo, káldo)] m
mild	dolce [dóltsche]
Muscheln	conchiglie [konkilje] pl
Nachtisch	dessert [däßår] m
Nudeln	pasta [pásta] f
Nüsse	noci [nótschi] pl
Obst	frutta [frútta] f
-kuchen	torta di frutta [tórta di frútta] f
-messer	coltello da frutta [koltéllo da frútta] m
-salat	macedonia [matschedónia] f
-schüssel	fruttiera [frutti|éra] f
Pfeffer	pepe [pépe] m
pikant	piccante [pikkánte]
Portion	porzione [portsióne] f
Praline	praliné [praliné] m
reif	maturo, -a [matúro, -a]
Reis	riso [riso] m
roh, ungekocht	crudo, -a [krúdo, -a]
Rohkost	vegetali crudi [wedschetáli krúdi] pl
saftig	succoso [sukkóso]
Sahne, Rahm	panna [pánna] f
Schlagsahne, Obers	panna montata [pánna montáta] f
Salat	insalata [inßaláta] f
-besteck	posate per l'insalata [posáte per linßaláta] pl
-schüssel	insalatiera [inßalati|éra] f
Salz	sale [ßále] m
Sauce	salsa [ßálsa] f
-nschüssel	salsiera [ßalßi|éra] f
sauer	acido [átschido]; herb: aspro [áspro]
Schaltiere	crostacei [krostatschě|i] pl
(sehr) scharf	(molto) piccante [(mólto) pikkánte]
Schokolade	cioccolato [tschokkoláto] m
-ntafel	tavoletta di cioccolato [tawolétta di tschokkoláto] f

Serviette	tovagliolo [towajólo] m
Suppe	minestra [minéstra] f
-nkelle	mestolo [méstolo] m
-nlöffel	cucchiaio da minestra [kukkiáio da minéstra] m
-nschüssel	zuppiera [dsuppi|éra] f
-nteller	piatto fondo [piàtto fóndo] m
-ntopf, Eintopf	piatto unico [piàtto úniko] m
Süßspeise	dolce [dóltsche] m
Tagesgericht	piatto del giorno [piàtto del dschórno] m
Tagesmenü	menu del giorno [menú del dschórno] m
Teigwaren	pasta asciutta [pàsta aschútta] f
Toast	toast [tōst] m
Torte	torta [tórta] f
unreif	acerbo [atschèrbo]
Venusmuscheln	vongole [wóngole] pl
verdorben	guasto [guàsto]
versalzen	troppo salato [tróppo ßalàto]
Vorspeisen kalt	antipasto freddo [antipàsto fréddo] m
– warm	antipasto caldo [antipàsto káldo] m
warm	caldo [kàldo]
Wärmplatte	scaldavivande [skaldawiwànde] m
weich	molle [mólle]
Wurst	salsiccia [ßalßìtscha] f
Wurstwaren	salumi [ßalùmi] pl
zäh	duro [dùro]
zart	tenero [tènero]
Zucker (Würfel-, Puder-)	zucchero (a quadretti, in polvere) [dsùkkero a quadrétti, in pólwere] m
-werk	confetti [konfétti] pl

Redewendungen

Wir haben Hunger	Abbiamo fame [abbiàmo fàme]
Ich möchte, hätte gern . . .	Vorrei . . . [worré|i]
Ich möchte . . . probieren	Vorrei assaggiare . . . [worré|i aßadschàre]

Spezialität des Hauses	specialità della casa [speschalità délla kása] f
Hiesige Spezialität	specialità locale [speschalità lokále] f
Was ist das?	Cos'è questo? [kosé quésto]
Nur ein wenig	Solo un pochino [ßólo un pokino]
Ich hatte … bestellt	Avevo comandato … [awéwo komandáto]
Mir fehlt …	Mi manca … [mi mánka]
Gut/nicht genug/zu sehr gebacken/gebraten/gekocht	bene/non abbastanza cotto/troppo cotto/arrostito/cotto [buóno/non abastántsa kótto/trópppo kótto/arostito/kótto]
Ich finde Ihr Essen ausgezeichnet	La Sua cucina è squsita [la ßúa kutschina e squißita]
Ihre Küche hat uns enttäuscht	La Sua cucina mi ha deluso [la ßúa kutschina mi a delúßo]
Ich bin Ihr Essen nicht gewöhnt	Non sono abituato, -a al vostro cibo [non ßóno abituáto, -a al wóstro tschibo]
Es hat geschmeckt	Mi ha gustato [mi a gustáto]

▮ TRINKEN UND RAUCHEN ▮

Aschenbecher	posacenere [posatschénere] m
Feuerzeug	accendino [atschendino] m
Flasche	bottiglia [bottilja] f
Getränk	bevanda [bewánda] f
alkoholisches –	– alcoolica [– alkólika] f
alkoholfreies –	– analcolica [– analkólika] f
warmes –	– calda [– kálda] f
kaltes –	– fredda [– frádda] f
Glas	bicchiere [bikki|ére] m
Pfeife	pipa [pipa] f
rauchen	fumare [fumáre]
Streich-, Zündhölzer	fiammiferi [fiammiferi] pl
trinken	bere [bére]
Zigarette	sigaretta [ßigarétta] f
Zigarillo	sigaretto [ßigarétto] m
Zigarre	sigaro [ßigaro] m

Alkohol	alcool [álkol] m
alkoholfrei	analcolico [analkóliko]
Alsterwasser	panaché [panaschè] m
Aperitif	aperitivo [aperitiwo] m
Apfel|most	mosto di mele [mósto di mèle] m
-saft	succo di mele [ßùkko di mèle] m
-wein	sidro [ßidro] m
Aufguß	infuso [infúso] m
Bier	birra [birra] f
– vom Faß	– alla spina [álla spina] f
–deckel	sottobicchiere [ßottobikki|ère] m
dunkles –	birra scura [birra skùra] f
helles –	birra chiara [birra kiàra] f
Dosen ⌒	birra in lattina [birra in lattina] f
Flaschen ⌒	birra in bottiglia [birra in bottìlja] f
Branntwein	acquavite [akuawite] f
Champagner	champagne [schãpànj] m
Durst	sete [ßète] f
eingießen, ein-schenken	versare [werßáre]
(mit) Eis	(con) ghiaccio [(kon) giàtscho]
eisgekühlt	ghiacciato [giatschàto]
Eiskaffee	caffè freddo [kaffè fràddo] m
Eistee	tè freddo [tè fràddo] m
Eiswürfel	cubetto di ghiaccio [kubètto di giàtscho] m
Feuerzeug	accendino [atschendino] m
-benzin	benzina per accendino [bendsina per atschendino] f
Benzin ⌒	accendino a benzina [atschendino a bendsina] m
Gas ⌒	accendino a gas [atschendino a gàs] m
Wegwerf ⌒	accendino a gettare [atschendino a dschettáre] m
Flasche	bottiglia [bottìlja] f
-nöffner	apribottiglia [apribottìlja] m
Fruchtsaft	succo di frutta [ßùkko di frùtta] m
frischgepreßter –	– spremuta di frutta [spremúta di frùtta] f
Glas	bicchiere [bikki|ère] m
Wasser ⌒	bicchiere d'acqua [bikki|ère dàqua] m

Wein ○	bicchiere di vino [bikki|ére di wino] m
Grapefruitsaft	succo di pompelmo [ßúkko di pompélmo] m
Kaffee	caffè [kaffé] m
-kanne	caffetiera [kaffeti|éra] f
– espresso	espresso [äßpräßo] m
– koffeinfrei	caffè decofeinato [kaffé dekofe|ináto] m
– mit Milch	caffè latte [kaffé látte] m
– mit Sahne, Rahm	caffè con panna [kaffé kon pánna] m
– schwarz	caffè nero [kaffé néro] m
Karaffe	caraffa [karáffa] f
(Wein-)Keller	cantina (da vino) [kantina (da wino)] f
Kork|en	turacciolo [turátscholo] m
-geschmack	gusto sugheroso [gústo ßugeróso] m
-zieher	cavatappi [kawatáppi] m
Kräutertee	tisana [tisána] f
Krug	brocca [brókka] f
Likör	liquore [likuóre] m
Limonade	limonata [limonáta] f
Magenbitter	amaro [amáro] m
Milch (kalt, warm)	latte (freddo, caldo) [látte (fráddo, káldo)] m
Mager ○	latte magro [látte mágro] m
Voll ○	latte intiero [látte inti|éro] m
ein Glas –	un bicchiere di latte [un bikki|ére di látte] m
Mineralwasser	acqua minerale [ákua minerále] f
– mit Kohlensäure	– frizzante [– fridsánte] f
– ohne Kohlensäure	– naturale [– naturále] f
Orangensaft	succo d'arancia [ßúkko darántscha] m
frischgepreßter –	spremuta d'arancia [spremúta darántscha] f
Pfeife	pipa [pipa] f
-nbesteck	utensili per la pipa [uténßili per la pipa] pl
-nreiniger	nettapipe [nättapipe] m
-nstopfer	calcatabacco [kalkatabákko] m
-ntabak	tobacco per la pipa [tabákko per la pipa] m

pur	puro [púro]
Radlermaß	panaché [panasché] m
Rahm, Sahne	panna [pánna] f
sauer	acido [átschido]
Schnaps	acquavite [akuawite] f
(heiße) Schokolade	cioccolata (calda) [tschokkoláta (kálda)] f
Sekt	spumante [spumánte] m
Soda	soda [ßóda] f
Spirituosen	liquori [likuóri] pl
Streich|hölzer	fiammiferi [fiammìferi] pl
-holzschachtel	scatola di fiammiferi [skátola di fiammìferi] f
süß	dolce [doltsche]
Tabak	tabacco [tabákko] m
-sbeutel	sacchetto di tabacco [ßakkétto di tabákko] m
-laden	tabaccaio [tabakkáio] m
Päckchen –	pacchetto di tabacco [pakkétto di tabákko] m
Feinschnitt	tabacco trinciato fine [tabákko trintscháto fine] m
Krüllschnitt	tabacco trinciato medio [tabákko trintscháto médio] m
Navy Cut	tabacco Navy Cut [tabákko néwi kat] m
Tasse	tazza [tádsa] f
Unter ◡	piattino [piattìno] m
Tee	tè [té] m
-kanne	bricco di tè [brìkko di té] m
-löffel	cucchiaino da tè [kukkiaino di té] m
– mit Milch/Zitrone	tè al latte/al limone [té al látte/al limóne] m
Kräuter ◡	tisana [tisána] f
Temperatur	temperatura [temperatúra] f
(genau) richtige –	– (proprio) giusta [– (próprio) dschústa] f
zu kalte –	– troppo fredda [– tróppo frádda] f
zu warme –	– troppo calda [– tróppo kálda] f
temperiert	temperato [temperáto]
Tomatensaft	succo di pomodoro [ßúkko di pomodóro] m
Tonic	acqua tonica [ákua tónika] f
Traubensaft	succo d'uva [ßúkko dúwa] f

Wasser	acqua [ákua] f
-glas	bicchiere per l'acqua [bikki|ére per lákua] m
ein Glas –	bicchiere d'acqua [bikki|ére dàkua] m
Wein	vino [wino] m
-kühler	secchiello per tenere fresco il vino [ßekki|éllo per ténere fràsko il wino] m
Land ⚬	vino locale [wino lokàle] m
leichter –	vino leggero [wino lädschéro] m
lieblicher –	vino amabile [wino amàbile]
offener –	vino sfuso [wino sfúso] m
Qualitäts ⚬	vino di qualità superiore [wino di qualità ßuperióre] m
Rosé	(vino) rosato [(wino) rosàto] m
Rot ⚬	vino rosso [wino ròsso] m
Tisch ⚬	vino da pasto [wino da pàsto] m
trockener –	vino secco [wino ßàkko] m
Weiß ⚬	vino bianco [wino biànko] m
Weinbrand	brandy [bràndi] m
Wermut	vermut [wàrmut] m
Zigarette	sigaretta [ßigarétta] f
-nmundstück, -nspitze	bocchino per sigarette [bokkino per ßigarétte] m
Filter ⚬	sigaretta con filtro [ßigarétta kon filtro] f
Schachtel -n	pacchetto di sigarette [pakkétto di ßigarétte] m
Zigarillo	sigaretto [ßigarétto] m
Zigarre	sigaro [ßigaro] m
-nabschneider	tagliasigari [taljaßigari] m
-netui	portasigari [portaßigari] m
Brasil ⚬	brasile [brasile] m
Havanna ⚬	sigaro Avana [ßigaro awàna] m
Kiste -n	scatola di sigari [skàtola di ßigari] f
Zitronensaft	succo di limone [ßùkko di limóne] m
frischgepreßter –	spremuta di limone [spremúta di limóne] f

Redewendungen

Ich habe Durst	Ho sete [o ßéte]
Ich hätte gern . . .	Vorrei . . . [worré|i]
Haben Sie . . .?	Avete . . .? [awéte]

Eine (halbe) Flasche Wein	Una (mezza) bottiglia di vino [una (mådsa) bottilja di wino]
Ich trinke ein Bier	Bevo una birra [béwo una birra]
Ich nehme ein Mineralwasser	Prendo acqua minerale [préndo akuamineråle]
Auf Ihr/Dein Wohl, prosit!	Alla Sua/tua salute! [àlla súa/túa ßalúte]
Den Wein verdünnen	Allungare il vino [allungåre il wino]
Dieser Wein schmeckt nach Korken	Questo vino ha tappo [guésto wino a tåppo]
Herr Ober, noch ein Bier, bitte!	Cameriere, ancora una birra, per favore! [kameri|ére, ankóra una birra, per fawóre]
Kaffee kochen	preparare il caffè [preparåre il kaffé]
Ich trinke den Kaffee schwarz	Bevo il caffè nero [béwo il kaffé néro]
Darf man hier rauchen?	Si può fumare qui? [ßi può fumåre qui]
Stört es Sie, wenn ich rauche?	La disturbo se fumo? [la distúrbo ße fúmo]
Ich rauche nicht	Non fumo [non fúmo]
Darf ich Sie um Feuer bitten?	Ha da accendere? [a da atschéndere]
Würden Sie mir bitte das Feuerzeug füllen?	Mi può ricaricare il mio accendino? [mi può rikarikåre il mio atschendino]
Rauchen Sie bitte nicht, es ist hier nicht erlaubt	La prego di non fumare, qui è proibito [la prégo di non fumåre, qui e pro|ibito]

KÜCHE

Abfalleimer	secchio della spazzatura [ßåkkio délla spadsatúra] m
Backofen	forno [fórno] m
Eimer	secchio [ßåkkio] m
Gefrierfach, Tiefkühltruhe	congelatore [kondschelatóre] m
Geschirrspülmaschine	macchina per lavare i piatti [måkina per lawåre i piåtti] f
Herd	fornello [fornéllo] m

elektrischer –	fornello elettrico [fornéllo elåttriko] m
Gas ○	fornello a gas [fornéllo a gas] m
kochen	cucinare [kutschinåre]
Kochplatte	piastra [piåstra] f
Kochtopf	pentola [péntola] f
Küche	cucina [kutschina] f
Küchengeräte	stoviglie (da cucina) [stowilje (da kutschina)] pl
Kühlschrank	frigorifero [frigorifero] m
Pfanne	pentola [péntola] f
Spülbecken	lavandino [lawandino] m

Babybrei	pappa per bébé [påppa per bebé] f
backen	cuocere al forno [kuótschere al fórno]; in Fett: friggere [fridschere]
braten	arrostire [arostire]
auf dem Grill –	fare ai ferri [fare ai férri]
am Spieß –	fare al spiedo [fåre al spi|édo]
Bratpfanne	padella [padélla] f
Büchsenöffner	apriscatola [apriskåtola] m
dämpfen, dünsten	cuocere al vapore [kuótschere al wapóre]
fritieren	friggere [fridschere]
Fritiertopf	friteuse [fritös] f
Gewürze	spezie [spétsi|e] pl
Grill, Bratrost	grill [grill] m
grillieren	fare ai ferri [fåre ai férri]
Grillspieß	spiedino [spi|edino] m
Handrührer	frullino [frullino] m
Kaffeemaschine	macchina del caffè [måkina del kaffé] f
Kaffeemühle	macinino da caffè [matschinino da kaffé] m
kochen	cucinare [kutschinåre]
Kochgelegenheit	uso di cucina [úso di kutschina] m
Kochlöffel	mestolo [méstolo] m
Kochnische	cucinetta [kutschinétta] f
Kräuter	erbe [årbä] pl

Kuchen backen	cuocere una torta [kuótschere úna tórta]
Küchenabfälle	immondizie da cucina [immondi-tsi|e da kutschina] pl
(mit) Küchenbe-nutzung	(con) uso cucina [(kon) uso ku-tschina]
Kuchenblech	teglia [télja] f
Küchentisch	tavolo da cucina [táwolo da ku-tschina] m
Küchenwaage	bilancia da cucina [bilántscha da kutschina] f
Milchtopf	brocca del latte [brókka del látte] f
Mixer	frullatore [frullatóre] m
Rührlöffel	frullino [frullino] m
Saftpresse	spremifrutta [spremifrútta] m
Schlagbesen	frullino [frullino] m
schmoren	stufare [stufáre]
Schnell-, Dampfkoch-topf	pentola a pressione [péntola a pre-ßióne] f
Tablett	vassoio [waßóio] m
Tauchsieder	riscaldatore a sonda [riskaldatóre a ßónda] m
Topf	pentola [péntola] f
Topflappen	presina [preßina] f
überbacken	gratinare [grattináre]
Wasserkessel	secchio dell'acqua [ßákkio dellá-kua] m
zubereiten	preparare [preparáre]

Redewendungen

Die Küche ist gut/schlecht eingerichtet	La cucina è ben/mal arredata [la kutschina e ben/mal arredáta]
Ich suche einige Küchengeräte	Cerco delle stoviglie [tschárko dél-le stowilje]
Sie kocht gut	Cucina bene [kutschina báne]
Was kochst Du heute?	Cosa cucini oggi? [kóßa kutschini ódschi]
Heute muß er kochen	Oggi deve cucinare lui [ódschi dáwe kutschináre lúi]
Der/die/das . . . kocht	. . . cucina [kutschina]

Hilfst Du mir . . .	Mi aiuti [mi aiúti]
kochen?	a cucinare? [a kutschináre]
abwaschen?	a lavare i piatti? [a lawáre i piátti]
Wer wäscht das Geschirr ab?	Chi lava i piatti? [ki láwa i piátti]

EINKAUF

Einkauf	spesa [spéßa] f
einkaufen	fare le spese [fáre le spéße]
Einkaufszentrum	centro d'acquisti [tschéntro da-kuisti] m
kaufen	comprare [kompráre]
Kauf-, Warenhaus	grande magazzino [gránde maga-dsino] m
kleiner/eleganter Laden	piccolo negozio/boutique [pikkolo negótsio] m, [butik] f
Laden, Geschäft	negozio [negótsio] m
Lebensmittel	generi alimentari [dschéneri ali-mentári] pl
Markt	mercato [merkáto] m
Mehrwertsteuer	IVA, imposta valore aggiunto [iwa, impósta walóre adschúnto] f
Preis	prezzo [prádso] m
Supermarkt	supermercato [ßupermerkáto] m
Tante-Emma-Laden	negozio di generi coloniali [negótsio di dschéneri koloniáli] m

Auslage	vetrina [wetrina] f
Ausverkauf	saldi [ßáldi] pl
Bäckerei	panetteria [panetteria] f
billig	a buon mercato [a buón merkáto]
Delikateßgeschäft	traiteur [trätör] m
Dose	scatola [skátola] f
Einkaufs|korb	cesto della spesa [tschésto délla spéßa] m
-tasche	borsa della spesa [bórßa délla spéßa] f
-wagen	carrello della spesa [karréllo délla spéßa] m

Fischhandlung	pescheria [peskeria] f
Fleischerei, Metzgerei, Schlachterei	macelleria [matschelleria] f
Früchteladen	negozio di frutti [negótsio di frútti]
Gefriergut	surgelati [ßurdschelàti] pl
Gemüseladen	negozio di verdura [negótsio di werdúra] m
Getränke	bevande [bewànde] pl
Haushaltwaren	articoli casalinghi [artikoli kaßalingi] pl
Käseladen	negozio del formaggio [negótsio del formàdscho] m
Kasse	cassa [kàssa] f
-nbon	scontrino [skontrino] m
Kassiererin	cassiera [kaßi|éra] f
Kilo	chilo [kilo] m
halbes –	mezzo chilo [màdso kilo] m
Konditoreiwaren	pasticceria [pastitscheria] f
Konserven	scatole di conserva [skàtole di conßérwa] pl
Kühlvitrine	vetrina frigorifera [wetrina frigorifera] f
Ladenschluß	orario di chiusura [orário di kiusúra] m
Lebensmittelhandlung	negozio di generi almentari [negótsio di dschéneri alimentàri] m
Liter	litro [litro] m
Milchgeschäft. Molkerei	latteria [latteria] f
Nahrungsmittel	generi almentari [dschéneri alimentàri] pl
Obstladen	fruttivendolo [fruttiwéndolo] m
Pack	pacco [pàkko] m
Packmaterial	materiale d'imballaggio [materiàle dimballàdscho] m
Packung	confezione [konfetsióne] f
Plastikbeutel	sacchetto di plastica [ßakkétto di plàstiko] m
Quittung	ricevuta [ritschewúta] f
Reformhaus	casa della riforma [kàßa délla rifórma] f

Schaufenster	vetrina [wetrina] f
-auslage	merce esposta [mértsche espósta] f
Selbstbedienung	self-service [ßålf ßårwiß] m
Stück	pezzo [pådso] m
Süßwaren	dolci [dóltschi] pl
Tabakladen	tabaccaio [tabakkåio] m
Teigwaren	paste asciutte [påste aschútte] pl
teuer	caro [kåro]
Teuerung	carovita [karowita] m
Tragetasche, Tüte	borsa [bórßa] f
Verkäufer/in	venditore/venditrice [wenditore] m, [wenditritsche] f
Vorrat	riserva [risårwa] f
Ware	merce [mértsche] f
Wurstwaren	salumi [ßalúmi] pl
Wurstwarenhandlung	salumeria [ßalumeria] f

Redewendungen

Besorgungen machen, einkaufen	Fare le spese [fare le spéße]
Wann öffnet/ schließt…?	Quando apre/chiude…? [quando ápre/kiúde]
Wo ist/sind…?	Dov'è/dove sono…? [dowé/dówe ßóno]
Wo gibt es…?	Dove trovo…? [dówe trówo]
Ich sehe mich nur um	Mi guardo solo un po' ingiro [mi guárdo ßólo un po indschiro]
Wo kann ich… finden/bekommen/ kaufen?	Dove posso trovare/ricevere/komprare…? [dówe póßo trowáre/ritschéwere/kompráre]
Kann ich mich selbst bedienen?	Posso servirmi dassolo, -a? [póßo ßärwirmi daßólo, -a]
Bedienen Sie hier?	E Lei che serve qui? [e lé⎪i ke ßårwe kui]
Ich brauche…	Ho bisogno di… [o bisónjo di]
Haben Sie…?	Avete…? [awéte]
Zeigen/geben Sie mir bitte…	Mi può mostrare/dare… per favore? [mi può mostráre/dáre… per fawóre]

Sind diese . . . frisch/reif?	Sono freschi, -e/maturi, -e questi, -e . . .? [ßóno fráski, -e/matúri, -e quésti, -e]
Genug	Abbastanza [abbastántsa]
Noch etwas	Ancora un po' [ankóra un po]
Noch mehr	Ancora di più [ankóra di più]
Das gefällt mir	Questo, -a mi piace [quésto, -a mi piátsche]
Haben Sie nichts Besseres/Billigeres?	Non avete nulla di migliore/di più economico? [non awéte núlla di miljóre/di più ekonómiko]
Kann ich das umtauschen?	Posso cambiare questo? [póßo kambiáre quésto]
Danke, das ist alles	Grazie, è tutto [gràzi|e, e tútto]
Können Sie das bestellen?	Può comandarmi questo? [può komandàrmi quésto]
Wann bekommen Sie es?	Quando lo ricevete? [quándo le ritschewéte]
Wieviel kostet das?	Quanto costa? [quánto kósta]
Die Rechnung zahlen	Pagare il conto [pagàre il kónto]
Nehmen Sie Kreditkarten/Reiseschecks/Euroschecks?	Prendete carte di credito/assegni turistici/eurochèques? [prendéte kárte di krédito/aßénji turistitschi/e|uroschǎk]
Kann ich eine Quittung haben?	Posso avere una ricevuta? [póßo awére úna ritschewúta]
Ich nehme es mit	Lo porto via [lo pórto wia]
Gibt es einen Kundendienst?	Esiste un servizio clienti? [esiste un ßärwitsio kli|énti]
Schicken Sie es bitte an . . .	Me lo spedisca, per favore, a . . . [me lo spediska, per fawóre, a]